《华中学术》第 29 辑编委会

国家“双一流”建设学科“华中师范大学中国语言文学”资助项目
中文社会科学引文索引（CSSCI）来源集刊
华中师范大学文学院　主办

華中學術

Central China Humanities

第29辑

主编　汤江浩

2020/1
VOL.12 NO.1

華中師範大學出版社

新出图证(鄂)字 10 号

图书在版编目(CIP)数据

华中学术.第 29 辑/汤江浩主编.—武汉:华中师范大学出版社,2020.3
ISBN 978-7-5622-9013-1

Ⅰ.①华… Ⅱ.①汤… Ⅲ.①社会科学—文集 Ⅳ.①C53

中国版本图书馆 CIP 数据核字(2020)第 075967 号

华中学术(第 29 辑)

©汤江浩 主编

责任编辑:王中宝 **责任校对:**骆 宏 **封面设计:**罗明波
编 辑 室:学术出版中心 **电话:**027—67867792
出版发行:华中师范大学出版社
社址:湖北省武汉市洪山区珞喻路 152 号 **邮编:**430079
电话:027—67863426(发行部) 027—67861321(邮购)
传真:027—67863291
网址:http://press.ccnu.edu.cn **电子邮箱:**press@mail.ccnu.edu.cn
印刷:湖北新华印务有限公司 **督印:**刘 敏
字数:394 千字
开本:787mm×1092mm 1/16 **印张:**17.5
版次:2020 年 3 月第 1 版 **印次:**2020 年 3 月第 1 次印刷
定价:61.00 元

欢迎上网查询、购书

目　录

【马克思主义文学批评经典重铸与当代拓展研究】

马克思主义文学批评研究再出发

胡亚敏

（华中师范大学文学院，湖北武汉，430079/
湖北文学理论与批评研究中心，湖北武汉，430079）

内容摘要：基于对马克思主义文学批评研究现状的历史反思，在坚持马克思主义唯物史观的前提下，拟就其研究范式加以调整。首先研究对象不再仅围绕马克思主义文学批评的某个方面或议题，也不限于单一的经典文本，而是以马克思经典文本群为基础，同时将马克思经典文本置于马克思整个理论体系之中，把握其文学批评观念与其他学科的相关性和有机性以及不同时期马克思的思想发展。进而深入马克思经典文本的写作环境和文化传统中，进一步认识马克思研究问题的现实语境和历史渊源。在此基础上，从当代立场和批评视野对马克思经典文本做出尽可能准确而又符合时代要求的新阐发，以更新马克思主义文学批评的内涵并拓宽其疆域。

关键词：马克思；经典文本群；语境；理论阐释

理论的发展和突破需要反思。是否真正完整准确地理解了经典马克思主义文学批评？这是近年来在研究马克思主义文学批评中国形态的过程中经常自省的问题。在马克思主义文学批评研究再出发之时，笔者拟在研究思路和方法上作一番调整和探究。在坚持马克思主义唯物史观的前提下，重返经典，在历史语境中完整把握马克思主义经典文本，并对其做出尽可能准确而又符合当今时代要求的新阐发，以更新马克思主义文学批评的内涵并拓宽其疆域。

一、马克思主义文学批评研究中的历史反思

20世纪以来，中国马克思主义文学批评对马克思主义文艺思想的接受和研究主要受俄苏和日本的影响，周扬、瞿秋白、冯雪峰等人是其中重要的传播者。1944年，周扬在延安编辑出版了《马克思主义与文艺》，该书选辑了马克思、恩格斯、列宁、斯大林、毛泽东、普列汉诺夫、高尔基及鲁迅有关文艺的评论和意见，按内容分为五

辑，即意识形态的文艺、文艺的特质、文艺与阶级、无产阶级文艺和作家、批评家，此外还有若干附录。这是我国从 1919 年以来自行编辑出版的第一本比较系统地介绍马克思主义文艺基本观点的选本[1]，该书对于中国马克思主义文艺理论的学习和研究具有筚路蓝缕的作用。中华人民共和国成立后，从事马克思主义文学理论的学者大多采用这种选本模式，其代表作有人民文学出版社出版的四卷本《马克思恩格斯论文艺》（1960—1964 年），该选本依据苏联学者里夫希茨编辑出版的俄文两卷本翻译而成，同时，中国人民大学出版社翻译出版了索洛维耶夫编辑的《马克思恩格斯论文学》（1962 年）等。此外，我国还翻译出版了法国和美国学者关于马克思恩格斯论文学和艺术的相关选本。新时期以来，学者们继续沿用这一模式，先后出版了《马克思恩格斯论文学与艺术》（陆梅林辑注，人民文学出版社 1982 年）、《马克思恩格斯论文艺和美学》（杨炳编，文化艺术出版社 1982 年）和《马克思主义文艺论著选讲》（纪怀民、陆贵山、周忠厚、蒋培坤编著，中国人民大学出版社 1982 年）等多套选本和教材。这些选本在体例和结构上虽有差异，但大都以论文节选、书信等形式出现，主要依据一定的文艺观念或主题对马克思主义经典作家的相关著述加以摘录、编排、注释或讲解。一般前面有一个编者说明和时代背景介绍，后面则有比较详尽的注释和阐释（有些还有索引），且主题集中、线索清楚，为人们学习和研究马克思主义文学批评提供了很大的便利，也为中国马克思主义文学批评的普及和研究做出了重要贡献。2010 年，中国作家协会、中央编译局选编，由作家出版社出版的《马克思恩格斯列宁斯大林论文艺》则有了新的拓展，编者们在吸收前人多种选本成果的基础上，编选了马克思主义经典作家有关文艺家的世界观方法论、文艺基本理论和包含有重要文艺观点的文章 49 篇，并力求做到“不遗漏马克思主义经典作家的世界观、方法论、文艺基本理论和包含有重要文艺观点的文章”[2]。

当今，随着马克思主义文学批评研究的深入，特别是《马克思恩格斯全集》第二版（MEGA2）陆续编译出版，马克思主义经典作家的著述不断增加，更加全面完整地理解马克思主义文学批评就成为时代的要求。人们已经不再满足于对马恩列斯的节选研究了，并且逐步意识到这种节录式的选本带来了诸多问题。其中问题之一就是选本抽离了马克思主义经典作家原初的文本语境和思想语境，脱离上下文，带来对经典马克思主义文学批评观点在理解和阐发上的疏漏和肤浅。节录式选本带来的另一问题是忽略了经典马克思主义文学批评的整体联系，特别是未能说明这些选本与它所诞生的西方历史文化语境的关系。尽管有些选本在开端介绍了书信或文选的时代背景，但多限于马克思写作时的特定语境（对这一时代背景的介绍也很有限），而对马克思的个人际遇以及马克思与同时代人的论争等则相对忽视，这样往往失去了问题提出的缘由和针对性。并且对马克思经典文本的语境研究还应该延伸到历史深处，只有将马克思经典文本置于西方整个历史文化的长河中，才能更加深刻地理解马克思主义经典作家提出问题和范畴的来龙去脉。此外，还存在一个普遍且习而不察的问题，即马克思主义文学批评研究中的“时间穿越”。由于长期以来马克思主义文学批评的研究多以话题为中心，因此为了说明某个论题，人们多将经典马克思主义所阐述的相关论述集合起来，而这些不同时期论文片段的汇集不仅造成时间上的跳跃，而且造成理解上的偏差。如在讨论马克思艺术生产理论时，将《资本论》中的某些观点与《1844年哲学经济学手稿》中的相关论述并置，这种时空混淆或颠倒的做法忽视了马克思本身的思想发展[3]。因此，在今后研究马克思主义文学批评的过程中，有必要做相应调整，用完整的历史的文本研究取代节录式的做法，避免在经典马克思主义文学批评研究上的人为加工和解释上的以意为之。

二、马克思主义文学批评的经典重铸

对马克思主义文学批评研究的历史反思为我们研究马克思主义文学批评打开了新的思路。在我国文学批评界，马克思思想的复杂性、深刻性远远没有被充分地理解和揭示出来。立足马克思经典文本[4]，将马克思主义文学批评置于马克思的整个理论体系中，历史而完整地研究马克思经典文本和其中的基本问题，成为马克思主义文学批评再出发的基础和前提。

（一）经典文本群的提出

为了准确地理解马克思主义文学批评，重返经典为首要之举，而这种重返将不再是就马克思主义文学批评的某个方面或议题展开研究，也不是限于单一的经典文本，而是以马克思经典文本群为基础。

马克思一生写作时间跨度长达四十余年，著述繁博，从类型上看不仅有著作、论文、书信等，而且还包括各种摘要、笔记、评注等手稿，后者在马克思全部文献中占有较大比例。重返经典首先面对的是重返什么样的经典的问题。鉴于以往关注的主要是马克思恩格斯的书信和论文节选，材料偏窄，因此有必要对文本范围加以拓展。在今天马克思主义文学批评研究中，不仅要将已列入教材和选本的马克思经典文本纳入研究范围，而且要把目光投向那些尚未得到重视且又对马克思主义文学批评理论建设具有内在启发性的文本，由此构成经典马克思主义文学批评的新的文本基础。并且为了避免以往在引用经典作家语录时的颠倒和穿越，挑选的马克思经典文本应具有历史的逻辑性，即能够展示马克思不同时期的理论思考焦点，揭示马克思的思想发展轨迹。当然，这些挑选并非罗列，而是着眼于对中国马克思主义批评理论建设具有潜在影响和有助于更新马克思主义文学批评研究范式的马克思经典文本。通过对这些经典文本的重新阐释，开掘出对马克思主义文学批评研究具有重要理论价值的新的概念和思想，由此形成马克思主义文学批评的新的生长点。不仅如此，还可以通过对这些经典文本的研究，在拓展马克思主义文学批评认识和理解的同时，对以往马克思主义文学批评的某些理论加以审视和清理，在辨析和反思中完成对马克思经典文本的重铸和开拓。

为了完整而准确地把握马克思主义文学批评的特质和内涵，重返经典不仅仅限于单个文本，而是应研究马克思经典文本群。也就是说，我们不仅仅关注《1844年哲学经济学手稿》《神圣家族》这样一些单个文本中的文学批评问题，更重要的是对马克思不同时期具有代表性的经典文本群的研究，通过辨析不同时期经典文本之间的复杂关系，把握马克思文学批评理论和方法的内在连续性和差异性，系统认识马克思主义文学批评的基本立场和核心概念。重返经典文本群，研究马克思经典文本群的互相阐释、互相映照和发展变化，这是马克思主义文学批评研究再出发的特殊之处。

（二）经典文本的整体研究

加强对马克思经典文本的整体和发展的研究，把握马克思主义文学批评与马克思整个思想体系的关系，这是马克思主义文学批评再研究中又一重要思路。马克思本人就特别追求完整性和总体性，他在撰写《资本论》时曾给恩格斯发出一封信，信中写道："不论我的著作有什么缺点，它们却有一个长处，即它们是一个艺术的整体。"[5]马克思十分强调他的思想和结构的完整性，他明确表示不会把未完整表达思想的文稿拿出去付印。

马克思经典文本的整体性首先体现为不同学科的交融，其文学批评具有鲜明的跨学科和互文性的特征。马克思关于文学艺术的论述多夹杂在有关政治、经济和社会问题的评述中，与他所从事的哲学、政治经济学、宗教学、民族学、人类学等学科的研究交织在一起（其实马克思的很多论断本身就体现为融经济学、政治学和社会学为一体，很难做截然区分）。只有研究马克思的文学批评与其他学科之间的互相渗透和互相支撑，才能把握马克思主义文学批评的要义。例如，《1844年经济学哲学手稿》主要是一部经济学著作，但里面却涉及不少文学艺术和美学问题。马克思的艺术生产理论也是马克思在论述生产与消费的关系时提出的。马克思晚年笔记中对史前社会形态的研究，更是一个与民族学、人类学有关的全新话题，而里面对具体事实的关注和价值判断中差异性的认可对文学批评的标准设定等极有启发。可以说，马克思有关文学和文学批评的理论和实践与他所研究的其他学科交织在一起。对于马克思经典文本的研究须采用跨学科的视野，从整体的角度研究经典文本中的文学批评与其他学科的相关性和有机性就显得非常必要。如今，马克思主义文学批评已经进入一个新的"综合"时代，需要在马克思复杂的理论构成中梳理马克思关于文学批评的论述并加以重新定位，这一情势对研究者的知识结构也提出了挑战。

如果说关于马克思经典文本的跨学科研究人们已经有了一定认识的话，那么，提出对马克思经典文本的整体研究需要与对经典马克思主义的思想发展联系起来，则是马克思主义文学批评研究再出发的又一个需要认真对待的问题。马克思本人的研究始终处于不断发现和变动之中，我们面对的是一个在崎岖山路上不断攀登和探索的人。马克思年轻时一度对黑格尔有很强烈的兴趣，后来从哲学转向政治经济学，晚年又对人类学感兴趣，要把马克思的理论放在他的一生当中去看。马克思的理论兴趣不仅在不同阶段随着研究重心的转移而不断转移，而且其思想观念也有所发展和改变，例如马克思在《1844年经济学哲学手稿》里所说的劳动和《资本论》中所说的劳动显然有区别，这些不同时期的解释源于不同的理论基点。马克思关于文学批评的观念也经历了一个发展的过程，其中既有范式的转换，又有认识的深化。如何认识和界定马克思经典文本中这些范畴的动态性和多义性，需要在特定语境中加以分辨和阐述。也就是说，需要在马克思的整个知识语境和思想发展中把握马克思主义文学批评的思维轨迹，提炼马克思主义文学批评的概念群和问题域。

需要强调的是，在马克思整个思想发展历程中，马克思的思想既不断推进，又一以贯之。无论研究马克思哪一个时期的文本，都是马克思主义的重要组成部分，这些不同时期的文本互相关联，前后呼应，构成一个有机整体。对马克思不同时期经典文本的辨析，旨在寻其思想发展的轨迹，既不能用早期否定其他时期，又不能用其他时期否定早期，更不能断章取义，无视其特定的时间和语境。应该说，唯物史观自19世纪40年代产生以来，马克思就从未对其产生过动摇和困惑。虽然马克思的思想在几十年间经历了一个发展和完善的过程，但唯物史观贯穿于马克思一生的学术活动之中。

（三）经典文本的语境研究

马克思经典文本是马克思主义文学批评研究的基础，但对马克思主义文学批评的研究又不仅仅限于文本，还需要扩展到经典文本所赖以产生的写作环境和文化传统中，把马克思经典文本“置于一个带有相当程度的具体历史性的互文系统中去认识它”[6]。因此，在研究中，需要收集、整理、研究与经典文本相关的西方现实语境和历史文化文献，并通过对相关文化史、思想史的发掘、整理和重构，发掘马克思经典文本的丰富内涵，进而对马克思经典文本做出新的阐释，实现了文本研究和文献研究的互补与互证。

将马克思经典文本的研究与文本产生的写作环境联系起来，这一点在以往的研究中已经注意到，但还不够充分。马克思作为一位革命家，他对文艺的关注是与他对无产阶级革命的思考和资本主义的批判紧密联系在一起的，他的文学批评是其革命活动的一个组成部分。因此在文本细读的基础上，须考察马克思经典文本与19世纪中叶欧洲革命的关系，深入了解和把握马克思写作时代的社会性质和特点，包括马克思的个人处境（普鲁士、法国等国对他的驱逐等）以及与同时代的人的论争等，由此认识马克思经典文本产生和形成的社会条件与方式。

为了更好地把握马克思理论的内在逻辑理路和文化内涵，还需要将马克思经典文本的研究延伸到西方传统文化深处，把马克思经典文本的思想来源与两希文明（古希伯来文明和古希腊文明）以来的西方思想文化史研究联系起来。不可否认，德国古典哲学、法国空想社会主义、英国古典政治经济学等思想资源对马克思的影响是直接的甚至是巨大的，但若仅仅归结为德国古典哲学等三大来源，显然是不全面的。马克思主义植根于西方文化传统之中，马克思的博士论文《德谟克利特的自然哲学和伊壁鸠鲁的自然哲学的一般差别》研究的就是德谟克利特和伊壁鸠鲁这两位著名的古希腊学者。又如，在研究“实践”这个范畴时，如果不将马克思的“实践”概念与亚里士多德关于“实践”的论述联系起来加以阐发，则无法理清马克思思考“实践”概念的西方思想史根源。马克思不仅受到古希腊哲学的深刻影响，而且他对古希腊艺术的研究也有很高的造诣，他把古希腊艺术和史诗看成“一种规范和高不可及的范本”[7]。在考察马克思经典文本的理论来源时，应该从19世纪德国古典哲学、英国古典政治经济学和法国空想社会主义的基础上向历史延伸，只有辨析了马克思经典文本与西方各种思想的源流关系，探讨了整个西方文化传统对马克思的浸润和马克思对西方思想文化的批判和吸收，在马克思本人的知识语境中去理解他关于文学艺术的阐述，才能全面把握马克思经典文本深邃丰富的历史传承和他的理论创新。

回到马克思经典文本的初始语境和西方文明的文化语境，把马克思经典文本置于西方整个思想史的发展历程中进行研究。这种研究所发现和提炼的新的文献资料将不仅是对马克思主义文学批评的补充和完善，而且具有更为全面地理解马克思经典文本或者更新马克思经典文本的价值。不过，这种历史视野的总体性又始终是围绕马克思经典文本展开的，所有的研究聚焦于对文本研究的展开。

三、理论阐释中的当代立场和批评视野

对马克思经典文本的研究还须在理论上作进一步提升，因为对马克思经典文本的研究是与马克思主义文学批评的理论建构联系在一起的。对当今马克思主义文学批评建设而言，对马克思经典文本的理论阐释比资料或文本的汇集更为重要，只有通过理论提炼和分析，才能发现经典文本与文学批评的关联，重构马克思主义文学批评的理论体系，乃至为未来的中国马克思主义文学批评提供新的理论动力。强调理论的建构性和开拓性，是马克思经典文本再研究的应有之义。

（一）理论阐释中的当代立场

对马克思经典文本的理论阐释须基于当代立场，而不是要把马克思经典文本博物馆化。那种努力在马克思著作中寻找马克思原意的研究固然可敬，但实际上是很难完成的。所谓当代立场就是回到现实语境，显示出理论研究的在场。当代立场包括两个方面，一方面，体现为是从当代的知识语境和理论构架来观照马克思主义经典文本及其相关文献，具有主体立场；另一方面，力求从马克思经典文本中汲取有生命力的思想和方法指导以研究当今的问题，由此构成历史与现实的多重语境的互渗和交融。将马克思经典文本置于中国当代社会中，从马克思经典文本中去发掘和寻求至今仍有生命力和指导意义的理论资源与指导思想，去面对或解决当今存在的问题，这既是马克思经典文本研究的目的，又决定了马克思主义文学批评研究的质量。

当代立场又是与中国视角联系在一起的，这也正是与西方马克思主义文学批评的重要区别之一。本雅明、马尔库塞等西方马克思主义者也很关注社会现象和问题，并针对西方社会的问题提出了一些富有创造性的理论观点，这给了我们极大的启示。但他们所关注和探讨的问题主要与西方当代社会有关，即西方消费社会出现的人的异化、权力以及人与科技的关系等问题。中国马克思主义文学批评的当代立场则是立足于中国社会的现实，研究中国当今所面临的问题，如文学与互联网、文学与民族等等社会现象，这些问题既在当今世界普遍存在，又有其自身的特点和性质。研究和回答这些问题，提出具有自身理论特质的观点，这是中国学者的责任。当然，本土话语也应该具有普遍意义才有传播价值。

在新的历史条件下，中国马克思主义文学批评还应在深入研究和理解马克思经典文本的基础上开拓，探讨并做出引领时代的新阐发，逐步形成对西方马克思主义的超越。而这种对马克思主义的发展就是对马克思主义最好的坚持。

（二）理论阐释中的批评视野

从文学批评的视野来审视马克思经典文本，这是马克思主义文学批评与哲学、政治经济学等其他学科研究马克思主义的根本区别。文学批评的视野重在探讨马克思经典文本与文学批评的关联，特别是那些表面上看起来不属于文学批评范围的马克思经

典文本，寻找它们对马克思主义文学批评的价值和意义，由此实现对马克思主义文学批评的整体性重释。

就马克思主义文学批评而言，它本身就具有不纯性。马克思作为一位革命导师，他研究的重点不是文学批评活动，他的著述中直接论述文学批评的章节也不多，但马克思对社会发展的预见，对当时工人运动的指导，他撰写的大量哲学和政治经济学著作中所体现的思想与方法等等，均对文学批评具有指导意义。马克思主义文学批评的内核在于它的方法论价值。随着马克思主义文学批评研究的扩展，其边界还会不断移动，马克思经典文本中其他学科的理论、方法和概念将通过吸收、转化而运用于文学批评领域。在这个意义上，与其他学科的交融和交叉遂成为马克思主义文学批评的显著特征。

文学批评的视野首先在于从马克思经典文本中进一步了解和掌握马克思主义文学批评的研究方法，或实现研究方法和研究问题角度的更新。早期马克思主义者瞿秋白在《海上述林》的后记中指出，介绍马克思主义文艺论著，目的是学习“马克思主义对于文艺现象的观察方法”[8]。例如，马克思晚年笔记中通过对非西方社会形态的研究实际上体现了对唯物史观的补充和完善，又如马克思晚年笔记中对15世纪以前欧洲历史事件的微观研究也可视为对历史规律宏观研究的纠正[9]。对这些文献的深入研究将对当今历史研究方法起到补充和修正的作用。其次，表现在文学批评的理论和范畴的拓展上，批评视野既可以对现有的马克思主义文学批评理论和概念做出新的阐释，又可以从马克思经典文本中发现和提炼新的理论观念和新的范畴，例如马克思关于人的全面解放，关于劳动、异化，关于生产消费等范畴的研究等也直接启发文学批评形成新的发展方向。又如“分工”“交往形式”等这些原属于经济学等领域的概念将进入马克思主义文学批评，反过来这些概念或范畴进入文学批评，又是对马克思经典文本研究的扩展和丰富。通过对马克思经典文本的研读、提炼和阐发，可以发现马克思经典文本中许多与文学批评相关的有价值的思想，乃至发现一些被遮蔽的新的理论要素。第三，对马克思经典文本的研究还可以与文艺史和文学创作实践结合起来，由此可以发现马克思与文学史或艺术史的内在关系。有位西方学者指出，《共产党宣言》不仅影响了19世纪末20世纪初期的欧洲文学思潮，而且对西方现代派文艺思潮也产生了深刻影响[10]。此外，文学批评的视野还包括审视以往马克思主义批评中出现的某种偏差和遗漏，从而对这些失误加以清理和修正。应该说，如何将马克思经典文本中的方法和理论观点创造性地运用到文学批评中，需要研究的问题还很多。

简言之，重铸经典不是还原文本，更不是颠覆经典，而是在完整理解马克思主义经典文本的基础上，寻找和提炼经典马克思主义对当代中国具有指导意义的理论观念，重构一个基于马克思经典文本又具有现实针对性和引领性的新时代的中国马克思主义文学批评。

*本文系国家社科基金重大项目“马克思主义文学批评经典重铸与当代拓展研究”【19ZDA263】的阶段性成果。

注释：

[1] 周伟民:《马克思恩格斯文艺论著及研究著作在中国的出版情况简介》,《马克思恩格斯美学思想论集》,北京:人民文学出版社,1983年,第420页。

[2] 中国作家协会、中央编译局选编:《马克思恩格斯列宁斯大林论文艺》"编选说明",北京:作家出版社,2010年。

[3] 笔者曾于21世纪初主持编撰了《马克思主义文学理论经典文本解读库》,其概要是根据"马工程"《文学理论》中第一章马克思主义文学理论的纲目,分为意识形态论、艺术精神的掌握论、艺术生产、美学与历史的观点等四个部分对马克思主义经典著作加以归类,每个部分又分设文本摘录、文本解读和文献资料链接三块。这部资料集的撰写者虽然下了一定功夫,但后来意识到存在严重的时空穿越,故最后决定放弃出版。

[4] 马克思经典文本主要以马克思独著为主,同时包含马克思恩格斯合著的文本,如《德意志意识形态》《共产党宣言》等,为了叙述简要起见,以下均简称为马克思经典文本。

[5] [德]马克思:《马克思致恩格斯的信》(1865年7月31日),《马克思恩格斯文集》第10卷,北京:人民出版社,2009年,第231页。

[6] [美]霍华德:《文艺复兴研究中的新历史主义》,《世界文论》第1期,北京:社会科学文献出版社,1993年,第103页。

[7] [德]马克思:《1857—1858年经济学手稿摘选导言》,《马克思恩格斯文集》第8卷,北京:人民出版社,2009年,第35页。

[8] 瞿秋白:《海上述林》上卷,北京:外文出版社,2013年,第229页。

[9] 参见[德]马克思:《马克思古代社会史笔记》(人民出版社1996年版),《卡尔·马克思历史学笔记》(北京:中国人民大学出版社,2005年)

[10] 参见 M. Puchner, *Poetry of the Revolution: Marx, Manifestos, and the Avant-gardes*, Princeton: Princeton University Press, 2006.

马克思文论话语的互文结构

孙文宪

（华中师范大学文学院，湖北武汉，430079/
湖北文学理论与批评研究中心，湖北武汉，430079）

内容摘要： 马克思对文学艺术问题的阐释往往夹杂在阐述非文艺问题的其他论述，特别是政治经济学的论述之中。这些看似与文学艺术没有直接关系的经济学或哲学论述，实际上构成了理解其文论话语的知识语境，形成了其文论话语特有的互文结构。本文从文本约定性角度指出，正是这种互文结构给马克思的文艺思想赋予了极其深厚的意涵。把握这种互文结构，对深入理解马克思的文艺思想具有重要的意义。

关键词： 马克思文论话语；文本约定性；互文结构

准确理解马克思的文论话语，是把握、运用和发展马克思主义文艺理论的基础，但是许多研究者采取的读解方式，即把马克思的文论话语视为语意单一的文本，认为仅根据话语本身的语意即可把握马克思的文艺思想，实际上却极大地限制了对其文论话语丰富意涵的深度理解。究其原因，就在于这种读解方式完全忽略了语意逻辑上的互文结构是马克思文论话语的一个基本特征。不过要说清楚这一点，还得从马克思文论话语的文本特点说起。

一

主张在哲学层面上研讨文本特性的格雷西亚，根据“文本总是以某种意向为前提”的特点，得出一个重要的推论：“文本是约定的实体”，强调“约定性”是文本最基本的属性之一，并解释说：“文本的约定性是指文本的意义与构成文本的实体之间的关系，因为构成文本的符号的意义与构成文本的实体之间，或文本的意义与那些实体之间并没有自然的语意联系。它们之间的联系来自那些将构成文本的实体用作文本的符号和构成要素的人所建立的约定”；“符号排列的语义意义以及语境的作用也都具有这种约定性特征。”[1]也就是说，文本的约定性是指建立在文本话语逻辑基础上的一种属性，它意味着对文本意义的理解和解释，不能无视言说主体建构的话语逻辑对其文本意涵的约定。从这个角度讲，文本的约定性既是文本意涵生成机制的一种体现，又是对读解活动理解文本意义的一种规约。

对马克思文艺思想的研讨来讲，明确文本的约定性也就是提醒我们，理解马克思的文论话语并不像人们以往所作的那么简单：只要用已有的文学理论知识去解释马克思关于文艺的各种言论就可以了，似乎无须考虑马克思言及文艺问题的话语本身含有怎样的约定性，也不必追问这种约定性是否有悖于我们依据的理论知识。用更通俗的话说，承认马克思文论话语的约定性意味着抬高了理解其文艺思想的“门槛”——如果阐释者不考虑马克思讨论文艺问题的逻辑结构及其文论话语的形成机制，可以说他还没有进入解释马克思文艺思想的大门。借用格雷西亚的话说，如此读解的最大失误就在于把文本符号和文本意义之间的关系看成是自然的，认为马克思用某个术语来讲文艺问题，比如讨论“政治”与“文艺”的关系，他要表达的意思肯定是指二者之间的矛盾甚至对立，就像既有的文艺理论知识所说的那样；却不考虑他对概念符号及其意指意义之间的关系，是否有自己的特殊约定或建构。也就是说，那种传统的研讨方式，几乎从不关心马克思的文论话语和他理论研究话语之间存在的联系，也几乎从不涉及他的文论话语和知识语境之间的关系。当理解和解释活动完全不顾这些约定性对马克思文论话语意涵的规定时，怎么谈得上深刻理解马克思的文艺思想，也不可能发现在那些看似零散无序的文论话语中实际上存在的内在逻辑关系，当然更谈不上发掘这种潜在的逻辑关系给各种具体的文论话语赋予的深层语意了。而那些影响文论话语意义生成的内在要素，如穿行于多种知识语境之间的文论话语在符号编码上的特点及其意涵的复杂性，显然也不在这种研讨的视域之内。总之，当读解者对马克思文论话语的约定性毫无概念时，他是不会把马克思对文艺问题的阐释作为一个文本约定的过程去把握的，从而错失了对马克思文论话语互文结构的认识。

从这个角度看，可以说苏联学者里夫希茨编纂的《马克思恩格斯论艺术》的一个重大缺陷，就在于对马克思文论话语的编辑分类没有遵循话语本身的约定性，导致里夫希兹在编排的体例上只能将马克思的相关言论置于现代文学理论的逻辑结构中，从而遮蔽了马克思言论本身原有的知识语境和讨论文学艺术问题在知识结构上的互文关系。而要改变这种局面，就必须了解马克思文论话语本身具有的约定性，这种约定性体现为互文关系在这些言论意义生成中的规定作用。或者说，马克思文论话语的约定性，集中体现在互文关系对其言论意义生成的规定上。可以说，传统读解方式的诸种失误，皆源于文本约定观念的缺失，以至不能在互文结构的关系中去理解马克思文论话语的丰富意涵。

以观念史研究著称的斯金纳，从观念的意涵会随着历史语境的变迁而发生一定变化的角度，提出了在观念史研究中必须注意，一个看似相同的观念实际上会在不同的历史语境中被思想家赋予并非一致的意涵，他的研究可以说从语境的作用上细化了文本的约定性。斯金纳说，思想史研究“很容易首先碰上一个明显的困难，即关键词语的字面意义有时会随着时间而改变，就是说，一位特定作者可能说到的事情，与可能出现在读者面前的事情，有着截然不同的意义和指涉”[2]。为了克服这种困难，斯金纳强调历史语境主义的方法对思想史研究的重要性，指出在研究中应“尽可能地以文本理解自己的方式来理解文本。首先要理解文本的社会背景——为什么它们会存在？是社会中的哪些问题导致这些文本的产生？其次要理解这些文本自己如何看待它们所使用的概念”。所以他认为在思想史研究中，“以非常不同于我们自己的那种方式来看待文本，是更有收获的思考途径”[3]。就是说，在文本生成的历史语境中理解作者所使用的概念，才能比较准确地把握文本的意义。以此反省在现代文学理论的知识框架中理解马克思文论话语的做法，让我们意识到如此操作的致命弱点，就在于忽略了马克思对文艺问题的思考，是在自己的、完全不同于现代文学理论的知识语境中展开的；即便他使用了一般文学理论研究也在使用的术语和概念，我们也需要进一步追问在马克思的话语系统中，它们被赋予了什么样的特殊语义。正如威廉斯在言及现代文学观念的形成时所说，含有“literature（文学）、art（艺术）、aesthetic（美学的）、creative（具有创意的）与 imaginative（具有想象力的）所交织的现代复杂意涵”的文学理论的形成，实质上是“社会、文化史的一项重大变化”[4]，与康德以降的美学研究趋势和现代学科的构建有着密切的关联。这使威廉斯在他的关键词研究中，特别注重梳理社会存在和历史语境的变迁所引起的语义变异，强调“我们应该对于意义的变异性有所认识，因为意义的变异性呈现出不同的经验以及对经验的解读，且以互相关联却又互相冲突的形态持续下去……在社会史中，许多重要的词义都是由优势阶级所形塑，在很大程度上是由某些行业所操控，因此有些词义被边缘化”[5]。由此来看，辨析在相同概念的使用中语义所发生的变异，是读解马克思文论话语不可或缺的一个环节，因为只有这样才能真正摆脱现代文学理论认知框架对读解马克思的干扰。也就是说，我们能否重建研讨马克思文论话语的知识语境，认真辨析他的文论话语特有的互文结构及其意涵，将直接影响到对马克思主义文学理论的认知。

二

马克思文论话语的约定性，集中体现在互文关系对其言论意义生成的规定上。这种规定主要表现在三个方面。

其一是马克思理论研究的问题域与其文论话语之间的互文关系。由于马克思涉及文艺问题的言论大多缺少具体的分析论证过程，主要是以观点和结论的形态呈现，这就让根据字面意义的读解行为从开始就陷入了一个语意单一的理解空间。而马克思理论研究的问题域则提醒我们，应把文论话语的读解放置在他长期思考的基本问题之中，强调对资本与现代性关系的思考构成了马克思文论话语的深层意涵，这也是对文论话语理解路向的一个规定。互文关系在这里主要体现为马克思理论研究的问题域构成了其文论话语生成的理论语境，同时也说明马克思关于文学艺术问题的各种思考，都可视为其理论研究的重要的组成部分。

其二是马克思的各种著述文本与其文论话语之间的互文关系。马克思文论话语的一个突出特点是关于文学艺术的言论，往往夹杂在阐述非文艺问题的其他论述，特别是政治经济学的论述之中。那些看似与文艺没有直接关系的经济学或哲学论述，实际上构成理解文论话语的知识语境。或者更准确地说，马克思关于各种文艺现象的阐述，实际上与他的理论研究有着极其密切的关联，其文艺思想实际上是在多种知识的参与下才形成的，这使马克思许多文论话语的所指，只有在理解了那些非文艺论述之后才能显示出来。

第三种互文关系是指，对马克思文论话语的读解，必须注意他正式发表的著述和他所留下的大量手稿、笔记之间的互文关系。不同文本之间的这种联系与文论话语之间构成了更复杂的互文关系，其显然增加了理解文论话语的复杂性。随着《马克思恩格斯全集》历史考订版第 2 版（$MEGA^2$）的编辑和出版，人们不仅越来越强烈地意识到马克思的诸多手稿、笔记对理解他的思想理论具有极其重要的意义，而且还发现，在广泛阅读的基础上，通过笔记记录自己的思考，对理论观点进行初步的阐发，然后在这个基础上展开多方面的深入研究，进而形成具有系统性的著述，实际上是马克思从事研究工作的基本方式，也是他特有的写作习惯。这意味着手稿实际上是马克思深入展开理论研究和写作的准备。所以，为了更深入更全面地理解马克思的思想，文本学研究是必不可少的基础与前提，在马克思的手稿和笔记中留下了许多极其丰富但又来不及充分展开的思想观点。在通读和研究了马克思的著述与他的各种手稿的关系之后，"历史考订版"的编辑指出："马克思主义的经济理论是在 19 世纪 40 年代开始形成的。……马克思于 1844 年在巴黎开始从事经济学的研究，在布鲁塞尔继续进行这一工作。他在以后的岁月里制定他的经济理论时，经常引用他在学习英国和法国经济学家著作时所作的篇幅巨大的摘记"；"马克思对他在 40 年代，特别是在 50 年代所搜集的材料，创造性地加以概括和系统化，这一工作所留下的最重要的结果，就是本卷所收的 1857～1858 年写成的三份草稿。这是马克思计划中的经济学巨著的初稿。"[6]从上述文字中可以看出，"历史考订版"的编辑们通过文本研究，已经发现了马克思后来的著述与其笔记之间有着极其密切的关系，甚至可以说，相关笔记几乎可以视为马克思后来著述的初稿。其中有些观点和论述之所以在后来的著述中没有出现，是因为马克思已出版的著述尚未涉及与之相关的论题，而不是马克思放弃了这些观点。就像下面讲的："另一个未完成的草稿《导言》是 1857 年 8 月底写成的。马克思后来决定不把它们发表出来，是因为在他看来，'预先说出正要证明的结论总是有妨害的'。"[7]从这里可以发现马克思的手稿与著述之间的互文关系构成了理解他的文学言论的新语境，从中可以发现文论话语更复杂的互文结构，从而使相关的读解活动在话语意义的追溯上不得不游弋于多重互文关系之中。

正是这些存在于文本之间的互文关系，构成了马克思文论话语的互文结构，以致使以任何方式进行的、仅仅停留在字面意义上的读解，都无法达到其意指的境界。正是基于马克思文论话语本身具有的这种互文结构，我们才提出互文阅读是理解马克思文艺思想最为有效的方式。

马克思文论话语的互文结构还提醒我们，对其文论话语的片段性和零散性需要做出具体分析。所谓的片段性和零散性，是指马克思关于文艺问题的许多阐述往往缺乏完整性，一般都是仅有观点而缺乏论证分析的展开过程，而且这些言论之间也似乎缺少逻辑上的关联。但是若把这些言论放在马克思言说它们的实际语境中看，应该说许多文论话语在其具体语境中实际上是完整的，只是这种意思的完整性不是对单纯的文艺内容来讲的，而是对话语整体，即结合经济学或哲学问题来讲文艺而言的。与审美相关的被摘出的那些片段短语，实际上只是阐述马克思文艺思想的一个组成部分。所以，对这类文论话语的解读来讲，首先应注意到它的互文结构，以及在这种互文结构中所呈现的不同于现代文学理论的另一种文艺思想即马克思主义的文艺理论。

认识马克思的文论话语具有互文结构的意义在于，对马克思文论话语的解读方式必须要有与之相应的转变方式，即提出与话语互文结构相对应的互文阅读的读解方式。马克思为什么在他的理论研究，特别是政治经济学研究中要涉及文学艺术问题？恐怕不能把这个现象仅仅解释成了让枯燥的经济学分析更生动一些。这个问题换一个说法就是，马克思为什么要将他对文学艺术问题的思考，融入对政治经济学或哲学问题的阐释？如果说马克思的政治经济学研究是对资本现代性的揭示、分析和批判的话，那么，文学艺术实际上是他展开和深化这种分析批判的一个视角或场域。说得更简要一些，马克思认为文学艺术是揭示、分析和批判资本现代性的重要依据。马克思关于文学艺术问题的研究正是在这种思路和这个语境中展开的。马克思主义文学研究范式也是在这个基础上形成的。若这个解释不无道理，那么，它意味着在马克思看来，文学艺术活动与资本现代性之间存在着对立和矛盾。沿着这个思路去思考马克思的文学言论和马克思主义文学研究范式，或许会有新的发现。

三

马克思关于文艺问题和美学问题的各种阐述，大都散见于其研讨其他问题的文字中。在非文艺理论的语境中阐述文学艺术问题，是马克思研讨文艺问题的一个重要特点。以传统的眼光看，这个现象似乎真像某些批评家所说的，马克思的文艺批评实际上是用非专业的话语和理论来讨论文艺问题的。但是若立足于现代文本观念，在互文关系中来理解马克思的文论话语，人们却会发现，正是这种不受专业限制的思路，为马克思的文艺阐释构建了一个全新的场域，批评话语也因此有了互文结构，形成文论话语和政治经济学话语或哲学话语的交织与重叠，从而有了在多重话语的张力之间展开的阐释，达到一般批评难以企及的深度。这个由互文结构所规定的阐释空间，既为马克思的文艺之思提供了开阔的场域，又向读解活动提出了在互文关系中理解马克思文论话语的要求。

首先提出互文性概念的克里斯蒂娃，对互文性在文本意义产生上的作用，曾从源头上给予了更深刻的解释。她说，作为一个与文本研究密切相关的术语，互文性概念虽然是她提出的，但是互文意识的萌发，却是来自巴赫金的对话理论给予的启发，克里斯蒂娃说："我明确地将这种文本对话性称为'互文性'。"[8]它意味着对话性是理解文本互文性的一个基础或前提；换句话说，互文关系从根源上讲形成于对话关系。这说明文本中的互文现象，不仅体现了主文本与次文本之间的借鉴关系，同时也是指不同文本之间的对话与交流，而对话性的互文关系则促成了文本既有的观念由于受其他文本的影响而发生一定的变化。从这个意义上讲，对话性的互文关系实际上也是促成文本意义形成以及发生某种变化的一种动因，甚至可以理解为促成意义转化的一种机制。以对话性诠释互文性，对理解马克思文论话语的互文结构，以及通过互文阅读的方式来读解马克思的文论话语，都具有重要的启发性。

以建立在对话关系基础上的互文观来看马克思文论话语的互文性，对理解他的文论话语的重要意义在于深化和拓展了对文论话语互文结构的认识，就是说，马克思的文论话语和他的政治经济学话语、哲学话语之间的互文关系，并不是简单的引用关系，而是把后者作为一种知识语境或知识基础，在对话、交流的意义上介入文论话语的语意重建，从而影响到对文艺现象或相应概念的理解。马克思提出的“艺术生产”概念，无论是从概念本身来看，还是就其所指的思想内涵而言，都可以理解为两种不同的知识话语对艺术本体及其功能展开对话之后的产物。这种对话形成了政治经济学知识与文学理论知识的交流融汇，进而产生了将两种话语融会贯通的马克思的文论话语，艺术生产概念及其意涵正是在这种互文、交融的关系上产生的。作为一个形成于互文关系的观念或理论，艺术生产既关注文艺活动自身的特点与规律，又强调这种艺术特点、艺术规律的形成与物质生产、精神生产乃至人自身生产之间的关系。下面的事例或许可以说明这一点。

关于弥尔顿的创作，马克思曾经说过一段话，在马克思主义批评阐释文艺创作的文本中经常被引用，许多人对此大概都不陌生：“弥尔顿出于同春蚕吐丝一样的原因而创作《失乐园》，那是他的天性的表现。”[9]就这段引文的字面语义看，似乎马克思是在强调真情实感对于诗人和诗歌的重要性，并认为这种情感是不可压抑的天性的自然流露。其实上述引文只是一个摘录，马克思以弥尔顿出售手稿为例的讨论，重点也不在这里。比较完整的原话实际上是这样的：

> 同一种劳动可以是生产劳动，也可以是非生产劳动。
>
> 例如，弥尔顿创作《失乐园》得到5镑，他是非生产劳动者。相反，为书商提供工厂式劳动的作家，则是生产劳动者。弥尔顿出于同春蚕吐丝一样的原因而创作《失乐园》，那是他的天性的表现。后来，他把作品卖了5镑。但是，在书商指示下编写书籍（例如经济学大纲）的莱比锡的一位无产者作家却是生产劳动者，因为他的产品从一开始就从属于资本，只是为了增加资本的价值才完成的。一个自行卖唱的歌女是非生产劳动者。但是，同一个歌女，被剧院老板雇用，老板为了赚钱而让她去唱歌，她就是生产劳动者，因为她生产资本。[10]

与上述言论近似的文字，在马克思1863年至1865年的《资本论》手稿中也出现过[11]，这说明围绕着弥尔顿《失乐园》稿酬问题所做的思考，对马克思来讲至少有数年的时间，显然是他长期都在关注的一个话题。

回到这段论述的全文，就会发现马克思在这里要说的，并不是那段常被引用的文字含有的意思，即天性自然流露的真情实感对于文艺创作有多么重要；马克思在这里是通过古典政治经济学所关注的一个话题，即如何区分生产者与非生产者，来讨论生活在现代社会中的诗人和艺术家都会面临的一个难题，即如何在精神追求和物质利益之间做出自己的选择。从互文结构的角度看，这段话既涉及古典政治经济学，也与马克思的诸多文本有关。

关于生产劳动和非生产劳动，古典政治经济学家亚当·斯密做了如此区分，他说：“有一种劳动，加在物上，能增加物的价值；另一种劳动，却不能够。前者因可生产价值，可称为生产性劳动，后者可称为非生产性劳动。”在亚当·斯密看来，君主和他的官吏以及军队，都属于非生产劳动者，因为他们的劳动不生产价值。而文人、演员、歌手、舞蹈家的劳动，虽然也有若干价值，“但这一类劳动中，就连最尊贵的，亦不能生产什么东西供日后购买等量劳动之用”[12]，所以他们也是非生产劳动者。亚当·斯密关于生产劳动和非生产劳动的学说得到马克思的高度评价，认为其中包含着深刻的批判内容；但同时又指出，在区分生产劳动与非生产劳动时，斯密把一些不同质的东西混淆在一起了。马克思从创造剩余价值的角度，对二者做了这样的区分：“从资本主义生产的意义上说，生产劳动是雇佣劳动，它同资本的可变部分（花在工资上的那部分资本）相交换，不仅把这部分资本（也就是自己劳动能力的价值）再生产出来，而且，除此之外，还为资本家生产剩余价值”；“什么是非生产劳动，因此也绝对地确定下来了。那就是不同资本交换，而是直接同收入即工资或利润交换的劳动。”[13]并明确指出：“这些定义不是从劳动的物质规定性（不是从劳动产品的性质，不是从劳动作为具体劳动的规定性）得出来的，而是从一定的社会形式，从这个劳动借以实现的社会生产关系得出来的。”[14]强调生产劳动与非生产劳动的区分并不像亚当·斯密所说的那样，是取决于劳动的物质规定性，它们的区分实际上是由社会生产关系决定的。紧接着马克思就谈到了艺术家和作家，指出：“一个演员，哪怕是丑角，只要他被资本家（剧院老板）雇用，他偿还给资本家的劳动，多于他以工资形式从资本家那里取得的劳动，那么，他就是生产劳动者”；“作家所以是生产劳动者，并不是因为他生产出观念，而是因为他使出版他的著作的书商发财，或者说，因为他是一个资本家的雇佣劳动者。”[15]从马克思的这些分析中可以看出，区分生产劳动与非生产劳动的关键，或者说区分作家艺术家究竟是生产劳动者还是非生产劳动者的关键，就在于是否生产了剩余价值，也就是能否让资本赚取利润。一旦理解了这一点，那么马克思为什么在论及“同一种劳动可以是生产劳动，也可以是非生产劳动”时，要提出弥尔顿《失乐园》的稿酬也似乎有了答案：马克思担忧的是当精神生产的产品也要进入市场，也将作为商品来出售时，作家的创作还会像春蚕吐丝那样出自真诚的天性吗？所以会有这样的设想，是因为在马克思不同时期的诸多文本中，都涉及这个话题。如在1842年写就的《第六届莱茵省议会的辩论（第一篇论文）》中，马克思写道：“作家当然必须挣钱才能生活，写作，但是他决不应该为了赚钱而生活，写作”；“诗一旦变成诗人的手段，诗人就不成其为诗人了。”[16]在1848年发表的《共产党宣言》中指出：“资产阶级抹去了一切向来受人尊崇和令人敬畏的职业的神圣光环。它把医生、律师、教士、诗人和学者变成了它出钱招雇的雇佣劳动者”，“它使人和人之间除了赤裸裸的利害关系，除了冷酷无情的‘现金交易’，就再没有任何别的联系了。”[17]在《剩余价值理论》中，马克思再次强调，在资产阶级社会中“一切职能都是为资本家服务，为资本家谋‘福利’；连最高的精神生产，也只是由于被描绘为、被错误地解释为物质财富的直接生产者，才得到承认，在资产者眼中才成为可以原谅的”[18]。法国年鉴学派的历史学家费夫贺对弥尔顿《失乐园》稿酬事件的考证，为理解马克思的论断提供了历史资料，也可以视为马克思文论话语互文结构的一个组成部分。费夫贺指出，在17世纪的英国，也就是弥尔顿生活的那个时代，图书市场还没有形成，作家的权益也毫无保障，往往是一份手稿出售给出版商就等于卖断了，而后书印得再多，出版利润再大，都与作家本人无关。后来英格兰有些出版商开始承诺，未经作家同意他们绝不再版。正是在这个背景下，费夫贺说："弥尔顿在1667年4月27日，以5英镑将《失乐园》售于西门斯之际，西门斯允诺，只要第一版印出的1300本售完，将另外致酬5英镑；若有机会印制第二与第三版，且顺利出清，还会追加同额的稿费。"[19]通过这些文本构成的互文关系，再来看马克思涉及弥尔顿的上述言论，它的丰富意涵显然远远超出了从字面上理解的语义；马克思真正要说的并不是真情实感对文艺创作的重要意义，而是提出了一个对今天而言仍然有着重大现实意义的问题，那就是在市场经济、商品生产的时代，艺术生产还能保有其作为精神生产乃至人自身生产的价值吗？

在这里还需要特别说明的是，互文阅读虽然是一种读解马克思文论话语的方式，其中不乏读解技巧或读解策略的成分，但我们对互文阅读的强调绝不是主观人为的，而是因为互文阅读和它的读解对象之间存在着客观的对应关系，即互文阅读是针对马克思文论话语本身具有互文结构的特点来讲的；正是存在于马克思文论话语之中的互文结构，我们才提出与之对应的互文阅读。

＊本文系国家社科基金重大项目"马克思主义文学批评经典重铸与当代拓展研究"【19ZDA263】阶段性成果。

注释：

[1]［美］格雷西亚：《文本：本体论地位、同一性、作者和读者》，汪信砚，等译，北京：人民出版社，2015年，第6～7页。

[2]［英］斯金纳，等：《〈语境中的哲学〉导言》，刘智宏译，贺照田主编：《并非自明的知识与思想》下册，长春：吉林人民出版社，2011年，第248页。

[3]［英］斯金纳：《谈文本的解释》，赏一卿译，李强，等主编：《国家与自由：斯金纳访华讲演录》，北京：北京大学出版社，2018年，第21页。

[4]［英］威廉斯：《关键词：文化与社会的语汇》，刘建基译，北京：生活·读书·新知三联书店，2005年，第272页。

[5]［英］威廉斯：《关键词：文化与社会的语汇》，刘建基译，北京：生活·读书·新知三联书店，2005年，第18页。

[6]《关于马克思1857～1858年经济学手稿——〈马克思恩格斯全集〉历史考订版第2部分第1卷前言》，沈渊译，《马克思主义研究资料》第5卷，北京：中央编译出版社，2014年，第3～5页。

[7]《关于马克思1857～1858年经济学手稿——〈马克思恩格斯全集〉历史考订版第2部分第1卷前言》，沈渊译，《马克思主义研究资料》第5卷，北京：中央编译出版社，2014年，第6页。

[8]［法］克里斯蒂：《主体·互文·精神分析》，祝克懿，等译，北京：生活·读书·新知三联书店，2016年，第11页。

[9]［德］马克思：《政治经济学批判(1861年～1863年手稿)》，《马克思恩格斯文集》第8卷，北京：人民出版社，2009年，第406页。

[10]［德］马克思：《政治经济学批判(1861年～1863年手稿)》，《马克思恩格斯文集》第8卷，北京：人民出版社，2009年，第406页。

[11]参见［德］马克思：《资本论(1863～1865年手稿)摘选》，《马克思恩格斯文集》第8卷，北京：人民出版社，2009年，第526～527页。

[12] [英]亚当·斯密:《国民财富的性质和原因的研究》上卷,郭大力,等译,北京:商务印书馆,1974年,第304页。

[13] [德]马克思:《政治经济学批判(1861年～1863年手稿)》,《马克思恩格斯全集》第33卷,北京:人民出版社,2004年,第136～141页。

[14] [德]马克思:《政治经济学批判(1861年～1863年手稿)》,《马克思恩格斯全集》第33卷,北京:人民出版社,2004年,第142页。

[15] [德]马克思:《政治经济学批判(1861年～1863年手稿)》,《马克思恩格斯全集》第33卷,北京:人民出版社,2004年,第142～143页。

[16] [德]马克思:《第六届莱茵省议会的辩论(第一篇论文)》,《马克思恩格斯全集》第1卷,北京:人民出版社,1995年,第192页。

[17] [德]马克思:《共产党宣言》,《马克思恩格斯文集》第2卷,北京:人民出版社,2009年,第34页。

[18] [德]马克思:《剩余价值理论》,《马克思恩格斯全集》第26卷第1册,北京:人民出版社,1975年,第298页。

[19] [法]费夫贺、马尔坦:《印刷书的诞生》,李鸿志译,桂林:广西师范大学出版社,2006年,第157页。

马克思“人的本质”观中的时间维度探究

王海龙

（华中师范大学文学院，湖北武汉，430079/
湖北文学理论与批评研究中心，湖北武汉，430079）

内容摘要：马克思关于“人的本质”的思想包括其博士论文中的“自我意识本质说”，《关于费尔巴哈的提纲》第六条对费尔巴哈的“关系本质说”的批判，以及《1844 年经济学哲学手稿》中的“实践本质说”。由于时间在马克思那里是人的本质在感性上的一种具体表现，因此对于马克思人的本质思想的研究可以从时间这一视域进行一番有益的探究，以提供多一种理解。而马克思这三个阶段对于时间的研究是不尽相同的，所以他的人的本质的思想可以从相应阶段中对感性时间、对社会必要劳动时间的分析与批判、对自由时间的不同论述中得到进一步的阐明。马克思的时间观与其“人的本质”观具有内在的一致性。

关键词：时间；“人的本质观”；“自我意识本质说”；“关系本质说”；“实践本质说”

马克思关于人的本质的思想与其关于时间的思想具有一种相关性。这是因为，时间在马克思那里是人的本质在感性上的具体表现之一。在他的博士论文和《关于费尔巴哈的提纲》第六条（以下简称“第六条”）以及《1844 年经济学哲学手稿》（以下简称《手稿》）等著作中，马克思对人的本质的论述都直接或间接地与人的感性相关联，而时间则是其中的一个重要表现要素。与马克思不同阶段关于人的本质的论述相对应，他的时间观也有一个发展过程，虽然我们从其时间观并不必然推出其人的本质理论，但是，在马克思的人的本质理论之下来分析其时间观会有更清晰的把握。

目前学界对马克思的人的本质思想争论不一，先后提出了“（社会）关系本质说”“实践（或自由自觉的活动、劳动）本质说”“需要本质说”“思维本质说”“历史生成本质说”“整体本质说”，以及综合某些观点的“多元本质说”等不同观点，张奎良先生经过系统梳理后指出，马克思在 1843 年末至 1845 年初的一年半时间内，先后提出了六个人的本质的定义：人是人的最高本质、人的类本质、人的发展本质、人的共同体本质、人的社会联系本质和人的社会关系总和本质[1]。但大体来看，以关系本质说和实践本质说影响最大。本文除了对这两种观点进行分析、取舍之外，还指出马克思其实在博士论文中所主张的是一种“自我意识本质说”。除此之外，由于马克思在不同时期所主张的人的本质观都涉及时间，因此从马克思在不同时期对时间的不同论述出发，就能够对他关于人的本质的思想进行更深入的考察与论证。

一、关于马克思的“人的本质”观的几种观点

国内对马克思关于人的本质的思想形成了一个传统的观点，认为马克思在第六条中的论述就是其关于人的本质的主张。第六条这样说：

> 费尔巴哈把宗教的本质归结于人的本质。但是，人的本质不是单个人所固有的抽象物，在其现实性上[2]，它是一切社会关系的总和。费尔巴哈没有对这种现实的本质进行批判，因此他不得不这样做：一，撇开历史的进程，把宗教感情固定为独立的东西，并假定有一种抽象的——孤立的——人的个体。二，因此本质只能被理解为“类”，理解为一种内在的、无声的、把许多个人自然地联系起来的普遍性。[3]

在学界的传统中，一方面将第六条解读为“人的本质是一切关系的总和”，另一方面认为《手稿》中关于人的本质是“自由自觉的活动”的论断，是不成熟的马克思的人道主义观点，马克思后来扬弃了这一观点，所以认为“关系本质说”才是马克思相关论述的最终旨趣。

然而，自20世纪80年代末以来，对第六条的解读就有不同的理解，即主张马克思在第六条中所考察的是人的现状，基于现状所进行的反思的结果就是《手稿》中把“自由自觉的活动”作为人的本质，强调人的实践本质具有对人的现实性的超越性，由此形成了“实践本质说”。刘纲纪指出：“人的本体不是什么同人的生活的实践创造无关的、凌驾于人的生活的实践创造之上的神秘的存在。它存在于人的生活的实践创造之中，它就是这种创造的产物。这种创造是没有止境的，因此人的本体的存在和发展也是没有止境。”[4]很明确地指出了人的本体与人的生活的实践创造密切相关，认为物质生产实践决定了人的本体的存在和发展，并由此提出了实践本体论。

尤西林则从科学与哲学的区别的角度区分了“关系本质说”和“实践本质说”背后的理论前提，并在此基础上肯定了“实践本质说”。尤西林指出，“关系本质说”是一种唯科学主义的主张，它将人视为科学的对象，也即视为可以量化的现实实体来看待。这是因为马克思在第六条中的限定——“在其现实性上”被人们忽视了，由此才得出“人的本质是社会关系的总和”的简单论断。对此，尤西林尖锐地指出：“本质与现状的直接同一性是非人的物性。”所以马克思才主张：“动物和自己的生命活动是直接同一的。动物不把自己同自己的生命活动区别开来。它就是自己的生命活动。人则使自己的生命活动本身变成自己的意志和意识的对象。”[5]尤西林认为，人的本质不是科学有限性思维的对象，而是哲学无限性思维的对象，它不是实体而是本体。因此从哲学的角度来看，人的本质是无限自由的劳动，它构成了“美的规律”，对象化的劳动势必使“人类不仅像在意识中那样历史地而且勤劳地、现实地把自己二重化起来”[6]。“这种本质与现状永无止境的二重化对立统一运动，正是人类超越有限存在走

向无限可能性的自由。”[7]因此他主张，“关系本质说”只是对人的本质的现状的刻画，自由的实践才是人的本质，实践才能使人获得哲学层面上的超越性。

“实践本质说”被一些研究者对文本的细致考察进一步证实了。曹永成认为，在费尔巴哈的《因〈唯一者及其所有物〉而论〈基督教的本质〉》中，费尔巴哈自己以第三人称说：“费尔巴哈把人的实体仅仅置放在社会性之中，他（指费尔巴哈自己——引者按）是社会的人，是共产主义者。”[8]因此他主张，费尔巴哈其实自己已经主张人的本质就是社会关系的总和的说法。只不过正如马克思所言，由于费尔巴哈“把人只看作是‘感性的对象’，而不是‘感性的活动’”[9]，因此他对人的本质的认识还是局限在感性直观的自然主义上，也就没有认识人的社会关系的实践本质[10]。

孙熙国通过对比德文本、英文本，指出1972年版的《马克思恩格斯选集》把《关于费尔巴哈的提纲》第三条译为“环境的改变和人的活动的一致，只能被看作是并合理地理解为革命的实践”是错误的，应该译为“环境和人的活动的改变的一致，只能被看作是并合理地理解为革命的实践”，或者“环境的改变和人的活动的改变的一致，只能被看作是并合理地理解为革命的实践”，进而借此反对“关系本质说”，主张“实践本质说”[11]。

宋惠芳也从文本辨析入手，通过对马克思《关于费尔巴哈的提纲》的整体内容和1845年前后的著作的梳理考察，指出马克思并没有将“社会关系的总和”简单地定义为人的本质，而是非常重视实践的意义，认为实践才是人之为人的根本，并因为实践而使“人的社会关系的总和”这个现实特质得以生成，从而提出了“实践生成论”的观点[12]。

曹峰指出，马克思说费尔巴哈没有批判这种现实的本质时，他是对费尔巴哈的人的现实本质的批判；借此，曹峰区分人的现实本质和理想本质，主张“实践本质说”[13]。刘振怡的主张与曹峰相似，只不过他用既定性和创造性来划分人的本质，既主张现实生活中的人具有自然性、活动的对象性、社会性等性质，又认为人的本质也是不断生成的，在人类社会发展的过程中，人自身在不断地自我确证、自我创生[14]。从马克思人的本质学说与传统人学的根本区别、实践生成人的本质、实践与“社会关系的总和”的关系三个层面对马克思人的本质的实践生成论进行详细阐述，并试图揭示马克思的实践生成论思维方式所具有的重大理论意义与现实意义。

显然，理解第六条的关键在于“在其现实性上”。当马克思在谈论人的本质的现实性方面时，他并不是在阐明自己的观点，而是费尔巴哈的观点。因为下文紧接着就指出，费尔巴哈没有批判这种“现实的本质”，而“现实的本质”就是人的本质的现实性的同义词。从理论外部来说，只有费尔巴哈主张人的本质的现实性即人的现实本质之后，马克思才能指责他没有对之进行批判。我们借此可以推出，马克思在此所认同的关于人的本质的思考不是指人的现实本质。从理论内部而言，由于费尔巴哈把人看作感性的对象而非感性的活动，因此实际上主张人是抽象的、孤立的个体，最终主张人的本质是一种抽象的、没有历史发展的普遍性，也就是一种静态的社会关系的总和。

与费尔巴哈所讲的这种人的本质的现实性不同的是，马克思在博士论文中主张人的本质是自我意识，在《手稿》中则主张人的本质是“自由自觉的活动”即实践。自我意识是青年马克思在受到青年黑格尔派的影响下对人的本质的认识，即“自我意识本质说”，这种思想在后来被马克思自己扬弃掉了；而人的实践本质的主张，则是马克思的实践哲学的题中之义，所以“实践本质说”是他最终的理论旨趣。

马克思对人的本质的主张或态度可以从他不同阶段关于时间的观点中得到某种程度的解释，或者说，马克思的时间观是对其人的本质思想的一种确证。人的自我意识说明人努力挣脱自然的定在所体现的能动性，在感性时间中显示自己的存在；关系本质说则突出人创造出了劳动产品，但却被社会必要劳动时间所束缚，这是马克思所批判的对象；而实践则意味着人基于现实性而对现实性的超越，这种超越带来人的全面自由发展，展露出的是人的自由时间。

二、自我意识本质说中的感性时间

马克思的博士论文带有他年轻时代的青年黑格尔唯心主义的烙印，相应地，他对人的本质的理解就是自我意识，从自我意识出发，马克思把时间理解为努力挣脱自然的物质性的感性时间。因为感性时间是意识的可能性的直接表达，它表现人作为未被异化的存在的本已的状态，也是缺乏现实力量的状态。

首先，通过对伊壁鸠鲁的原子偏斜运动的阐释，马克思用青年黑格尔的自我意识来解释自然。在马克思看来，伊壁鸠鲁主张原子的偏斜运动，它作为原子的纯粹形式规定，否定了体现原子的物质性的下落运动。偏斜是原子的真正的灵魂，即抽象个别性概念，它否定了物质性的外在的、必然的定在，体现偶然的、自由的定在，正是偏斜使原子得到了规定，即偏斜是原子的本质特征。原子的偏斜运动被马克思解释为自我意识的自由的体现，自我意识通过概念这种纯粹形式来把握原子，这样就把原子的偏斜运动理解为原子的抽象个别性；而原子的物质性则是原子的抽象个别性通过概念使之观念化而克服的对象。其次，借助对伊壁鸠鲁的自然哲学的解释，具有主体性的自我意识被马克思视为世界的本体。“因此，正如原子不外是抽象的、个别的自我意识的自然形式一样，感性的自然也只是对象化了的、经验的、个别的自我意识，而这就是感性的自我意识。所以感官是具体自然中的唯一标准，正如抽象的理性是原子世界中的唯一标准一样。”[15]偏斜运动中的原子的抽象的自我意识外化出具体事物的个别的自我意识，抽象自我意识所构成的原子世界是本质世界，遵循抽象理性的法则；个别的自我意识构成具体自然，感官是具体自然的唯一标准。自我意识成为马克思的一个本体论概念。

由此马克思认为，人的本质就是（抽象）自我意识。可以说，马克思在博士论文中对自我意识的强调是对青年黑格尔派鲍威尔思想的继承，这使他颠覆了传统哲学中的上帝存在证明所主张的神学本体论：“对神的存在的证明不外是对人的本质的自我意识存在的证明。”[16]抽象自我意识就是人的自我意识，而人的自我意识就是人的本质，上帝证明就是人的本质的证明。

在确立自我意识的本体论地位之后，具体自然的原则也得以奠定，这就凸显了感性时间在具体自然中的意义。“事物的时间性和事物对感官的显现，被设定为事物本身的同一个东西。”[17]感官是具体自然的唯一标准，感官所直观到的对象无一不在时间中显现出来。所以时间是“现象的绝对形式”，我们把这种时间称为感性时间。追求确定性与普遍性是西方形而上学的特性，永恒不变的真理排除了感性时间，因而排除了任何变化，德谟克利特对原子的空间化阐明就体现了这一点。反之，伊壁鸠鲁指出，本源的感性时间没有被实体化成可以用钟表等计时器计量的东西，它就是事物的感性存在方式（在马克思看来，这种存在方式又只是在自我意识所产生的现象世界中的）。因此，事物才不囿于空间的定在而失去了表现自身的其他可能性。时间作为现象的主动形式是对作为现象的被动形式的空间的否定，原子正是在时间之中才产生了它在现象即具体自然中的运动，从而显明自己的独特的存在方式，或者说，时间使原子从静止的必然规律之中挣脱开来，获得了自己的自由的运动方式。这使得时间突出了自我意识的能动性。并且，这种时间必须经过人的感性才能得到理解。现象自然是自我意识的对象化的结果，现象自然中的物体的运动被自我意识所支配的感性所把握，时间就在感性中体现出来。“时间就是感性知觉的抽象形式”，感性时间不仅是人，也是自然的外在规定，因而它同时沟通了感性存在的事物与人，使事物与人处在互相生成、互相显现的不断涌现之中，“因此人的感性就是形体化了的时间，就是感性世界存在着的自身反映”[18]。不过，这里的时间只是自我意识借助感性所知觉到的时间，它囿于自我意识的钳制，没有获得现实力量，所以就限制了人的全部本性的实现。

马克思以作为人的自我意识之感性表象的感性时间，彰显了人的本源的存在，但这还不是真正的自由；人的感性是人原始的特性，人要获得自己的现实力量，还需要经过理性的规定，参与到与他人、从而与社会的联系之中，这就是人的原始存在在社会中的异化，也是社会时间否定、对抗感性时间的过程。换言之，感性时间只是人的本质的空乏的感性形式，因而就是人的本质的非现实性表达，这种形式的有效性还需要社会关系的充实。感性时间因此必然被实现为社会必要劳动时间。

三、关系本质说中的社会必要劳动时间

费尔巴哈的关系本质说是对资本主义社会中的人的异化现实的理论总结，社会必要劳动时间则是对人的现实本质的感性规定。虽然马克思没有明确把人的异化现实与费尔巴哈的人的现实本质等同起来，但是两者本质上是一样的。因为劳动各个环节所规定的工人的社会关系被资本家所维持，生产越发展，工人的社会关系越丰富，但在这种发展着的社会关系中，工人永远只是被资本家当成静止的、谋利的工具，被捆绑在各种社会关系之中，没有自由可言。然而，费尔巴哈没有看到人的实践活动的本体论意义，仅仅将人的现实本质视为一切关系的总和，没有看到人可以通过实践活动超越这种现实本质。因此，“正是在共产主义的唯物主义者看到改造工业和社会结构的必要性和条件的地方，他却重新陷入了唯心主义”[19]。这种唯心主义对社会的改造，因而产生对人的本质的静态的、抽象的理解，是和资本主义生产中的工人的异化现实相一致的。为此，马克思一方面在第六条和《手稿》中对异化，进而对人的现实性本质进行哲学上的分析和批判；另一方面在《资本论》中用严密的社会科学方法对产生

它的经济现实与社会必要劳动时间进行了抽象的科学分析。

《手稿》中对人的本质的哲学分析与马克思对费尔巴哈人学思想的批判是一致的。从现实的经济生产出发，马克思描述了资本主义经济下雇佣工人普遍异化的事实。资本家将工人生产的劳动产品换成商品，获得剩余利润，补充其生产资料，进一步使工人受其控制。于是，商品世界的价值总量越是提高，人的丰富性越是被抛弃，从而贬值成生产重复的商品的工具。这造成劳动产品与工人的对立，“劳动的这种现实化表现为工人的非现实化，对象化表现为对象的丧失和被对象奴役，占有表现为异化、外化”[20]。这样的对象化、异化还不断地持续着，工人不仅成为劳动对象的奴隶，也是他的生存资料的奴隶。本来，对象化是人的基本能力，生产就是这种对象化的一种表现；然而在资本支配下生产效率的提高所要求的单一的对象化就是异化，异化使人变成非人的存在。这种非人的存在本质上与费尔巴哈通过静态的感性直观所把握到的人是一样的：都用一种唯心主义的视角将人作为抽象的对象来分析，忽视了人自身的主体性。工人的这种非人的生活尤其表现在生产行为的过程之中。一方面，资本主义经济的分工使工人成为生产流水线上的一个零件，进行单调、枯燥、机械、重复的劳动，人变成了生产劳动产品的工具。另一方面，雇佣工人作为动物而存在，像动物一样有自己的感性存在和将他们实现出来的本能。相应地，马克思指出，在费尔巴哈那里，人是感性直观的对象，是抽象的“一般人”，人的情感只是观念性的。

马克思进而从人的类本质入手，更深刻地揭示了人在异化状态之下的非人的生存。意识是人与动物的区别，人的意识使人获得了自然、社会和自身发展规律的普遍性。在人的眼中，事物既是客观认识的对象，也是主观审美的对象，因为人也按照美的规律来构造对象。人以自己的能动的认识能力把握了事物的本质和规律，并且在认识能力的发展过程之中也不断批判地认识自己的认识能力，从而能够“按照任何一个种的尺度来进行生产”，还把握事物的内在尺度[21]，赋予事物以人文审美的意义。这是人与动物的区别。但异化劳动使雇佣工人的自由活动贬低为维持肉体生命的手段，从而不仅人的肉体，而且人的意识也成为生产劳动产品的工具：人远远背离了自己的类本质。当然，这种类本质是费尔巴哈所没有认识到的。

在《资本论》中，马克思通过对资本主义社会的政治经济学分析来揭示这种普遍异化的本质，这样的分析是对知性思维模式的经济对象——凝结在商品上的社会必要劳动时间——来进行的。商品具有使用价值和交换价值，前者是后者的基础，决定使用价值的是有目的的不同质的具体劳动，决定交换价值的则是同质的抽象人类劳动。社会必要劳动时间是对凝结在商品中的一般的抽象劳动的量化。与体现人的全面本质的具体劳动相比，知性思维模式所指导之下的抽象的人类劳动“只是无差别的人类劳动的单纯凝结，即不管以哪种形式进行的人类劳动力耗费的单纯凝结”[22]。对商品的交换价值的不断追逐，要求单个商品所要消耗的社会必要劳动时间不断减少，工人的劳动也就越来越抽象化，他们作为劳动资料也就被分割得越严重。社会生产的无止境进行要求以社会必要劳动时间作为标准，当人以社会必要劳动时间来生产商品时，人也被社会必要劳动时间规定了。

在对社会必要劳动时间的无限缩短的要求下，雇佣工人不仅生产作为商品的劳动产品，还生产同他们相异化、成为他们异己的存在的生产关系——资本主义。资本使资本家的逐利行为进入无休止的运动。支撑资本运行的总公式“G-W-G”的是价值，资本家作为价值的拥有者，实际上也沦为价值实现自身的工具，因而生产的两级都成为社会必要劳动时间的奴隶。无尽头匀速流逝的社会必要劳动时间借助日益精密、复杂的社会关系与社会结构，成为使前工业时代的社会发生天崩地裂巨变的撒旦，人与人之间的关系被异化成资本的流通关系。“资本—利润（企业主收入加上利息），土地—地租，劳动—工资，这就是把社会生产过程的一切秘密都包括在内的三位一体的公式。”[23]资本统治着凝聚在地租之中的自然时间、在商品之中的社会时间和在工资之中的私人时间，因而，它不再是一种个人力量，而是一种社会力量。

在资本所主导的社会生产中，社会必要劳动时间的特点是同质性、原子性、单一性、前进性；相应地，无论是工人本身，还是工人的生产行为与类本质，都在社会必要劳动时间的统治下被同质化、原子化、单一化、加速化。“本质与现状的直接同一性是非人的物性。”人的本质与人的现状等同起来，社会必要劳动时间以及据此所确定的社会关系就是这种等同的物化表现。马克思借助社会必要劳动时间揭露了在资本主义社会中被异化的人的现实本质，社会必要劳动时间对感性时间的充实被知性的单一的独断所压制。因而，这样的充实必须被超越。人作为实践的辩证法的主体，是能够肯定自己与他物的区别的动物，也是能够否定自己的空洞的存在的人，更是能够对非我的存在进行自我否定的个体，“自我异化的扬弃同自我异化走的是同一条道路”[24]。马克思指明了这种超越的道路：不是简单地否弃知性思维模式，而是通过自由自在的实践来超越知性活动和人的现实本质，因此，时间在实践中突破知性的限制，自为地构造自身。实践的这种超越是对人的本质的理想性的揭示，也是人对自由时间的追求。

四、实践本质说中的自由时间

以实践本质说来取代关系本质说，可以解释这样一个问题：艺术何以产生？如果一个人的本质越是深刻、丰富，那么他就越能创作出优秀的艺术品。而当我们主张人的本质就是一切社会关系的总和时，就意味着一个人的社会关系越复杂，他的本质也就越丰富。结果，我们就会推论出，政治家比艺术家拥有更丰富的社会关系，那么一个政治家比一个艺术家更能创作出艺术品。这无疑是荒谬的。相反，主张人的本质是自由自觉的实践活动，一方面可以说明人按照美的规律来创造艺术品，另一方面可以说明人按照任何物的尺度来发展出相应的社会关系。

人的实践本质的体现就是自由时间，它是人在超越自己的现实性之后的生存状态。所以自由时间对人的回归不仅仅是对人的感性时间的简单回望，它还消除了社会必要劳动时间对感性时间的暴政，是对社会必要劳动时间与感性时间的超越与统一。“时间实际上是人的积极存在，它不仅是人的生命的尺度，而且是人的发展空间。”[25]这样的时间因其可能性与现实性而具有人文的主体性特质，因而，它不再把自然、社会以及他人视为异己的、客体的存在，而是将它们现实地就看作主体；它也不像社会必要劳动时间那样把自己只是作为对感性时间的片面的否定，而是个体的既现实又超越的自由存在方式——因而也是所有人的自由存在方式。

虽然康德早在18世纪就提出了“人是目的”的著名命题，但是由于物自体的预设窒碍了时间作为人的积极活动的本质，人的理性以及人的本性在19世纪以后普遍失去了信仰的根基。黑格尔以理性的辩证法的终结断言技术统治着的社会历史的终结，异化了的人的现代民族国家意识形态的自欺得到狂妄的表述。而马克思则扎根于感性的现实存在土壤，找到自由时间所指向的未来的无限性以及人的实践主体性，提出人按照美的规律的生产，弥合了现象与本体、必然（自然必然性和历史必然性）与自由、现实与理想的巨大鸿沟。

在社会必要劳动时间将人变成物的存在的时候，正是人文主体性的自由时间潜移默化地涵养人的本性，为人注入超越现实的力量之时。“劳动的现实化”本来是要使人的类本质在社会中得到完全的实现，但是，在现实化的过程中必然地包含了人的非现实化，也就是异化。对异化的扬弃就是人的实践本质的理想性所要企及的类本质。这种扬弃的现实途径只能是使哲学现实化、普遍化，或者说，使哲学消亡，因为哲学的产生起源于个别人相对于他人的匆忙而独有的自由时间，哲学本身在阶级社会就是人的异化，是私有制的理论表达。哲学的现实的武器就是无产阶级，无产阶级解放自己就必然要求消灭私有制，完成对人类的异化的克服。私有制是“人的实现或人的现实”，它在塑造人的过程中也是人的异化过程，所以积极扬弃私有财产，就是扬弃异化，就是人对自己的本质的复归[26]。社会必要劳动时间虽然大大限制了无产阶级，但它也激发无产阶级联合起来反抗，并由此实现对被资本家所霸占的自由时间的解放，这只有在人的生产力（亦即人改造自然、把握源始时间）达到足够高的水平之后才能完成。这种完成同时也就是感性时间和社会时间的统一，是本真的时间，同时也是人类的自由时间。马克思对传统哲学的批判指出，传统哲学脱离了人的活生生的感性现实世界；那么，对传统哲学进行改造的途径之一就是强调“改造世界”相对于“解释世界”的重要性，只有重视工人阶级的实践活动，才能在感性中积极地创造人的现实存在。

所以，人的本质在自由时间中就是人的存在自身的现象。个体、社会和自然在存在的无限领域里不再是彼此对立，而是互相敞开、互相生成、互相展现的感性世界。在人的实践的不断超越下，以近代自然科学的实体性思维为典范而建立起来的社会科学——特别是“国民经济学”——所关注的人将不再是物化的人，而本身就是人的感性存在在自由时间中的全面实现。自然科学只有在社会科学进一步发展，进而认识到人的异化的现实之后，才会实现其生存论的返归，还原自身作为人的对象化本质。人的感性存在只有以自由时间为其根基，人才能最终实现对自身的完全体认：以时间在感性中的自我构造来展现人的发展空间。

结语

马克思的时间观与其人的本质观是一个互相统一的整体。正如马克思对感性时间与社会必要劳动时间的扬弃一样，他最后也扬弃了自己早期的人的自我意识本质和费尔巴哈的人的现实性本质的学说。从时间维度入手，可以发现马克思的人的本质观所具有的丰富内涵，深刻把握马克思的实践本体论下的人的本质。“没有人的生活的实践创造就没有人的本体。因此，我们应当充分发挥人的实践的和精神的主体性，把人的本体在最丰富、全面、圆满的形态上创造出来。”[27] 于是，我们发现，期望于未来的共产主义社会中感性时间、社会时间的历史统一，自由时间表现的就是人的全面发展的自由本性，即人的实践所体现的人的理想性本质。

* 本文系国家社科基金重大项目“马克思主义文学批评经典重铸与当代拓展研究”【19ZDA263】的阶段性成果。

注释：

[1] 张奎良先生对这六个定义的逻辑演绎机制进行了详细分析，很有意义。具体可参见张奎良：《马克思人的本质概念的演绎程序》，《马克思主义研究》2014年第11期，第68～76页、第159页。但张先生侧重于对这六个人的本质的定义的逻辑考辨，却未对这六个定义所产生的时间本身作进一步考察。因此，本文就力图从马克思关于时间的论述中发掘马克思关于人的本质的思想。

[2] 关于这句话的翻译，汪信砚、程通已作了详细考证，较有说服力，因此本文继续采用这一翻译。具体可参见汪信砚、程通：《对马克思关于“人的本质”经典表述的考辨》，《哲学研究》2019年第6期，第32～41页。

[3]《马克思恩格斯文集》第1卷，北京：人民出版社，2009年，第505页。

[4] 刘纲纪：《实践本体论》，《武汉大学学报》（社会科学版）1988年第1期，第37～44页。

[5] [德]马克思：《1844年经济学哲学手稿》，北京：人民出版社，2000年，第57页。

[6] [德]马克思：《1844年经济学哲学手稿》，北京：人民出版社，2000年，第59页。

[7] 尤西林：《对〈费尔巴哈论纲〉第6条的再思考——关于人的本质》，《人文杂志》1989年第3期，第55～60页。

[8]《费尔巴哈哲学选集》下卷，北京：商务印书馆，1984年，第434页。

[9]《马克思恩格斯文集》第1卷，北京：人民出版社，2009年，第530页。

[10] 曾永成：《人的本质：从费尔巴哈到马克思》，《现代哲学》2004年第2期，第10～15页。

[11] 孙熙国：《唯物史观的创立与人的本质的发现——从〈关于费尔巴哈的提纲〉一处误译谈起》，《哲学研究》2005年第11期，第22～26页。

[12] 宋惠芳：《马克思关于人的本质的实践生成论及其意义》，《马克思主义研究》2019年第4期，第105～113页、第168页。

[13] 曹峰：《由迷误到澄清——从引用“疏漏”重新解读〈关于费尔巴哈提纲〉第六条》，《武汉科技大学学报》（社会科学版）2012年第2期，第157～161页。

[14] 刘振怡：《论人的本质的双重内涵》，《学术交流》2005年第8期，第5～8页。

[15]《马克思恩格斯全集》第1卷，北京：人民出版社，1995年，第54页。

[16]《马克思恩格斯全集》第1卷，北京：人民出版社，1995年，第101页。

[17]《马克思恩格斯全集》第1卷，北京：人民出版社，1995年，第54页。

[18]《马克思恩格斯全集》第1卷，北京：人民出版社，1995年，第53页。

[19]《马克思恩格斯文集》第1卷，北京：人民出版社，2009年，第530页。

[20] [德]马克思：《1844年经济学哲学手稿》，北京：人民出版社，2000年，第52页。

[21] 尤西林：《对〈费尔巴哈论纲〉第6条的再思考——关于人的本质》，《人文杂志》1989年第3期，第55～60页。

[22]《马克思恩格斯全集》第 23 卷,北京:人民出版社,1972 年,第 51 页。
[23]《马克思恩格斯全集》第 25 卷,北京:人民出版社,1974 年,第 919 页。
[24] [德]马克思:《1844 年经济学哲学手稿》,北京:人民出版社,2000 年,第 78 页。
[25]《马克思恩格斯全集》第 47 卷,北京:人民出版社,1979 年,第 532 页。
[26] [德]马克思:《1844 年经济学哲学手稿》,北京:人民出版社,2000 年,第 82 页。
[27] 刘纲纪:《实践本体论》,《武汉大学学报》(社会科学版)1988 年第 1 期,第 37～44 页。

【文艺学研究】

庄子及后学与稷下先生

王济民

（华中师范大学文学院，湖北武汉，430079）

内容摘要：齐稷下学宫从创建到终结大约历一百五十年。庄子及后学正当稷下学宫兴盛与衰落之时，庄子所居宋蒙距稷下不过数百里地，庄子及后学和稷下先生不无关系。庄子对稷下先生似有些不以为然。比较而言，稷下注重治世，强调法礼，也讲内心；庄子则多说世人，玄虚其道，游心于物。他们心目中的黄帝形象也不一样。但是，庄子和稷下先生又有相接近的地方，稷下先生所言齐物被庄子接受并大大发展；稷下先生不乏想象和幽默，而庄子则每有过之而无不及。庄子后学应该是看到了稷下学宫终结的。他们对稷下学术的态度，与庄子相比有所变化。这一方面表现在能够客观阐释评价稷下学术，同时也表现在开始注意法礼治世。而这种注意，和那些稷下先生相比，已经没有多少差别了。

关键词：庄子；庄子后学；稷下先生

一

西周走向衰弱，官学下移，诸侯亦日益注重学术。至战国，士人兴起。识见抱负之君，每招致士人以为己用。是时可谓学派林立，百家争鸣。前374年，田齐桓公午即位。其在位期间，于国都临淄城西门，即稷门下，创建学宫，讲论学问，是为稷下学宫。前357年，桓公卒，子因齐立，是为威王，学宫规模扩大。邹忌任相。前320年，威王卒，子辟疆立，为宣王，学宫大盛。前301年，宣王卒，子地立，是为闵王。闵王独断专横，对外扩张，燕国乐毅率大军伐齐，占领临淄。闵王死，学宫止停。前283年，闵王子法章立，是为襄王，田单复齐，学宫亦恢复。前265年，襄王卒，子建立，称王建，国势每况愈下，学宫终结。前221年，秦终于灭齐。稷下学宫从创建到终结，约历一百五十年。学者人谓稷下先生，其思想学说丰富而驳杂。据研究，这些思想学说不少保存在现存《管子》一书中[1]。

司马迁《史记·老子韩非列传》说："庄子者，蒙人也，名周。周尝为蒙漆园吏，与梁惠王、齐宣王同时。"[2]一般认为，其生年在前360年左右。《庄子·至乐》说：

“庄子妻死，惠子吊之，庄子则方箕踞鼓盆而歌。惠子曰：与人居，长子，老，身死。不哭，亦足矣。又鼓盆而歌，不亦甚乎！庄子曰：不然……”[3]庄妻老死，而其时庄子犹在，想见庄子亦高寿。一般认为，庄子卒年在前280年左右。战国蒙地属宋国，故历来又称庄子是宋人。蒙在今河南省商丘县境内，距齐临淄大约数百里地。庄子生卒年虽不能确考，但其当稷下学宫全盛及转衰之时是无疑的。庄子后学很多，这中间不少人应该是看到了稷下学宫的最后岁月的。庄子及后学所著，编在《庄子》书中。书分内、外、杂篇。一般认为，内篇为庄子所著，外、杂篇多后学所著，其中也应该有庄子所著片段。

《庄子》一书很注意齐国。《逍遥游》起云：“北冥有鱼，其名为鲲。鲲之大，不知其几千里也。化而为鸟，其名为鹏。鹏之背，不知其几千里也。怒而飞，其翼若垂天之云。是鸟也，海运则将徙于南冥。《齐谐》者，志怪者也。《谐》之言曰：鹏之徙于南冥也，水击三千里，抟扶摇而上者九万里，去以六月息者也。”[4]开篇即点出所谓《齐谐》，不是偶然的，应该是在暗示这本书与齐不无关系。又《徐无鬼》说：“南伯子綦隐几而坐，仰天而嘘，颜成子入见曰：‘夫子，物之尤也，形固可使若槁骸，心固可使若死灰乎？’曰：‘吾尝居山穴之中矣，当是时也，田禾一睹我，而齐国之众三贺之。’”[5]田禾即齐太公。《徐无鬼》又说：“庄子曰：齐人蹢子于宋者，其命阍也不以完，其求钘钟也以束缚，其求唐子也而未始出域。”[6]对齐人甚不以为然。《庄子》尤多涉及齐国史事。《达生》说：“桓公田于泽，管仲御，见鬼焉。公抚管仲之手曰：‘仲父何见？’对曰：‘臣无所见。’公反，诶诒为病，数日不出。齐士有皇子高敖者，曰：‘公则自伤，鬼恶能伤公。夫忿滀之气，散而不反，则为不足，上而不下，则使人善怒；下而不上，则使人善忘，不上不下，中身当心，则为病。’……于是正衣冠与之坐，不终日而不知病之去也。”[7]《胠箧》说：“昔者齐国邻邑相望，鸡狗之音相闻，网罟之所布，耒耨之所刺，方二千余里，阖四境之内，所以立宗庙社稷，治邑屋州闾乡曲者，曷尝不法圣人哉！田成子一旦杀齐君而盗其国，所盗者岂独其国耶？并与其圣知之法而盗之。故田成子有乎盗贼之名，而身处尧舜之安，小国不敢非，大国不敢诛，专有齐国。则是不乃窃齐国，并与其圣知之法以守其盗贼之身乎？”[8]《则阳》说：“魏莹与田侯牟约，田侯牟背之，魏莹怒。”[9]魏莹即魏惠王，田侯牟即齐威王。庄子及后学如此注意齐国，不可能不注意当时影响很大的稷下学宫。《庄子》中明确提到很多稷下人物，比如彭蒙、田骈、慎到、宋钘、尹文、季真、接子等等[10]。所以不难想见《庄子》的很多思想和那些稷下先生大有关系。

对此等关系，不能说历来的研究全然没有某种意识，但一般只是在论述庄子与诸子关系时连类有所涉及，而并未立足于对庄子及后学与稷下先生关系作专门的研究，其涉及面大多较窄[11]，有的略宽，但范围又比较局限，见解似亦有可议之处[12]。其所据材料，虽不乏引用《管子》之《心术》上下、《白心》《内业》四篇者，但整个说来，顾及《管子》全书不够。今主要据《管子》和《庄子》，就庄子及后学与稷下先生之关系作一集中全面的探讨。

二

先说一些似乎比较表面的事。稷下先生主要是齐人，但也有不少其他地方的人。

比如，慎到、荀卿是赵人[13]，宋钘[14]、兒说[15]、徐彻是宋人[16]，环渊是楚人[17]，等等。稷下影响如此之大，蒙地与之相距并不遥远，庄子是否去过稷下呢？很自然提出这样的问题。宋人不少在稷下，楚人去稷下或许要经过宋国，庄子没有去过，是很难想象的。前已引《庄子·逍遥游》，说在暗示此书与齐有关，现在看来，其所暗示，似乎还不仅在此。既写“游”，又说稷下之事：“宋荣子犹然笑之，且举世而誉之而不加劝，举世而非之而不加沮，定乎内外之分，辩乎荣辱之境，斯已矣，彼其于世未数数然也。虽然，犹有未树也”[18]。是否在暗示庄子去过稷下呢？方言稷下宋荣子，又写蜩与学鸠不理解鹏鸟说：“蜩与学鸠笑之曰：我决起而飞，抢榆枋而止，时则不至而控于地而已矣，奚以之九万里而南为？”[19]这种不以为然，正符合庄子的思想性格。这是否是说，庄子即使去过稷下，也不过是“逍遥游”呢？说庄子可能去过稷下，不过是推测。其实就算庄子没有去过稷下，也不影响考察其与稷下之关系。庄子后学众多，其中一定有不少人去过稷下。

稷下既是学宫，不免重书。《管子·枢言》说：“先王之书，心之敬执也，而众人不知也。”[20]司马迁《史记·孟子荀卿列传》说：“齐之稷下先生，如淳于髡、慎到、环渊、接子、田骈、驺奭之徒，各著书言治乱之事，以干世主。”[21]但庄子对所谓书，亦甚不以为然。《庄子·天道》说：“世之所贵道者书也。书不过语，语有贵也，语之所贵者意也，意有所随，意之所随者，不可以言传也，而世因贵言传书，世虽贵之，我犹不足贵也，为其贵非其贵也。”接着讲了一个故事说：“桓公读书于堂上。轮扁斫轮于堂下，释椎凿而上。问桓公曰：敢问，公之所读何言耶？公曰：圣人之言也。曰：圣人在乎？公曰：已死矣。曰：然则君之所读者，古人之糟粕矣乎！桓公曰：寡人读书，轮人安得议乎！有说则可，无说则死。轮扁曰：臣也以臣之事观之。斫轮，徐则干而不固，疾则苦而不入；不徐不疾，得之于手而应于心，口不能言，有数存焉乎其间。臣不能以喻臣之子，臣之子亦不能受之于臣，是以行年七十而老斫轮。古之人与其不可传也死矣，然则君之所读者，古人之糟粕矣夫！”[22]圣人书尚且糟粕，一般人的书，就更等而下之了。所谓桓公者谁？成玄英疏曰：“桓公，齐桓公也。”[23]或者可以说就是田午。正是其人创建了稷下学宫。稷下人所著书，班固《汉书·艺文志》著录不少，但大多散佚了。

司马迁《史记·田敬仲完世家》说：“宣王喜文学游说之士，自如邹衍、淳于髡、田骈、接子、慎到、环渊之徒七十六人，皆赐列第，为上大夫，不治而议论。”[24]所谓“不治而议论”，就是不做实际事务，专事议论。刘向《别录》说：“齐有稷门，城门也。谈说之士期会于稷下也。”[25]众人议论，免不了争辩。争辩可能产生纠纷，影响人际关系，对此，庄子亦甚不以为然。《庄子·齐物论》说：“大言炎炎，小言詹詹。其寐也魂交，其觉也形开。与接为构，日以心斗。缦者，窖者，密者。小恐惴惴，大恐缦缦。其发若机栝，其司是非之谓也；其留如诅盟，其守胜之谓也。其杀若秋冬，以言其日消也；其溺之所为之，不可使复之也。其厌也如缄，以言其老洫也……喜怒哀乐，虑叹变慹，姚佚启态。乐出虚，蒸成菌，日夜相代乎前，而莫知其所萌。”[26]

三

春秋时，齐桓公任管仲为相，力改过去的做法，齐国强大起来，成为霸主。战国前中期，齐国仍然强盛。受管仲思想的深刻影响，同时根据历史和现实的经验，稷下先生总结出一系列治世主张。这中间最主要的是重法讲礼。

早期人物慎到即颇讲法，其《慎子佚文》说："民一于君，事断于法，是国之大道也。"[27]《慎子·威德》说："法虽不善，犹愈于无法。"[28]在慎到看来，法的本质是立公，《慎子佚文》又说："法之功，莫大于使私不行。……立法而行私，是私与法争，其乱甚于无法。"[29]而法是可以改变的，《慎子佚文》说："故治国无其法则乱，守法而不变则衰。有法而行私谓之不法。以力役法者，百姓也；以死守法者，有司也；以道变法者，君长也。"[30]慎到同时讲礼，《威德》说："法制礼籍，所以立公义也。凡立公，所以弃私也。明君动事分功必由慧，定赏分财必由法，行德制中必由礼。故欲不得干时，爱不得犯法，贵不得逾亲，禄不得逾位。"[31]《慎子佚文》说："礼从俗，政从上，使从君。国有贵贱之礼，无贤不肖之礼；有长幼之礼，无勇怯之礼；有亲疏之礼，无爱憎之礼。"[32]礼主要涉及人与人的关系。

《管子》尤多这类论述。关于法，《七法》说："尺寸也，绳墨也，规矩也，衡石也，斗斛也，角量也，谓之法。……治民一众，不知法不可。"[33]《七臣七主》说："法律政令者，吏民规矩绳墨也。"[34]《任法》说："有生法，有守法，有法于法。夫生法者，君也；守法者，臣也；法于法者，民也。君臣上下贵贱者皆从法，此之谓大治。"[35]《侈靡》说："法制度量，王者典器也。"[36]《正》说："如四时之不忒，如星辰之不变，如宵如昼，如阴如阳，如日月之明，曰法。"[37]《禁藏》说："夫法法则治，法者天下之仪也。所以决疑而明是非也，百姓所县命也。"[38]《形势解》说："法立而民乐之，令出而民衔之，法令之合于民心如符节之相得也，则主尊显。"[39]

关于礼，《五辅》说："上下有义，贵贱有分，长幼有等，贫富有度，凡此八者，礼之经也。……夫人必知礼然后恭敬，恭敬然后尊让，尊让然后少长贵贱不相逾越。少长贵贱不相逾越，故乱不生而患不作。故曰：礼不可不谨也。"[40]礼和法是联系在一起的。《心术上》说："登降揖让、贵贱有等、亲疏之体谓之礼，简物、小末、一道、杀僇、禁诛谓之法。"[41]《枢言》说："法出于礼，礼出于治。"[42]《权修》说："凡牧民者，欲民之有礼也。欲民之有礼，则小礼不可不谨也。小礼不谨于国，而求百姓之行大礼，不可得也。"[43]这大礼应该就是法。礼、法都有具体情况的一面。《侈靡》说："乡殊俗，国异礼，则民不流矣；不同法，则民不困矣。"[44]"故法而守常，尊礼而变俗。"[45]

但庄子不大强调法。《庄子·人间世》说："法而不谍，虽固亦无罪。虽然，止是耳矣，而胡可以及化！"[46]认为法度正，虽可减少犯罪，但仅此而已，并不能感化人。《在宥》说，尧舜"矜其血气以规法度，然犹有不胜也"[47]，"举天下以赏其善者不足，举天下以罚其恶者不给，故天下之大，不足以赏罚。自三代以下者，匈匈焉终以赏罚为事，彼何暇安其性命之情哉！"[48]也不大赞成礼，《人间世》又说："擎跽曲拳，人臣之礼也。人皆为之，吾敢不为耶？为人之所为者，人亦无疵焉，是之谓与人为徒。”[49]《在宥》说：“说礼耶？是相于技也。”[50]《天运》说：“故夫三皇五帝之礼义法度，不矜于同，而矜于治。故譬三皇五帝之礼义法度，其犹柤梨橘柚耶，其味相反，而皆可于口。故礼义法度，应时而变者也，今取猨狙而衣以周公之服，彼必龁齧挽裂，尽去而后慊。”[51]这无异于取消礼义法度。

早期思想多论道，稷下先生所谓法，也即是道。《管子·任法》说：“故法者，天下之至道也。”[52]庄子属道家，尤其讲道，只是其道玄虚，大致是些宇宙本原之类的东西，与法、礼并无关系。《庄子·大宗师》说：“夫道有情有信，无为无形，可传而不可受，可得而不可见，自本自根，未有天地，自古以固存。神鬼神帝，生天生地，在太极之先而不为高，在六极之下而不为深，先天地生而不为久，长于上古而不为老。”[53]《知北游》说：“东郭子问于庄子曰：‘所谓道，恶乎在？’庄子曰：‘无所不在。’东郭子曰：‘期而后可。’庄子曰：‘在蝼蚁。’曰：‘何其下耶？’曰：‘在稊稗。’曰：‘何其愈下耶？’曰：‘在瓦甓。’……东郭子不应。”[54]又说：“于是泰清问乎无穷，曰：‘子知道乎？’无穷曰：‘吾不知。’又问乎无为，无为曰：‘吾知道。’曰：‘子之知道，亦有数乎？’曰：‘有。’曰：‘其数若何？’无为曰：‘吾知道之可以贵，可以贱，可以约，可以散，此吾所以知道之数也。’泰清以之言也问乎无始……无始曰：‘道不可闻，闻而非也，道不可见，见而非也。道不可言，言而非也。知形形之不当形乎？道不当名。……有问道而应之者，不知道也。虽未问道，亦未闻道。道无问，问无应。无问问之，是问穷也。无应应之，是无内也。以无内待问穷，若是者，外不观乎宇宙，内不知乎太初，是以不过乎昆仑，不游乎太虚。’”[55]

四

春秋以来多讲黄帝，战国时更是每谈黄帝如何治世。田齐极尊崇黄帝，以为乃是其本根所在。齐威王即位，铸《陈侯因齐敦》，有铭文说：“陈侯因齐曰：皇考孝武恭哉，大谟克成。其唯因齐，扬黄考昭统，高祖黄帝，迩嗣桓文。朝问诸侯，合扬厥德。”[56]表示远承黄帝，近法齐桓、晋文。稷下先生更是每言黄帝。所言黄帝，正是以法治世的帝王。《管子·法法》说：“黄帝、唐虞，帝之隆也。资有天下，制在一人。”[57]《五行》说：“神筮不灵，神龟不卜，黄帝泽（释）参，治之至也。”[58]《桓公问》说：“黄帝立明台之议者，上观于贤也。”[59]《五行》说：“昔者黄帝得蚩尤而明于天道，得大常而察于地利，得苍龙而辩于东方，得祝融而辩于南方，得大封而辩于西方，得后土而辩于北方，黄帝得六相而天地治，神明之至也。蚩尤明乎天道，故使为当时；大常察乎地利，故使为廪者；苍龙辩乎东方，故使为工师；祝融辩乎南方，故使为司徒；大封辩于西方，故使为司马；后土辩乎北方，故使为李。”[60]“李”即“理”，掌管治狱。《任法》说：“黄帝之治天下也，其民不引而来，不推而往，不使而成，不禁而止。黄帝之治也，置法而不变，使民安其法者也。”[61]《揆度》说：“黄帝之王，谨逃其爪牙，不利其器，烧山林，破增薮，焚沛泽，逐禽兽，实以益人，然后天下可得而牧也。”[62]

齐尊崇黄帝，庄子及后学是不能不注意的。《庄子·徐无鬼》言齐事云：“管仲有病，桓公问之曰：仲父之病病矣，可不讳云！至于大病，则寡人恶乎属国而可？管仲曰：公谁欲与？公曰：鲍叔牙。曰：不可，其为人，洁廉善士也，其于不已若者不比之，又一闻人之过，终身不忘。使之治国，上且钩乎君，下且逆乎民，其得罪于君也，将弗久矣。公曰：然则孰可。对曰：勿已，则隰朋可。其为人也，上忘而下不畔，愧不若黄帝而哀不已若者。”[63]只是对齐尊崇黄帝，庄子及后学是很有些不以为然的，《至乐》假托孔子说：“颜渊东之齐，夫子有忧色，子贡下席而问曰：‘小子敢问，回东之齐，夫子有忧色，何邪？’孔子曰：‘……吾恐回与齐侯言尧舜黄帝之道，而重以燧人神农之言。彼将内求于己而不得，不得则惑，人惑则死。’”[64]庄子及后学心目中的黄帝和齐人大不相同，《徐无鬼》说：“黄帝将见大隗乎具茨之山，方明为御，昌宇骖乘，张若、謵朋前马，昆阍、滑稽后车。至于襄城之野，七圣皆迷，无所问途。适遇牧马童子，问涂焉。曰：‘若知具茨之山乎？’曰：‘然。’‘若知大隗之所存乎？’曰：‘然。’黄帝曰：‘异哉小童，非徒知具茨之山，又知大隗之所在，请问为天下？’小童曰：‘夫为天下者，亦若此而已矣，又奚事焉？’……黄帝曰：‘夫为天下者，则诚非吾子之事。虽然，请问为天下。’小童辞，黄帝又问。小童曰：‘夫为天下者，亦奚以异乎牧马者哉！亦去其害马者而已矣。’黄帝再拜稽首，称天师而退。”[65]

前面说到，庄子及后学之言道比较玄妙，值得注意的是，在他们心目中，黄帝正得此道。《庄子·大宗师》说：“夫道有情有信，无为无形，可传而不可受，可得而不可见，自本自根，未有天地，自古以固存。……黄帝得之，以登云天。”[66]《知北游》说：“知北游于玄水之上，登隐弅之丘，而适遭无为谓焉。知谓无为谓曰：‘予欲有问乎若：何思何虑则知道，何处何服则安道，何从何道则得道？’三问而无为谓不答也。非不答，不知答也。知不得问，反于白水之南，登狐阕之上，而睹狂屈焉。知以之言也问于狂屈。狂屈曰：‘唉，予知之，将语若，中欲言而忘其所欲言。’知不得问，反于帝宫，见黄帝而问焉。黄帝曰：‘无思无虑始知道，无处无服始安道，无从无道始得道。’知问黄帝曰：‘我与若知之，彼与彼不知也，其孰是邪？’黄帝曰：‘彼无为谓真是也，狂屈是之，我与汝终不近也。……予与若终不尽也，以其知之也。’狂屈闻之，以黄帝为知言。”[67]可见在庄子及后学那里，黄帝不过是其所谓道的幌子。

五

稷下先生讲心，但其所谓心与治世不无关系。在他们看来，君是心，臣是官。《管子·心术上》说：“心之在体，君之位也；九窍之有职，官之分也。心处其道，九窍循理；嗜欲充盈，目不见色，耳不闻声。……虚其欲，神将入舍；扫除不洁，神乃留处。”[68]“耳目者，视听之官也；心而无与于视听之事，则官得首其分矣。夫心有欲者，物过而目不见，声至而耳不闻也。”[69]“人皆欲智，而莫索其所以智。智乎，智乎，投之海外无自夺，求之者不得处。夫圣人无求之也，故能虚。”[70]《内业》说：“四体既正，血气既静，一意抟心，耳目不淫。……思索生知，慢易生忧，暴傲生怨，忧郁生疾，疾困乃死。思之而不舍，内困外薄。不蚤为图，生将巽舍。”[71]“形不正，德不来；中不静，心不治。正形摄德，天仁地义，则淫然而自至。神明之极，照知万物，中守不忒，不以物乱官，不以官乱心，是谓中得。”[72]“中无惑意，外无邪灾，心全于中，形全于外，不逢天灾，不逢人害，谓之圣人。人正能静，皮肤裕宽，耳目聪明，筋信而骨强，乃能戴大圜，而履大方，鉴于大清，视于大明。敬慎无忒，日新其德，遍知天下，穷于四极，敬发内充，是谓内得。”[73]

臣即君子。《心术上》说：“君子不怵乎好，不迫于恶，恬愉无为，去智与故。其应也，非所设也；其动也，非所取也。”[74]《心术下》说：“一气能变曰精，一事能变曰智。綦选者所以等事也，极变者所以应物也。綦选而不乱，极变而不烦。执一之君子，执一而不失，能君万物，日月与之同光，天地与之同理。”[75]《内业》说：“一物能化谓之神，一事能变谓之知。化不易气，变不易知，唯执一之君子为能此乎？执一不失，能君万物。君子使物，不为物使。治心在于中，治言出乎口，治事加于人，然则天下治矣。”[76]

关于一般世人，《心术上》说：“世人之所职者精也。去欲则宣，宣则静矣；静则精，精则独立矣；独则明，明则神矣。神者至贵也。故馆不辟除，则贵人不舍焉。”[77]《内业》说：“凡人之生也，天出其精，地出其形，合此以为人。和乃生，不和不生”，“凡民之生也，必以平正，所以失之者，必以喜乐忧患，是故止怒莫若诗，去忧莫如乐，节乐莫若礼，守礼莫若敬，内静外敬，能反其性，性将大定。”[78]“凡心之刑，自充自盈，自生自成。其所以失之，必以忧乐喜怒欲利，能去忧乐喜怒欲利，心乃反济。彼心之情，利安以宁，勿烦勿乱，和乃自成。”[79]

庄子更是注重心。所论主要是世人之心。这方面的思想，有所谓“游心”说。《庄子·人间世》说：“夫乘物以游心，托不得已以养中，至矣。”[80]“心”和“物”与世俗相对，“游心”之根本在“乘物”，超越于物和世俗之上。进入此种境界，具体说来，首先在排除一切外在的感觉，《德充符》说：“不知耳目之所宜而游心乎德之和。”[81]《田子方》有孔子见老子故事：“孔子见老聃，老聃新沐，方将被发而干，慹然似非人。孔子便而待之。少焉见，曰：‘丘也眩与，其信然与？向者先生形体掘若槁木，似遗物离人而立于独也。’老聃曰：‘吾游心于物之初。’孔子曰：‘何谓也？’曰：‘心困焉而不能知，口辟焉而不能言，尝为汝议乎其将。至阴肃肃，至阳赫赫。肃肃出乎天，赫赫发乎地，两者交相成和而物生焉，或为之纪，而莫见其形。……’孔子曰：‘请问游是。’老聃曰：‘夫得是，至美至乐也。得至美而游乎至乐，谓之至人。’孔子曰：‘愿闻其方。’曰：‘草食之兽不疾易薮，水生之虫不疾易水，行小变而不失其大常也，喜怒哀乐不入于胸次。夫天下也者，万物之所一也，得其所一而同焉，则四肢百体将为尘垢，而死生终始将为昼夜而莫之能滑，而况得丧祸福之所介乎！弃隶者若弃泥涂，知身贵于隶也，贵在于我而不失于变。且变化而未始有极也，夫孰足以患心。已为道者解乎此。’”[82]“游心”的最高境界是与宇宙为一，《则阳》所谓“游心于无穷”[83]。

庄子又有“心斋”说。《人间世》假托孔子与颜回对话：“颜回曰：‘吾无以进矣，敢问其方？’仲尼曰：‘斋，吾将语若。有心而为之，其易耶？易之者，皞天不宜。’颜回曰：‘回之家贫，唯不饮酒、不茹荤者数月矣。如此，则可以为斋乎？’曰：‘是祭祀之斋，非心斋也。’回曰：‘敢问心斋？’仲尼曰：‘若一心，无听之以耳而听之以心，无听之以心而听之以气。耳止于听，心止于符。气也者，虚而待物者也。唯道聚虚，虚者心斋也。’颜回曰：‘回之未始得使，实有回也；得使之也，未始有回也。可谓虚乎？’夫子曰：‘尽矣。……瞻彼阕者，虚室生白，吉祥止止。夫且不止，是之谓坐驰，夫徇耳目内通而外于心知，鬼神将来舍，而况人乎！’”[84]所谓“心斋”，与“游心”有关系，是“游心”的准备。“心斋”的步骤，一是要“外于心智”，排除一切心智活动；二是要专注，所谓“一心。无听之以耳而听之以心，无听之以心而听之以气。耳止于听，心止于符”，“徇耳目内通”。

庄子所谓“游心”，特别是“心斋”之说，和稷下先生论心虽目的有不同，但又是有某种相似处的。

六

稷下先生颇有能辩者。刘歆《七略》说：“齐田骈好议论，故齐人为语曰‘天口骈’。天口者，言田骈子不可穷其口，若事天。”[85]班固《汉书·艺文志》著录：“《田子》二十五篇，自注‘名骈，齐人，游稷下，号天口骈’。”[86]《韩非子》说：“兒说，宋人，善辩者也。持白马非马也，服稷下之辩者。”[87]《鲁连子》说：“齐之辩士田巴，辩于徂丘而议稷下。毁五帝，罪三王，訾五伯，离坚白，合同异，一日服千人。”[88]稷下所辩，不少是名家论题，比如所谓“白马非马”论，这为后来公孙龙所发展；又有所谓“离坚白，合同异”论。

庄子本不赞同论辩，认为“大辩不言”[89]，对名家论题亦不感兴趣。《庄子·秋水》说：“公孙龙问于魏牟曰：‘龙少学先王之道，长而明仁义之行，合同异，离坚白，然不然，可不可，困百家之思，穷众口之辩，吾自以为至达已。今闻庄子之言，汒焉异之，不知知之不及与，知之不若与？今无所开吾喙，敢问其方。’公子牟隐机太息，仰天大笑曰：‘子独不闻夫坎井之龟乎……’”[90]《齐物论》说：“是非之彰也，道之所以亏也；道之所以亏，爱之所以成。果且有成与亏乎哉？果且无成与亏乎哉？有成与亏，故昭氏之鼓琴也；无成与亏，故昭氏之不鼓琴也。昭文之鼓琴也，师旷之枝策也，惠子之据梧也，三子之智，几乎皆其盛年者也，故载之末年。唯其好之也，以异于彼；其好之也，欲以明之，彼非所明而明之，故以坚白之昧终。”[91]《德充符》说惠子：“今子外乎子之神，劳乎子之精。倚树而吟，据槁梧而瞑，天选子之形，子以坚白鸣。”[92]但是，庄子仍介入了关于白马非马的论辩。《齐物论》说：“以指喻指之非指，不若以非指喻指之非指也；以马喻马之非马，不若以非马喻马之非马也。天地一指也，万物一马也。”[93]当然这只是评论。

庄子说：“知道易，勿言难。知而不言，所以之天也；知而言之，所以之人也。古之至人，天而不人。”[94]庄子不认为自己是“至人”，所以并非不论辩。《秋水》说：“庄子与惠子游于濠梁之上，庄子曰：‘鲦鱼出游从容，是鱼之乐也。’惠子曰：‘子非鱼，安知鱼之乐？’庄子曰：‘子非我，安知我不知鱼之乐？’惠子曰：‘我非子，固不知子矣；子固非鱼也，子之不知鱼之乐，全矣。’庄子曰：‘请循其本。子曰汝安知鱼乐云者，既已知吾知之而问我。我知之濠上也。’”[95]《徐无鬼》说，惠施死后，“庄子送葬，过惠子之墓，顾谓从者曰：郢人垩慢其鼻端若蝇翼，使匠石斫之，匠石运斤成风，听而斫之，尽垩而鼻不伤，郢人立不失容。宋元君闻之，召匠石曰：‘尝试为寡人为之。’匠石曰：‘臣则尝能斫之，虽然，臣之质死久矣。’自夫子之死也，吾无以为质矣，吾无与言之矣”[96]。论辩要有“质”者，可见庄子认为对话仍有必要。

七

早期稷下人物颇能平齐看待万物。《管子·心术下》说：“綦选者所以等事也……綦选而不乱。”[97]“綦”，通“忌”，“等事”，即平齐看待事物。《庄子·逍遥游》说，宋钘“举世而誉之而不加劝，举世而非之而不加沮”[98]，《天下》说，宋钘、尹文“不累于俗，不饰于物，不苟于人，不忮于众……作为华山之冠以自表，接万物以别宥为始”[99]，《尸子》说，“田子贵均”，注云：“田子：田骈，齐稷下先生之一。”[100]所谓“贵均”，就是平齐看待事物。《吕氏春秋·审分览》说，“陈骈贵齐”，高诱注：“陈骈，齐人也，作《道书》二十五篇。齐生死，等古今也。”[101]《士容论》高诱注：“田骈，齐人也。作《道书》二十五篇。”[102]陈骈即田骈。彭蒙是隐士，《庄子·天下》说，田骈“学于彭蒙，得不教焉。彭蒙之师曰：‘古之道人，至于莫之是莫之非而已矣’”[103]，彭蒙学有渊源。《天下》阐述彭蒙、田骈、慎到之学说：“公而不当，易而无私，决然无主，趣物而不两，不顾于虑，不谋于知，于物无择，与之俱往，古之道术有在于是者，彭蒙、田骈、慎到闻其风而悦之。齐万物以为首，曰：天能覆之而不能载之，地能载之而不能覆之，大道能包之而不能辩之。知万物皆有所可，有所不可。”[104]从中可见慎到讲法外，又有平齐看待万物的一面。总之，所谓齐物乃是相当一部分稷下先生的看法。

虽然和稷下先生思想多有不同，但这些人“齐万物”的观点还是被庄子所接受，并大大地发展了。《庄子》有《齐物论》篇专门加以讨论。庄子认为，关于具体的物，人们每有可与否、此与彼、大与小、美与丑、成与毁的争论，但这种争论是没有意义的，因为从所谓道的观点看，这种分别是不存在的。《庄子·德充符》说，事物“自其异者视之，肝胆楚越也；自其同者视之，万物皆一也”[105]。《齐物论》说：“可乎可，不可乎不可。道行之而成，物谓之而然。恶乎然，然于然。恶乎不然，不然于不然。恶乎可，可于可。恶乎不可，不可于不可。物故有所然，物故有所可。无物不然，无物不可。”[106]“方可方不可，方不可方可。”[107]“物无非彼，物无非是，自彼则不见，自是则知之，故曰彼出于是，是亦因彼，彼是方生之说也。”[108]“天下莫大于秋毫之末，而太山为小。”[109]“故为是举莛与楹，厉与西施，恢诡谲怪，道通为一。其分也，成也；其成也，毁也。凡物无成与毁，复通为一。”[110]关于某种生命状态，比如寿命的长与短、生命与死亡，亦不必区别。《逍遥游》说：“朝菌不知晦朔，蟪蛄不知春秋，此小年也。楚之南有冥灵者，以五百岁为春，五百岁为秋；上古有大椿者，以八千岁为春，八千岁为秋，此大年也。而彭祖乃今以久特闻，众人匹之，不亦悲乎！”[111]《齐物论》说：“莫寿于殇子，而彭祖为夭。”[112]“方生方死，方死方生。”[113]关于是非的观念，庄子认为，这本是出于成心，《齐物论》说：“夫随其成心而师之，谁独且无师乎……为成乎心而有是非，是今日适越而昔至也。”[114]“儒墨之是非，以是所非而非其所是，欲是其所非而非其所是，则莫若以明。”[115]因而不必加以讨论。“因是因非，因非因是，是以圣人不由，而照之于天。亦因是也，是亦彼也，彼亦是也。彼亦一是非，此亦一是非。果且有彼是乎哉？果且无彼是乎哉？彼是莫得其偶，谓之道枢。枢始得其环中，以应无穷。是亦一无穷，非亦一无穷也。”[116] “是非之彰也，道之所以亏也。”[117]关于世界之起始有无，即时间与存在，《齐物论》说：“有始也者，有未始有始也者，有未始有夫未始有始也者；有有也者，有无也者，有未始有无也者，有未始有夫未始有无也者。俄而有无矣，而未知有无之果孰有孰无也。”[118]一切都是相对和不确定的。庄子的这些思想，有时陷入诡辩。

八

齐近大海，齐人心胸开阔，想象亦丰富。前言《齐谐》，本“志怪”之书。所谓“志怪”，定多想象，而所描写之垂天之鲲鹏，正可窥见。稷下先生不乏具想象力者，宋钘所著《宋子》，班固《汉书·艺文志》著录于小说家，虽已佚，但可想见其中不乏虚构。稍晚之邹衍，司马迁《史记·孟子荀卿列传》称其为“谈天衍”说，其“深观阴阳消息而作怪迂之变。《终始》《大圣》之篇十余万言，其语闳不经，必先验小物，推而大之，至于无垠。先序今以上至黄帝，学者所共述，大并世盛衰，因载其机祥度制，推而远之，至天地未生，窈冥不可考而原也。先列中国名山大川，通谷禽兽，水土所殖，物类所珍，因而推之，及海外人之所不能睹。……王公大人初见其术，惧然顾化，其后不能行之”[119]。王充《论衡·谈天》亦说：“邹子之书，言天下有九州”，“《禹贡》九州，所谓一州也……方今天下九州也”，“复更有八州，每一州者四海环之，名曰裨海。九海之外，更有瀛海。此言诡异，闻者惊骇。”[120]

庄子爱大海，经常说大海。说到之时，总不忘齐。《庄子·逍遥游》起云：“北冥有鱼，其名为鲲。鲲之大，不知其几千里也。化而为鸟，其名为鹏。鹏之背，不知其几千里也。怒而飞，其翼若垂天之云。是鸟也，海运则将徙于南冥。《齐谐》者，志怪者也。《谐》之言曰：鹏之徙于南冥也，水击三千里，抟扶摇而上者九万里，去以六月息者也。”[121] “北冥”即北海，正是齐国近海，言“《齐谐》”，亦正复有比较之意。《秋水》亦言：“秋水时至，百川灌河，泾流之大，两涘渚崖之间，不辨牛马，于是焉河伯欣然自喜，以为天下之美尽在矣，顺流而东行，至于北海，东面而视，不见水端，于是焉河伯始旋其面目，望洋向若而叹……北海若曰：井蛙不可以语于海者，拘于虚也；夏虫不可以语于冰者，笃于时也；曲士不可以语于道者，束于教也。今尔出于崖涘，观于大海，乃知尔丑，尔将可与语大理已。天下之水，莫大于海，万川归之，不知何时止而不盈，尾闾泄之，不知何时已而不虚，春秋不变，水旱不知，此其过江河之流，不可为量数……”[122]庄子胸次之高远宽广，想象之神奇浪漫，较齐人有过之而无不及。《天下》说庄子其学：“惚漠无形，变化无常，死与生与，天地并与，神明往与，芒乎何之，忽乎何适，万物毕罗，莫足以归，古之道术有在于是者，庄周闻其风而悦之。以谬悠之说，荒唐之言，无端崖之辞，是恣纵而不傥，不以觭见之也，以天下为沉浊，不可与庄语，以卮言为曼衍，以重言为真，以寓言为广，独与天地精神往来而不敖倪于万物，不谴是非，以与世俗处，其书虽瑰玮而连犿无伤也，其辞虽参差而諔诡可观。”[123]此种文采风流，超越稷下先生又不知多少！驺衍晚于庄子，和庄子后学同时，驺衍与庄子也是有相近处的。

齐人不乏诙谐幽默。所谓《齐谐》之“谐”，就是诙谐之意。《战国策·齐策》说：“齐人见田骈曰：‘闻先生高议，设为不宦，而愿为役田。’骈曰：‘子何闻之?’对曰：‘臣闻之邻人之女。’田骈曰：‘何谓也?’对曰：‘臣邻人之女，设为不嫁，行年三十而有七子，不嫁则不嫁，然嫁过毕矣。今先生设为不宦，訾养千钟，徒百人，不宦则然矣，而富过毕矣。’田子辞。”[124] 稷下先生中更有滑稽诙谐之人。司马迁《史记·滑稽列传》开篇记载：“淳于髡，齐之赘壻也。长不满七尺，滑稽多辩，数使诸侯，未尝屈辱。……威王八年，楚大发兵加齐，齐王使淳于髡之赵请救兵，赍金百斤，车马十驷，淳于髡仰天大笑，冠缨索绝。王曰：‘先生少之乎?’髡曰：‘何敢!’王曰：‘笑岂有说乎?’髡曰：‘今者臣从东方来，见道旁有禳田者，操一豚蹄，酒一盂，祝曰：“瓯窭满篝，污邪满车；五谷蕃熟，穰穰满家。”臣见其所持者狭而所欲者奢，故笑之。’于是齐威王乃益赍金千溢，白璧十双，车马百驷。髡辞而行，至赵，赵王与之精兵十万，革车千乘。楚闻之，夜引兵而去。威王大悦，置酒后宫，召髡赐之酒，问曰：‘先生能饮几何而醉?’对曰：‘臣饮一斗亦醉，一石亦醉。’威王曰：‘先生饮一斗而醉，恶能饮一石哉？其说可得闻乎?’髡曰：‘赐酒大王之前，执法在旁，御使在后，髡恐惧俯伏而饮，不过一斗径醉矣。若亲有严客，髡帣鞲鞠跽，侍酒于前，时赐余沥，奉觞上寿，数起，饮不过二斗醉矣。若朋友交游，久不相见，卒然相睹，欢然道故，私情相与，饮可五六斗径醉矣。若乃州闾之会，男女杂坐，行酒稽留，六博投壶，相引为曹，握手无罚，目眙不禁，前有堕珥，后有遗簪，髡窃乐此，饮可八斗而醉二参。日暮酒阑，合尊促坐，男女同席，履舄交错，杯盘狼藉，堂上烛灭，主人留髡而送客，罗襦襟解，微闻芗泽，当此之时，髡心最欢，能饮一石。故曰酒极则乱，乐极则悲，万事尽然。’言不可极，极之而衰，以讽谏焉。齐王曰：‘善。’乃罢长夜之饮，以髡为诸侯主客。宗室置酒，髡尝在侧。”[125]

人所共知，庄子也是很诙谐幽默的。前面所引，这方面的事情言谈不少。《庄子》外篇《天运》所谓帝张咸池之乐，杂篇《说剑》记庄子“天子之剑”“诸侯之剑”“庶人之剑”之说，其铺陈叙述、夸张推衍与淳于髡之“饮一斗亦醉”“饮一石亦醉”颇相类似，而诙谐幽默似更有过之。历来有论者认为《说剑》不可能是庄子的思想[126]，但此篇既在《庄子》中，归之庄子后学应该是没有问题的。外篇《骈拇》多说“骈”，所谓“骈拇枝指，出乎性哉，而侈于德；附赘悬疣，出乎形哉，而侈于性”[127]，一涉田骈，或又有指淳于髡为“赘壻”者？这或许也是一种幽默。

九

应该说，和庄子相比，到其后学中的一些人，对稷下先生的态度已有所变化。这首先是能够比较客观地看待他们的学说。《庄子·天下》述宋钘、尹文思想，除前面所说外，又言其“愿天下之安宁以活民命，人我之养，毕足而止，以此白心”，“语心之容，命之曰心之行，以聏合欢，以调海内，请欲置之以为主。见侮不辱，救民之斗，禁攻寝兵，救世之战，以此周行天下，上说下教，虽天下不取，强聒而不舍者也，故曰上下见厌而强见也。虽然，其为人太多，其自为太少。……以禁攻寝兵为外，以情欲寡浅为内，其小大精粗，其行适至是而止”[128]，与墨子不无相似处，接后论述，是合适的。特别是《天下》指出彭蒙、田骈、慎到等稷下先生“齐万物以为首”，是他们最先提出这一思想，更可看出庄子后学的客观态度。

其次是庄子后学明确讲君主、治事，这一点尤为特别。《庄子·天地》说：“天地虽大，其化钧也；万物虽多，其治一也；人卒虽众，其主君也。……以道观言，而天下之名正；以道观分，而君臣之义明；以道观能，而天下之观治；以道泛观，而万物之应备。故通于天者，道也。顺于地者，德也。行于万物者，义也。上治人者，事也；能有所艺者，技也。技兼于事，事兼于义，义兼于德，德兼于道，道兼于天。”[129]《在宥》说：“贱而不可不任者，物也；卑而不可不因者，民也；匿而不可不为者，事也；粗而不可不陈者，法也；远而不可不居者，义也；亲而不可不广者，仁也；节而不可不积者，礼也；中而不可不高者，德也；一而不可不易者，道也；神而不可不为者，天也。故圣人观于天而不助，成于德而不累，出于道而不谋，令于仁而不恃，薄于义而不积，应于礼而不讳，接于事而不辞，齐于法而不乱。恃于民而不轻，因于物而不去。物者莫足为也，而不可不为。”[130]《天道》说：“本在于上，末在于下，要在于主，详在于臣。三军五兵之运，德之末也；赏罚利害，五刑之辟，教之末也，礼法度数，形名比详，治之末也；钟鼓之音，羽旄之容，乐之末也；哭泣衰绖，隆杀之服，哀之末也。此五末者，须精神之运，心术之动，然后从之者也。末学者，古人有之，而非所以先也。君先而臣从，父先而子从，长先而少存，男先而女存，夫先而妇存。夫尊卑先后，天地之行也，故圣人取象焉；天尊地卑，神明之位也……夫天地至神，而有尊卑先后之序，而况人道乎？宗庙尚亲，朝廷尚尊，乡党尚齿，行事尚贤，大道之序也。语道而非其序者，非其道也；语道而非其道者，安取道？是故古之明大道者，先明天而道德次之，道德已明而仁义次之，仁义已明而分守次之，分守已明而形名次之，形名已明而因任次之，因明已明而原省次之，原省已明而是非次之，是非已明而赏罚次之，赏罚已明而愚知处宜。贵贱履位，仁贤不肖袭情，必分其能，必由其名。以此事上，以此畜下，以此治物，以此修身。知谋不用，必归其天，此之谓大平，治之至也。”[131]应该说，这些思想和稷下先生们已经没什么大的差别了[132]。至于《天下》所言“以法为分，以名为表，以参为验，以稽为决，其数一二三四是也，百官以此相齿，以事为常，以衣食为主，以蕃息畜藏为意，老弱孤寡皆有以养，民之理也”[133]，更可以说，这和那些稷下先生已经相当一致了。

注释：

[1]（明）朱先春《管子榷》：“其书杂者，半为稷下坐议泛谈。”（《四库全书》本）顾颉刚《周公制礼的传说和〈周官〉一书的出现》：“我很怀疑管子竟是一部‘稷下丛书’。”（《文史》第六辑）冯友兰《中国哲学史新编上》：“《管子》所收文章都是当时‘稷下先生’们写的。”（北京：人民出版社，1998 年，第 118 页）张岱年《胡家聪〈管子新探〉序》：“田齐威、宣王时，稷下学宫兴盛，《管子》一书应是稷下推管仲的学者们撰写的。”（胡家聪：《管子新探》，北京：中国社会科学出版社，2003 年，第 2 页）

[2]（西汉）司马迁：《史记》，北京：中华书局，1985 年，第 2143 页。

[3]（清）郭庆藩：《庄子集释》，北京：中华书局，1985 年，第 614～615 页。

[4]（清）郭庆藩：《庄子集释》，北京：中华书局，1985 年，第 2 页。

[5]（清）郭庆藩：《庄子集释》，北京：中华书局，1985 年，第 848 页。

[6]（清）郭庆藩:《庄子集释》,北京:中华书局,1985年,第840页。

[7]（清）郭庆藩:《庄子集释》,北京:中华书局,1985年,第650～654页。

[8]（清）郭庆藩:《庄子集释》,北京:中华书局,1985年,第343页。

[9]（清）郭庆藩:《庄子集释》,北京:中华书局,1985年,第888页。

[10] 宋钘(宋荣子),见于《逍遥游》;彭蒙、田骈、慎到、尹文见于《天下》;季真见于《则阳》《天地》;接子见于《则阳》。

[11] 郎擎霄《庄子学案》"庄子与诸子比较论"章、蒋锡昌《庄子哲学》"庄子思想与其他之关系"章(《民国丛书》第四编第6册,上海:上海书店出版社,1989年)。

[12] 崔大华《庄学研究》有"庄子思想与先秦子学"章,主要从墨家、道家范畴论述(北京:人民出版社,1992年,第379～384页、第406～415页)。

[13]（西汉）司马迁:《史记》,北京:中华书局,1985年,第2347～2348页。

[14] 宋钘,《孟子》赵岐注:"宋牼,宋人,名牼。"(阮元校刻:《十三经注疏》,北京:中华书局,1980年,第2756页)《荀子》杨倞注:"宋钘,宋人,与孟子、尹文子、彭蒙、慎到同时,《孟子》作宋牼,牼与钘同音。"(王天海:《荀子校释》,上海:上海古籍出版社,2005年,第205页)

[15] 兒说,《淮南子》高诱注:"兒说,宋大夫。"(刘文典:《淮南鸿烈集解》,北京:中华书局,1989年,第619页)

[16] 徐劫,班固《汉书·艺文志》:"《徐子》四十二篇,宋外黄人。"张秉楠《稷下钩沉》:"《徐子》……或为徐彻所著书。"(上海:上海古籍出版社,1991年,第135页)

[17]（西汉）司马迁:《史记》,北京:中华书局,1985年,第2347页。

[18]（清）郭庆藩:《庄子集释》,北京:中华书局,1985年,第16～17页。

[19]（清）郭庆藩:《庄子集释》,北京:中华书局,1985年,第16～17页。

[20] 姜涛:《管子新注》,济南:齐鲁书社,2006年,第105页。

[21]（西汉）司马迁:《史记》,北京:中华书局,1985年,第2346页。

[22]（清）郭庆藩:《庄子集释》,北京:中华书局,1985年,第490～491页。

[23]（清）郭庆藩:《庄子集释》,北京:中华书局,1985年,第490页。

[24]（西汉）司马迁:《史记》,北京:中华书局,1985年,第1895页。

[25]（西汉）司马迁:《史记》,北京:中华书局,1985年,第1895页。

[26]（清）郭庆藩:《庄子集释》,北京:中华书局,1985年,第51页。

[27] 许富宏:《慎子集校集注》,北京:中华书局,2013年,第64页。

[28] 许富宏:《慎子集校集注》,北京:中华书局,2013年,第18页。

[29] 许富宏:《慎子集校集注》,北京:中华书局,2013年,第64页。

[30] 许富宏:《慎子集校集注》,北京:中华书局,2013年,第78页。

[31] 许富宏:《慎子集校集注》,北京:中华书局,2013年,第18～21页。

[32] 许富宏:《慎子集校集注》,北京:中华书局,2013年,第63页。

[33] 姜涛:《管子新注》,济南:齐鲁书社,2006年,第44页。

[34] 姜涛:《管子新注》,济南:齐鲁书社,2006年,第378页。

[35] 姜涛:《管子新注》,济南:齐鲁书社,2006年,第338页。

[36] 姜涛:《管子新注》,济南:齐鲁书社,2006年,第283页。

[37] 姜涛:《管子新注》,济南:齐鲁书社,2006年,第332页。

[38] 姜涛:《管子新注》,济南:齐鲁书社,2006年,第383页。

[39] 姜涛:《管子新注》,济南:齐鲁书社,2006年,第428页。

[40] 姜涛:《管子新注》,济南:齐鲁书社,2006年,第76页。

[41] 姜涛:《管子新注》,济南:齐鲁书社,2006 年,第 291 页。
[42] 姜涛:《管子新注》,济南:齐鲁书社,2006 年,第 97 页。
[43] 姜涛:《管子新注》,济南:齐鲁书社,2006 年,第 20 页。
[44] 姜涛:《管子新注》,济南:齐鲁书社,2006 年,第 275 页。
[45] 姜涛:《管子新注》,济南:齐鲁书社,2006 年,第 269 页。
[46] (清)郭庆藩:《庄子集释》,北京:中华书局,1985 年,第 145 页。
[47] (清)郭庆藩:《庄子集释》,北京:中华书局,1985 年,第 373 页。
[48] (清)郭庆藩:《庄子集释》,北京:中华书局,1985 年,第 365 页。
[49] (清)郭庆藩:《庄子集释》,北京:中华书局,1985 年,第 143 页。
[50] (清)郭庆藩:《庄子集释》,北京:中华书局,1985 年,第 367 页。
[51] (清)郭庆藩:《庄子集释》,北京:中华书局,1985 年,第 514 页。
[52] 姜涛:《管子新注》,济南:齐鲁书社,2006 年,第 337 页。
[53] (清)郭庆藩:《庄子集释》,北京:中华书局,1985 年,第 246～247 页。
[54] (清)郭庆藩:《庄子集释》,北京:中华书局,1985 年,第 749～750 页。
[55] (清)郭庆藩:《庄子集释》,北京:中华书局,1985 年,第 756～758 页。
[56] 郭沫若:《两周金文辞大系图录考释》,北京:科学出版社,1957 年,第 219 页。
[57] 姜涛:《管子新注》,济南:齐鲁书社,2006 年,第 143～144 页。
[58] 姜涛:《管子新注》,济南:齐鲁书社,2006 年,第 323 页。
[59] 姜涛:《管子新注》,济南:齐鲁书社,2006 年,第 399 页。
[60] 姜涛:《管子新注》,济南:齐鲁书社,2006 年,第 324 页。
[61] 姜涛:《管子新注》,济南:齐鲁书社,2006 年,第 336 页。
[62] 姜涛:《管子新注》,济南:齐鲁书社,2006 年,第 516 页。
[63] (清)郭庆藩:《庄子集释》,北京:中华书局,1985 年,第 844～845 页。
[64] (清)郭庆藩:《庄子集释》,北京:中华书局,1985 年,第 620 页。
[65] (清)郭庆藩:《庄子集释》,北京:中华书局,1985 年,第 830～833 页。
[66] (清)郭庆藩:《庄子集释》,北京:中华书局,1985 年,第 246～247 页。
[67] (清)郭庆藩:《庄子集释》,北京:中华书局,1985 年,第 729～734 页。
[68] 姜涛:《管子新注》,济南:齐鲁书社,2006 年,第 290 页。
[69] 姜涛:《管子新注》,济南:齐鲁书社,2006 年,第 293 页。
[70] 姜涛:《管子新注》,济南:齐鲁书社,2006 年,第 290 页。
[71] 姜涛:《管子新注》,济南:齐鲁书社,2006 年,第 359 页。
[72] 姜涛:《管子新注》,济南:齐鲁书社,2006 年,第 356 页。
[73] 姜涛:《管子新注》,济南:齐鲁书社,2006 年,第 358 页。
[74] 姜涛:《管子新注》,济南:齐鲁书社,2006 年,第 292 页。
[75] 姜涛:《管子新注》,济南:齐鲁书社,2006 年,第 299 页。
[76] 姜涛:《管子新注》,济南:齐鲁书社,2006 年,第 356 页。
[77] 姜涛:《管子新注》,济南:齐鲁书社,2006 年,第 294 页。
[78] 姜涛:《管子新注》,济南:齐鲁书社,2006 年,第 360 页。
[79] 姜涛:《管子新注》,济南:齐鲁书社,2006 年,第 354 页。
[80] (清)郭庆藩:《庄子集释》,北京:中华书局,1985 年,第 299 页。
[81] (清)郭庆藩:《庄子集释》,北京:中华书局,1985 年,第 190 页。
[82] (清)郭庆藩:《庄子集释》,北京:中华书局,1985 年,第 711～714 页。

[83]（清）郭庆藩：《庄子集释》，北京：中华书局，1985年，第892页。
[84]（清）郭庆藩：《庄子集释》，北京：中华书局，1985年，第146～150页。
[85]（唐）李善注：《文选》，北京：中华书局，1977年，第504页。
[86]（东汉）班固：《汉书》，北京：中华书局，1962年，第1730页。
[87] 陈奇猷：《韩非子新校注》，上海：上海古籍出版社，2000年，第674页。
[88]（宋）李昉，等：《太平御览》，北京：中华书局，1960年，第2133页。
[89]（清）郭庆藩：《庄子集释》，北京：中华书局，1985年，第83页。
[90]（清）郭庆藩：《庄子集释》，北京：中华书局，1985年，第597～598页。
[91]（清）郭庆藩：《庄子集释》，北京：中华书局，1985年，第74～75页。
[92]（清）郭庆藩：《庄子集释》，北京：中华书局，1985年，第222页。
[93]（清）郭庆藩：《庄子集释》，北京：中华书局，1985年，第66页。
[94]（清）郭庆藩：《庄子集释》，北京：中华书局，1985年，第1045页。
[95]（清）郭庆藩：《庄子集释》，北京：中华书局，1985年，第606～607页。
[96]（清）郭庆藩：《庄子集释》，北京：中华书局，1985年，第843页。
[97] 姜涛：《管子新注》，济南：齐鲁书社，2006年，第299页。
[98]（清）郭庆藩：《庄子集释》，北京：中华书局，1985年，第16～17页。
[99]（清）郭庆藩：《庄子集释》，北京：中华书局，1985年，第16～17页。
[100] 李守奎，等：《尸子译注》，哈尔滨：黑龙江人民出版社，2003年，第42页。
[101] 许维遹：《吕氏春秋集释》，北京：中华书局，2009年，第467页。
[102] 许维遹：《吕氏春秋集释》，北京：中华书局，2009年。第678页。
[103]（清）郭庆藩：《庄子集释》，北京：中华书局，1985年，第1091页。
[104]（清）郭庆藩：《庄子集释》，北京：中华书局，1985年，第1086～1091页。
[105]（清）郭庆藩：《庄子集释》，北京：中华书局，1985年，第190页。
[106]（清）郭庆藩：《庄子集释》，北京：中华书局，1985年，第69页。
[107]（清）郭庆藩：《庄子集释》，北京：中华书局，1985年，第66页。
[108]（清）郭庆藩：《庄子集释》，北京：中华书局，1985年，第66页。
[109]（清）郭庆藩：《庄子集释》，北京：中华书局，1985年，第79页。
[110]（清）郭庆藩：《庄子集释》，北京：中华书局，1985年，第69～70页。
[111]（清）郭庆藩：《庄子集释》，北京：中华书局，1985年，第11页。
[112]（清）郭庆藩：《庄子集释》，北京：中华书局，1985年，第79页。
[113]（清）郭庆藩：《庄子集释》，北京：中华书局，1985年，第79页。
[114]（清）郭庆藩：《庄子集释》，北京：中华书局，1985年，第56页。
[115]（清）郭庆藩：《庄子集释》，北京：中华书局，1985年，第63页。
[116]（清）郭庆藩：《庄子集释》，北京：中华书局，1985年，第66页。
[117]（清）郭庆藩：《庄子集释》，北京：中华书局，1985年，第74页。
[118]（清）郭庆藩：《庄子集释》，北京：中华书局，1985年，第74页。
[119]（西汉）司马迁：《史记》，北京：中华书局，1985年，第2344页。
[120] 黄晖：《论衡校释》，北京：中华书局，1990年，第473～474页。
[121]（清）郭庆藩：《庄子集释》，北京：中华书局，1985年，第2页。
[122]（清）郭庆藩：《庄子集释》，北京：中华书局，1985年，第561～563页。
[123]（清）郭庆藩：《庄子集释》，北京：中华书局，1985年，第1098～1099页。
[124]（西汉）刘向集录：《战国策》，上海，上海古籍出版社，1985年，第420页。

[125]（西汉）司马迁:《史记》,北京:中华书局,1985年。第3197～3199页。

[126]（清）马骕《庄子之学》说,《说剑》“语近国策,非庄生本书”（严灵峰:《庄子集成初编》第二十册,台北:艺文印书馆,1972年,第110页）。钱穆《先秦诸子系年》“庄子见赵惠王论剑乃庄辛非庄周辨”条说,楚人庄“辛系文学之士……则其文本出庄辛也”（北京:中华书局,1985年,第443页）。

[127]（清）郭庆藩:《庄子集释》,北京:中华书局,1985年,第311页。

[128]（清）郭庆藩:《庄子集释》,北京:中华书局,1985年,第1082～1084页。

[129]（清）郭庆藩:《庄子集释》,北京:中华书局,1985年,第403～404页。

[130]（清）郭庆藩:《庄子集释》,北京:中华书局,1985年,第397～398页。

[131]（清）郭庆藩:《庄子集释》,北京:中华书局,1985年,第397～398页。

[132]《天道》这一段话,（清）胡文英《庄子独见》说:“议论颇似韩非、慎到根底。”（严灵峰:《庄子集成初编》第二十一册,台北:艺文印书馆,1972年,第182页）冯友兰《中国哲学史新编》第二册说:“这是稷派所讲的。”（上海:上海人民出版社,1964年,第136页）都或少或多看到了和稷下的关系,但话见于《庄子》,即不是庄子思想,应是庄子后学讲的。

[133]（清）郭庆藩:《庄子集释》,北京:中华书局,1985年,第1066页。

中国文论关键词阐释：方法、可能与局限

袁　劲

（武汉大学文学院，湖北武汉，430072）

内容摘要：中国文论关键词研究以词语的遴选和类分为基础，以意义的阐释为落脚点。就方法而言，关键词的阐释只存在发掘文字根柢、梳理语义脉络、凝练方法启思等“一般步骤”，而没有一劳永逸的“万能公式”，也不存在非此不可的“操作法则”。在整体研究、个案研究和专题研究等不同层面上，中国文论关键词阐释仍有众多可供继续拓展的生长点。与此同时，因聚焦于文学中理论化和关键性的问题，关键词研究只是开启词语文化与文论意义世界的一把钥匙，而绝非中国文论研究的“唯一”抑或“最佳”方法。于研究者而言，唯有明晰关键词阐释的“法无定法”与“定体则无，大体须有”，又充分了解该方法的潜力与局限，才不至于陷入“快餐化”“霸权化”“理论化”的阐释困境。

关键词：文论关键词；阐释；关键词研究；方法论

在词语遴选与类分的基础上，中国文论关键词研究以意义的阐释为落脚点。诚如文化关键词研究的早期推介者汪晖先生所言：“关键词的两个要素是词条的选择和意义的分析——这既是记录的方式，又是探讨和呈现意义问题的途径。”[1]两者之中，又以“意义的分析”，亦即关键词之阐释最为重要。若无意义阐释层面的区别性特征，关键词研究就与同样呈现为“选词”成果的辞典或学科术语汇编没什么两样，其鲜明的“反辞书性”也就无从显现[2]。这种“反辞书性”源自对词语“不可定义性”的自觉体认[3]。换言之，只有在关键词阐释环节牢牢把握住词语的“不可定义性”，方可与各类辞典或学科术语汇编区分开来。当然，除了关键词语义自身的“不可定义性”，其阐释方法同样是“不可定义”的。我们认为，中国文论关键词之阐释只有“一般步骤”，而没有一劳永逸的“万能公式”，也不存在非此不可的“操作法则”。关键词阐释的“法无定法”，既需要研究者结合研究对象的某些具体特征，在“一般方法”的基础上进行加减法；又需要研究者充分了解该方法的潜力与局限，避免陷入“快餐化”“霸权化”“理论化”的困境。

一、中国文论关键词阐释的一般步骤

一般步骤指的是理想化的中国文论关键词阐释方法。研究方法应是所研究对象的

类似物。其正确的逻辑是，不同的研究对象召唤出不同的研究方法，而不是将一套固定的方法适用于不同的研究对象。从这种意义上讲，雷蒙·威廉斯归纳的“某一些语词、语调、节奏及意义被赋予、感觉、检试、证实、确认、肯定、限定与改变的过程”及“创新、过时、限定，延伸、重复、转移”等转义诸型[4]，均属于抽象与综合后的理想化情况。这一“理想化”的过程需要结合具体研究对象的某些特征进行加减法，毕竟“只有在理想化的客体是实在客体的某种类似物的情况下，理想化的方法才具有科学价值。这时，可以把对理想化客体适用的规律扩展应用于实在客体”[5]。于此，不妨先看下学界对关键词阐释方法的相关论说。

以中国古代文论范畴研究为聚焦点，党圣元先生在方法论层面率先提出“两个结合”与“一个区分”：倡导将中国文论范畴与传统文化哲学、传统文学创作和批评鉴赏两者结合起来进行研究，同时，“又必须清醒地认识到文化哲学和文论思想、审美意识在概念上是不相等的，不能在它们之间划等号”[6]。

提出中华文化关键词研究构想的周光庆先生，将关键词阐释的基本程序概括为五个环节：“上溯它们作为普通词的产生”“考察它们作为关键词的形成”“梳理它们作为关键词的潜在系统”“追寻它们作为关键词的家族繁衍”“通观它们作为关键词的中外会通”[7]。

以“汉字批评”作为中国文论本土化阐释路径，李建中先生认为：“汉字的语根太深，故须追‘根’；汉字的语境太重要，故须问‘境’；汉字的语用是其长寿秘诀，故须致‘用’。由追‘根’而问‘境’，由问‘境’而致‘用’，似可探出一条文论阐释的中国路径。”[8]

在此基础上，我们尝试将前述诸说与傅伟勋先生“创造的解释学”相结合，沿着最基本的“是什么（What）—为什么（Why）—怎么样（How）”认知框架提炼出中国文论关键词阐释的“一般步骤”。按照傅先生的说法，“创造的解释学”包括“辩证的”且“中间不可任意越级”的五个步骤：“原作者（或原思想家）实际上说了什么？”—“原作者真正意谓什么？”—“原作者可能说什么？”—“原作者本来应该说什么？”—“作为创造的解释家，我应该说什么？”[9]将“作者”置换成“关键词”，辄五个步骤依次为关键词阐释的“实谓”“意谓”“或谓”“应谓”与“我谓”。其中，“实谓”要讲清楚“是什么”这一最基本的问题，用傅先生的话讲便是“创造的解释家首先必须兼为考据家，培养起码的考证、训诂、版本等方面的功力”[10]。落实到中国文论关键词研究，“实谓”或曰“是什么”，主要表现为文字根柢的发掘。“意谓”和“或谓”揭示了“实谓”字面意涵以外的多种可能，因而触及深层次上关键词的复义性，亦即关乎词语“为什么”关键的肯綮处。在关键词阐释的一般步骤中，“意谓”和“或谓”对应语义脉络的梳理——通过这一梳理可发现词语本义或表面义背后的历史文化讯息。颇有以今观古意味的“应谓”和“我谓”，回答的是传统文论关键词在今天“怎么样”的问题，亦即传统文论关键词之于当下批评实践的有效性和启迪性。

发掘文字根柢是中国文论关键词阐释的首要步骤。这是因为，汉字形、音、义之中蕴藏了先民造字时最初的“约定俗成”，它们作为语义“基因”潜在规范或制约着汉字的使用者与阐释者。杨树达先生根据“诗”字古文“从言㞢声”和“志”字“从心ㄓ声”来说解“诗与志虽无二，究有内外之分”即是典型一例[11]。当然，这种循名责实意义上的发掘自有其限度，否则便容易沦为望文生义。闻一多先生会合“歌”“志”“诗”等字，尤其是从“诗＝志＝记”而“史”又可训“记”推导出“诗＝史”，进而演绎出中国诗歌从“记事之史”（对应“志”之“记忆”义）经“情事合一”（对应“记载”义）到“情显事隐”（对应“情感”义）的简单脉络，便是一则陷入“字源谬见”，选择性说解词义与简单化梳理历史的反面案例[12]。发掘文字根柢，将有助于从根本上标识文论关键词的区别性特征。例如“形”与“象”的同异就深植于文字形、音、义之中。以形观之，“形”字“从彡幵声”，内含“画”的动作；而“象”字摹拟大象之形，引申为“人希见生象也，而得死象之骨，按其图以想其生也，故诸人之所以意想者，皆谓之象也”（《韩非子·解老》）。以音循之，“此二字为双声，而考古人命名之规律，凡相邻而相对之二事，多以双声称之”[13]。以义辨之，则有《尚书·说命上》“乃审厥象，俾以形旁求于天下”，《管子·君臣上》“天有常象，地有常形”，应玚《文质论》“仰观象于玄表，俯察式于群形”等“形”与“象”的“对待立义”。

由根柢而至脉络，中国文论关键词阐释还须梳理语义脉络。周光庆先生曾言中华文化关键词“相互作用、相互发明而形成了以类别、层次和系列为形式的潜在系统，并为后人不断运用、不断阐释、不断发展，并能在特定领域或特定条件下发挥重要的认知功能、组织功能、实践功能和转化功能，成为中华文化特别是其核心观念和价值系统的凝聚点或网结点”[14]。据此，中国文论关键词在静态上有所谓的类别、层次、系列，在动态上亦不乏运用、阐释、发展，那么，从动静、纵横、内外等面向梳理语义脉络无疑是必要的。仿照成复旺先生“在一定意义上说，美学思想的发展史也就是范畴体系的演变史”[15]之说法，我们也可以讲，梳理文论关键词的语义脉络就是在书写文论史。从汉魏盛唐以“气”为主的“风骨”，到两宋以“韵”为主的“平淡”，再到明代立足于“体”的“格调”，正是一部文论断代史[16]。

凝练方法启思是中国文论关键词阐释的着眼点。对古代的、传统的文论概念、术语、范畴、命题进行单纯的“知识考古”式的发掘与整理，只是关键词研究的手段而非目的。雷蒙·威廉斯自陈：“这种探索最初的用意是要了解当前若干迫切的问题——实际上，就是了解我们现今的世界问题。”[17]换言之，“关键词关注的不是文化的‘过往史’而是当代‘效果史’”[18]，是古代的、传统的文论概念、术语、范畴、命题之于今天文论及文化批评的有效性与启迪性。以古代文论作现代批评，可能受限于古今与中西两个维度下学术范式转换的影响，丧失了原有的效力与魅力。但是，文论关键词所蕴含的在操作层面以上的运思方式，可超越不同对象与具体语境的隔阂，给予当下有益的启思。以中国文论关键词“怨”与“诗可以怨”为例。我们既可从历代的阐释中汲取有助于当下文化治疗与社会舆情管理的经验，探寻由“诗可以怨”到“以诗疗怨”、由“怨而不言”到“言而不怨”的可行性[19]；又有必要发扬“怨”与“诗可以怨”之中鼓荡着的批判精神，解读“发愤以抒情”“惟歌生民病”“不平则鸣”“怨下起兴”等相关命题背后蕴藏着的主体意识、家国情怀、民本思想、实践品格与生命言说。

以上只是略论关键词阐释的一般步骤，至于具体的阐释方法及其侧重点，则须根据研究对象的具体情况来决定。总之，中国文论关键词之阐释不容一概而论，亦无须面面俱到。

二、中国文论关键词阐释的生长点

由概念、术语、范畴、命题构成的中国文论关键词，是中国文学批评史早期书写的主要材料。尽管开山之作陈钟凡《中国文学批评史》（上海中华书局，1927）是以时间为序“分八期”（周秦、两汉、魏晋、宋齐梁陈与北朝、隋唐、两宋、元明、清代）架构起批评史，但每一期的每一文论家观点多以关键词的形式展开，例如，《两汉批评史》的《王充论文》一节，即通过“文实并茂”“黜虚妄”“文言一致”“文贵浅露”“不求纯美”“不尚模仿”等六个命题式的关键词来支撑。与之类似，郭绍虞《中国文学批评史（上册）》（上海商务印书馆，1934）以家、人、文体、问题等划分章节，终究是“为论述的方便，取其比较地可以看出当时各种派别各种主张之异同而已”[20]。同年问世的罗根泽《中国文学批评史（一）》（北平人文书店，1934）与方孝岳《中国文学批评》（世界书局，1934）两书亦不例外。前者创立了一种“综合体”，先依照编年体分为《周秦的文学批评》与《两汉的文学批评》，再按纪事本末体的方法分为《周秦诸子的诗说》《先秦诸子的所谓“文”与“文学”》《诗之崇高与汩没》《“文”与“文学”及其批评》《对于辞赋及辞赋作家的批评》等章，再依纪传体之法，设专章或专节论《王充的文学批评》《孔子的诗说》《扬雄的意见》[21]。其中，“诗”“文”“文学”“辞赋”等关键词在二级目录（章）中出现，“以意逆志”“知人论世”“诗言志”“养气”“知言”等关键词构成三级目录（节）。后者尝试了“以史的线索为经，以横推各家的义蕴为纬”[22]的体例。所谓的“义蕴”多以关键词的形式呈现，如篇章题目《司马相如论赋家之心》中的“赋家之心”、《发挥“文德”之伟大是刘勰的大功》之“文德”、《〈瀛奎律髓〉里所说的“高格”》之“高格”、《清初“清真雅正”的标准和方望溪的“义法论”》之“清真雅正”与“义法论”，等等。一直到新近出版的《中国文学理论批评史》（高等教育出版社，2016），更是直接以概念、术语、范畴、命题来组织全书的章、节、目结构。

随着此后通史性的文论关键词整体研究走向成熟，以断代（如詹福瑞《中古文学理论范畴》，河北大学出版社，1997）、专书（如李建中主编《中国古代文论范畴发生史丛书》之《老子》《庄子》《礼记》卷，武汉大学出版社，2009）、专人（如杨子彦《纪昀文学思想研究》，中国社会科学出版社，2015）、文体（如周明秀《词学审美范畴研究》，上海古籍出版社，2014）等为聚焦点的文论关键词专题研究不断涌现。有鉴于此，学界不少有识之士纷纷思考中国文学批评史研究的新的生长点。蔡钟翔先生设想：“在完成了五卷本《中国文学理论史》之后，要把研究的重心转移到范畴上来，将通史—范畴—体系定为古文论研究的三部曲。”[23]张思齐教授还提出：“中国文学批评史的编纂工作目前已经暂告一段落……中国文学批评史的下一步工作，就是用巨大的努力，贯彻现代文学批评意识，为我国历史上伟大的文学家们写评传。”[24]我们认为，继批评通史与断代史、专题史写作之后，以范畴及体系为代表的中国文论关键词研究一度成为热点。该研究虽然取得了丰硕的成果，但仍有不少值得进一步拓展的方向。因此，与其尽快转入下一阶段的“体系”或“写评传”，倒不如放缓脚步，重新审视文论关键词研究中仍有待继续拓展的学术生长点。

就整体研究而言，至少有两项摸底工作还有待完成：一是文论典籍（一手文献）中究竟存在哪些关键词，如何分布；二是已有文论研究成果（二手文献）对哪些关键词进行了怎样的研究。一手文献的摸底，最彻底的方法是通过“篇—书—人—群体—学派—地域—时代”的逐层排查，汇聚成中国文论全编与各类专题数据库，编制关键词索引，生成以词频统计、位序排列、分布呈现、语词关联为代表的量化结果，以便回答“中国文论有哪些关键词，如何分布”的问题。二手文献摸底的意义在于，通过叙录教材、专著、期刊论文等不同载体上的现代研究成果，明确“对哪些关键词进行了怎样的研究”，以避免重复扎堆的再研究。由于工作量巨大，这两项摸底工作恐非一人一时之力就能完成。

就个案研究而言，其对象与方法仍有拓新空间。对于研究对象，可结合前述两项摸底工作的结果，尽量选取那些在一手文献中着实“关键”，而在二手文献中尚未受到应有之“关键”待遇的文论关键词进行“拓荒”与“拾遗”。就研究方法而言，可将基于话语症候的文化关键词研究之“西来意”与“为词语立传”的“东土法”相结合，以文论关键词为传主，综合纪传体之生老病死、编年体之时势风云、纪事本末体之来龙去脉等不同侧面，充分发挥中国传统史学理论与述史实践的优势，形成个案研究层面“词语的传记”系列。

就专题研究而言，中国文论关键词研究在形式与内容上皆有可推进之处。从研究对象的形式上看，命题作为概念、术语、范畴构成的短语形式，是文论关键词中容纳了价值判断的高级成果。但是，丰富的文论命题却尚未被系统研究，尤其是缺乏从逻辑学与思想史层面切入命题推导过程的还原与分析。从研究内容上看，中西维度下文论关键词的跨文化比较研究，近年来在中文与英文文论关键词个案比较上取得诸多成果，但多语种比较与比较的方法论反思（如可比性分析、比较的一般步骤与特殊面向、比较成果的归纳）仍有待深入；古今维度下的中国传统文论关键词的现代转化，表现为以古代文论作现代批评的具体实践，或曰现当代文学批评中的古典资源，但目前仍缺少有说服力并得到广泛认同的个案。此外，与之相关的文体关键词研究、文献关键词研究、书论关键词研究、画论关键词研究、乐论关键词研究，以及文论与文体、文献，与书论、画论、乐论关键词之融合互动研究，皆可有所作为。

三、中国文论关键词阐释的局限性

将关键词视为中国文论的“钥匙”，能读解出哪些文化密码？又能发现怎样的意义世界？对于这一追问，依据不同的标准，可以有不同的回答。关键词背后的文化密码和意义世界，是词语交锋背后的情感倾向、权力关系和意识形态，也是词语形成、改变、重释、混淆乃至污名化、边缘化所折射出的历史、文化和社会语境；可以是一组词彼此交织、相互竞逐的文化景观，还可以是从现实问题经学术话题再到理论命题逐层进阶的思想谱系；既指向中国特有的传统知识、思想与信仰，又包括文化交流过程中的译介、误读和融合……凡此种种，皆可视作中国文论关键词阐释的题中之义。

在充分了解中国文论关键词阐释一般步骤与基本面向的基础上，我们还必须清醒地意识到，作为一种研究方法的关键词阐释存有自身无法克服的局限性。关键词（Key Words）不是一把“万能钥匙”适用于所有对象，也不是面向中国文论特定意义的“一把钥匙只能开一把锁”，而只是中国文论研究可采用的诸种方法之一。之所以是“之一”而非“唯一”，是因为中国文论之中还分布着为数众多的一般经验、知识与思想，它们也许不那么“关键”，也没那么“经典”，却同样是中国文论不可或缺的有机组成部分。

从郭绍虞、罗根泽等先行者为辅助文学史研究而开辟文学批评史领域起，中国文论便进入一个不断“抽象”与“关键化”的过程。不管是早期的“诗文评”称名，还是后来的“理论史”“批评史”“文论史”，该学科在提纯以后不断调整论说的范围。但“诗文评”以外的词曲、戏剧、小说批评，“理论史”与“批评史”以外的一般意识与普遍行为，“文论史”以外的书论、画论、乐论，都在不同程度上被遮蔽了。更不用说“提纯之提纯”后的文论关键词了。正如党圣元先生曾指出的那样：“批评作为一种意识，其包容面要宽泛得多，范畴、命题只是其中的一小部分。这些由多样具体而至愈益抽象的批评观念一起构成了一时期批评的总貌，其间又有错综交融，在解释时也必有其不可脱落的关联性。只是找出若干有范畴形式的概念来说明一时期、一阶段的批评，不仅会忽略那些隐含在大量批评实践中的、抽象化程度看来不太高的批评观念或批评意识，同时也必然会导致研究上的片面性、随意性。”[25]

对此，我们可以举出很多例子，证明那些抽象性、思想性或曰文字属性并不强的制度、礼俗、行为、活动等，与当下研究者最为偏爱的批评观念或批评意识研究（其突出形式便是由概念、术语、范畴、命题构成的文论关键词）相较，同样乃至更加富有文学理论与文学批评的意味。钱穆先生《略论中国文学》曾指出：“即如尧舜之禅让，汤武之征诛，一国之典章制度，乃至如一贤人一君子之出处言行，如屈子之沉湘，董子之三年目不窥园，扬子云之下帘寂寂，严光之垂钓富春江，诸葛孔明之六出祁山，鞠躬尽瘁，此亦莫非一时代之大文章。”[26]正如“一时代之大文章”并不限于文字或书写，“一时代之大文论”也包含着观念或意识以外的现象与事件——它们以其鲜活具体，甚至是纷繁复杂的形态支撑着“提纯”后的文学理论和“提纯之提纯”后的文学理论关键词。以梁朝沈约的“题壁”为例，据《梁书·王筠传》及《梁书·文学列传》之《何思澄传》《刘杳传》记载，沈约于郊外建造新宅，将王筠的《草木十咏》、何思澄的《游庐山诗》与刘杳所作之赞题壁观赏。对沈约来说，题壁是个人阅读趣味与审美好尚的显现；但在当事人王筠、何思澄、刘杳及“文苑传”书写者看来，被题壁意味着是时文坛领袖的认可，否则也不会在字数本就有限的本传中特意记上一笔。在历代史书、别集、诗话等文献中，诸如此类富有文学理论批评意味的现象与事件还有很多，只不过很难或尚未被“提纯”为富有理论性的概念、术语、范畴、命题。

倡导文论关键词的研究者，想必会乐于征引朱自清先生在1947年《诗言志辨·序》中的一段话：

现在我们固然愿意有些人去试写中国文学批评史，但更愿意有许多人分头来搜集材料，寻出各个批评的意念如何发生，如何演变——寻出它们的史迹。这个得认真的仔细的考辨，一个字不放松，像汉学家考辨经史子书。这是从小处下手。希望努力的结果可以阐明批评的价值，化除一般人的成见，并坚强它那新获得的地位。[27]

可是须知，大致在同一时期，陈钟凡、朱东润、方孝岳等先行者同样对中国文学批评史的抽象化与理论化进行了可贵的反思：

盖凡事物之秩然有纪，及言词之有缘饰者，并得斯称，非仅就联字成章，著于竹帛者言之也。定文为篇籍之专称者，原属假名，非其本训矣。[28]

历史的记载当然是史，文学批评史也是史，但是和历史的史究竟还有些许的不同。在已往的许多著作里，什么是文学批评，什么不是文学批评呢？在取材的时候，不能不有一个择别，择别便是判断，便不完全是史实的叙述。在叙述几个批评家的时候，不能不指出流变，甚至也不能不加以比较，这也是判断，更不是史实的叙述。文学批评史的本质，不免带着一些批评的气息。[29]

即便完全赞成我这书的人，我也希望他不要以为得着这一部书，就可以知道中国文学批评的总相，我希望他把古今来论文的原书，仍要自己去一部一部地用心看过。赅括的叙述，终于不能使人满足的。[30]

陈钟凡对“文”的申明，朱东润对“批评”的警惕，方孝岳对“总相”的怀疑，无不提醒我们在中国文学、中国文学批评、中国文学理论、中国文学理论关键词之外，还有无比丰富的内容等待着去发现与还原。所以，在运用关键词的方法阐释中国文论时，我们必须谨记那些“关键以外”与“抽象以外”的未竟之志与未尽之意！

余论

在距离中国文学批评史学科建立将近百年之际，重提以概念、术语、范畴、命题为标志的中国文论关键词研究，显然具有回归与超越的双重意义。如前所述，早在1947年，朱自清先生就曾有感于批评史写作的力有不逮，而倡导“一个字不放松”的个案研究[31]。时光荏苒，七十年后的我们又回到了“批评的意念”之研究。这是回归，亦是超越。因为我们的方法改进了，不再局限于汉学家式的考辨，也不再仅仅满足于“寻出它们的史迹”，而是要在了解其一般步骤与基本面向、潜在生长点与固有局限性的基础上，结合个案探求中国文论关键词研究的“定体则无，大体须有”（王若虚《滹南遗老集》语）。

关键词研究不搞方法论霸权，它只是开启词语文化与文论意义世界的一把钥匙，而不是中国文论研究的“唯一”抑或“最佳”方法。但我们（至少是笔者）又有理由相信，作为一种方法的关键词，与具有开阔视域的文化诗学、突破文字局限的数字人文、采用最新技术的编年系地相似，有可能成为若干年后文论研究、文学研究乃至人文科学其他相关研究的基本方法——就像乾嘉学术以文字、音韵、训诂、校勘、版本、目录等为基本功那样——助益于解决大数据、跨学科、全球化、智能化等新语境下的新问题。从这种意义上讲，中国文论关键词阐释的视角与方法又是一个永远开放着的论题，不会因某一人、某一篇或某一时的文章而失去再阐释的意义空间。

＊本文为中国博士后科学基金面上资助项目“中国文论关键词研究的视角与方法”（2018M641588）的阶段性成果。

注释：

[1] 汪晖：《关键词与文化变迁》，《读书》1995 年第 2 期，第 107～115 页。

[2] 黄擎：《论雷蒙·威廉斯“关键词批评”的反辞书性》，《江西社会科学》2011 年第 1 期，第 110～116 页。

[3] [芬兰]黄保罗、李建中：《关键词研究的理论模型与实践路径——跨文化视域下文化关键词研究的学术对话》，《长江学术》2018 年第 4 期，第 17～24 页。

[4] [英]雷蒙·威廉斯：《关键词：文化与社会的词汇》，刘建基译，北京：生活·读书·新知三联书店，2016 年，第 24、31 页。

[5] [苏联]康斯坦丁诺夫主编：《马克思列宁主义哲学原理》，袁任达、伊尔哲译，北京：生活·读书·新知三联书店，1976 年，第 239 页。

[6] 党圣元：《中国古代文论范畴研究方法论管见》，《文艺研究》1996 年第 2 期，第 4～11 页。

[7] 周光庆：《中华文化关键词研究刍议》，《华中师范大学学报》（人文社会科学版）2009 年第 5 期，第 91～97 页。

[8] 李建中：《汉字批评：文论阐释的中国路径》，《江汉论坛》2017 年第 5 期，第 67～73 页。

[9] 傅伟勋：《哲学探求的荆棘之路》，《从西方哲学到禅佛教》，北京：生活·读书·新知三联书店，1989 年，第 51～52 页。

[10] 傅伟勋：《哲学探求的荆棘之路》，《从西方哲学到禅佛教》，北京：生活·读书·新知三联书店，1989 年，第 51 页。

[11] 杨树达：《积微居小学金石论丛》，长沙：湖南教育出版社，2008 年，第 40～41 页。

[12] 刘涛：《字源谬见、诗史之辨与一桩学术公案——论钱锺书对闻一多〈歌与诗〉的批评》，《文学评论》2018 年第 2 期，第 108～116 页。

[13] 李壮鹰编著：《中华古文论释林·先秦两汉卷》，北京：北京大学出版社，2011 年，第 246 页。

[14] 周光庆：《中华文化关键词研究刍议》，《华中师范大学学报》（人文社会科学版）2009 年第 5 期，第 91～97 页。

[15] 成复旺主编：《中国美学范畴辞典·引论》，北京：中国人民大学出版社，1995 年，第 3 页。

[16] 汪涌豪：《中国文学批评范畴及体系》，上海：复旦大学出版社，2017 年，第 102～148 页。

[17] [英]雷蒙·威廉斯：《关键词：文化与社会的词汇》，刘建基译，北京：生活·读书·新知三联书店，2016 年，第 26 页。

[18] 黄继刚：《“关键词研究”的理论回瞻及其范式探绎》，《西南民族大学学报》（人文社会科学版）2018 年第 5 期，第 175～181 页。

[19] 袁劲：《题眼、语境与近反义：拓展“诗可以怨”命题研究的三个向度》，《青海社会科学》2018 年第 5 期，第 155～162 页。

[20] 郭绍虞：《中国文学批评史（上册）·自序》，上海：商务印书馆，1934 年，第 3 页。

[21] 这一“综合体”的说法源自罗根泽，参见罗根泽：《中国文学批评史》，北京：古典文学出版社，1957年，第32～34页。

[22] 方孝岳：《中国文学批评》，上海：世界书局，1934年，第8页。

[23] 蔡钟翔、涂光社、汪涌豪：《范畴研究三人谈》，《文学遗产》2001年第1期，第104～119页。

[24] 张思齐：《英国传记批评对中国文学批评史的触媒作用》，《古代文学理论研究》第22辑，上海：华东师范大学出版社，2002年，第398页。

[25] 党圣元：《断裂与融合——兼谈古代文论研究中的过度阐释问题》，《清华大学学报》（哲学社会科学版）2009年第5期，第16～21页。

[26] 钱穆：《现代中国学术论衡》，北京：生活·读书·新知三联书店，2001年，第256页。

[27] 朱自清：《诗言志辨》，上海：开明书店，1947年，第ⅲ页。

[28] 陈钟凡：《中国文学批评史》，上海：中华书局，1927年，第1～2页。

[29] 朱东润：《中国文学批评史大纲》，重庆：开明书店，1944年，第5～6页。

[30] 方孝岳：《中国文学批评》，上海：世界书局，1934年，第8～9页。

[31] 朱自清：《诗言志辨》，上海：开明书店，1947年，第ⅲ页。

理查德·罗蒂的镜喻哲学批判及其真理范式转型

赖 锐

（中山大学中文系，广东广州，510275）

内容摘要： 理查德·罗蒂通过对西方镜喻表象论的批判性考察，一举改写了笛卡尔至康德以来的欧陆先验哲学传统，亦摒弃了由弗雷格和罗素开辟的英美分析理路，旨对真理的生成机制进行通盘反思与彻底重构。罗蒂认为，滥觞自笛卡尔的近代认识论实质上是一种依赖于“视觉隐喻”的镜喻哲学：即把心看作一面硕大无朋的明镜，并预设镜子能准确无疑地表象事物本身；而肇端自弗雷格的分析哲学则无非将表象工具从心灵置换成了语言，并在语言所表象的世界与世界本身之间发生了本体混淆，从而将镜喻哲学推向了难以自洽的逻辑困境。受库恩的科学史观影响，罗蒂提出以解释学取代认识论：把真理当作话语，让真理在想象、谈话和交流的诗化语境之中达致持续不断的意义澄明和话语更新。

关键词： 罗蒂；认识论；分析哲学；真理；解释学

1772年版《百科全书》扉页的画作，传神地刻画出了真理在西方的命运：象征真理的美貌少女身披薄纱，袅娜地伫立在画面中央，旁侧的“理性”和“哲学”撕扯着少女的面纱，急于一睹真理的芳容[1]。如其所绘，西人自古就将求真视作哲学的天职，启蒙时代这一观念更是大行其道，蔚然成风：笛卡尔（Descartes）至康德（Kant）以来的欧陆先验哲学（Transcendental Philosophy）擅于返回意识内部，对认知机制进行深入细致地厘清；而后的英美分析哲人又在“语言学转向”（The Linguistic Turn）的启发下另觅蹊径，与欧陆传统形成了分庭抗礼之势。美国新实用主义哲人理查德·罗蒂（Richard Rorty）沿袭后期维特根斯坦（Wittgenstein）的语言哲学理路，提出一种既不同于欧陆先验哲学又有别于英美分析理路的真理生成机制，颇具思想史意义和研究价值。罗蒂的思想极为驳杂，其所倡的实用主义恰又擅长在各派观点中穿梭游走，予取予求，以致他一度自谦从未创造新知，而只是在解读他者的过程之中获得了启示。本文试图依循罗蒂的实用主义研究思路，在细致描摹他者过程中把握罗蒂本身，以期对西方两条互为观照的真理演进脉络达致宏观把握与深入体察。

一、镜喻认识论的确立及其困境

由笛卡尔始建至康德集其大成的近代认识论哲学，是西方确定性真理向前演进的首要进路。罗蒂在《哲学和自然之镜》（*Philosophy and the Mirror of Nature*）中一针见血地挑明了潜藏其中的视觉隐喻沉疴：将“心”看作一面硕大无朋的明镜，预设心能够像镜子一样如实地表象世界，且妄自尊大地认定心所映照的世界一定是世界本身。罗蒂认为，西方哲学根深蒂固的镜喻传统及其衍生的心物二元论需要从头到尾进行彻底清算。为此，他不惜皓首穷经、返本溯源，誓要从根子上厘清镜喻哲学的来龙去脉。

罗蒂认为，镜喻哲学根植于西方顽固的“主客二分思维”，即一方面毫无由来地认定世间万物皆可依据“心”和“物”的标准进行截然二分，一方面又理所当然地假定人类能够对“心”和“物”加以清晰辨识：这就好比，我们总能清楚地知道哪些存在是物质性的，哪些是非物质性的。而在罗蒂看来，这种司空见惯的常识背后恰恰隐藏着西方由来自有的镜喻传统：柏拉图（Plato）的知识论最早就依此建基，他把心唤作灵魂，认为灵魂是高于身体的不朽存在，能通过回忆飞升至理式世界进而窥见真理[2]。亚里士多德（Aristotle）曾对柏拉图施以反驳：“求知是人类的本性。”[3]更是人区别于动物的独有本性，是“理智”而非“灵魂”让人类的求知活动得以伸展。

如此看来，除了主客二分的既定模式，古希腊哲学的另一难题在于认知基点的先在性：无论是“灵魂”还是“理智”都拥有着某种毋需反思的表象功能，使得认识活动总能依循“心”和“眼”的隐喻规则进行运作：“心”是内部的眼睛，能够对信息加以凝视提纯，将个别的现象内化成为普遍的知识。“心”似乎是先在的、被给予的、毋需被反思的，以致中世纪的学说总有一股挥之不去的神秘色彩。为了建立一种更为精确的表象论，以笛卡尔为始的近代西方学者主导了一场跌宕起伏的转型戏码。依罗蒂之言，认识论的近代转型无非即是“通过审视、修理和磨光这面镜子以获得更准确的表象”[4]。

镜喻认识论得以确立，笛卡尔堪列首功。笛卡尔首先对“心”的先在预设进行发难：心为何毋需证明？它何以是明镜，却不是遮蔽真理的纱幕？但这样的诘问却一度让他陷入怀疑一切的绝望之中。为了跳出“怀疑论”的死循环，笛卡尔指出，我们不可能对一切进行怀疑，因为当我们作出“怀疑一切”的判断时，“我正在怀疑”本身却是毋庸置疑的。感知有可能是不可靠的，但“我在感知”这个事实本身却是明证的；感知的对象是可错的，但感知活动本身的存在却是清楚明白的。进而，笛卡尔引入古希腊人未曾注意的“意识”范畴，并用“我思”一举囊括了怀疑、领会、肯定、否定、愿意、不愿意、想象和感觉[5]……与“心”相关的概念范畴，也即用“我思”取代了“神思”以及将诸如“灵魂”“理智”和“上帝”等先在存在改写成了精准贴切“我思”意识，借此一举荡平了传统知识论的先在危机，建立起了一种张扬精确性和科学性的现代认识论。经此一役，心（意识）的问题，也一跃成了欧洲哲学的中心问题。

笛卡尔的注意力主要放在主体内部，而对内外界的沟通机制却较少关注，洛克

(Locke) 则弥补了这一空白。洛克认为，“全部的知识都是由经验来的”[6]，但知识形成与人内在的生理机能相关：“我们可以假定人心如白纸（板）似的，没有一切标记，没有一切观念。”[7]他将人心看作一块具有反映功能的“白板”，认为一旦感觉材料进入主体内部，具有反省功能的“心灵白板”能像模具一样将外在经验巨细无遗地复拓下来。依洛克所见，主体内部似乎还有一双无时不在的眼睛，将那些被复拓下的知识模型进行凝神观照、细致解析——知识即是这样被产生出来的。

罗蒂对洛克颇有微词，认为洛克试图在形而下的生理层面回答形而上的认知难题，业已陷入机械反映论的泥淖。罗蒂指出，洛克的理论在“毋需判断的知识”与“需要合理判断的知识”之间发生了混淆：当主体处理那些“毋需判断的知识”时，洛克的机械反映论才能勉强成立。诸如，“这是一只绿色青蛙”则属于“毋需判断的知识”；而一旦要作出“青蛙一般皆为绿色”的高级综合判断时，机械反映论却一筹莫展、束手无策[8]。洛克错误的根源在于将知识当成了主体对材料的机械反映，而否定、抹杀了主体对知识的参与和创造。用罗蒂的话来说，洛克的“心灵白板”，无非是镜喻哲学的近代翻版。

洛克之后牵扯出了理性与经验的论争，莱布尼茨（Leibniz）与休谟（Hume）争来吵去，几乎把问题绕成了“先有鸡还是先有蛋”的死结。康德的出场，才让经验与理性的争论逐渐平息。康德首先指出了认识的二重性：它既强调感性经验，又肯定先天理性。相应地，他又将认识活动分为两个部分，一个是着重经验的感性直观，另一个是偏向理性的先验范畴。康德认为，自柏拉图以来人们总是在外部世界寻求认识的来源，即认为只要主观符合了客观，便形成了可靠的认知。对此，康德对传统认识机制进行了180度的翻转：知识的确立并非主观符合客观，而是客观符合了主观；外部的经验符合了内在的既定范畴，才会形成具有普遍意义的命题。在康德调和之下，知识不再是单纯的感觉经验，也不是客观世界的机械反映，更不是生硬冰冷的理性逻辑，知识是“感性直观”经由“先验理性”处理提纯后，达成的主客观统一。因而，康德既肯定了先验理性的重要性，又认可了直观经验必要性，一度填平了理性与经验之间的鸿沟，并借此将心镜系统进行了更为精致地抛光、打磨，将其完善成了更趋精准、稳定的表象机制。

但罗蒂认为，即使是康德也没能完全跳脱镜喻哲学的窠臼，或者说，康德始终无法逃离笛卡尔二元论的先在预设。在这样一个二元并置的认知框架之内，康德始终要面临感性和理性、多样性和同一性的转化难题：诸如感性杂多被综合之前，是如何被主体所认识、所发现的？用罗蒂的话来说：“杂多是‘被给予’的，统一是被造成的。”[9]即是说，这个统一性的知识被创造出来之前，感性的杂多仍然需要诉诸“心镜”机制将其映射出来。否则，它就无法被“发现”，无法进一步向“先验判断机制”呈现自身。因而，镜喻认识论在接近盖顶完工的同时，其裂隙亦日渐凸显。

除了挥之不去的“先在预设”，镜喻哲学还裹含着更为严重的弊病——即始终无法解决“本体裂隙”的逻辑难题：镜喻哲学假设了心的存在及其如同镜子一般精准的反映功能，让人误以为心所反映的物一定是物本身，从而造成了“本体裂隙”的混乱和误解。譬如，某人感到痛苦，这个痛苦的过程原本是纯粹的意识活动。然而，由于认识论的镜喻预设，人便自然而然地认为“心”能够正确地反映“痛苦”本身。换言之，痛苦本应是个体对于痛的感觉经验，但镜喻传统容易造成如下混乱：它将个体对痛的刹那感觉等同于痛苦本身，将个体感觉经验与具有本体意味的普遍本质混为一谈。罗蒂认为，“本体裂隙”的病根在于认识论偏执的运作机制，它预设人类天生就具备了笛卡尔式的心物二分之能：也即人为地在特殊项与普遍项之间加以混淆，诸如将个体的痛感上升为痛苦性，粗暴地在表象世界与现实世界之间画上等号，最终宣称人们用这种含有“本体裂隙”的方式“观念”地把握了世界。

二、语言学转向与镜喻哲学的崩塌

由上所述，即便康德为人类的认知活动找到了一种几近完美的解释，但由于心物二分机制的先天弊病，“镜喻认识论”在康德之后开始举步维艰。欧洲大陆的“心镜哲学”似已无望通达真理，海峡彼岸的英国哲人却不甘落后，反而一开风气之先，在意识之外觅得了一条通往真理的蹊径。19世纪末，弗雷格（Frege）和罗素（Russell）在数理逻辑之中嗅到了真理的气息，一举开创了以数理逻辑厘清哲学难题的分析传统；继而维特根斯坦依循业师理路，将分析哲学的重心转向语义逻辑，开启了震古烁今的“语言学转向”。自此以后，分析哲学的影响逐渐扩大，而后更一路漂洋过海抵达美洲大陆，产出了奎因（Quine）、塞拉斯（Sellars）、戴维森（Davidson）等一批优秀思想家。

罗蒂早年亦曾浸淫于分析哲学，甚至常以一个技巧高超的分析哲人形象出现。但1979年《哲学和自然之镜》出版之后，罗蒂便彻底背离了这一传统。分析哲学的主题是语言、语义和真理，也即力图在语义逻辑的分析中厘清形而上学难题。按照分析哲人的观念，真理即是逻辑的融贯，而逻辑则包蕴在语言之中。而罗蒂却批判性地说：“‘分析’的哲学是另一种康德哲学……（它）把再现关系看成是语言的而非心理的，思考语言哲学而非思考‘先验批判’。”[10]显然，罗蒂认为分析哲学并未从根子上彻底扭转镜喻哲学的一贯理路，反而使这一传统得到了延续：分析哲人无非是将映现世界的镜子从“心灵”置换成了“语言”，把语言当成继心灵之后的另一个表象工具，让语言成为联结主体与客体的中介桥梁，以致终究不能摆脱主客二分的知识再现模式。

西方哲学从“心灵”到“语言”的转向，看似让镜喻哲学的生命得以延续，但实际上却加速了它的崩塌。如赵敦华先生所言：“与历史上其他哲学思潮不同，分析哲学不待其他派别从外部来批判，便走上了自我消亡的道路。”[11]换言之，分析哲学内部一开始便存有一种瓦解自身的理论资源，罗蒂对后期维特根斯坦及由其开创的语言哲学理路推崇备至的原因亦在此处：他认为，维特根斯坦主导的“语言学转向”蕴藏着瓦解镜喻机制的解构主义锋芒，与仍然秉持镜喻机理的分析哲学有着本质差别。这种颠覆性的理路被其称为“纯的语言哲学”，与“不纯的语言哲学”形成对举。

正是对语言的不同理解，导致了“纯语言哲学”（Pure）和“不纯语言哲学”（Impure）的分野：前者往往坚定地站在表象论的对立面，乐此不疲地揭穿语言与世界、图式与真理的虚构关系，并试图一举摧毁先验哲学的深度模式，创造一种脱离认识论的独立体系；而“不纯的语言哲学”虽同样如分析哲人一般深受“语言学转向”

的启发，却主张用语言分析祛除“先天综合”的先在性，以此挽救康德式的古典哲学图景，表露出了一种“修复认识论”的保守倾向。

罗蒂将维特根斯坦视作“纯语言哲学”的首席代表。维特根斯坦曾指明形成知识的两条通道，其一为意识哲学的直接式：当痛感来临，主体内部机制能够迅速作出反应、瞬间把握痛的感觉；其二为语言哲学的间接式，即把语言看作人类后天开创出来的感觉交流通道，一旦感觉材料披上语言的外衣，它就不再如“痛感”一般囿于主体内部，而外化成为可供沟通的流动信息。当此之时，人类才能用“痛苦”指称“某处神经的抽动”，主体的内部经验，才能经由符号被清晰地传达出来。

但维特根斯坦对语言表象功能的正向指明并未让罗蒂获益，而其从反向对语言产生的“怀疑论”立场却让罗蒂大受启发。罗蒂指出，维特根斯坦研究语言，绝不会止于一种为表象论扫清障碍的“康德式”目的。他的语言观念恰恰走向了表象论的反面：后期维特根斯坦借道语言重新点明了“本体裂隙”的逻辑难题——语言表达出来的“痛苦”，绝不是痛苦的本体；语言表象的世界，也绝非世界本身——从而对语言的表象功能进行了彻底批判。换言之，“本体裂隙”是横亘在主体与客体之间的鸿沟，它永远无法被“自然之镜”填平：不论将“镜子”置换成心灵、意识或语言，终会由于语义传达的含糊而产生表意裂隙。由是，维特根斯坦的语言观在罗蒂的阐释之下成了一把双刃剑：人类凭靠语言苦心孤诣地建构起坚固的知识系统，但又同样借助语言哲学的全新视角，将绵延千年的镜喻机制推入了极为尴尬的境地。

沿袭维特根斯坦所指认的“纯语言哲学”路径，后续欧美哲人开始纷纷对镜喻机制展开讨伐。作为罗蒂眼中“纯语言哲学”的另一主将，塞拉斯通过对“所与性神话”（Myth of the Given）的揭穿，与镜喻哲学的划清了界限。塞拉斯认为，那种将知识生产截然分为“所与性”与“非所与性”的机制，实质上仍是将认知过程劈裂成先天范畴与感性直观的康德式的先验哲学翻版。塞拉斯将这种“直观与概念”协同合作的知识生产模式归结为“所与性”与“非所与性”二分机制，也即一举囊括了对分析-综合（笛卡尔）、概念-经验（康德）、语言-事实（分析哲学）等知识论模型的全盘批判。

既然真理不是所与性和非所与性的妥帖吻合，那么真理应为何物？塞拉斯显然深受“语言学转向”的影响：他认为，真理不是超脱时空的恒常实体，而是语词的横向组合。简言之，真理的本质就是语言：真理只有被语言表达出来，它才成其为真理，它才在纵横交错的语言网络之中完成自身。进一步说，当知识成为知识，也即观念被转译成为语言之后，它必须介入具体的、历史的社会实践体系之中才能显现自身。譬如，当我作出“这是一支钢笔”的认知判断时，无形中亦将这个判断代入到了一个具体的关系网络之中。主体依靠着语言的逻辑体系，能够迅速精准定位该命题与其他命题的关系。这样一来，“这是一支钢笔”在社会网格中的诸种关系便清晰了：知识正是这样经由语言一步步走向了实践，成为某种具有“实践色彩”的价值判断。

无疑，塞拉斯有意将认识论的重心引向语言，又经由语言的甬道将真理引向具体的、历史的社会实践，而非让其困守在“所与性”与“非所与性”的恒常结构之内。用罗蒂的话来说，塞拉斯张扬的是“认识论的行为主义”[12]，但它仍然是在语言论的激发下开启的。在塞拉斯的斡旋下，那种借助“所与性”和“非所与性”的二分结构进行知识生产的僵化机制被解构了，妄图用镜喻机制生产永恒真理的基础主义被彻底抛弃了，乃至任何一个试图充当基础的知识生产机制都在这个具有实践论色彩的文化场域中失去了立足的可能。

在真理被直接指认为语言之后，戴维森则在此基础之上提出了“意义真值理论”，对传统的主客符合论进行了更为严峻的质疑。与一般的认识论真理不同，“意义真值理论”认为真理并非观念与实在的纵向重合，而是语词系统内部的横向融贯。举例而言，在真值理论当中，“雪是白的”作为一项正确判断，毋需通往现实世界印证雪是否确实为白，而只需满足“雪确为白色”的真值条件，判断则可成立。也就是说，判断［S是T，当且仅当P］，一旦P成立，S是T则必定成立。“意义真值理论”与罗蒂的真理观不谋而合，其矛头无非指向传统的“事实符合论”——后者认为真理乃是主观与客观的妥帖重合，而前者则认为真理源于信念与信念之间的横向支撑。戴维森的“意义真值理论”一举斩断了知识与实在的关联，使真理成了只依赖于语言的自足系统，从而彻底阉割了语言的镜像“映射”功能，让尝试将语言打造成另一面“自然之镜”的分析哲人无功而返。

“纯语言哲学”在拆解镜喻机制的进程之中可谓居功至伟：维特根斯坦对语言表象的学理合法性提出了质疑、塞拉斯对“所与性”神话的攻击让镜像二分机制毫无立锥之地、戴维森则一举斩断真理与实在界的关联，让语言的表象功能成了无源之水。在罗蒂看来，“语言学转向”之后的西方哲学，尤其是英美分析哲学，只是哲学家们寻求镜像真理的又一次伟大而壮烈的尝试。这种意图依靠映现机制——不论这个机制是心灵还是语言——在主体和客体之间嫁接桥梁的基础主义哲学模式，注定要失败，而且必定会用自己的方式消灭自身：这就如同本属分析哲学阵营的“纯语言哲学家”们，最终却将分析哲学推向了绝路一样。

三、真理范式转型：从“认识论”到“解释学”

在罗蒂看来，启蒙时代那种被称为“哲学”或“认识论”的东西，无非是哲学家们试图为人类的认知行为寻求先在基点的探究性活动，真理即是在这种活动中被模式化地生产出来的。近代西方确定性真理的两大演进脉络——欧陆先验传统和英美分析理路——皆未能逃脱镜喻哲学的基础主义藩篱。要根治认识论的执拗，必须将西方的镜喻传统彻底抛弃，而非在此基础之上花样翻新、改头换面。罗蒂主张，认识论应该完成一种从“哲性”到“诗性”的转换，从“固化”到“生成”的拓新：即借助“纯语言哲学”的手段，将真理当作话语，让真理在想象、谈话和交流的诗化语境之中达致持续不断的意义澄明和话语更新。罗蒂认为，解释学（Hermeneutics）或能担此大任。

罗蒂笔下的解释学，不是一门既定的学科，也不是一种现成的研究方法，而是与认识论对举的真理生成范式：人类在认知上的推进，不是基于一种认识论意义上的“发现”，而是在观念和语词层面创造出了一种有关世界的“解释”，并在这种解释之上拓宽与世界打交道的方式。可见，相较伽达默尔等人的西方经典解释学，罗蒂的解释学并不关注具体的文本阐释行为，反而旨在与认识论的对举当中获得了一种更为宏大的元哲学视野。罗蒂的解释学往往以认识论的反对形象出现，却从不妄图填充认识论撤除后的理论真空。在他看来，认识论习惯于将认识对象纳入既定的理论框架之中，进而对对象加以描述、判断或预测，并致力以此打造一套放之四海皆准的概念网络，让每个对象都在这个网络当中获得“合理”解释，镜喻哲学即是其中最为悠久、也最为僵化的一种知识生产范式。罗蒂曾将认识论比作数学函数：认识论用万能公式的逻辑肢解了世界——每一个被代入这条函数中的X，都能获得一个貌似满意的“标准答案”。

解释学则恰恰相反，它不但反对这种既定的认识框架，反而执于探索不同于这种基础框架、甚至与之分庭抗礼的言说方式。认识论提倡分析、论证和判断，解释学则倡导想象、谈话和交流。解释学所追求的，便如同思想家们在沙龙中通过自由碰撞，所达致的意义澄明与观念协同。它从不苛求一种预设的理论话语体系，而力图在“谈话”的过程中达成一种活泼的和解。因此，解释的过程绝不是一个“逼良为娼”抑或“屈打成招”的强制性过程，而是一个“切磋琢磨”“主动交流”的意义生成过程。解释学强调的不是范型化、标准化或流程化的知识和真理——或者说解释学本就反对一劳永逸的真理——而只强调作为过程的知识生产本身。经由解释学生成的真理，业已不是形而上学意义上的确定性真理，而是一种根植于具体的、历史的时空场域之中，并兼具相对性和可错性的话语表述。

罗蒂借道库恩（Kuhn）的科学哲学思想，进一步厘清了认识论与解释学的分野。库恩的观念与戴维森等人的语言哲学思想大有异曲同工之妙，他们都不再将真理看作超脱时空的恒常实体，而是将其看作一种流动可变的话语表达。库恩指出，科学史的推进必须借助两种话语形态的对抗和转换：一种是可公度的（Commensurable），一种是不可公度的（Incommensurable）[13]。所谓可公度的，即那些能够在既定的认识论框架中获得“合理”解释、达成共识或形成协议的话语。它顽强地寄生在既有的认识论传统中：认识论决定它的合法性，而它则反过来印证认识论的普适性。罗蒂指出，可公度的话语依赖一套稳定的认识模式，在这个模式当中很难生长出全新的、超出认识边界的新鲜事物，最终极有可能将人引向思维的固化和绝对的同一。所谓不可公度的，即那些超出既定认识框架，或不能在现有认识论框架之内获得“合理”解释的话语。它一经提出，就往往带有荒诞不经、难以理喻的天才特质。它不依赖于精准妥帖的反思判断，反而诉诸天马行空的奇谲想象，通过持续不断地扰乱和颠覆，得以打破既有的等级秩序和“大一统”格局。不可公度之物往往富于革命性，但它不是为了颠覆而颠覆的胡搅蛮缠，而是具有先锋性、未来性和超越性，却难于在既有历史环境下受到理解的先知寓言。回望历史，伟大思想的形成，一定是不可公度性战胜可公度性的过程，亦是不可公度性话语与历史握手言和，进而被内化、提炼为常识的过程。当然，新话语的发生和壮大，绝不仅仅限于从不可公度性到可公度性的线性推进，其中潜藏着妥协、退让、斗争等多重线索，着实需要细致辨析。

在罗蒂看来，库恩提及的不可公度性与可公度性间的对抗性转换，即是解释学所提倡的真理生成范型，这种真理范式不仅富含理论价值，更有大的实践意义，在自然科学领域尤为突出。自然科学的变革往往需要借助解释学的诗性生成模式，而非认识论式的固步自封：这就好比，科学的推进同样需要借助奇谲的想象和大胆的推测。只有如此，才能持续不断地生成新的问题，而非沉醉于“旧瓶装新酒”自欺状态。当然，自然科学领域的话语论争极其复杂，单就不可公度性与公度性背后所牵涉的“新旧”势力就值得细分考察。更应明确的是，“新与旧”也只是一个相对的概念：我们不能永远执着于“旧”（可公度性），也不能盲目地追求“新”（不可公度性），而应该让争论各方都有自身的生存空间。

显然，罗蒂的解释学提倡的是一种从容商讨、自由谈话的协商精神。为了使之得到透彻阐发，罗蒂还列举了库恩在《哥白尼革命》（*The Copernican Revolution*）中的经典案例。众所周知，哥白尼提出“日心说”在前启蒙时代的教会人员看来，无非是在离经叛道地大放厥词。用库恩的话说，“日心说”在当时具有高度的不可公度性，而“地心说”才是为主流价值所承认的、具备可公度性的真理。然而时至今日，“日心说”业已被提炼为普罗大众广泛接受的常识。这即是一个不可公度之物被既有认识框架收编，进而被赋予高度可公度性的典型案例。即是说，经历漫长的斗争、角逐和妥协，“日心说”逐渐完成了不可公度性到可公度性的转型。但罗蒂提醒我们，当今天的人们广泛接受这一论断之时，也绝不能忘记“日心说”当年所遭受的种种非难。罗蒂并非鼓吹某种怀旧主义情绪，而是试图让今人警醒：社会的变迁绝不仅仅由“合理的论证”所支配；相反，它往往诉诸“不合理”。换言之，我们应该时刻保持对范式多样性的观察，既要肯定哥白尼的科学精神，又能理解教会的“非科学”价值，通过不同话语间的充分对话，让彼此得到应有的生存空间。

从思想史的角度出发，我们则可尝试对认识论与解释学的分野作如下理解：认识论以精确性和科学性为鹄的，其思想源头上能追至柏拉图，下可贯穿笛卡尔至康德以来的欧陆先验哲学；而解释学则注重“多样性”和“生成性”，其内在学理萃取自经历“语言学转向”，尤其是被罗蒂奉为“纯语言哲学家”的西方后现代哲人。基于此，现代意义的学科分野也可依此划定：认识论以自然科学为典范，而解释学则以精神科学（人文科学）为楷模；认识论奉哲学为圭臬，而解释学却立文学为正朔；认识论高举知性真理，而解释学却力倡诗性正义。如此说来，罗蒂提倡以诗性的解释学方法对真理机制进行全盘重构，实质上包含着一种极具现实关怀的精神向度：近代认识论哲学的日益强势，让自然科学习惯以“高人一头”的姿态，将精神科学压得喘不过气来。以解释学对抗认识论的意义就在于，能够将精神科学从注重逻辑论证和精准推理的科学主义中打捞出来，并在此基础之上重新建构自身的学科合法性。

结语

罗蒂对“镜喻”哲学的批判，直面的是西方绵延数千年的表象主义传统及其衍生的哲性真理生成问题。以“解释”调和“认识”的方案，更预示了真理生成机制的多重可能：哲性真知的首要地位自然不言而喻，但诗性手段的参与同样不可或缺。如此说来，罗蒂的思想与科钦的画作再次不谋而合：在“哲学”和“理性”旁侧，还有一位名曰“想象”的侍者，殷勤地为“真理”献上了花环。罗蒂思想本身的意义，则可在西方学术史的脉络中自然显现：其志在打破意识哲学和分析哲学的真理表象困境，提倡在“不可公度性”的解释之中完成诗性真知的转换生成。尽管其中不乏激进论调，但其研究意义和学术价值足以引起高度重视。

*本文系国家社科基金重大项目“中国特色文学理论建构的历史经验研究”【18ZDA278】的阶段性成果。

注释：

[1] 参见伍方斐：《走出“现代”的迷思——中国后现代主义文学思潮通论》，北京：中国社会科学出版社，2010 年，序言第 4 页。该画出自法国著名雕塑家查尔斯·尼古拉斯·科钦（1715—1790）之手，后由博纳温丘·路易·普列沃斯刻印成为印象主义的名作。

[2] [古希腊]柏拉图：《柏拉图文艺对话集》，朱光潜译，北京：商务印书馆，2013 年，第 112～120 页。

[3] [古希腊]亚里士多德：《形而上学》，吴寿彭译，北京：商务印书馆，1997 年，第 1 页。

[4] [美]理查德·罗蒂：《哲学和自然之镜》，李幼蒸译，北京：商务印书馆，2003 年，第 27 页。

[5] [法]笛卡尔：《第一哲学沉思集：反驳和答辩》，庞景仁译，北京：商务印书馆，1987 年，第 27 页。

[6] [英]罗素：《西方哲学史》下卷，马元德译，北京：商务印书馆，2001 年，第 140 页。

[7] [英]洛克：《人类理解论》上册，关文运译，北京：商务印书馆，2009，第 73 页。

[8] [美]理查德·罗蒂：《哲学和自然之镜》，李幼蒸译，北京：商务印书馆，2003 年，第 169 页。

[9] [美]理查德·罗蒂：《哲学和自然之镜》，李幼蒸译，北京：商务印书馆，2003 年，第 166 页。

[10] [美]理查德·罗蒂：《哲学和自然之镜》，李幼蒸译，北京：商务印书馆，2003 年，第 23 页。

[11] 赵敦华：《现代西方哲学新编》，北京：北京大学出版社，2000 年，第 194 页。

[12] [美]理查德·罗蒂：《哲学和自然之镜》，李幼蒸译，北京：商务印书馆，2003 年，第 189 页。

[13] [美]托马斯·库恩：《科学革命的结构》，金吾伦、胡新和译，北京：北京大学出版社，2003 年，第 4 页。

【古代文学文献学研究】

出土材料所见夏禹德化故事

杨　栋

（黑龙江大学文学院，黑龙江哈尔滨，150080）

内容摘要：新近发现的出土材料中有大量禹的德化故事。西周至战国，德的观念不断演变，禹之德化故事的内容也相应地发生变化。从豳公盨铭文及《诗》《书》等文献中可以看出西周时期禹之德重在保民利民；《左传》《国语》则反映出春秋时期禹之德是宗法礼制之德和个人品格之德融合在一起；战国时期禹的传说丰富扩大，禹之德既表现为广泛流传的德政传说，又表现为丰富的个人德行故事。大量的出土材料一方面可以弥补传世文献记载的不足，另一方面又可以帮助我们清晰地窥见禹传说的演变发展。

关键词：禹；德化故事；出土材料

春秋战国时期，尧舜禹汤有很多的德化故事在流传，究其原因，顾颉刚先生曾言："西周以后……自孔子以至荀卿、韩非，他们的政治学说都建筑在'人性'上面。……只要君主的道德好，臣民自然风从，用不到威力和鬼神的压迫。所以那时有很多的尧、舜、禹、汤、周公的'德化'的故事来。"[1]顾先生所论很有启发意义。从新近发现的出土材料来看，尧舜禹汤周公等人的德化故事由来已久，而且这些故事所体现出来的"德"的内涵并不完全一致。随着时代的发展，"德"的观念不断演变，这些圣王德化故事的内容也相应地发生着变化。从禹的德化故事便可见一斑：西周时期禹之德重在保民利民，春秋时期禹之德是宗法礼制之德和个人品格之德融合在一起，战国时期禹之德既表现为广泛流传的"德政"传说，又表现为丰富的个人德行故事。

一、西周至春秋时期的禹德

西周时期，"德"的观念已由商代的天命神意转向宗法制度，认为道德是和制度合二为一的，制度体现着道德，道德规范着制度[2]。同时，周人又提出以德配天，肯定天的道德品格，天可以奖善罚恶，但又承认人的主观能动性，统治者可以通过敬天保民、明德慎罚赢得天命的认可。至春秋时期，随着宗法制的松动、人际关系的复杂化，“德”开始突破宗法精神层面的单一内涵，呈现出多元化的内容。这一时期大禹传说故事中的禹德亦明显受此影响，从西周时期的顺应天命、敬德保民演变为春秋时期既遵循宗法礼制又突显个人品德。

（一）豳公盨铭文中的禹德

新近发现的豳公盨是一件非常珍贵的铜器，时代约在西周中期稍晚一些。铭文开篇即直接叙述禹的事迹“天命禹敷土”，是大禹治水传说在文物中的最早例证。更值得注意的是铭文共有六个“德”字，把论德作为铭文的主旨，体现了盨铭的教化功能，李学勤先生说：“盨铭所以要讲述禹的事迹，是以禹作为君王的典范，说明治民者应该有德于民，为民父母。”[3]这也进一步说明在周人的观念中禹是一位有德的君王，否则也不能成为周人的榜样。我们知道周人是非常重视“德”的，而且德的内涵非常丰富，既包含制度建设层面，又包含道德伦理层面[4]。那么西周时期禹的德是什么呢？

首先，禹的德表现为能保民利民。豳公盨铭文言：

> 天命禹敷土，堕山，浚川；乃差地设征，降民；监德，乃自作配，鄉（享）民，成父母，生我王，作臣。厥贵唯德，民好明德，羞在天下……[5]

这段文字主要讲禹通过敷土、堕山、浚川等方法治水成功，区别不同的土地，规定各自的贡赋，民从丘陵高处下到平地居住。禹的功绩显著，又能享民，所以禹成为世间君王，成为民之父母。“厥贵唯德”，意云禹的德以此为贵。传世文献《尚书・吕刑》也讲到了禹的事迹：

> 皇帝清问下民，鳏寡有辞于苗。德威惟畏，德明惟明。乃命三后，恤功于民：伯夷降典，折民维刑；禹平水土，主名山川；稷降播种，农殖嘉谷。三后成功，惟殷于民。[6]

显然，禹“平水土主名山川”，和伯夷、稷一样，他们都是“恤功于民”“惟殷于民”，而这就是他们的“德”，是需要“惟明”（显扬）的。同样，豳公盨铭文中所讲述的“禹敷土，堕山，浚川，乃差地设征，降民”，既是禹的功绩，也是禹的德。李零先生指出：“禹的‘德’是什么？是上天命禹治平水土，任土作贡，让住在禹域之内的人民衣食有自，生生不已。可见圣人的‘德’，作为榜样的‘德’，其实是‘生民之道’。”[7]所以，禹之德行的根本内涵在于保民利民，也就是《大戴礼记・五帝德》所言“使禹敷土，主名山川，以利于民”[8]。

禹之功可以造福于黎民，足见禹德之大。《左传・昭公元年》“美哉禹功，明德远矣，微禹，吾其鱼乎！”[9]正是此意。《礼记・祭法》说：夏后氏“祖颛顼而宗禹。”郑玄注曰：“有虞氏以上尚德，禘、郊、祖、宗，配用有德者而已。”[10]按照郑玄的解释，禹之所以成为祭祀系统中的“宗”，是因为其有德，有虞氏以上是否尚德姑且不论，但“祖有功，宗有德”应该是没错的。所以，豳公盨讲述大禹治水的故事主要是讲禹的德，以禹的德贯穿全铭，以启示后人。

其次，禹的德还表现为能顺应天命。铭文起首云“天命禹……”，将禹之德行置于周人天命思想的叙事语境下，体现了禹平治水土是得到了天命的。我们知道周人的天命观比商人有了更丰富的内涵，商人的天命信仰中还不含有伦理的内容，而周人的天命思想里已经有了确定的道德内涵[11]，如《尚书·康诰》记载了周公的“德治”思想，明确提出了“明德慎罚”“敬天保民”的主张[12]。是周人天命思想具有道德内涵的最主要体现。豳公盨中的禹也正是在顺应天命的前提下，敷土浚川为民谋利的，与周公“敬天保民”思想若合符节。

铭文又讲“监德，乃自作配”。“监德”的主语应为天，《诗》《书》中关于“天监德”的例子甚多，如《尚书·高宗肜日》：“天监下民，典厥义命。”《吕刑》：“上帝监民，罔有馨香德。”《诗经·大雅·大明》：“天监在下，有命既集”。《大雅·烝民》：“天监有周，昭假于下。”《大雅·皇矣》：“皇矣上帝，临下有赫。监观四方，求民之莫。”《左传·庄公三十二年》说得亦非常清楚：“国之将兴，明神降之，监其德也。将亡，神又降之，观其恶也。”[13]足见，在西周乃至春秋时期，人们相信不管是君王还是臣民，他们的德行时刻都在受着上天的监视。铭文“乃自作配”。《诗经·大雅·皇矣》：“天立厥配，受命既固”，“帝作邦作对，自大伯王季”，毛传：“对，配也。”郑笺：“作配，谓为生明君也”。[14]裘锡圭先生云：“古人认为作为天下共主的王，是上帝将他立在下土以治理人民的，地上的王是天上的上帝的‘配’。”[15]因此，铭文“监德，乃自作配”，意思是说禹在上天的监视下，成为人间的君王。

既然人们的德行受到上天的监督，那就要合乎天意。因此盨铭又讲到“好德婚媾，亦唯协天”，意谓婚媾之事也要坚持好德，好德之行要合乎天意[16]。在周人的思想里，人只有顺行天德，上天才能降德。《尚书·吕刑》言“惟克天德，自作元命，配享在下”，是说只有负荷着老天的美德（依照天意），自己才能成就王业，成为上帝之“配”而享有天下。郭店简《成之闻之》也讲到了“顺天德”，并引用了古佚《书》——《大禹谟》：

> 是故小人乱天常以逆大道，君子治人伦以顺天德。《大禹》曰：‘余才（在）宅天心’害？此言也，言余之此而宅于天心也。”[17]

此《大禹谟》佚文说到禹“宅天心”，廖名春说：“宅”可训顺应、归顺。“天心”即简上文“天德”。“宅天心”与《康诰》“亦惟助王宅天命”之“宅天命”义同[18]。总之，人们只有顺应“天德（命）”才能有福禄，享有天下。

在西周的政治思想中非常重视“德”这一观念，周人虽然讲“天命”，但又把“天命”与“德”联系在一起，并制定了一套具体的伦理及行为标准作为“德”的规范，只有尊奉“德”才能更好地享受“天命”，否则将“坠厥命”。豳公盨铭文让我们看到了在西周政治思想影响下的禹之德行——禹顺应天命，平治水土保民利民，享有天下。

（二）春秋时期禹之德

西周时期，德的观念主要源自宗法制度以及天命神灵，尚未深入到人自身内在心灵的领域。春秋时期，随着宗法制的松动，德的观念也发生了重大变化，开始从重视宗法礼制之德转向重视个人品格之德[19]。在这样一个转型时期，作为上古圣王的禹，他的德化故事中宗法礼制之德和个人品格之德往往融合在一起，很难区分开来。

自周公制礼作乐以来，礼乐制度便盛行不衰，为了更好地推行这种礼乐制度以及彰显古代圣人的德盛教尊，于是古代圣王皆有创制音乐的故事。如尧有《大章》，舜有《韶》，禹有《大夏》，汤有《大濩》。《左传·襄公二十九年》季札见舞《大夏》，曰："美哉！勤而不德，非禹，其谁能修之。"[20]《大夏》传说为禹之乐，《礼记·乐记》解释这一乐名说"夏，大也"，郑玄《周礼注》云："禹治水敷土，言其德能大中国也。"[21]何谓"勤而不德"呢？杨伯峻言："《淮南子·缪称训》云'禹无废功，无废财，自视犹觖如也'，可解此'勤而不德'。不德，不自以为德也。"[22]由此可知，此段话是说季札观看《大夏》舞后深有感触，像《大夏》这样的乐舞也只有勤苦为民而不自以为德的禹才能创造出来。战国时期更将礼乐在"德"中的位置突显出来，如郭店简《尊德义》云："德者，且莫大乎礼乐焉，治乐和哀，民不可惑也。"[23]《吕氏春秋·音初》曰："故君子反道以修德，正德以出乐，和乐以成顺。乐和而民乡方矣。"[24]均体现出乐在修德中的作用。

《国语·鲁语上》记载："鲧鄣洪水而殛死，禹能以德修鲧之功。"[25]禹为了家族利益，不去计较父鲧被殛，而是修德承志，禹之德体现的是一种合乎宗法精神的道德观念。《周语下》具体叙述了禹的实际行动："其后伯禹念前之非度，厘改制量，象物天地，比类百则，仪之于民，而度之于群生。……"为了奖励禹的嘉行，"皇天嘉之，祚以天下，赐姓曰姒、氏曰有夏，谓其能以嘉祉殷富生物也。"[26]禹能弃父仇而保全家族利益乃至天下群生免遭洪水之祸，本身就是禹个人精神境界的体现。从禹修德继鲧之功这一传说可以看出，这一时期的"德"一方面还保留着西周时期的宗法精神，另一方面又体现了德向个人精神领域及道德修养的转向。

上博简《季康子问于孔子》篇反映了孔子晚年的政治思想，其中季康子问政于孔子，孔子回答"［仁之以］德"，并解释说君子要"敬诚其德以临民"，民众才能"望其道而服焉"[27]。所以在孔子眼中，禹是崇高的，没有任何可以批评的："巍巍乎，舜禹之有天下也而不与焉"（《论语·泰伯》）；"禹，吾无间然矣。菲饮食而致孝乎鬼神，恶衣服而致美乎黻冕，卑宫室而尽力乎沟洫。"（《论语·泰伯》）[28]后一条引文更体现了禹德是宗法精神与个人品德的融合："致孝乎鬼神"和"致美乎黻冕"说的是祭祀，体现的是对宗法礼制的尊崇；"菲饮食""恶衣服"与"卑宫室"则是个人品德的展现。

春秋时期，天命鬼神虽然依旧存在，但却要以德为转移。即春秋初期虞国大夫宫之奇所言"鬼神非人实亲，惟德是依"。《左传·襄公四年》引《虞人之箴》曰："芒芒禹迹，画为九州岛，经启九道，民有寝庙，兽有茂草，各有攸处，德用不扰。"[29]此段文字是叙述禹之功绩，最后说"各有攸处，德用不扰"，什么是德用不扰呢？杜预注云："人神各有所归，故德不乱。"[30]即禹之德使人神各有所归。

二、战国时期禹的德化故事

战国时期"德"的内涵可谓无所不包，概括起来主要有两大方面：一是治国理政之德，即"德政"，包括内政、外交等；二是个人美好品行，即"德行"。这一时期诸子百家为宣扬其学说，竞相称引古代圣王的各种美德，因此禹的德化故事更加丰富多彩。而禹的这些德化故事，传世文献或缺少记载，或过于零散，或不够详细，不能窥见其全貌。新出竹简为我们提供了契机，既让我们看到很多传世古书没有记载的新材料新内容，又可以让我们重新认识禹的德化故事的演变轨迹。

（一）竹书所见禹之德政传说

传世文献中记载禹的功德多为治水，很少涉及其他方面的政绩，出土竹书则正好弥补了这方面的不足。上博简《容成氏》具体讲述了禹听政三年、禹治诉、禅让等治政方面的德绩；上博简《尧王天下》讲禹从政"惟志"、郭店简《尊德义》论禹"以人道治民"皆为传世文献所不见。

先看禹听政三年，上博简《容成氏》云："禹听政三年，不制革，不刃金，不铬矢，田无蔡，宅不空，关市无赋。禹乃因山陵平隰之可封邑者而繁实之，乃因迩以知远，去苛而行简，因民之欲，会天地之利，夫是以近者悦治，而远者自至。四海之内及四海之外皆请贡。"[31]《礼记·缁衣》篇只有"禹立三年"之说，具体怎样施行仁政，没有记述，而《容成氏》却把三年之政说得甚详细，这其中最重要的一点为"去苛而行简，因民之欲，会天地之利"，是明显的保民惠民政策。《左传·襄公七年》有"恤民为德"，所以关爱民众也是"有德"之举。此与豳公盨中禹之"德"一脉相承。正是由于这样的保民之政，才有后文所言的"四海之内及四海之外皆请贡"。禹时四海请贡之说，传世文献多有类似记载。如《左传·宣公三年》："昔夏之方有德也，远方图物，贡金九枚。"此处亦强调有德才有贡。《淮南子·原道》："禹……施之以德，海外宾伏，四夷纳职。"[32]亦言"施之以德"，足见布德之重要。《大戴礼记·少间》的记载更为详细："舜有禹代兴，禹卒受命，乃迁邑姚姓于陈，作物配天，修德使力，民明教通于四海，海之外肃慎、北发、渠搜、氐、羌来服。"[33]禹修德能使海外来服，德的功效甚大。

《容成氏》还记载了禹治诉的传说，简文云："禹乃建鼓于廷，以为民之有讼告者鼓焉。撞鼓，禹必速出，冬不敢以寒辞，夏不敢以暑辞。"[34]颂扬禹处理狱讼不敢懈怠，一心为民。传世文献中对此也有述及：《管子·桓公问》："禹立建鼓于朝，而备讯唉。"[35]《太公金匮》："禹居人上，栗栗如不满日，乃立建鼓（《路史》卷二二引）。"《鬻子·禹政》中还有"禹治天下，以五声听"的说法：

> 禹之治天下也，以五声听。门悬钟鼓铎磬，而置鞀，以待四海之士，为铭于笋虡曰："教寡人以道者，击鼓；教寡人以义者，击钟；教寡人以事者，振铎；语寡人以忧者，击磬；语寡人以狱讼者，挥鞀。"此之谓五声。是以禹尝据一馈而七（十）起，日中而不暇饱食。曰："吾犹四海之士留于道路。"是以四海之士

皆至，是以禹当朝廷间也，可以罗爵。[36]

《淮南子·氾论》有一段话与之相近[37]，但更简洁，可能袭自《鬻子》。由引文可见，禹之处理政事真的是非常的辛苦，所以贾谊《新书·修政语》有云："禹常昼不暇食，而夜不暇寝。"[38]《鬻子》书中的《禹政》可惜已残缺不全。今之《容成氏》中的相关简文正可窥见其一斑。

禅让也是一种美德。孔子就非常推崇泰伯让位季历之举，其云："泰伯，其可谓至德也已矣。三以天下让，民无得而称焉。"（《论语·泰伯》）[39]郭店简《唐虞之道》亦言："孝，仁之冕也；禅，义之至也。六帝兴于古，咸由此也"，"禅也者，上德授贤之谓也。"[40]还有上博简《子羔》《容成氏》也对禅让极力鼓吹。以致出现了燕王哙让位子之的历史事件。《容成氏》描述禹禅让云："禹有子五人，不以其子为后，见皋陶之贤也，而欲以为后。皋陶乃五让以天下之贤者，遂称疾不出而死。禹于是乎让益，启于是乎攻益自取。"[41]极力赞扬禹禅让美德，先是欲以皋陶为后，皋陶死，又让益。简文所述"禹有子五人""皋陶五让"，均不见于其他文献记载；"启攻益自取"事与《孟子·万章上》《史记·夏本纪》所记有别，而与《竹书纪年》较为相近。

上博简《举治王天下》中《尧王天下》也涉及禹，该篇论述尧王天下以德服人，尧造访禹，请教"从政何先"，禹答曰："惟志"。由于竹简残缺，简文所说的"志"到底是何含义我们不是很清楚。但《吕氏春秋·行论》篇讲到了禹忍辱负重一心以治水为志的故事，《吕览》说舜殛鲧于羽山，禹"不敢怨而反事之，官为司空，以通水潦"[42]，辛勤治水而且甚得帝舜之心。说明禹能在"势不便、时不利"的情况下，"事雠以求存"，而不以"快志"为能事。体现了禹为实现大志而以大局为重、忍辱负重之德行。《举治王天下》中《禹王天下》篇说"禹奋中疾志""大志不私"，可能也是此意。由此我们或许可以推测禹所谓从政惟志，可能是以树立大志为从政之始。尧又问"居时何先"，禹回答"毋忘其所不能"[43]。

郭店简《尊德义》是一篇论述为政者应崇尚德义的文章。篇中提到禹善于遵循"道"，以水道治水，以人道治民。简文云："禹以人道治其民，桀以人道乱其民。桀不易禹民而后乱之，汤不易桀民而后治之。圣人之治民也，民之道也。禹之行水，水之道也。造父之御马，马之道。后稷之艺地，地之道也。莫不有道焉，人道为近。是以君子，人道之取先。"[44]这是一段谈论"人道"的文字，为了论说主题，作者以禹、造父、后稷各以水道、马道、地道治水、御马和艺地，说明万物莫不有道，而以"人道为近"，继而以禹、汤治民行人道为例进行阐释。简文"禹之行水，水之道也"，见于《孟子·告子下》："禹之治水，水之道也，是故禹以四海为壑。"[45]又可与《孟子·离娄下》"禹之行水也，行其所无事也"[46]相参证，"行其所无事"是讲禹治水顺其自然，因势利导，即简文"水之道"也。

（二）竹书所见禹之德行故事

除了与治理国家政治有关的德政以外，个人的品行操守也被视为"德"，早在春秋时期人们就将个体的优良品格称为"嘉德""明德""令德""懿德""基德"等[47]。战国竹简所见禹的个人德行故事主要有：禹节俭、尚贤、禁酒，禹训诫启作为国君要聪明元圣，禹能光扬舜德，鞠躬尽瘁，奋中疾志等。

节俭也是一种德。《左传·庄公二十四年》说：“俭，德之共也；侈，恶之大也。”《桓公二年》也说：“夫德，俭而有度，登降有数，文物以纪之，声明以发之。”上博简《容成氏》云禹“衣不鲜美，食不重味，朝不车逆，舂不毇米，羹不折骨”[48]，将禹之节俭描写得非常具体形象：穿衣素朴不注重鲜美，饮食粗粝而不是多种滋味，会见宾客不以车迎，不舂精米，烹煮的食物不含节解的牲肉。《吕氏春秋·先己》有段话说启“处不重席，食不贰味，琴瑟不张，钟鼓不修，子女不饬”与简文相近。其他传世文献描写禹之节俭都非常简单，像《论语·泰伯》中只有“菲饮食”“恶衣服”“卑宫室”这样的话[49]。《说苑·反质》引墨子语说夏禹“卑小宫室，损薄饮食，土阶三等，衣裳细布”[50]也不如简文更详尽。

中国古代有尚贤的传统，在《尚书·君奭》中周公就列举了商代的七位名臣贤相，说明君王成就功业需要有贤臣辅佐。孔子亦认识到举贤才、选臣的重要性[51]，墨子更明确提出“尚贤”的主张。《左传·宣公十六年》羊舌职说：“吾闻之：‘禹称善人，不善人远。’”杜预注：“称，举也。”[52]羊舌职为春秋中期人，且其云“吾闻之”，则早在春秋中期之前已经有禹称举善人的传说了。至战国诸子言说为君之道时，更是大量列举古之明君贤相之故事，推贤任能遂成了明君的美德。《战国策·齐策四》即云：“是以尧有九佐，舜有七友，禹有五丞，汤有三辅，自古及今而能虚成名于天下者，无有。是以君王无羞亟问，不媿下学；是故成其道德而扬功名于后世者，尧、舜、禹、汤、周文王是也。”[53]清华简《良臣》则把圣主贤臣缀连在一起总为一篇，实为首见。该篇记述了黄帝以至春秋时期著名君主的良臣，从黄帝至周成王以历史顺序排列，从晋文公至郑子产以国别编排。其中说到禹之良臣时云：“禹有伯夷，有益，有史皇，有咎囡（陶）。”[54]此可与传世文献相对读，如《荀子·成相篇》云：“禹傅土，天下平；躬亲为民行劳苦；得益、皋陶、横革、直成为辅。”[55]《吕氏春秋·求人》云禹“以求贤人，欲尽地利，至劳也。得陶、化益、真窥、横革、之交五人佐禹”[56]。其中伯夷、史皇为禹之贤臣不见于他书记载。

北大简《周驯》是一篇通过讲述古代圣主贤君故事来阐发治国为君之道的文献，成书年代应该在战国晚期。篇中有一段话讲到禹训诫启，简文云：“昔禹贰（敕）启曰：‘勉务好唯，而戒毋作非□国失……弗好务，将或代之。诸置嗣者，莫立不治。自昔及今，从古以来，岂有不贤而可任国哉？今汝不能聪明元圣，其何以独得奉祭祀？’”[57]禹之意甚明，即作为国君也要贤能、聪明元圣，否则就不能任国奉祭祀。

古籍中有禹禁酒、恶酒的传说。《孟子·离娄下》：“禹恶旨酒，而好善言。”[58]《战国策·魏策二》载：“昔者，帝女令仪狄作酒而美，进之禹，禹饮而甘之。遂疏仪狄，绝旨酒。曰：‘后世必有以酒亡其国者。’”[59]许慎《说文解字》中也有“古者仪狄作酒醪，禹尝之而美，遂疏仪狄”的记载[60]。此为禹之酒禁传说，可与清华简《厚父》“民式克敬德，毋湛于酒”相参看[61]，郭永秉先生指出《厚父》应为《夏书》[62]，据此，关于酒禁的传说，不仅周初有，夏代也有，而且还跟禹有关系。

上博简《举治王天下》中的《禹王天下》是目前所见最早将禹的功绩系统化总结的一篇文献，简文云：“禹王天下……五年而天下正”，然后依次叙述禹之功绩：一是疏江为三，疏河为九，使百川皆导，禹使民以二和，天下太平；二是禹光扬舜德，恩施四国，鞠躬尽瘁，奋中疾志；三是禹能深陟固疏，持守省察，不废前功；四是……(简文残缺)；五是禹宽恕仁人而不寡道[63]。篇中述及禹的德行甚多，如说禹“诲以劳民，畿而尽力”“奋中疾志，有欲而弗违”“生行劳民，死行不祭”等等。简文中特别提到“禹奉舜重德，施于四国”，意思是说禹能奉行舜重德之道，德恩远及四方之国。《尧王天下》篇载尧问禹“居时何先”，禹答曰：“毋忘其所不能。”意谓居静思道时应该首先毋忘其所不能，言禹能思患补失。禹能善谏，故“尧始用之嘉德”[64]。

三、余论

传说故事在传播的过程中总要受到特定的社会背景和文化语境的影响，从西周到春秋战国，“德”的观念不断演变，“德”的内涵逐渐丰富。禹的德化故事受此影响在不同时期也表现出不同的主题：西周时期禹之德重在保民利民，春秋时期禹之德是宗法礼制之德和个人品格之德融合在一起，战国时期禹之德既表现为广泛流传的“德政”传说，又表现为丰富的个人德行故事。

通过新出土材料可知，禹的德化故事非常多，而且由来已久。这些德化故事产生的原因，一方面如顾颉刚所论是受政治学说的影响。如郭店简《缁衣》云：“禹立三年，百姓以仁道，岂必尽仁?”[65]《缁衣》当为子思作品，明显受到孔子“仁”思想的影响。大禹时期根本没有“仁”的概念，《缁衣》篇只不过是以大禹为例，来说明仁的上行下效，只有在上位者率先好仁，百姓才会争先为仁以取悦于上，即该句上文所言“上好仁则下之为仁也争先，故长民者，彰志以昭百姓，则民致行己以悦上。”再如战国后期，学者已充分认识到“德”的作用和重要性，《吕氏春秋》中的《上德》就很有代表性，该篇专门论述德行、道义的重要性，并认为这是治理天下和国家的根本，“为天下及国，莫如以德，莫如行义。以德以义，不赏而民劝，不罚而邪止”[66]。并列举了不少事例，其中就有禹征三苗，舜以德服的故事。借此强调德义在社会生活中的意义，远大于严刑厚赏的作用。上博简《舜王天下》提到“合德于世”，文中也讲了舜之德：“三苗不宾，舜不割其道，不摈其……”与《吕氏春秋·上德》所讲是一致的。因此，这些德化故事可能有其传说的内核或原型，但未必一定符合史实，因为它们的传播者或编写者重点关注其作为政治学说的论述效果，至于所引用的例证是否为真实的历史则不在考虑之中。

另一方面在于后世之人对圣人功绩的累世传颂与不断层累。《淮南子·氾论》云：“是故以时见其德，所以不忘其功也……牛马有功，犹不可忘，又况人乎！此圣人所以重仁袭恩。故炎帝于火，死而为灶；禹劳天下，死而为社；后稷作稼穑，死而为稷；羿除天下之害，死而为宗布。此鬼神之所以立。”[67]后世的人们之所以对灶神、社神、稷神、宗布之神进行祭祀，是由于“不忘其功”，实际上是对炎帝、大禹、后稷、后羿等英雄人物的追念，是对他们丰功伟绩的赞颂与传承。而在传颂的过程中，后世又会根据时代的需要有意无意地对圣人的事迹添枝加叶，不断地加以层累。再加上受战国时期文化普及、书写权力下移、百家争鸣等多种文化条件的影响，很多神话传说故事的传播途径开始由口传向文本转变，因此大禹的很多传说故事被广泛地书写在竹简上而得以流传下来。

*本文系国家社科基金青年项目“简帛文献与战国秦汉神话史重构研究”【14CZW016】的阶段性成果。

注释：

[1] 顾颉刚:《盘庚中篇今译》,《古史辨》第2册,上海:上海古籍出版社,1982年,第44页。

[2] 晁福林:《先秦时期“德”观念的起源及其发展》,《中国社会科学》2005年第4期,第196～199页。

[3] 李学勤:《论豳公盨及其重要意义》,《中国古代文明研究》,上海:华东师范大学出版社,2005年,第135页。

[4] 晁福林:《先秦时期“德”观念的起源及其发展》,《中国社会科学》2005年第4期,第196～199页。

[5] 铭文释读参考李学勤《论豳公盨及其重要意义》,《中国古代文明研究》,上海:华东师范大学出版社,2005年;裘锡圭《豳公盨铭文考释》,《裘锡圭学术文集》第三卷,上海:复旦大学出版社,2012年。

[6] (清)阮元校刻:《十三经注疏·尚书正义》清嘉庆刊本,北京:中华书局,2009年,第528页。

[7] 李零:《论豳公盨发现的意义》,《中国历史文物》2002年第6期,第42页。

[8] 方向东:《大戴礼记汇校集解》,北京:中华书局,2008年,第718页。

[9] (清)阮元校刻:《十三经注疏·春秋左传正义》清嘉庆刊本,北京:中华书局,2009年,第4389页。

[10] (清)阮元校刻:《十三经注疏·礼记正义》清嘉庆刊本,北京:中华书局,2009年,第3444页。

[11] 陈来:《古代宗教与伦理——儒家思想的根源》,北京:读书·生活·新知三联书店,2009年,第183页。

[12]《康诰》中体现德治思想的文句如:“惟乃丕显考文王,克明德慎罚;不敢侮鳏寡,……惟时怙冒闻于上帝,帝休。天乃大命文王殪戎殷,诞受厥命越厥邦厥民”;“今民将在！祗遹乃文考,绍闻衣德言。往敷求于殷先哲王,用保乂民……别求闻由古先哲王,用康保民。宏于天若,德裕乃身,不废在王命”;“惟命不于常,汝念哉！无我殄享,明乃服命,高乃听,用康乂民。”

[13] (清)阮元校刻:《十三经注疏·春秋左传正义》清嘉庆刊本,北京:中华书局,2009年,第3870页。

[14] (清)阮元校刻:《十三经注疏·毛诗正义》清嘉庆刊本,北京:中华书局,2009年,第1119页。

[15] 裘锡圭:《豳公盨铭文考释》,《裘锡圭学术文集》第三卷,上海:复旦大学出版社,2012年,第154页。

[16] 裘锡圭:《豳公盨铭文考试》,《裘锡圭学术文集》第三卷,上海:复旦大学出版社,2012年,第160页。

[17] 荆门市博物馆编:《郭店楚墓竹简》,北京:文物出版社1998年,第168页。

[18] 廖名春:《郭店简〈成之闻之〉、〈唐虞之道〉篇与〈尚书〉》,《中国史研究》1999年第3期,第36页。

[19] 如《逸周书·宝典》“九德”包括:孝、悌、慈惠、忠恕、中正、恭逊、宽弘、温直、兼武。其中孝、悌、慈惠就属于家族宗法层面的“德”,其它则侧重于个人品德层面。《宝典》篇的成书年代,黄怀信认为是“文字不古,风格与前此各篇不异,故当为春秋流传改写之作”(《逸周书校补注译·前言》,西安:

三秦出版社,2006 年,第 53 页)。

[20] (清)阮元校刻:《十三经注疏·春秋左传正义》清嘉庆刊本,北京:中华书局,2009 年,第 4360 页。

[21] (清)阮元校刻:《十三经注疏·周礼注疏》清嘉庆刊本,北京:中华书局,2009 年,第 1701 页。

[22] 杨伯峻:《春秋左传注》修订本,北京:中华书局,2016 年,第 1288 页。

[23] 荆门市博物馆编:《郭店楚墓竹简》,北京:文物出版社,1998 年,第 174 页。

[24] 许维遹:《吕氏春秋集释》,北京:中华书局,2009 年,第 143 页。

[25] 徐元诰:《国语集解》修订本,北京:中华书局,2002 年,第 157 页。《礼记·祭法》所载与此相同,云:"鲧鄣鸿水而殛死,禹能修鲧之功。"(清)阮元校刻:《十三经注疏·礼记正义》清嘉庆刊本,北京:中华书局,2009 年,第 3451 页。

[26] 徐元诰:《国语集解》修订本,北京:中华书局,2002 年,第 94～96 页。

[27] 马承源主编:《上海博物馆藏战国楚竹书(五)》,上海:上海古籍出版社,2005 年,第 202、206 页。

[28] (清)阮元校刻:《十三经注疏·论语注疏》清嘉庆刊本,北京:中华书局,2009 年,第 5404 页。

[29] (清)阮元校刻:《十三经注疏·春秋左传正义》清嘉庆刊本,北京:中华书局,2009 年,第 4196～4197 页。

[30] (清)阮元校刻:《十三经注疏·春秋左传正义》清嘉庆刊本,北京:中华书局,2009 年,第 4197 页。

[31] 马承源主编:《上博博物馆藏战国楚竹书(二)》,上海:上海古籍出版社,2003 年,第 263～265 页。

[32] 刘文典:《淮南鸿烈集解》,北京:中华书局,1989 年,第 14 页。

[33] 方向东:《大戴礼记汇校集解》,北京:中华书局,2008 年,第 1158 页。

[34] 马承源主编:《上博博物馆藏战国楚竹书(二)》,上海:上海古籍出版社,2003 年,第 267 页。

[35] 黎翔凤:《管子校注》,北京:中华书局,2004 年,第 1047 页。

[36] 钟肇鹏:《鬻子校理》,北京:中华书局,2010 年,第 71 页。

[37]《淮南子·氾论》:"禹之时,以五音听治:悬钟鼓磬铎,置鼗,以待四方之士,为号曰:教寡人以道者击鼓,谕寡人以义者击钟,告寡人以事者振铎,语寡人以忧者击磬,有狱讼者摇鼗。当此之时,一馈而十起,一沐而三捉发,以劳天下之民。"刘文典:《淮南鸿烈集解》,北京:中华书局,1989 年,第 437 页。

[38] 阎振益、钟夏:《新书校注》,北京:中华书局,2000 年,第 361 页。《新书·修政语》还具体描述了大禹治国之亲力亲为:"大禹之治天下也,诸侯万人而禹一皆知其国,其士万人而禹一皆知其体,故大禹岂能一见而知之也?岂能一闻而识之也?诸侯朝会而禹亲报之,故是以禹一皆知其国也;其士月朝,而禹亲见之,故是以禹一皆知其体也。然且大禹其犹大恐,诸侯会,则问于诸侯曰:'诸侯以寡人为骄乎?'朔日,士朝,则问于士曰:'诸侯大夫以寡人为汰乎?其闻寡人之汰耶,而不以语寡人者,此教寡人残道也,灭天下之教也。故寡人之所怨于人者,莫大于此也。'"贾谊生活于汉初,其所述当有所本,故这段记述亦可与上博简《容成氏》禹之治政相参证。

[39] (清)阮元校刻:《十三经注疏·论语注疏》清嘉庆刊本,北京:中华书局,2009 年,第 5402～5403 页。

[40] 荆门市博物馆编:《郭店楚墓竹简》,北京:文物出版社,1998 年,第 157～158 页。

[41] 马承源主编:《上博博物馆藏战国楚竹书(二)》,上海:上海古籍出版社,2003 年,第 276 页。

[42] 许维遹:《吕氏春秋集释》,北京:中华书局,2009 年,第 569 页。

[43] 马承源主编:《上海博物馆藏战国楚竹书(九)》,上海:上海古籍出版社,2012 年,第 191～

235页。

[44] 荆门市博物馆编:《郭店楚墓竹简》,北京:文物出版社,1998年,第173页。

[45] (清)焦循:《孟子正义》,北京:中华书局,1987年,第859页。

[46] (清)焦循:《孟子正义》,北京:中华书局,1987年,第587页。

[47] 晁福林:《先秦时期"德"观念的起源及其发展》,《中国社会科学》2005年第4期,第201页。

[48] 马承源主编:《上博博物馆藏战国楚竹书(二)》,上海:上海古籍出版社,2003年,第266页。

[49]《史记·夏本纪》亦有禹"劳身焦思,居外十三年,过家门不敢入。薄衣食,致孝于鬼神。卑宫室,致费于沟淢"这样的话,当是本自《论语》。另外,《说苑·反质》:"禽滑厘问于墨子曰:'锦绣絺纻,将安用之?'墨子曰:'恶!是非吾用务也。古者无文者得之矣,夏禹是也。'"亦是说禹不重文,不用锦绣絺纻。

[50] 向宗鲁:《说苑校证》,北京:中华书局,1987年,第515页。

[51]《史记·孔子世家》记载:鲁哀公问政,对曰:"政在选臣。"《论语·子路》记载:仲弓为季氏宰,问政。子曰:"先有司,赦小过,举贤才。"

[52] (清)阮元校刻:《十三经注疏·春秋左传正义》清嘉庆刊本,北京:中华书局,2009年,第4099页。

[53] 范祥雍:《战国策笺证》,上海:上海古籍出版社,2006年,第640～641页。

[54] 李学勤主编:《清华大学藏战国竹简(三)》,上海:中西书局,2012年,第157页。

[55] (清)王先谦:《荀子集解》,北京:中华书局,2013年,第548页。

[56] 许维遹:《吕氏春秋集释》,北京:中华书局,2009年,第615页。

[57] 北京大学出土文献研究所编:《北京大学藏西汉竹书(三)》,上海:上海古籍出版社,2015年,第125页。

[58] (清)焦循:《孟子正义》,北京:中华书局,1987年,第569页。

[59] 范祥雍:《战国策笺证》,上海:上海古籍出版社,2006年,第1353页。

[60] (汉)许慎撰、(宋)徐铉校定、愚若注音:《注音版说文解字》,北京:中华书局,2015年,第313页。

[61] 李学勤主编:《清华大学藏战国竹简(五)》,上海:中西书局,2015年,第110页。

[62] 郭永秉:《论清华简〈厚父〉应为〈夏书〉之一篇》,李学勤主编《出土文献》第七辑,上海:中西书局,2015年,第118～132页。

[63] 马承源主编:《上海博物馆藏战国楚竹书(九)》,上海:上海古籍出版社,2012年,第194页。

[64] 马承源主编:《上海博物馆藏战国楚竹书(九)》,上海古籍出版社,2012年,第220～221页。

[65] 荆门市博物馆编:《郭店楚墓竹简》,北京:文物出版社,1998年,第129页。

[66] 许维遹:《吕氏春秋集释》,北京:中华书局,2009年,第517页。

[67] 刘文典:《淮南鸿烈集解》,北京:中华书局,1989年,第460～461页。

论包恢著述及其版本流传

——以《敝帚稿略》为例

张翼驰

（陕西师范大学文学院，陕西西安，710119）

内容摘要：包恢是宋季之时著名的官员、重要的理学家和文学批评家。包恢的诗论尤其引人注目，然而其治学为文甚至文学批评的成就多为其政绩所掩，亦是不争的事实。包恢著述带有鲜明的时代特色，其诗论观点颇具理学家眼光，在诗论核心问题上不乏新见。尤其是包恢的《周礼六官辨》在宋元之际产生了重大影响，甚至影响了科举考试的内容。然而包恢著述在《宋史》中只字未提，在宋代各类总集中亦无相关记载。在元明清及近代的流传中，包恢著述流失惨重。清代的相关记载较为丰富，却也矛盾重重。

关键词：包恢；《敝帚稿略》；版本；流传

包恢是宋季之时著名的官员、重要的理学家和文学批评家。包恢著述带有鲜明的时代特色，其诗论观点颇具理学家眼光，堪称南宋后期理学视阈诗论的代表，在诗论核心问题上不乏新见。然而其治学为文甚至文学批评的成就多为其政绩所掩，亦是不争的事实。《敝帚稿略》是包恢唯一保存至今的文集，其内容涵盖了政治、经济、军事、文化、教育以及文学批评等重要领域。尽管在《现存宋人别集版本目录》和《宋人别集叙录》中已经涉及了包恢《敝帚稿略》的相关情况，为我们提供了包恢著述版本流传研究的重要线索。然而包恢的文献学价值还有待进一步深入研究。本文将围绕包恢著述考证、版本和流传三个方面发掘其文献学价值。

一、包恢著述考证

由《四库全书》本《敝帚稿略》文末所附包恢《自识》可知，《敝帚稿略》为包恢自编集。这是宋人文集的主要编辑方式，其流传也是以私下传抄的方式为主，所以也存在着流传并不广泛的问题。包恢门人郑无妄将其付梓，并作《书后》谓："先生谦逊未遑，仅示其略。学者果能以谢上蔡读《论语》法读斯稿，则先生之文故略矣；而先生之体用一源、显微无间者，果可以详略求哉？无妄敬刻之，纯轩与四方之士共之。"[1]客观上促进了文集的流传。又据《四库提要》所言，《敝帚稿略》原目已不可考，目前所见为四库馆臣依据《永乐大典》编辑整理而成，所以现存本并非包恢编辑的原貌，因此对包恢著述的本来面目考察势在必行。

包恢门人郑无妄《敝帚稿略书后》称："无妄窃惟先生之文，若《易说》，若《周礼记》，若《讲义》，若《家传》，学者已争先睹之为快矣。独于文集之大成，则日月以俟，而未之见。无妄屡以此请，而先生谦逊未遑，仅示其略。"[2]由此可知，包恢著有《敝帚稿略》《周礼记》《易说》《讲义》《家传》等。今仅存《敝帚稿略》，其他著述均已亡佚。

（一）《敝帚稿略》存目考证

由于包恢的著作今仅存《敝帚稿略》，因此其著述的流传以《敝帚稿略》为主。另据方回《读包宏翁〈敝帚集〉跋》称，其所见包恢《敝帚稿略》其中还有《开辟洪荒》《太极图策问》等篇目，而今存《四库全书》本无：

> 恢所著《开辟洪荒》有云："昆仑圆通无形，众无穷极，即所谓无极而太极也。"自言之而自违之可乎？力辨象山非释氏禅学，口费气馁，他日乃曰"象山尝闻鼓声而悟"，然则非禅而何？少年见文公，乃父亦出文公之门，而为左袒，学之所入，不正强为说而心不明，则临富贵而失其守也。至为《太极图策问》，谓太极未有形，今以一圆形而为图则是有形矣。[3]

所以，至少在方回之时，《敝帚稿略》的篇目应不只今见八卷。

据清光绪《江西通志》卷一〇七艺文略四称："《敝帚稿略》八卷，包恢撰。《四库全书总目》，恢见经部礼类。"[4]在今存《四库全书总目》中，包恢不在经部礼类而在集部别集类。若诚如清光绪《江西通志》所言，包恢见《四库全书总目》经部礼类，则其著作应不止于《敝帚稿略》。据同治《建昌府志》卷二之二载："傅子渊先生祠在曾潭，祀宋儒傅梦泉，包恢有记。"[5]同治《建昌府志》卷八之三载："其从子涌请部使者疏于朝，勅祀乡贤。县大夫绘像于学宫祀之。又建专祠玉虚观侧，俾子弟以时致祭。涌迪功郎临川县尉，与包恢相友善，恢称其识趣不群，人品学术俱景行。"[6]同治《南城县志》卷八之一载："其从子涌请部使者疏于朝，勅祀县乡贤。县大夫绘像学宫祀之。又建专祠玉虚观侧，俾子弟以时致祭。涌迪功郎临川县尉，与包恢相友善，恢称其识趣不群，人品学术俱景行。子渊云见包文肃公撰《祠堂记》及朱子文。"[7]另据同治《建昌府志》卷九之三和同治《南城县志》卷九之三，确有包恢撰《傅子渊祠堂记》。《傅子渊祠堂记》不见于《四库全书》本《敝帚稿略》，《全宋文》中亦未收录。此外，同治《建昌府志·艺文志》卷九书目卷九之一称："《包文肃公集》十二卷，南城包恢著。"[8]然只有存目，并无具体文集可考。只能据此推测包恢文集除《敝帚稿略》八卷外，仍存下落不明的四卷。《宋人集丙编》民国李之鼎宜秋馆刻本除了包恢《敝帚稿略》八卷外另有补遗一卷，共两册。栾贵明辑《四库辑本别集拾遗》称："现存《永乐大典》录：包宏斋《敝帚稿略》四条，宏斋《敝帚稿》一条，包宏斋《敝帚稿略》一条。以上共六条，校《宋人集丙编》本《敝帚稿略》八卷及

《补遗》一卷，馆臣漏辑者一条，为《旌表陆氏门记》。"[9] 此外，《宋人集丙编》中包恢《敝帚稿略》南城李氏宜秋馆刊刻本，在原来的八卷基础上增加了补遗一卷，《全宋文》中辑佚篇目与李氏补遗中的篇目大体相似、略有差异。清同治《建昌府志》中的其余四卷，并没有出现在李之鼎的宜秋馆刊刻本中。

现存包恢《敝帚稿略》篇目分为《四库全书》八卷本和《宋人集》民国李之鼎宜秋馆刻本两种情况。其中八卷存目如下：

卷一：《奏平获浦寇劄子》《策问是非异同》《防海寇申省状》《禁铜钱申省状》

卷二：《答傅当可论诗》《答曾子华论诗》《答项司户书》《与留通判书》《答项司户书》《论立身师法》《论五言所始》

卷三：《象山先生年谱序》《袁絜斋先生书抄序》《送陈司户序》《送吴规甫序》《肇庆府学二先生祠堂记》《盱山书院记》《凤山新城记》《君子轩记》

卷四：《咏春堂记》《玉虚观记》《韫玉轩记》《宜黄龙磜寨记》《真州分司记》《竹轩记》《玉成斋记》《远斋记》《易斋记》

卷五：《跋邓州通判饶公将鉴》《跋林次麟东宫事鉴》《跋郭省元玗帝王万世宝鼎鉴》《跋山谷书范孟博传》《跋象山先生二帖》《跋晦翁先生二帖》《跋克堂先生墨迹后》《跋晦翁先生帖》《跋潘侍郎磨镜贴》《书吴伯成游山诗后》《书徐致远无弦稿后》《书侯体仁存拙稿后》《书抚州吕通判开诗稿后》《书平寇录后》《陆象山先生赞》

卷六：《酒箴》《恕斋铭》《达观堂铭》《冯抚属墓志铭》《吴主簿墓志铭》《陈通判墓志铭》《李牧坡墓志铭》《吴规甫墓志铭》《汪氏墓志铭》

卷七：《拙默说》《桂林说》《山水源流说》《介轩说》《郑纯子字说》《李居仁字说》《吴九万字说》《送崔教授说》《朝闻夕死说》《容斋说》《祭王实斋文》《祭赵虚斋文》《祭赵宗丞文》

卷八：四言诗《李养源自号蒙泉求诗于东平包某作此以赠之》《临江合阜李仲章以省轩求诗》《赠饶仲信静镜》

五言古诗《留忠斋山茨》《赠写神丘照堂》《送蒙斋赴召六首》《雨后观新荷》《四明决狱由宁海道中》《观泉》《寿家君克堂先生》《马上口占感梅感事二首》《饯山泉吴守》《谢朱汀守惠古风》《病中答客》《病中口占》《和陈七峰七诗韵》《和吴伯成七夕韵》

七言古诗《歌晏恭人平寇伟绩》《天台石桥》《赵宗判请游岩溪》《莲花》

五言律诗《温州双峰寺》《和陆伯微韵二首》《挽吴准斋》《雁荡灵岩》

七言律诗《过峡山寺》《江阴风寒地有感》《同陈守游碧落洞二首》《和陈翔卿韵》《再和二首》《和戴石屏见寄韵二首》《挽陈和仲二首》《寄题武夷橘林小隐》《送盱江吴守以言归二首》《同李文溪游通天窍》《江心寺》

五言绝句《谢王洪伯惠酒炭米五首》《酬袁守方秋崖遗宝带桥诗以顾我老非题柱客知君材是济川功为韵十四首》《金溪道中六首》

七言绝句《偶成五首》《题碧岩二首》《二月道中效赵章泉体四首》

文末附录中有包恢《自识》和《门人郑无妄书后》。

南城李氏宜秋馆刻本在八卷本基础上增加了补遗一卷，补遗篇目为：《寄李俊彦先辈》《傅子渊祠堂记》《推官提名记》《临海进士登科题名记》《州学沂咏堂记》《三陆先生祠堂记略》；补遗末尾附有李之鼎“跋”。

据祝尚书《宋人别集叙录》载：

明《文渊阁书目》卷九著录“包宏斋《敝帚集》一部五册，阙”，《内阁书目》无其目。《菉竹堂书目》卷三亦载五册。原本久佚，今传乃大典本。……大典本录入《四库全书》。乾隆翰林院钞本（四库底本），今藏北京图书馆。民国十年（1921年），李氏宜秋馆据传钞四库本刊入《宋人集》丙编。[10]

也就是说，在明代，包恢《敝帚稿略》应不少于五册，只不过原本久佚。《永乐大典》中保存的篇目经清代四库馆臣所编辑整理后，才有了今见《四库全书》本。

综上所述，根据明代记载推测，包恢《敝帚稿略》原文遗失过半，而据郑无妄所言包恢仍有其他著述，包恢的影响力必然不局限于《敝帚稿略》。宋末元初之际，方回、刘埙、吴澄、吴师道等人所见之本，由于年代较近必然较为接近原貌，所以他们对于包恢的评价值得关注。明代的存目进一步证实了包恢原本的数量，而《永乐大典》的保存为我们今天见到包恢文集提供了重要的文献保障作用。清代四库馆臣的整理编辑，使得《敝帚稿略》得以保存继续流传。

（二）《敝帚稿略》以外的包恢著述考

据包恢门人郑无妄《敝帚稿略书后》称，包恢还有《易说》《周礼记》《讲义》《家传》等著述。刘克庄在《跋包侍郎〈六官疑辨〉》云：“盖先儒疑是书者非一人，至宏斋始确然以为国师公之书，某心有所疑、理有未安者，如破痞刮膜矣。”“‘臣旧疑其书，近见包某《疑辨》，豁然与臣意合。若陛下因包某进讲，试取其书观之，便见其人见识高，非世儒寻行数墨者所能及。’上颔之。”[11]即刘克庄记述了举荐包恢《六官疑辨》的过程，亦表示了他对包恢学术的肯定，使得包恢《六官疑辨》为宋度宗所知。欧良撰《代包恢进〈周礼六官辨〉表》，也证实了宋度宗确实看过包恢此书的事实。元代吴澄批评包恢的《周礼六官辨》云：“毁《周礼》非圣经，在前固有其人，而皆不若吾乡宏斋包恢之甚毫分缕晰逐节诋排，如法吏定罪，卒难解释。观者必为所惑，如近年科举不用周礼者，亦由包说惑之也。包说印行比之巽卿，正义其多十倍，然愚尝细观，不过深叹其无识而已。今巽卿所言比之于包，极为平恕，以包之苛细严刻，识者犹笑其为蚍蜉撼大树，而凡诸家之所诋愚，皆有说以答之，累千言未可既也，今不复言。”[12]以上表明确有此书流传于宋元时期，《周礼六官辨》使得《周礼》不再作为科举取士的经典内容。包恢的《周礼六官辨》在宋末元初引起的反响不可谓不强烈，然而原本下落不明。此外，元人吴师道《礼部集》卷十八提及包恢所作《约斋说》[13]：

包恢宏斋所作《约斋说》，约之为义，前说详矣。窃观先儒释经，必以所释字贴本文，又随其意而上下之，然后其义可得，而通焉以约之约固为少，然曰处少则不顺，故以穷困释之。约礼之约，固为要然。曰要之以理则不通，若曰反而束之，以极其要则善也。守约所守者，约也；说约说到至，约也；所守者约之，约要也，说约之约，与详对少而要也。是皆不可以不察也，详说之约又专以说言，而与诸条不同也。夫析理不精，则服行必差。苟例视之以训诂之学，而务笼统宏阔之言，好同而恶异，喜大而耻小，其弊可胜既哉！[14]

包恢《约斋说》已佚，于今本《敝帚稿略》中未见。

吊诡的是，《四库全书》成书于清乾隆时期，包恢《敝帚稿略》已然只存八卷，然而在清代同治时期的《建昌府志·艺文志》却称"《包文肃公集》十二卷"，《四库全书总目·敝帚稿略》属于"集部别集，共八卷"，光绪《江西通志》中称"恢见《四库全书总目》经部礼类"，而这不得不让人联想《四库全书》的编纂宗旨[15]。

据《宋元学案补遗》"包氏家学"下，"补文肃包宏斋先生恢"之包宏斋语：

操若在，舍则无。本无形，何可拘执？无时节，莫知乡。本无所，何可测识？姑指曰此，此即所也。不必拘执，不必测识。养之自长，长而不没，勿忘勿助，至于纯熟。无此无非此，无所无非所。予欲无言，天何言哉！此所说。

黄东发跋曰："宏斋之说曰：'操若在，舍则无。本无形，何可拘？'余窃意其述，孟子之言心尔。抑孟子言操则存，存非若在而已也。言舍则亡，亡者不存则失之耳，非本无也。操存舍亡，孟子正欲人操而不舍，以求放心。若曰'何可拘'，又几谓心不可操，宜任其舍之也。何其与孟子之本旨异乎？将别有所指者乎？或自得之得，果非他人之所能晓者乎？"[16]

综上所述，包恢《敝帚稿略》原集已佚，《四库全书》依据《永乐大典》辑录《敝帚稿略》共八卷，原目已不可考，其中文七卷，诗歌一卷。据方回所言，包恢《敝帚稿略》还应有《开辟洪荒》《太极图策问》篇。据吴师道说另有文《约斋说》，原文已佚不可考。另据同治《建昌府志》和同治《南城县志》，包恢著有《傅子渊祠堂记》。《宋元学案补遗》存包恢语录一条。南城李氏宜秋馆刊本有《补遗》一卷，有《寄李俊彦先辈》《傅子渊祠堂记》《推官提名记》《临海进士登科题名记》《州学沂咏堂记》《三陆先生祠堂记略》和文末李氏"跋"。曾枣庄、刘琳主编《全宋文》中收录包恢文章除《敝帚稿略》外，另辑佚文10篇：《建昌登科录序》《石屏诗集序》《黎居士简易方序》《跋龙门二大字》《三陆先生祠堂记》《旌表陆氏门记》《州学沂咏堂记》《推官题名记》《临海进士登科题名记》《范君去非墓志铭》。《全宋诗》以文渊阁四库全书本《敝帚稿略》为底本，收录包恢诗歌90首，另收录残句1句。《全宋词》收录包恢词《水调歌头·三月初三》1首。以上为包恢著述情况大略。

二、现存《敝帚稿略》的版本情况

由于包恢著述目前仅存《敝帚稿略》，所以包恢著述部分以《敝帚稿略》为主。据《现存宋人别集版本目录》载，包恢《敝帚稿略》的版本大致分为八卷本和补遗本两种情况。其中，《敝帚稿略》八卷本有现存北京的清乾隆翰林院抄本四库底本和清乾隆翰林院抄本、现存南京的清抄本和金陵大学中国文化研究所抄本（南京大学）以及文渊阁、文津阁本《四库全书》。而《敝帚稿略》补遗本，只有《宋人集丙编》[17]。就目前所见包恢《敝帚稿略》的主要版本而言，其基础都是从《永乐大典》辑出的《四库全书》本，在集部别集类，大体情况如下：

（1）清乾隆翰林院红格抄本（《四库全书》底本），藏于国家图书馆。8行21字，白口，红格，四周双边。版心下方有“宋集珍本丛刊”。无提要，书后有附录，内含包恢自识（卷七二十七页后缺）。中华再造善本《敝帚稿略》，一函二册。书中卷首称“据中国国家图书馆藏清乾隆翰林院抄本影印，原书板框高二十二·五厘米，宽十五·二厘米”。该本无提要、无校对誊写之人、有附录（卷七二十七页后缺），有朱批、眉批等修改校对的印记，有不同誊写的笔迹。中华再造善本基本上是以四库底本为基础影印而成。正文每卷之首为“钦定四库全书”“敝帚稿略卷之X宋包恢撰”[18]，其中“之”被涂掉。然而，再造善本与清翰林院抄本四库底本大抵相同却稍有出入。卷七于《吴九万字说》后有两篇《送崔教授说》，卷七有两个“十六”页。从文中可见，第一篇为笔误，第二篇才是正确的《送崔教授说》。

（2）清乾隆翰林院抄本，藏于国家图书馆。8行21字，红格，白口，四周双边。较之于四库底本，无修改痕迹。

（3）文渊阁《四库全书·敝帚稿略》，底本目前藏于台北故宫博物院。包恢《敝帚稿略》，李传熊为详校官庶吉士，吕云栋为复勘主事，王兆泰誊录。目前通行的是景印文渊阁本《四库全书》。包恢《敝帚稿略》在景印文渊阁四库全书本第1178册，第703～803页。在提要的末尾，书“乾隆四十六年九月恭校上”，可见《敝帚稿略》校订完成于乾隆四十六年九月。

（4）文津阁本《四库全书·敝帚稿略》，底本现藏于国家图书馆。通行于世面上的则是商务印书馆文津阁《四库全书》影印本。在第1183册，第1～100页，为包恢《敝帚稿略》，共八卷。于“钦定四库全书”下书“集部敝帚稿略”，温汝适任详校官编修，纪昀复勘，杨应瑞誊录。在提要的末尾书“乾隆四十五年九月恭校上”，可见文津本《敝帚稿略》校对完成于乾隆四十五年九月，早于文渊阁本一年。而且复勘人为纪昀，他是《四库全书》的总纂官之一。在内容篇目上与文渊阁本大体相同，在卷一末尾有“敝帚稿略卷一考证”。其内容如下：“第一页前四行‘奏平荻浦寇劄子’，按《宋史》包恢本传‘即日除直显文阁浙西提点刑狱，是时海寇为乱，恢单车就道，调澉浦分屯建寨。一日集诸军讨平之贼首与诸将姓氏俱不之载’，是奏足补《宋史》之未备，附识于此。”“第十四页后二行‘进武进勇校尉副尉’，按宋时官制，有进武校尉、进勇校尉及副尉等名。原本‘校’字下脱一尉字不合。今据《宋史·百官表》增入。”“第十六页‘后霸航广东运使’，按《宋史》本传，‘福建提刑时兼转运判官以侍御史周坦论罢，又四年，起为广东转运判官，权经略使’，注云：‘运使盖以其权经略使而统言之耳’，附识于此。”此外，在卷四《易斋记》后，有《敝帚稿略·卷四考证》，其云：“‘第二十二页前一行‘为复为临为泰为大壮为夬’，按：‘泰正月之卦也，原本脱为泰二字，今依《易》添入。’”并且后面有“详校官编修臣温汝适誊录监生臣杨应瑞”字样。其中，卷二《论五言所自始》题目较之于文渊阁本《论五言之所始》多一字。第八卷诗歌中于《和陈翔卿韵》后为《再和陈守二首》，文渊阁本为《再和二首》。其中，从卷六开始，笔体有变化，在卷六文末书有“详校官编修臣温汝适”“誊录监生臣舒嘉谟”。书后的附录中亦有《自识》和《门人郑无妄书后》，在文末还有“详校官编修臣温汝适”“誊录监生臣舒嘉谟”字样[19]。

（5）南京图书馆藏清抄本。南图清抄本、南京大学金陵大学抄本与浙江省图书馆藏文澜阁四库全书补抄本，皆源自《四库全书》体系，皆有钦定四库全书《敝帚稿略》提要，且三个版本提要内容完全相同，异于文渊本、文津本，内容略有出入。南京图书馆的清抄本，印有“嘉惠堂丁氏藏书之印”，提要的时间为“乾隆五十年二月”。

（6）南城李氏宜秋馆刻本《宋人集丙编》中有包恢《敝帚稿略》两册。在八卷本基础上增加补遗一卷，后有李之鼎的跋。扉页上有“敝帚稿略八卷庚申三月吴昌硕篆耑年七十七”，下一页有“宜秋馆校刊”字样。正文页首行为“钦定四库全书提要”“敝帚稿略别集类三南宋”。提要末尾为“乾隆四十五年九月恭校上”，于第一卷后附有“敝帚稿略卷一考证”，并注明“文津阁库本附此在卷一后”，可见是取自文津阁库本。卷二《论五言所始》则与文渊阁库本同。在《吴九万字说》文后和《送崔教授说》之前，有一段注：“四库全书考证云：‘其有飞而上者，亦僅如鸡之栖于树端，莺之迁于乔木而已。案以‘伐木丁丁，鸟鸣嘤嘤’一诗相沿成习，致成莺迁之误。如李绰尚书故实王楙野客丛书论之详矣。然其原始于梁昭明太子‘啼莺出谷，争传求友之声’。唐人诸诗沿之而误。盖犹以为莺也。原本作鹦，则因莺而又误，今改。”在第八卷后有附录《自识》和《门人郑无妄书后》，后有“敝帚稿略卷八”，下有“南城易之门紫腴校”。文中多处有校对痕迹，“补遗”下书“之鼎辑”，补遗篇目为：《寄李俊彦先辈》，文末注“李氏家谱”；《傅子渊祠堂记》文末注“建昌府志”；《推官提名记》，文末注“赤城集二”；《临海进士登科题名记》文末注“赤城集六”；《州学沂咏堂记》文末注“赤城集十二”；《三陆先生祠堂记略》文末注：“谢旻江西通志一百二十六”。在“补遗”末尾，有《跋》，其中介绍了宜秋馆本的版本来源，他说道：“惜其集久经湮佚，馆臣辑诸《永乐大典》，得此八卷。旧曾传抄于江南图书馆，近又购得乾隆玺印库本，谨据校刊以资传布”。[20]在补遗本系统中，藏园居士批注校对本为善本，目前藏于国家图书馆。

综上所述，目前所见包恢《敝帚稿略》的版本主要是四库全书系统，体现为《四库全书》不同抄本之间的差异。就四库提要而言，南京图书馆与南京大学图书馆所藏《敝帚稿略》既非文渊阁本亦非文津本。此外，主要表现为文渊阁本与文津阁本的差异，而宜秋馆刻本综合了二者，并且有所补充。总体而言，文渊阁本系统中有不同的刻本和抄本，比较丰富全面地反映了文渊阁本的流传保存情况。而文津阁本则重在其中的考证价值，又由于文津阁《四库全书》成书晚于文渊阁本《四库全书》，具体到包恢的《敝帚稿略》，则是文津阁本早于文渊阁本。加之，文津阁本的复勘人为纪昀，因此文津本更具文献学价值，值得更多关注。宜秋馆刻本在补遗、校刊方面的贡献尤为突出，而且综合了文渊本和文津本的优长。中华再造古籍善本的《敝帚稿略》则保存了最初的校对样态，可以从中还原《四库全书》当时的校对原貌。诸版本的八卷篇目基本一致，李氏宜秋馆刻本的补遗和跋也反映了民国时期对包恢研究的深入。其中国图所藏清四库全书红格底本、国图所藏清乾隆翰林院抄本、国图藏藏园居士批注南城李氏宜秋馆本、中华再造善本、南图藏清抄本、南京大学图书馆藏金陵大学抄本均为善本。

三、包恢著述的流传情况

据包恢门人郑无妄《敝帚稿略书后》可知，包恢还有《易说》《周礼记》《讲义》《家传》等著述。包恢作为南宋后期重要的理学家、文学批评家，然而他的著述并未被宋代的总集书目中收录。究其原因，笔者认为，由《宋史》的编写立场可见一斑："大抵《宋史》排陆学，凡为陆学者，皆不详。故虚谷之诋，径畈虽不足信，然非虚谷集，亦莫知其所自出也。……盖三汤之源流已灭没，而五百年之后犹可爬搜得其一二，稍足为朱陆门墙补亡拾佚以正《宋史》之谬。"[21]由此可见，即便是《宋史》亦并非全然客观公允，囿于门户之见对陆学语焉不详的问题尤为明显。又如《宋史》包恢传的记载多是政事，称其酷吏而已，其为学为文则不详，与"凡为陆学者，皆不详"有关。

包恢著述的流传也从两个方面展开，即《敝帚稿略》和其他著述。《敝帚稿略》由包恢自编成集、经门人郑无妄刊刻而得以流传。宋元之际的方回、刘埙等人所见包恢《敝帚稿略》，应该最为接近文集原貌。明代《文渊阁书目》《菉竹堂书目》中皆载"包宏斋《敝帚集》一部五册"，虽然没有《敝帚稿略》的具体存目，亦可见元明对于包恢《敝帚稿略》保存尚佳，至明仍有五册。清代四库馆臣从《永乐大典》中采掇编辑而得《敝帚稿略》八卷。民国南城李氏宜秋馆刻《宋人集丙编》中有包恢《敝帚稿略》两册，共八卷，补遗一卷。

不仅如此，清代以降对于包恢《敝帚稿略》的研究在校对方面又有了新的进展。清人莫友芝撰的《藏园订补郘亭知见传本书目》中记载了对包恢《敝帚稿略》的校对情况："《敝帚稿略》八卷，宋包恢撰。按：此书四库著录，莫氏未收。（补）清四库馆写本，朱丝阑，8行21字。钤翰林院印。法式善旧藏，今在樊增祥先生处。（补）《敝帚稿略》八卷，补遗一卷，宋包恢撰。民国十年李之鼎宜秋馆刊宋人集本，在丙编。余曾据清四库馆红格写本手校一帙。"[22]此外，傅增湘撰《藏园群书校勘跋识录》亦载有对包恢《敝帚稿略》的校对情况："《敝帚稿略》卷一末叶识曰：丁卯五月十四日，校于津门寓斋。卷二末叶识曰：丁卯五月十八日校。卷三末叶识曰：五月十八日校。卷四末叶识曰：五月二十日校。卷五末叶识曰：五月廿三日入山，宿清水院校此。卷六末叶识曰：宿清泉吟社，夜雨忽作，烦襟涤尽矣。丁卯夏至。卷七末叶识曰：丁卯夏至后日，校于盘青阁。卷八末叶钤'莱娱室''沅叔手校'印，并识曰：丁卯五月廿四日，依法梧门藏《四库》写本校毕。时逭暑于旸台清水院之盘青阁。藏园居士沅叔氏记。"[23]

《敝帚稿略》在宋元明的保存相对完好，然而由于未收入宋元的重要书目和总集中，多经由门人、同乡流传。明代由于收入相关书目和《永乐大典》而广为人知，并得以保存部分原文。清代关于包恢著述的记载差异迥然，在包恢的故乡江西其著述的数量记载总是相对详尽，仅从存目卷数而言，多于中央的记载。民国时期包恢文集的保存和流传，得益于南城李之鼎的校对刊刻。近代以来，包恢《敝帚稿略》亦得到

《现存宋人别集版本目录》和《宋人别集叙录》的关注等。在包恢的其他著述中，只有《周礼六官辨》的记载略胜于其他几部。其具体内容却无从考证，只有宋元之际的刘克庄、欧良、吴澄等人的文章中尚存些许《周礼六官辨》的痕迹。在《周礼六官辨》之外，包恢曾著有《易说》，今已失传，然而包恢的诗文之中《周易》的影子无处不在。

从上述对包恢著作流传情况的研究可以得知，后人对于包恢著作进行批评研究的主要原因有二：一是出于江西后学对本土思想家进行研究的需要，二是国家的书目总集编纂对于文集的保存流传提供了便利的贡献。今人的包恢研究，最早发声的仍然是江西籍陈良运先生，这或许反映了包恢著作流传研究的现状。而李之鼎的这番话就是有力的证明："论者谓《宋史》载似道行公田时，文肃知平江，有买民田用肉刑之事，而本传不载。传中于公无一语贬辞，推许甚至，是与前说自相矛盾。托克托之修宋史，舛物芜杂，久有定论。综观生平出处，当时即以刚直著闻，似不当有此。迄今，吾南城文肃祠墓，依然子孙蕃庶。斯集得复显于世，库本采集之功也。遗文佚诗为之增辑于后焉。"[24]

余论

经由对包恢著述的考证、现存《敝帚稿略》的版本情况以及包恢著述流传情况的综合探赜，可略知包恢的文献学价值。首先，从包恢著述的数量而言，郑无妄所言《易说》《周礼记》《讲义》《家传》等，其数量较为可观。《周易》《周礼》则是宋人宋学关注的核心领域，体现了包恢理学家的学术眼光。其次，就包恢的影响而言，他是生前被宋度宗比作"二程"的理学家。而且据元代吴澄的批评可知，包恢的《周礼六官辨》在当时得以大量印行、流传广泛，甚至使《周礼》被逐出科举内容之列，《周礼》的儒家经典地位遭到重创。复次，就包恢文集的版本而言，文渊阁本《敝帚稿略》系统的刻本抄本更为丰富流传更为广泛，文津本因成书时间更早、有考证内容和复勘者为纪昀更具文献学意义和价值，民国李氏宜秋馆刻本因综合了文渊本和文津本的优长并且增加了补遗内容而体现其文献学意义，中华再造善本《敝帚稿略》则因还原了校对原貌而突显其文献学意义。再次，就包恢著述保存的历史阶段而言，元明保存相对完好，《永乐大典》为目前保存包恢著述的最原始之处。清代是包恢著述保存最为吊诡的时期，此时关于包恢著述的记载存在诸多矛盾之处，集中表现为清代江西地区地方志中与中央《四库全书》体系的差异。又复次，就包恢著述的流传而言，清代是其流传的重要阶段，清代江西地方志的记载为我们探索包恢著述原貌提供了重要的线索，而《四库全书》本奠定了其版本流传的基础。清代以降至于当代，研究包恢著述者多为江西学者亦是不争的事实。

仅就现存《敝帚稿略》而言，可作为宋末文人研究的校参书目，如叶寘、陈世崇、周密三人的笔记研究中，包恢《敝帚稿略》都作为重要的校参书目之一[25]。此外，其内容已经涉及了南宋后期社会所面临的政治、军事、经济、文化、教育、诗论等诸多领域。尽管篇幅有限，却言简意赅地指明了具体领域所存在的关键问题，在相关领域中甚至可以补专论之不足。如宋人钱若水修《宋太宗皇帝实录校注》卷第二十九："交易用钱"下《宋史》卷四九一外国七作"交易用铜钱"，包恢《敝帚稿略》卷一禁铜钱申省状即曰："倭所酷好者，铜钱而止。"[26]《宋会要辑稿·食货》一一之七曰："太平兴国九年，日本国僧奝然等浮海而至，云其国（用）（周）铜钱，文曰'干文宝'。"[27]由宋代的相关记载可知，在涉及"交易用铜钱"方面，《敝帚稿略》确实可以作为《宋史》的补充材料。

而《敝帚稿略》的诗论价值尤为夺目，在有限的篇幅中涵盖了南宋后期诗论的核心议题。如反对"以文字为诗，以才学为诗，以议论为诗"，主张"自作主宰，自运意旨"，关注"以禅喻诗""已发""未发""理趣"等宋代诗论的核心问题，强调"得其正"的宋诗观，提倡"以汪洋淡泊为高"的诗歌宗尚等[28]。民国江西南城人李之鼎跋《敝帚稿略》云："篇中有《桂林》《山水园流说》，其说与近今西人之言隐相符合。是其智能穷物，实不可及。"[29]可见直到民国时，包恢思想中的义理仍不过时，其理学思想的深邃可见一斑。作为理学家，包恢在"和会朱陆"之时，十分重视理学穷物致知的内在要求。

包恢的著述并未多见于宋人著录之中，与包恢处于宋季不无关系。元人距离包恢的时代较为接近，其文集的保存相对完整，因此元人的评价似乎更接近包恢的著述的原貌。不可否认的是，但凡评判都是评判者主观立场的反映，还需要仔细分析辨别其中的原因。明代最为重要之处则在于《永乐大典》对于《敝帚稿略》的保存意义。清代的重要意义在于，四库馆臣从《永乐大典》中辑佚整理而成《敝帚稿略》八卷，奠定了今天研究包恢的重要文献基础。清代《四库全书》对于《敝帚稿略》的保存功不可没。《永乐大典》的残缺使包恢著述原貌成了不解之谜。虽然今见包恢著述在数量上并不足道，其版本流传系统亦并不复杂，然而其意义却不容忽视，厘清其中的关系亦是还原包恢著述的原貌与发掘其文献学价值的题中之意。

* 本文在资料搜集阶段得到了沈治宏老师、南京大学图书馆古籍特藏部时文甲老师、陕西师范大学图书馆古籍库、南京图书馆国学馆、浙江图书馆古籍库以及国家图书馆善本库相关老师们的帮助，谨致谢忱。

注释：

[1]（宋）郑无妄：《敝帚稿略书后》，《敝帚稿略》附录，《四库全书》文渊阁本。

[2]（宋）郑无妄：《敝帚稿略书后》，《敝帚稿略》附录，《四库全书》文渊阁本。

[3]（元）方回：《读包宏翁〈敝帚集〉跋》，《全元文》卷二一五，第 7 册，南京：凤凰出版社，1998 年，第 175～176 页。

[4] 参见光绪《江西通志》卷一〇七，清光绪七年刻本。

[5]（清）同治《建昌府志》，清同治十一年刻本。

[6]（清）同治《建昌府志》，清同治十一年刻本。

[7]（清）同治《南城县志》，清同治十二年刻本。

[8]（清）同治《建昌府志》，清同治十一年刻本。

[9] 栾贵明辑：《四库辑本别集拾遗》，北京：中华书局，1983 年，第 731～734 页。

[10] 祝尚书：《宋人别集叙录》卷第二十六，北京：中华书局，1999 年，第 1286 页。

[11]（宋）刘克庄：《跋包侍郎六官疑辨》，《全宋文》卷七五八七，第330册，上海：上海辞书出版社，2006年，第34页。

[12]（元）吴澄：《答海南海北道廉访副使田君泽问》，《全元文》卷五〇〇，第15册，南京：凤凰出版社（原江苏古籍出版社），1998年，第86页。

[13] 因未说明是否存于《敝帚稿略》，暂存疑，故置于《敝帚稿略》以外的著述中。

[14]（元）吴师道：《包恢宏斋所作约斋说》，《全元文》卷一〇七八，第34册，南京：凤凰出版社，1998年，第180页。

[15] 参见李常庆：《四库全书出版研究》，郑州：中州古籍出版社，2008年，第3页。自康熙时期起，清朝就以"崇儒重道"为基本国策，试图以儒教思想统一中国知识分子的思想并使之成为主流。而包恢《周礼六官辨》在宋元之际就使得《周礼》的儒家经典地位遭到了重创，这或许可以视为包恢其他著述佚失的原因之一。

[16] 王梓材、冯云濠编撰，沈芝盈、梁运华点校：《槐堂诸儒学案补遗》，《宋元学案补遗》卷七十七，北京：中华书局，2012年，第4441页。文中标点为笔者所加。

[17] 参见沈治宏编：《现存宋人别集版本目录》，成都：巴蜀书社，1990年，第298页。"民国十年李氏宜秋馆据传抄四库全书本刊。《敝帚稿略》原本久佚，四库馆臣自《永乐大典》辑出，编为八卷。现存《永乐大典》录《敝帚稿略》六条。校宋人集丙编《敝帚稿略》及《补遗》，馆臣漏辑一条。漏辑者见《四库拾遗》。"其中漏辑者为《旌表陆氏门记》，同栾贵明说。

[18] 该部分考证内容标点为笔者所加。

[19] 李之鼎辑：《宋人集丙编・敝帚稿略》，民国南城李氏宜秋馆刊本。

[20]"敝帚稿略卷之X"之"X"根据不同的卷数变化，如"敝帚稿略卷之一"。

[21]（清）同治《饶州府志》卷二六，清同治十一年刻本。

[22] 莫友芝撰，傅增湘订补，傅熹年整理：《藏园订补郘亭知见传本书目》卷十三下，北京：中华书局，2009年，第1245页。

[23] 傅增湘撰，王菡整理：《藏园群书校勘跋识录》，北京：中华书局，2012年，第713页。

[24] 李之鼎：《跋》，《敝帚稿略》文末，民国南城李氏宜秋馆刊本。

[25]（宋）叶寘撰，孔凡礼点校：《爱日斋丛抄・笔记三种参校书目》，北京：中华书局，2010年，第4页。（宋）陈世崇撰，孔凡礼点校：《随隐漫录・笔记三种参校书目》，北京：中华书局，2010年，第4页。（宋）周密撰，孔凡礼点校：《浩然斋雅谈・笔记三种参校书目》，北京：中华书局，2010年，第4页。

[26]（宋）钱若水修，范学辉校注：《宋太宗皇帝实录校注》卷第二十九，北京：中华书局，2012年，第133页。

[27]（宋）钱若水修，范学辉校注：《宋太宗皇帝实录校注》卷第二十九，北京：中华书局，2012年，第133页。

[28] 参见拙文：《论包恢"真诗说"》，《文化与诗学》2017年第2期，第57～71页。

[29] 李之鼎：《跋》，《敝帚稿略》文末，民国南城李氏宜秋馆刊本。

葛长庚《道德宝章》版本考

王　文

（武汉大学文学院，湖北武汉，430072）

内容摘要：南宋葛长庚所作《道德宝章》辞简义长，元赵孟頫因其别具一格的诠释风格而专门手抄以传。明清两代据赵氏手迹影刊的版本众多，清同治年间周本源等人在海南重编《海琼白真人全集》时增入《道德宝章》，也是以赵孟頫手书本为底本。重庆市图书馆庋藏明天倪阁刻本，与赵孟頫手书本文字存在差异，二者分属两个不同的版本系统。明代陈继儒等人所编《宝颜堂秘笈》中所收《道德宝章》以天倪阁本为底本，因被上海文明书局石印而流传较广。

关键词：葛长庚；《道德宝章》；版本

葛长庚，又名白玉蟾，世称紫清真人，为南宋道家金丹派南五祖之一，是道教史上的重要人物。他所注《道德宝章》（又名《蟾仙解老》《道德经注》等），援引儒释两家诠释老子，堪称唐宋以来三教融合的代表。台湾萧天石先生甚至以为“其博大高明处可与王弼本比美”[1]。明人陆树声评价葛长庚注释《道德经》“不费辞而理得”“就老氏本文稍为隐括”[2]。该书言简意赅，经文和注文一共不足一万二千言。这样一本不分卷的小书，有宋以降却屡经刊刻，元人书法大家赵孟頫还手录一过。本文旨在梳理《道德宝章》的版本系统，考辨各个版本的特点、文字异同，以及版本之间的源流关系，为相关研究的展开与深入提供基本的文献保障。

一、见诸史籍的《道德宝章》版本

典籍中有《道德宝章》在宋元之际流传的记录，葛长庚再传弟子李道纯（1219—1296，字元素，号莹蟾子）《道德会元序》曰：“一日，有傅济庵者携紫清真人《道德宝章》示予。观其注脚颇合符节，其中略有未尽处，予欲饶舌，熟思之未敢。后有二三子各出数家解注，请益于予。先以正经参对，多有异同，或多一字，或少一字，或全句差殊，或字讹舛，互有得失，往往不同。予叹曰：‘正经尚尔，况注解乎。’或问其故，曰：‘始者抄写人差误尔。或开板有失点对，或前人解不通处，妄有增加，以讹传讹，支离错杂故也。’曰：‘孰为是？’曰：‘河上公《章句》、紫清《道德宝章》’颇通。”[3]傅济庵给李道纯带来葛长庚《道德宝章》，李氏阅后评价葛注“颇合符节，其中略有未尽处”，同时认为数家解老注老的著作多有差殊讹舛，只有河上公的《章句》和葛长庚的《道德宝章》最为精确。不知傅济庵持有的《道德宝章》是抄本还是刻本。

清叶德辉（1864—1927）《观画百咏·神仙书画有传灯》曰："神仙书画有传灯，白武夷先冷武陵。不食人间烟火物，却留灵迹让飞升。"下注云："神仙能书画者，收藏家自来盛传。晋杨羲和《黄素黄庭》外，如宋之白玉蟾、元之冷谦，皆有手迹在世。白画未见，吾藏其所书《道德宝章》全册，为冯铨快雪堂旧藏，后有铨手跋。历经明吴江村廷、国朝成亲王、钱梅溪泳、李申耆兆洛、姚伯昂元之诸家鉴藏题跋印，信为希世之珍。"[4]据叶氏所言，他虽未见白玉蟾的书画，但藏有其手书《道德宝章》全册，似为原稿手书本。该本是明冯铨（1596—1672）快雪堂旧藏，书后有冯铨手跋，后又经明吴廷、清朝成亲王永瑆、钱泳、李兆洛、姚元之诸家递藏。可惜叶氏所藏下落不明。清丁仁《八千卷楼书目》著录有《道德宝章》一卷，下注："宋葛长庚撰。抄本。白云观影宋本。"[5]白云观影抄的宋本不知是影抄还是影刻。有史可稽最早的《道德宝章》刻本为金椠。清杨绍和（1830—1875）《楹书隅录》著录金本《道德宝章》一卷一册，曰：

> 来青阁珍藏。在册面。
>
> 《道德宝章》一卷，昔得诸京师市肆。书高二尺一寸有奇，字径一寸五六分，作欧、虞体，古秀遒劲，镌印极精。卷首尾有木记题："金正大戊子平水中和轩王宅重刊。"盖即竹汀居士《潜研堂跋尾》中所谓平水书局本也。平水本各书，元大德反刻者偶或遇之，若金源旧椠，则致为罕遘。此本古香馥郁，可珍也。丙寅六月，宋存书室主人跋。在卷尾。
>
> 每半叶六行，行十六字。有"清容居士""焦氏弱侯""文宠之印""耿会侯珍赏书画之印""明善堂藏书印"各印记。[6]

金刻本《道德宝章》今已不可见。据杨绍和的提要，此本是他在京城书铺购得，书板高超过二尺一寸，半页六行，行十六字，每字直径一寸五六分。书中有元袁桷（清容居士）、明焦竑（焦氏弱侯）、清耿嘉祚（耿会侯珍赏书画之印）、弘晓（明善堂藏书印）等人的藏书印[7]。该本中的十四字牌记"金正大戊子平水中和轩王宅重刊"，为我们提供了重要的版本信息："金正大戊子"，为金哀宗正大五年，即公元1228年，对应南宋理宗绍定元年。平水是金元时期的书业中心，"中和轩王宅"应当是平水的书肆[8]。"重刊"二字说明在此本之前，《道德宝章》已有刊刻。

二、元赵孟頫手书本

元代书法家赵孟頫（1254—1322）曾手书《道德宝章》一过。明人龙膺作有《〈道德宝章〉序》一篇，该序为刊刻赵孟頫手书《道德宝章》时作：

> 若紫清真人者，则释氏所称十仙之流，坚固变化，而不休息，觉悟圆成，必于元牝、谷神之道有默契，故其注绝无尘滓凡近之谈。赵文敏以词、赋、书、绘

妙天下，胡汲仲每称曰："上下五百年，纵横一万里，举无此书。"乃以书《宝章》也，岂亦得手应心，因文见道，进乎技者耶！注与书皆可宝，而经亦藉以垂远，厥功并大。临汾张令夙秘之帐中，今乃寿梓于邑，知匪独爱其注与书已也。

……

张令，名惟一，字不贰，睢阳人，登万历癸丑进士。[9]

龙膺赞扬葛长庚注《道德经》"绝无尘滓凡近之谈"、赵孟頫书法"妙天下"，葛注赵书堪称联璧。据序中所记，临汾令张惟一秘藏有赵孟頫手书《道德宝章》真迹，并将其付梓，这似乎是赵孟頫手书本《道德宝章》的首次刊刻。但是，清乾隆九年张照等奉勅编撰的《秘殿珠林》，专门著录清内府中的佛教、道教两类书画藏品，其中就有"元板赵孟頫《道德宝章》一册"[10]，则该本在元代已有刊行。后来乾隆朝编修《四库全书》将《道德宝章》收入，所据底本为"内府藏本"，《四库全书总目》云："此本为元赵孟頫手书，钩摹雕版，字画绝为精楷。"[11]该内府藏本最有可能为元刊。可惜明张惟一刊本和清内府所藏元刻本均无流传。如果《〈道德宝章〉序》和《秘殿珠林》记载都属实，较为合理的解释只能是：元人先据赵孟頫手书本有刊刻，后来原稿流转至明张惟一手中，又有第二次刊刻。

现存赵孟頫手写本多为明清两代影刻。清瞿镛（1794—1846）《铁琴铜剑楼藏书目录》即著录有明代覆刻本：

《道德宝章》一卷。明刊本。

题："紫清真人白玉蟾注。"卷末有"翰林学士承旨荣禄大夫知制诰兼修国史赵孟頫"一行。墨图记二，曰"松雪斋""赵氏书印"。每半叶六行，行十二字。钩摹雕板，字画工妙，与真迹不爽毫发。旧为太仓陆氏藏本，卷首末有"张印梦喈""张印兴载""陆润之""啸云轩"诸朱记。[12]

瞿氏铁琴铜剑楼所藏明刊赵孟頫手书《道德宝章》，今尚见藏于中国国家图书馆，列为明刻（编号06962，一册）。该本卷端署名"紫清真人白玉蟾注"，署名右侧从上至下依次有"铁琴铜剑楼""张梦喈印""张兴载印""凤于一字玉壘"[13]"我思古人"五枚印章，而无"陆润之""啸云轩"印。卷末署有"翰林学士承旨荣禄大夫知制诰兼修国史赵孟頫"，左侧有"松雪斋""赵氏书印"印章，印章左侧更有"铁琴铜剑楼""绣云山房""曾在张甄山处"三印记。书末还附有清人陆时化（1714—1779）手书跋语一篇，署名"乾隆甲辰六月多雨得凉听松道人陆时化书"，下有"陆润之""与和气游"二印钤。瞿镛称"旧为太仓陆氏藏本"，即指陆时化。但检遍全书，并无"啸云轩"印。

中国国家图书馆还藏有一卷两册的《道德宝章》，列为清刻（编号A04018），也是据赵孟頫的手书雕版。该本没有陆时化跋语，首尾均有"世守忠贞""肃慎关宁字靖远"两枚印章。比较两册本的清刻和一册本的明刻，书版中文字和符号略为相近，但细检之下，版框和部分文字的细节仍有出入，两本应不是出自同一套雕版。另外，天津市图书馆藏有一册本《道德宝章》，书末无陆时化跋语，卷首钤有“王利器印”“地山堂书籍”“刘氏师放”“吴兴”等印。该本与中国国家图书馆藏两册本的清刻，从版框到文字细微处均相同，是出自同一套雕版，但天津市图书馆列该本为明刻，二者必有一误。北京大学图书馆也藏有清代影刻赵孟頫本（编号 X/111. 121/4470）[14]。

中国台湾图书馆也藏有据赵孟頫手书《道德宝章》的摹刻本一册，该本除第四页缺失，其他部分完整无损。书首“道德宝章”四字下有“暨阳保靖之章”白文方印和“怡云”朱文方印。中国台湾图书馆视其为明代摹刊本，但是书中“玄”字一律缺笔，当是为了避讳清圣祖爱新觉罗·玄烨之名[15]。由此看来，该本当为清刻，而非中国台湾图书馆所判定的明刻。中山大学图书馆也藏有赵孟頫摹刻本两册，1982 年周连宽等先生所编《中山大学图书馆古籍善本书目》著录该本为明刻[16]，但 1994 年，韩锡铎、沈津等先生新编《中山大学图书馆古籍善本书目（增订本）》改为清刻[17]。

清内府亦有覆刻。2007 年，北京德宝国际拍卖有限公司以十二万高价拍卖出康熙朝内府覆刻本《道德宝章》，该本一函一册，白绵纸，刻工精良，卷首有乾隆帝之弟怡亲王弘晓的“明善堂”藏书印，后又经张之洞递藏[18]。

清钱曾（1629－1701）《读书敏求记》也著录“白玉蟾《道德宝章》一卷”，曰：“序称‘赵孟頫爱其言不类诸家，手书以传’，予观所注皆修炼之言，存于道家可耳。”钱曾没有详说《道德宝章》的版本形态和刊刻时代，据其所引书中的序文，应该也是赵孟頫手书本系统。但是目前所见的赵孟頫手书本系统中，均未见书前有序文。钱曾也未说明序文的作者，据其所引序文“赵孟頫爱其言不类诸家，手书以传”，似不是赵孟頫自序。又，章珏（1865—1937）给《读书敏求记》做校证，在该条之下补充道：“黄丕烈云见过初刻本，系赵书入本。”[19]据章氏所言，则黄丕烈似乎见过赵孟頫手书《道德宝章》在元代的刻本，但笔者尚未发现黄丕烈相关言论的记载，暂且录此待考。

赵孟頫手书《道德宝章》，四周双边，半页六行，行十二字，小字双行。上下黑口，双鱼尾，版心记卷次。书中内容按《道德经》原文分为八十一章，每章有标题和序号，如“体道章第一”“养身章第二”“显质章第八十一”等（标题和序号继承自汉河上公的章句）。葛长庚的注以小字双行的形式夹陈于《道德经》正文之中，如“道可道非常道”，第三“道”字下注“可说即不如此”。除了注文之外，作者还使用了各类圈形符号，包括空心圆圈、外圈内点、上黑下白、上白下黑、圈中书字、圈中画卦象，等等。

三、重庆市图书馆藏明天倪阁本

重庆市图书馆藏有明天倪阁刻本《道德宝章》一卷，半页八行，行十五字，小字双行。单鱼尾。有些页面版心记有刻工，刻工名有七种：“吴门马凌云刻”“马凌云刻”“马刻”“凌云”“马”“云”“巨”。前六种均指马凌云，马氏是明代隆庆、万历年间比较活跃的刻工，据李国庆先生所编《明代刊工姓名全录》，他还参加了“《国策脍》四卷四册，明末刊本；《老子注解》二卷，附《阴符经注解》一卷二册，明万历间（1573—1620）华亭徐元普吴门刊本；《陆文公集》二十六卷二十六册，明万历丙辰华亭陆氏家刊本；《陆学士杂著》十二卷八册，明万历间原刊本；《陆学士杂著》十一卷，明万历刻本；《推篷寤语》九卷，《余录》一卷，明隆庆五年李氏思敬堂刻本；《学道记言》五卷，《事行纪略》一卷，明万历二十三年徐汝晋刻本；《左氏讨》一卷，《左氏论》一卷，明万历刻《冯元成杂著》九种本”等书的刊刻[20]。“巨”字不可考，姑录此存疑。

天倪阁本亦分章，每章有标题，但无序号。卷端有两行署名，首行为书名和收藏信息，记曰：“《道德宝章》，甫里梦觉道人珍藏天倪阁。”次行记作者：“紫清真人白玉蟾注。”在正文前面还有三篇手书跋文：

刻道德宝章跋

诸家注《老子》者，类出臆见，辞多漫衍，甚者错下注脚，失柱下本指。是编为真人白玉蟾所释，离章析句，稍加笺注，不费辞而理得，固知玄解者不假言诠，读者尚于言外荐取。无诤居士陆树声。

按董逌《藏书志》，述张道相集古今注《老子》，自河上公、严遵、王弼以下四十余家，并彭耜《道德经集注杂说》，皆不及是编。固知诸家仅名存，其逸而不传者多矣。古书散失，行世者少。长夏龙潭社中阅陆文学天倪刻本《道德宝章》重跋。万历癸未夏五月。

蟾仙解老，就老氏本文稍为隐括，下一转语，大类禅旨，觉此中无言语凑泊处，其于伯阳可谓千古神遇，金针默度者矣。适园居士识[21]。

三篇跋文都有署名，第一篇跋文直接记作“无诤居士陆树声”，第二篇只记有时间“万历癸未夏五月”，第三篇的署名为别号“适园居士”。据第二篇跋文，天倪阁本的刊行时间当为公元1583年，或是年前后。清周中孚（1768—1831）《郑堂读书记》著录有《汇秘笈》本《道德宝章》一卷，云：“前有明陆树声跋及万历癸未适园居士二跋，而不著名氏，或即与眉公同校此书之秀水陈诗教云。”[22]周氏把后两篇跋文都归为适园居士，但对适园居士的姓名无考，怀疑是和陈继儒（号眉公）一同校书的陈诗教。苏小露的论文《〈道德宝章〉跋文考——兼谈〈四库全书总目〉之误》，根据天倪阁本第二篇跋文后有“陆氏与吉”和“礼部尚书”两枚印钤判定第二篇跋文的作者和第一篇相同，均是明人陆树声。又根据陆树声别号适园主人等证据进而判断第三篇跋文的作者也是陆树声[23]。其说可从。

四、《宝颜堂秘笈》本

《宝颜堂秘笈》是明陈继儒（1558—1639，字仲醇，号眉公，又号麋公。松江华亭人。）编纂的一部综合性丛书，分为正、续、广、普、汇、秘六集，共229种473卷。《道德宝章》收入《汇集》中。《宝颜堂秘笈》六集前后分三次印行，其中《汇集》刊刻于明万历三十四年。《宝颜堂秘笈》见存版本多为明万历年间沈氏尚白斋刊本[24]。

今以美国哈佛大学燕京图书馆中文善本特藏室藏《汇集》（收书四十二种，计八十六卷）为例，考察书中收录《道德宝章》之版本特征。《汇集》首有“亦政堂镌陈眉公家藏汇秘笈目录”，目录按收书种类分为四十四帙，《道德宝章》为其中的第二种，记作：“第二帙：《蟾仙解老》一卷。白玉蟾。”《汇集》中各书款识并未统一，《道德宝章》为四周单栏，半页八行，行十八字。《道德经》正文大字单行，葛长庚注文小字双行。白口，无鱼尾。版心上部均有“道德经”三字，下记页码。同天倪阁本一样，该本正文前也有陆树声的三篇跋文，以“刻道德宝章跋”五字领起，只是手书变成楷字，且无“陆氏与吉”和“礼部尚书”两枚印钤。三篇跋文中，前两篇顶格书写，第三篇低两格书写。跋文后是正文，正文前首列“宝颜堂订正道德宝章”，下有三行署名“宋紫清真人白玉蟾注/读书台主人陈继儒/绣水后学陈诗教校”。《四库全书总目》曰：“明陈继儒亦尝刻之《汇秘笈》中，改题曰《蟾仙解老》，非其本目。”[25]就该本而论，丛书目录中题作“蟾仙解老”，但正文之前又写作“宝颜堂订正道德宝章”，大盖二名并存。就现有文献，“蟾仙解老”之名实起于陆树声，他在天倪刻本前的第三篇跋文记曰“蟾仙解老，就老氏本文稍为隐括”[26]。

秘笈本与赵孟頫手书本系统有差异，而与天倪阁本更为接近。我们推测秘笈本是根据天倪阁本录入，或者与天倪阁本同出一源。首先，秘笈本和天倪阁本书首均有陆树声的三篇跋文。其次，赵孟頫手书本系统在章名后加有序号，而秘笈本和天倪阁本章名后都没有序号。第三，秘笈本和天倪阁本中的一些脱字、讹字均相同。如，二本守微章《道德经》正文“其安易持，其未兆易謀，其脆易破，其微易敬”之“敬”，是“散”字之讹；玄用章《道德经》正文“故杭兵相加，哀者胜矣”之“杭”，是“抗”字之讹；任契章《道德经》正文“安可以为善”下，葛长庚注“何以见”，“见”字下阙“道”字。此三处，赵孟頫手书本系统分别写作“其微易散”“抗兵相加”“何以见道”，不误。

民国十一年上海文明书局据沈氏尚白斋本石印，流布颇广。石印本书前有正集、续集、广集、普集、汇集、眉公杂著六集之总目，中有“《蟾仙解老》一卷。宋白玉蟾。”汇集也有目录，与哈佛藏本相同。但石印本正文前写作“蟾仙解老”，与哈佛藏本“宝颜堂订正道德宝章”不同，且书末有“道德宝章终”五字。台湾艺文印书馆《百部丛书》亦收有据台湾“国家”图书馆藏万历间绣水沈氏尚白斋刊本影印的《宝颜堂秘笈》，中有《道德宝章》，便于查看。

五、《海琼白真人全集》本

葛长庚去世后，他的大弟子彭耜遵照师父遗言，把葛长庚的诗文汇编成《海琼玉蟾先生文集》四十卷，于嘉熙元年刊行。这是葛长庚文集最早的刻本，可惜业已亡佚，只剩下彭耜作的一篇《海琼玉蟾先生事实》流传于世。其后，葛长庚的文集在明清两代又有多次编校和刊刻，清同治年间琼州府重修十卷本《海琼白真人全集》首次将《道德宝章》增入[27]。

《海琼白真人全集》书前有许宝珩的叙，曰：“余以同治乙丑来治琼山，邑为真人桑梓，谂知真人有集，而惜少概见。适江西邹镜湖、楚南周明觉求得是书，字已漫灭，惧其日久失传，亟为募资重刻，而以《道德经注》《指玄篇解》《木郎祈雨咒》附刻于后。阅十余月蒇事，请叙于余。……时大清同治八年己巳秋，知琼山县事善化许宝珩叙。”许叙后为乾隆辛亥王时宇叙，可知同治刻本是以乾隆年间王时宇、林桂等人重修八卷本为底本，增补而成。该本卷十为新增葛长庚的注释之作，包括《道德经注》《指玄篇注》《木郎祈雨咒注》三种。《海琼白真人全集》所收《道德宝章》，目录中写作《道德经注》，正文前有“海南白真人全集卷十新增/楚南周本源明觉子增定/豫章邹道炽镜湖同订/道德宝章注”，正文末有“道德宝章注终”。四周双边，半页九行，行二十一字。白口，单鱼尾。版心上题“白真人集”，中题“卷十道德经注”，下记页码。全集本《道德宝章》前无跋文，每章章名后有序号，且文字与赵孟頫手书本更为接近，当是据赵孟頫手书本重刻。全集本《道德宝章》虽以赵孟頫手书本为底本，但把赵氏手迹改为楷字，并对手书本中的文字有校定。如“论德章第三十八”，各本影赵孟頫手书本均写作“失德而后仁，失仁而后义，大义而后礼”，“大”字显然为“失”字之讹，天倪阁刻本和《宝颜堂秘笈本》均写作“失”可证。全集本则写作“失”，不误，应当是对底本的校证。

该本上海图书馆、广东省立中山图书馆均有收藏。台湾萧天石先生主编《中国子学名著集成珍本初编》第四十八册和《道藏精华》第十集之二均有影印本[28]，便于查阅。

总而言之，叶德辉称自己藏有葛长庚手书《道德宝章》全册稿本、宋元之际傅济庵曾给葛长庚再传弟子展示过《道德宝章》、金哀宗正大五年，和轩王宅在平水重刻过《道德宝章》。赵孟頫曾将《道德宝章》誊录一过，至明末万历年间，临汾令张惟一还收藏有赵氏真迹，而清内府也藏有元代据赵氏手书影刊的版本。但这些珍贵的版本我们都已无法见到。现存的《道德宝章》大致可以分为元赵孟頫手书本和明天倪阁刻本两个系统。前者只能看到明清两代的影刻，清同治年间周本源等人在海南重编《海琼白真人全集》时所增入之《道德宝章》也属于这一系统。后者以重庆图书馆之“甫里梦觉道人珍藏天倪阁”本为代表，明代陈继儒等人所编《宝颜堂秘笈》中所收《道德宝章》属于这一系统。两个子系统内部版本文字差异较小，但两个系统之间，版本文字差异明显，我们在利用《道德宝章》时应该兼而采之，择善而从。

注释：

[1] 萧天石：《道藏精华》第67册，台北：自由出版社，2000年，第183页。

[2]（南宋）葛长庚：《道德宝章》，重庆市图书馆藏明天倪阁刻本。

[3]（元）李道纯：《道德会元》，《中华再造善本》，北京：北京图书馆出版社，2005年。

[4]（清）叶德辉撰，张晶萍校点：《叶德辉诗文集》，长沙：岳麓书社，2010年，第876页。

[5]（清）丁丙藏，丁仁撰：《八千卷楼书目》，《续修四库全书》史部第921册，上海：上海古籍出版社，2002年，第285页。

[6]（清）杨绍和撰，傅增湘批注，朱振华整理：《藏园批注楹书隅录》，北京：中华书局，2017年，第150页。

[7] 按：“文宠之印”之印主待考。

[8] 中和轩王宅后来还在元大德丙午十年（1306年）刊刻《新刊韵略》五卷，元统甲戌二年（1334

年）刊刻《滏水文集》二十卷。正如清叶德辉所言："是时金已为元所灭，中和轩犹存。"参见（清）叶德辉撰，张晶萍校点：《叶德辉诗文集》，长沙：岳麓书社，2010 年，第 83 页。

[9]（明）龙膺撰，梁颂成、刘梦初校点：《龙膺集》，长沙：岳麓书社，2011 年，第 57 页。

[10]（清）张照、梁诗正，等：《秘殿珠林》，影印文渊阁《四库全书》子部第 823 册，台北：台湾商务印书馆，1983 年，第 737 页。

[11]（清）永瑢，等：《四库全书总目》，北京：中华书局，1965 年，第 1243 页。

[12]（清）瞿镛编纂，瞿果行标点，瞿凤起覆校：《铁琴铜剑楼藏书目录》，上海：上海古籍出版社，2000 年，第 469 页。

[13] 张梦喈（1722—1794），字凤于，号玉垒。张兴载（1757—1807），张梦喈次子，娶陆时化女。

[14]《中国古籍总目》将中国国家图书馆、天津图书馆、北京大学图书馆庋藏的三种覆赵孟頫写本《道德宝章》均列为清刻。参见中国古籍总目编纂委员会：《中国古籍总目·子部 3》，上海：上海古籍出版社，2010 年，第 1313 页。

[15]《道德宝章》中正文和注文中"玄"字共出现十九次，除了缺页外，台湾图书馆见藏《道德宝章》中的十七例"玄"字均缺笔（缺末画点和横）。

[16]《中山大学图书馆古籍善本书目》由周连宽、刘少雄、陈修竑等先生于 1982 年编成，并未正式出版，只是铅字排印后，分赠有关图书馆。《道德宝章》见该书第 138 页。

[17] 中山大学图书馆编：《中山大学图书馆古籍善本书目》增订本，桂林：广西师范大学出版社，2014 年，第 513 页。

[18] 翁连溪、袁理：《古籍春秋：中国古籍善本鉴赏与收藏》，北京：新世界出版社，2009 年，第 135 页。

[19]（清）钱曾著，章珏、管庭芬校订：《读书敏求记校证》，上海：上海古籍出版社，2007 年，第 223～224 页。

[20] 李国庆：《明代刊工姓名全录》，上海：上海古籍出版社，2014 年，第 419 页。

[21]（南宋）葛长庚：《道德宝章》卷首，重庆图书馆藏天倪阁刻本。

[22]（清）周中孚著，黄曙辉、印晓峰标校：《郑堂读书记》，上海：上海书店出版社，2009 年，第 1115 页。

[23] 苏小露：《〈道德宝章〉跋文考——兼谈〈四库全书总目〉之误》，《图书馆工作与研究》2017 年第 5 期。

[24] 有关《宝颜堂秘笈》的编纂、刊刻、编排、内容等情况，可参看薛雅文：《〈宝颜堂秘笈〉及台北图书馆收藏版本考略》，《中国文哲研究通讯》2006 年第 3 期。

[25]（清）永瑢，等：《四库全书总目》，北京：中华书局，1965 年，第 1243 页。

[26] 按：陆树声跋文中的"蟾仙解老"，可以当作书名，但也可以不作书名解，意为"白玉蟾诠释《老子》"。

[27] 有关历代葛长庚文集编辑、刊刻详情，可参见乔红霞：《〈海琼玉蟾先生文集〉版本流传考》，《图书馆建设》，2016 年第 11 期；周伟民、唐玲玲：《白玉蟾著作版本考》，《白玉蟾与海南道教研究文集》，海南省地方志办公室编，2006 年，第 266～271 页。

[28] 萧天石：《中国子学名著集成》（第 48 册），台湾"中国子学名著集成编修基金会"印行，1978 年。萧天石：《道藏精华》（第 45～46 册），台北：自由出版社，2000 年。笔者按：据萧天石先生书前所作《影刊白真人全集萧序》，该书本为善于书画考证的收藏家张谷维先生之旧藏。

考据之名，义理之实

——试论余嘉锡的小说研究特色

毛孟启

（西北大学文学院，陕西西安，710127）

内容摘要：余嘉锡以博雅的古典文献研究闻名学界，实际上其小说研究也别开生面。余氏将考据学特色与小说研究相结合，故其小说研究偏重考证一途，又寓较强的现实关怀于其中。尤其是作为“辅仁学派”的重镇，余氏借考证小说宣扬爱国情怀，鼓励民族气节，是抗战时期学术抗敌的重要方式。与陈垣同时期的研究相较，余嘉锡侧重在“武”的一面。他的小说研究也是对传统文史互证方法的继承与开拓。余氏小说研究新旧杂糅、文史不分的面貌，呈现出现代中国学术转型期的特色。

关键词：余嘉锡；小说研究；文史互证

余嘉锡（1884—1955），字季豫，号狷庵，又称狷翁，湖南常德人。余氏自幼博览诸书，以著述为毕生之志。他十八岁（1901年）中乡试举人，曾短暂任官，清光绪三十一年科举废除后，即以教书为业，历湖南常德师范学堂、北京赵尔巽家馆等。四十五岁（1928年）携子逊到北京，正式讲学于北京大学等多所院校，尤以目录学等课程最为叫座。四十八岁（1931年）任辅仁大学教授，后担任国文系主任、文学院院长等职。六十五岁（1948年）当选首届中央研究院人文组院士。新中国成立后，聘为中国科学院语言研究所专门委员。主要著作有《四库提要辨证》《目录学发微》《古书通例》《世说新语笺疏》等，论文、序跋等文章收入《余嘉锡论学杂著》[1]。

余嘉锡学殖醇厚，淹贯四部，精擅考据，是现代中国学术史上少见的通人。陈寅恪对其学识推崇备至，如“刘班流略久湮沦，降及清儒绪未振。公起湖湘抒所见，识超纪阮得其真。”[《余季豫先生挽词两首》（其一）][2]认为其目录学上承刘向、歆父子《别录》《七略》、班固《汉书·艺文志》，识见超迈纪昀、阮元，可谓极高的评价。余氏古典文献研究之深湛，为学界所公知，而其小说研究也堪称“别开生面”，如周祖谟称誉他是“以史学家的学识眼光来研究小说，独树一帜”[3]。但关于余氏的小说研究，学界研究尚不充分，故本文略陈读书心得，以就教于博雅。

一、寓现实关怀于考据之中

考据学，也称“朴学”“考证学”，向来是以客观严谨的态度、勤勉征实的风格著称于世，如以考据学名家的乾嘉学者钱大昕、汪中就推崇“实事求是”的精神，并且身体力行，成为学林的典范，因此梁启超、胡适等学人推崇清代的朴学家具有“为学术而学术”的科学精神。由于新派学者的鼓吹，考据学者逐渐被视为只顾埋头学问而不顾现实生活的象牙塔中人形象。但实际并非如此，简单追溯清代学术史可知，清初诸公满怀家国之思，可不用多谈；乾嘉学者钻研经史典籍也不完全出于纯粹知识上的爱好，而是追求“圣人之道”，以达治世之用，如郭康松认为是“在考据古学的外壳之下，潜藏着学术经世的动机”[4]；道咸以来国势陵夷，学者更是多以学术回应时世。余嘉锡的考据学也是承清儒学术脉络而来，以考据的形式来表现自己的义理之学，是有现实关怀的考据，而非饾饤之学。

20世纪初梁启超撰文《论小说与群治之关系》（1902），认为“小说有不可思议之力支配人道故”，推重小说之改良对世道人心的革新功用，也拉开“小说界革命”的序幕。十余年后，鲁迅、胡适等先后以创作和研究成果将“小说”正式推至学术前台，成为新的学术文化风气。此风气也逐渐影响到了素治考据学的余嘉锡，其与小说研究相关的文章就有：《水浒传宋江平方腊考》（1932）、《小说家出于稗官说》（1937）、《寒食散考》（1938）、《宋江三十六人考实》（1939）、《书章实斋遗书后》（1940）、《杨家将故事考信录》（1945）、《水浒传之俗语》（1946）等。研究主要集中在《水浒传》与《杨家将》，而以《宋江三十六人考实》与《杨家将故事考信录》为其中最主要篇目。

余嘉锡将考据学的特色与小说研究相结合，故其小说研究偏重于考证一途，又寓较强烈的现实关怀于其中。以下略举数例说明。

余嘉锡《小说家出于稗官说》（1937）呼应《汉书·艺文志·诸子略》“诸子之学出于王官”的脉络，认为小说家为诸家学派之一，以类相推，其学也当从王官之学的源头而来，与胡适等新派提出“诸子不出王官”的观点相异[5]。余氏又结合《国语》《礼记》等典籍，根据稗官采风传语，反映民生情态，以为王者借鉴等描述，得出“小说家出之稗官，为天子之士”的结论。虽然新文化运动带来观念的变革，但不少文史学者仍对小说抱有轻视态度，认为“不登大雅之堂”。余嘉锡旧学渊深，为学林推重，而其上溯《汉书·艺文志》为“小说”找到“天子之顾问”的正统出身，并非不登大雅之堂之小道，极大地提升了小说的地位，与新派推重小说的理念可谓殊途同归，此篇文章也可以视作对新派学人的重要声援。可见，余嘉锡绝不是困守书斋、皓首穷经的冬烘先生，而是传统底蕴深湛，有一定现代视野的过渡阶段的知识人。但要注意的是，尽管两派都认同小说的价值，实际上两者之间是存在较大差异的。余氏此篇侧重从传统学术脉络中寻绎，而新派学术更多借镜西方观念，而且虽名为“小说”，实际中西古今的含义差异也是相当大的。

余嘉锡在《寒食散考》（1938）中利用文学、史学、医学、艺术等方面文献，追本溯源，详细论述寒食散的起源、配方、古人服用史及服用之危害等。且在篇首开宗明义地表明写作意图（“述意第一”）：作者有感于鸦片之类毒品对近代中国的极大荼害，而染嗜者为一时之快，执迷不悟，可谓“至愚极惑，不近人情”。但考之古时，也有类似情况：

魏晋之间，有所谓寒食散者，服之往往致死，即或不死，亦必成为痼疾，终身不愈，痛苦万状，殆非人之所能堪。俞正燮《癸巳存稿》卷七尝持以比鸦片。愚以为其杀人之烈，较鸦片尤为过之。幸其所用药物至为贵重，非富贵人不能办。虽贱苦之人亦或有服者，要不能如鸦片之普遍也……鸦片之祸，人所知也。寒食散之为害，史册纪之弗详，学者亦罕言之……余故举其事之始末，考其药之名品，从而推论其所以然，以为读史之助，且愿世之饮鸩自甘者知所儆焉。[6]

虽是考据之文，也有很强的警世意义，此篇可与鲁迅的《魏晋风度及文章与药及酒之关系》（1927）相对读。魏晋文人好服五石散（一名寒食散），“从书上看起来，这种药是很好的，人吃了能转弱为强。因此之故，何晏有钱，他吃起来了；大家也跟着吃。那时五石散的流毒就同清末的鸦片的流毒差不多，看吃药与否以分阔气与否的”[7]。可见两篇文章的关怀是很相近的。余嘉锡借助博雅的考据，于文中处处彰显出深广的经世情怀，是“有意义的考据”，而非祭獭之术。

余嘉锡的小说研究虽从三十年代初期就陆续进行，但主要集中在抗战时期，并且是以考证的形式鼓励忠勇气节，阐扬春秋大义。下面试以此时期余氏研究《水浒传》《杨家将》等相关文章之解读为中心加以简要说解。

抗战时期的中国学术格局经历了一次大调整，原在学术中心区域的南京、北平、上海等地的知名学府及学术机构多被迫西迁。余嘉锡所在的辅仁大学因是天主教会学校，又是德国神甫主持，考虑到沦陷区的教育情况等原因没有迁徙，并且因第二次世界大战轴心结盟的缘故，整体受干扰较少。是以辅仁弦歌不辍，能为华北及更广大北方地区的青年带来求学机会，不得不说是难得的幸运。但覆巢之下，对余嘉锡等有传统士大夫意识的学人来说仍遭受极大考验。

余嘉锡品行狷介，以气节自许，多有感时忧国之举。据辅仁毕业生傅试中《忆余季豫先生》中提到余氏愤慨日军暴行，将书房“读已见书斋”改为“不知魏晋堂”，著述自题籍贯为“武陵”，是以陶渊明《桃花源记》中避秦时乱的逸民自比[8]。这“不知魏晋”之意，当既有不知今是何世之激愤，也有人心思汉之意。林辰《忆恩师余季豫先生》一文追忆抗战时期余嘉锡基于民族大义，毅然辞掉伪北大教职之事。在授课时他也常以节义相示，并支持学生退选日语课等[9]。

余嘉锡在《杨家将故事考信录·序》中道：

余读书愈多，于世事益无所解，遂愤然不复与世接。由是闭门却扫，息交绝游者，七八年于兹矣。[10]

本篇写成于1945年7月31日，余嘉锡息交绝游的七八年正是日寇全面侵华时期，身处沦陷区北平，坚守志节，洁身自好，不与落水附逆者往来。如此委曲含蓄的表达，盖因沦陷区的生活有种种不得已之处，无法直言呼吁，只能寄寓考据之文，“以为藉通俗之书以达吾之所见”[11]，作书生报国，学术抗敌之举。与余嘉锡类似的如辅仁大学校长陈垣也屡屡拒绝日伪方面的拉拢，做到“杜门谢客，不见生人”[12]。所以有学者将陈垣、余嘉锡等执教辅仁大学，治学趋向考据，又注重义理之学，抗战国变时期于学术中寄托反抗理念与爱国情怀的一群学人，称之为辅仁学派[13]。该学派中陈垣在全面抗战以后寄托爱国思想与民族气节的论文，这方面已有不少的介绍与研究，兹不作展开[14]。而对同为辅仁学派重镇的余嘉锡在抗战时期的研究则不够充分，原因大概为其学术精神与风骨气节多为严谨精妙的考据所掩，虽有亲旧门人抉发旨意，但流传影响不广等。笔者仔细阅读余氏论著，并配合回忆类文章，对其经世情怀及苦心孤诣，又多了些许认识。比如意识到陈垣、余嘉锡二人学术认同与文化精神的一致性。牟润孙是较早注意到陈氏、余氏二位学术精神的关联性，他在《学兼汉宋的余季豫先生》(1985）中说：“季老在著作中既不时称誉忠贞之士，贬斥无耻降敌之徒，更著《杨家将故事考信录》，藉考证小说申明《春秋》严华夷之辨与为国家复仇之大义，其宗旨与援老之抗战时期的撰述有共同之点。”[15]除此外，值得注意的还有，陈垣写作《明季滇黔佛教考》(1940)、《清初僧诤记》(1941)、《南宋初河北新道教考》(1942）等，旨在表彰国土沦亡遗民的爱国气节，偏重“文”之一途。而余嘉锡《宋江三十六人考实》(1939)、《杨家将故事考信录》(1945）等，考释梁山英雄、杨门忠烈抗拒外敌之事迹，激扬忠勇节义，更重“武”的一面。同处辅仁学派，以考据的一文一武两种呈现方式“学术抗日”。这里也可反映出余嘉锡不仅有恂恂儒者之风，也有金刚怒目，壮怀激烈的一面。

百回本《水浒传》有征辽、讨方腊等情节，前人多以为小说家之言，不足据信，余嘉锡通过对两宋之际史籍的考索，认为小说虽夸张虚构，但应有所依据，可能来源于街谈巷议等[16]。余氏为表明水浒故事的本事，先后撰作《水浒传宋江平方腊考》(1932)、《宋江三十六人考实》(1939）等篇，并明言“杨志董平，皆见于《癸辛杂志》、龚圣予赞，则实在宋江三十六人数中，非小说家所杜撰”(《平方腊考》)、“此篇之意，在援引史传以明稗官小说街谈巷议之所由来”(《考实》)[17]。《平方腊考》主要追寻梁山人物在历史上的记述，立足史传，考辨入里。《考实》为《平方腊考》的后出转精之作，除篇幅更为宏大、考索愈加细致之外，也加入作者激于国势的感慨。余氏《考实》通过文献考知梁山泊英雄在招安后，先参加平方腊，次有征辽之举（如杨志参与)，再有抗金不屈（如关胜，《宣和遗事》《诚斋乐府》有作“关必胜”）等事迹，实多忠勇之举，故明人名之《忠义水浒传》，有其依据。并且细读文章及余嘉锡日后补写的序言（1953）可知，他也是以考释梁山人物抗击外敌之义勇，作为对中国军民顽强抗战之呼应。

《杨家将故事考信录》完稿于 1945 年 7 月 31 日，其《序》道：

> 小说虽出于街谈巷议，然春秋攘夷之义，诗人匪风下泉之思存焉，何可非也？当元之时，天地闭，贤人隐，晦盲否塞极矣。物不可以终否，杨家将之作，如板荡之刺时，云汉之望中兴，其殆大义之未亡，一阳之复生者欤？……杨家将虽小说，而实一时人心之所同，故能与学者之作相表里。其后元之所以亡，明之所以兴，其几盖在于此……其或者有所感发乎。[18]

后来读者或有疑惑此时是抗战胜利前夕，日寇败象已明，而余氏之言似仍有遗民盼恢复之感。笔者认为这种看法实际是以后见之明看待前人，虽文章写成之时距离抗战胜利只有半月，但余氏身处沦陷区之北平难以料知世事之走向，内心之煎熬忧愤，实可理解。处困境而仍对中华之前途表示希望，“中国虽败亡，而人心不屈服于强敌，无古今一也”[19]。以杨家将前赴后继、忠烈报国之故事感发人心，激励志节，以为中华复兴之鼓舞。

余氏认为杨家将、梁山故事受到民众的喜爱，是与民族认同、爱国情怀紧密相关的：

> 故扮演杨继业父子，为其能拒辽也……描写梁山泊诸将，为其招安后曾与征辽也，推崇岳武穆，为其能破金也，其他牵连以及古之贤臣勇士，皆所以鼓忠义之气，望中国之复强……春秋大一统尊中国攘夷狄之义，亘万世而不敝，则爱国之心，油然而生矣。[20]

中日间战事自清季从东北而来，历甲午、九一八至半壁山河沦陷，文人学者多有将日寇比作辽金等异族。明乎此理，杨家将、岳武穆等故事就格外激励人心了。余氏认为小说杂剧作者把杨家将、梁山好汉故事与民众认同的朴素情感结合，成为勉励爱国情感与民族气节的最佳样板。余氏也揭示了小说杂剧作者为配合民间情感，把力主抗辽的名相寇准加入杨家将故事，名将贤臣，相得益彰，共同对抗外敌与奸邪[21]。

余氏认为明辨是非、褒贬善恶的“春秋大义”在水浒、杨家将故事得到了通俗化的展现，对激发国人的忠勇志节很有益处。尤其是充满悲剧精神的杨家将，“其功皆不成，而祖孙三世，敌忾同仇，以忠勇传家，诚将帅中所稀有。由是杨家将之名，遂为人所盛赞，可谓豹死留皮，殁而不朽者欤？爱国之心，人所固有，后之人何乐而不为也？”[22]周祖谟对余嘉锡《世说新语笺疏》案语中蕴含的微言大义，道其：

> 意在彰善瘅恶，借古以喻今，可以正士风，励志节，不仅是为论史而论史也。[23]

这里也可以借用来说明余氏的小说研究，虽名为考据，但其真正关怀是义理，借考证小说以阐扬春秋攘夷之大义，昭善黜恶，激励民族气节与信心。

二、文史互证方法的继承与开拓

“文史互证”之名，至晚近的中国学术界才出现，但这种方法实际上由来已久，《孟子·万章下》即云：“颂其诗，读其书，不知其人，可乎？是以论其世也，是尚友也。”研究诗书，也要研究背后的“人”与“世”（即“史”的层面），才可能达到真正的了解[24]。自汉代儒者开始，对诗书的注释、解读，就侧重在抉发“史”的一面，如《毛诗诂训传》等。诗与史的关联性，几乎伴随了整个中国文学演进的过程。因世事变迁，诗人常有不得不以委曲幽深的方式表达情志，而对诗歌的深度理解，则更有赖对“大环境”（时代环境）和“小环境”（诗人遭际）的抉发。如宋以后对杜诗的解读极盛，号称“千家注杜”，但最以诗史结合而为人称道者，首提明清之际的钱谦益。陈寅恪推崇道：

> 可知牧斋之注杜，尤注意诗史一点，在此之前，能以杜诗与唐史互相参证，如牧斋所为之详尽者，尚未之见也。[25]

陈寅恪对钱氏之学也有认同与继承，曾道：“盖牧斋博通文史，旁涉梵夹道藏，而研治领域，则有约略近似之处。”[26]晚岁更以盲目衰病之躯耗十年精力，穷蒐明清鼎革之际文献，笺释钱柳因缘诗，则可谓意味深长[27]。

及至清季民国，文史互证的着眼点仍多注目于诗史之间，如刘师培《读全唐诗发微》[28]、陈寅恪《元白诗笺证稿》、邓之诚《清诗纪事初编》等。但小说与历史的互证也是不应被忽视的一股潮流。一定程度上，小说证史的方法可以说是诗史互证的继承与开拓[29]。

19世纪末以降是中国学术大发现的时代，涌现大量新材料。除了出土文献、海外旧籍等是新材料，以往熟视无睹，甚至难登大雅之堂的材料在新眼光的关照下也焕发生机，古典小说的研究就是典型。如果抛开明清笔记等对小说只言片语的记载，对传统小说的正式研究当推胡适1920年8月为亚东图书馆新标点本《水浒》而作的《〈水浒传〉考证》。胡适借考证小说表达文学进化的见解，认为一部《水浒》是从南宋初年到明中叶四百年“梁山泊故事”的结晶。大约与胡适的考证同时，梁启超在《中国历史研究法·说史料》以史学研究的角度谈小说材料的利用：

> 中古及近代之小说，在作者本明告人以所纪之非事实，然善为史者，偏能于非事实中觅出事实。例如《水浒传》中“鲁智深醉打山门”，固非事实也，然元明间犯罪之人得一度牒即可以借佛门作逋逃薮，此却为一事实；《儒林外史》中“胡屠户奉承新举人女婿”，固非事实也，然明清间乡曲之人一登科第便成为社会上特别阶级，此却为一事实也。此类事实，往往在他书中不能得，而于小说中得之。须知作小说者无论骋其冥想至何程度，而一涉笔叙事，总不能脱离其所处之环境，不知不觉，遂将当时社会背景写出一部分以供后世史家之取材。小说且然，他更何论？善治史者能以此种眼光蒐捕史料，则古今之书，无所逃匿也。[30]

较早提出用小说证史的思路。梁任公虽然注意到了小说的史料作用，但仍将其视作小道，只可成为正经史料的辅助。

胡适用考证文史的方法去研究小说，在学术上给予“平等的眼光”[31]，提高了小说的地位。随着地位的提高，故研究小说也渐成为正式的学术题目。1920年起以胡适的《〈水浒传〉考证》《〈红楼梦〉考证》导夫先路，影响逐渐扩大至全国。余嘉锡的《水浒传》研究也是较明显受到胡适的影响，如《水浒传宋江平方腊考》多次提及《胡适文存》的水浒研究，并加以肯定。除此之外，一些语词、观念的使用也较为明显，如胡适《〈水浒传〉考证》说自己有“历史癖”与“考据癖”[32]。余嘉锡《宋江三十六人考实》也提“余自少有历史癖”等[33]。1921 年胡适在考证《红楼梦》时反对“索隐派”的做法，称为“猜笨谜”，余嘉锡《杨家将故事考信录》“杨业传索隐第三”“杨延昭文广传索隐第四”等名目虽有“索隐”之名，但仍是走严谨考据的路径，与红学的“索隐派”截然而异。

蔡鸿生将陈寅恪笺证《莺莺传》概括为“从小说发现历史”[34]，笔者试概括余嘉锡的小说研究为“从小说追溯历史”。余氏试图将小说的虚构、夸饰渐次剥离，追溯在历史记载中已经淡化的痕迹，故周祖谟等推许余氏“以史学家的学识眼光来研究小说”[35]。民间之小说戏剧，夸张造势，无稽之言固多，但其中也有所依据，不尽是荒唐之言。余氏认为：“记载宋江事最早而最详者，无过于《宣和遗事》。其书虽出于宋、元间，距宣和时已远，然其叙事实有所本。”[36]“中年以后，从事考史之业，读书渐多，得见《三朝北盟会编》《建炎以来系年要录》《通鉴纪事本末》诸书，见有关宋江诸人事迹，足以订证《宣和遗事》《水浒传》诸书者，随手摭录，日久积成篇帙。比而观之，知诸说部书所叙，大体有所依据，真假参半。”[37]民间之造作小说，大致如鲁迅《故事新编序》所谓“只取一点因由，随意点染”[38]。故余嘉锡发扬史家本色，要借小说追溯背后的真实历史，“此篇之意，在援引史传以明稗官小说街谈巷议之所由来，故凡三十六人姓名事迹见于史传者，悉加采取”[39]。又“《宣和遗事》虽未必可信，要与宋时民间传说，或尚不至大相远，而《水浒传》之增改，直是以意为之而无所据也”[40]。余氏利用《水浒传》，与李焘的《续资治通鉴长编》、徐梦莘的《三朝北盟会编》等史书交互参证，考知宋江为张叔夜招降之后，确曾从征方腊，擒其将相。其后宋徽宗大举征辽，杨志实为统制官，将选锋军以从。及高宗南渡，关胜守济南，力战不降，遂为伪齐刘豫所杀，故水浒作者以“忠义”赞许。余氏因此作《宋江三十六人考实》，凡十余篇，一一考证梁山豪杰事迹。这些豪杰虽有忠勇之志，战绩却不够理想，“杨志征辽，以打败归，关胜虽能死节，然以裨将守一隅，于国无大利害。作者以此讽世，犹未足以作忠义之气也”[41]，故余嘉锡借考信杨家将故事继续发扬忠烈之气。杨家将故事除演绎宋辽之间的战事，扬杨家将之忠义而詈潘美之奸邪也为重要的部分。潘美为杨家将故事中奸臣的代表，后人读史认为其人为宋代开国名将，必不如是，民间戏曲小说之言不可当真，然余嘉锡认为小说戏曲的这些说法很可能承接“元人遗说，未必毫无所本”。故余氏发愤广征群书以考证，发现潘美“实忌功妒能，逼业赴敌，而按兵不动，以坐视其死，故苏子由作《无敌庙诗》，欲诛美以慰业”。杨业迎敌虽凶险，但仍有一线生机，潘美未按照约定于陈家谷接应，才是致死之因。《宋史·杨业传》载：“业力战，自午至暮，果至谷口。望见无人，即拊膺大恸，再率帐下士力战，身被数十创，士卒殆尽，业犹手刃数十百人。马重伤不能进，遂为契丹所擒，其子延玉亦没焉。”杨业之死，虽非潘美直接所致，但与其有极大之关联。《宋史》载杨业叹息“为奸臣所迫”，《续通鉴长编》及《统类》作“逼”。杨业因战势不利本不欲出战，而诸将挑拨之时，潘美为主帅却不发一言，可称逼业赴死。嫉贤妒能，骂为奸臣固当。但潘美为朝中重臣，正史为其讳言，遂指责为王侁、刘文裕之过，而真实消息自士大夫流至民间，成为一时之舆论，作小说与杂剧者据此写作并进一步附会潘仁美残害忠良之事。杨家将戏剧及小说中杨七郎延嗣突围求援，遭潘仁美公报私仇，射花标而死，可谓据以附会而来。

又，杨业父子救驾，不见正史记载，只见录元杂剧及小说，余氏推测“盖官书之所讳言，流传于故老之口，其事容或有之，未必纯出于捏造”[42]。而因北宋沦亡后，原有的政治禁忌或被打破，国破思良将的追忆占了上风，因此杨家将故事也体现了民间的历史想象与文化记忆。余氏认为这样的小说、杂剧“不可谓之尽无稽也”[43]。故小说虽是小道，也从一定程度上保存了真实，可谓是“以小说存史”[44]。因“戏剧之力，入人为深”[45]，小说戏剧作者也将民族大义，忠奸之辨，传达给民众，可谓寓教于乐。

余嘉锡考辨精到，分析入里之处，俯拾即是，姑举两个例证：

余氏利用旁证材料辨王士禛《居易录》史料之伪，非常精彩。陆容《菽园杂记》卷十四提到民间一种叫“斗叶子之戏”的纸牌，上面有各色水浒人物，如万万贯呼保义宋江，千万贯行者武松……一万贯浪子燕青。王士禛《居易录》卷二十四录：

> 宋张忠义公招安梁山泊榜文：“有赤身为国不避凶锋拏获宋江者，赏钱万万贯，双花红；拏获李进义者，赏钱百万贯，双花红；拏获关胜、呼延绰、柴进、武松、张清等者，赏钱十万贯，花红（引文略）”，今斗叶子戏，有万万贯、千万贯、百万贯、赏花红递降等采，用叔夜榜文中语也。[46]

余嘉锡认为，这则材料除梁山好汉之名略有出入，基本合乎后世流传的水浒事迹，“使此榜果出于叔夜，则梁山泊史料之可信者孰过于此？”但余氏提出怀疑，宋代寻常悬赏最多不过数千贯。宋仁宗时悬赏西夏国主李元昊首级才五百万贯。徽宗时，方腊举兵，能擒拿者仅白身补横行防御使，银绢各一万匹，钱一万贯，金五百两。高宗时，能擒金兀术，除节度使，赏赐银帛五万匹等。宋江啸聚梁山泊，声势尚不及方腊，而赏钱比西夏皇帝、金四太子高出数十倍，不合常理。据《通考》等材料，宣和元年宋廷总收入只有一千五百四万二千四百一十四贯匹两。用全国一年的收入还不够擒宋江赏钱的五分之一，“古今宁有此政体。堂堂官府榜文，岂叶子格儿戏之比乎。此必后人不谙典故，造作语言，渔阳不考而误载之，所谓‘俗语不实，流为丹青’者也。”考辨此则材料，余氏调动文学、史学、民俗等知识作旁证，表明历史与传言的界限，学者当谨慎待之，这个过程真有傅斯年所谓“上穷碧落下黄泉，动手动脚找东西”之感[47]。

又《宋史·张叔夜传》载：

> （张叔夜）伏兵乘之，禽其副贼，江乃降。[48]

关于“副贼”为谁，金圣叹受《水浒传》影响，卢俊义坐梁山第二把交椅，故撰写“卢俊义惊恶梦”作结，影射水浒英雄之被擒，腰斩水浒为七十一回。金批水浒风行数百年，故人们多以为此“副贼”就指卢俊义。余嘉锡结合《宣和遗事》与龚开

《画赞》得知，二作都以吴加亮（《赞》作“吴学究”）为宋江之下，而非卢俊义，故“副贼”当指吴用[49]。实是辨数百年之误，还稗史以真相。这两则例证只占余氏文章极小部分，而其细密考证所在多有。

三、余嘉锡小说研究的治学特色

牟润孙、周祖谟等学者曾对余嘉锡的治学特色加以概括，颇多胜义，但皆着眼于余氏整体学术，对其小说研究只寥寥数语，故笔者不避浅陋，以其小说研究为主谈谈季豫先生的治学特色[50]。

1. 不分畛域，广涉群籍

陈垣评价“他治学的特点之一，就是读书博，经史子集无不浏览，从《提要辩证》一书就可证明。子部图书众多，内容复杂，他对这方面很感兴趣，他从医书里找出资料，从小说中发现问题，如《寒食散考》《杨家将故事考信录》《宋江三十六人考实》等文章，都是证据充足，实事求是，有许多新的论断”[51]。上文述及余氏广泛利用文学、史学、民俗等材料，辨证《居易录》史料之伪等可为例证。余嘉锡毕生精研四部文献，胸中没有现代学科之畛域，可称上真正的通人之学。余氏通晓录略之学，在小说研究中也保持非常自觉的目录学意识，广搜博取，穷原竟委。如《宋江三十六人考实》一文长达五万言，征引极为丰富，引书达一百五十种之多，涉及有宋一代之职官、舆地、食货、版本、校勘、民俗、艺事等诸家门类，没有精湛的目录学功力是断乎难以办到的。

2. 史识高超，发覆洞微

积微翁杨树达甚为揄扬余嘉锡识见之高超，曾在日记中评论：“季豫性情忳挚，闻见广博，而能识微。”[52]余嘉锡善能从常见书中发现前人“习焉不察”之处，如《小说家出于稗官说》所据文献尽是学者熟极而流的《左传》《国语》《周礼》《汉书·艺文志》《隋书·经籍志》等。其中《国语·周语》“天子听政，使公卿至于列士献诗……庶人传语”可谓极为习见的材料，学者多用来解《诗》，而余嘉锡细读韦昭注：“庶人卑贱，见时得失，不得达，传以语士也”，从中看出士是传庶人之语以告君，是民间与庙堂之间的媒介，“由是观之，则传街谈巷语之稗官，非即天子左右之士耶”，推断小说家也是王官之学的传人[53]。其能于常见书中洞察出新意，堪称发前人之所未发。

3. 谨守考据尺度，多闻阙疑

《宋江三十六人考实》《杨家将故事考信录》等文章虽为激发爱国忠义而作，有强烈的现实关怀，但仍为严谨的考据之作，恪守文献证据，没有强资料以就我，或过度发挥之处；若证据不足难以判决，则案而不断。如其考“赛关索”王雄（一作“病关索杨雄”）之事迹时，将许景衡《横塘集》卷七《王雄等转官制》与《宋史·许景衡传》对读，认为此王雄“固当是武人”，“与赛关索时地姓名并合，然《宣和遗事》作王雄，龚圣与赞自作杨雄，姓氏尚不能定，何从考其事迹乎。以其名字之同，姑存之以广异闻可也”[54]。体现出余氏慎重案断，多闻阙疑，如胡适提倡“有一分证据说一分话”。又余氏虽在考证文章中对杨家将、狄青、岳飞等反抗异族的英雄人物加以赞扬，但在具体题目上仍做到谨守证据，实事求是，如在撰写《岳武穆遗文》的辩证部分，对《满江红》词的归属提出异议。余氏认为这首词没有收入岳飞孙岳珂所编的《金佗粹编·鄂王家集》中，又不见于宋元时期的典籍记载等，来源有疑点，很可能是后人伪托之作[55]。也体现出余嘉锡“为学术”的严谨态度。

4. 以传世文献为主，也关注新材料

余嘉锡治学重视传世文献，全面抗战之前书斋名为“读已见书斋”，可见一斑。且推重对古书的精读，如颜之推“观天下书未遍，不得妄加雌黄”[56]，董遇“读书百遍，而义自见”等[57]，他认为虽是至理名言，却难以做到，自述“百遍纵或未能，三复必不可少”[58]。但遇到新材料，他也常躬自研究，体现出高度的学术敏感。如《晋辟雍碑》出土后，余嘉锡所作的《考证》，即冠绝当世。别人已考证过的碑版，余氏重作题跋，也能别生新义，如跋《汉池阳令张君残碑》等。为杨树达的《积微居小学金石论丛》撰序，说到汉墓券、墓砖，都能独具新解，补订前人的失误。有时也引用敦煌卷子或罕见的孤本书，以为佐证。牟润孙认为余嘉锡“并非不重视新材料，只是他深切了解学问基础不在于搜求新材料”，可称知言[59]。尤其值得关注的是余嘉锡为杨树达《积微居小学金石论丛》作的序（1936），在前半部分表彰杨氏学重根柢、造诣精深之后，也谈自己对书中几个感兴趣问题的考据，如利用墓券、墓砖等出土材料，结合文学、史学等材料解说汉人关于生死信仰及相关故事等，甚为精彩，篇幅虽不长，但涉及中外文化交通、佛教进入中土以前时人对死后世界的记述与想象等，有思想史的意味。

5. 秉持学术公心，平心对待他人的得失

从余嘉锡与其他学人往来可见其学者风度，闻过则喜，择善而从，采纳他人的材料与观点一一注明，决不掠美，如《宋江三十六人考实》凡例开篇即对孙楷第与陈垣两位学者的帮助致以谢意[60]。对古人的疏失，也做到章学诚所谓“论古必恕”[61]，去“同情地了解”可能的原因。如清代学者钱大昕博及群书，却厌恶小说，认为“小说专导人以恶，有觉世牖民之责者，宜焚而弃之，勿使流播”[62]。余嘉锡认为钱氏观念太保守，小说同样可以宣扬春秋攘夷之大义，鼓励人心，如杨家将故事之类。余氏认为钱大昕对小说有偏见是传统观念所致，不足深病，而其对章学诚治学态度的批评就显得不留情面了，如章氏有《华佗墓》诗：“青囊果定千秋业，黄钺何须六出关。西汉名流逊艺士，高风百世可追攀。先生忠义若为俦，歃朗文章见应羞。党锢气衰无正士，药门道隐托名流。杀身有故缘奇术，报国无名是隐谋。陈檄华方一样治，老瞒何只畏刳头。”[63]章氏盛推华佗忠义有奇谋，甚至有若借医术除掉曹操，则孔明不必六出祁山，天下可归汉之意。然余氏云：“考之《后汉书》《三国志》本传，并无其事，不知所出何书？观其用青囊及刳头事，乃知出于《三国演义》也……演义附会耳！……正坐天性善忘，读正史不熟，又不耐考索，遂以模糊影响之谈，形诸笔墨。”[64]余嘉锡认为章氏读书不细，未能分清小说与历史的界限，误将演义作正史加以附会，是治学态度不够端正。民国时期章学诚受到新派学人推崇，名声极盛，故余氏指出其不足，也可看出他以学术为上，不迷信权威的态度。

结语

余英时曾以现代学术史的视野评述陈寅恪的研究特色：

> 一般地说，他的文史论著是中国的传统学人和现代专家都能相悦以解的。传统学人能接受他，因为他的概念结构（conceptualization）是从中国文献的内在脉络中自然呈露出来的。这是他“旧学邃密”的一面。现代专家能欣赏他，则因为他所处理的问题完全是现代的。这又是他“新知深沉”的一面。更重要的是，在他所处的早期过渡的阶段，这种“旧学”和“新知”的结合无论在精神上或形式上都顺理成章，不见勉强牵凑的痕迹。[65]

这段话用来形容余嘉锡的小说研究无疑也是适用的。余氏的小说研究体现了现代中国学术转型时期的过渡特色，新旧杂糅，文史不分。从其小说研究可见余嘉锡不是皓首穷经，沉迷于繁琐饾饤考据的旧式儒者，而是旧学功底深湛，并具备一定现代学术视野的知识人。作为传统学术方法的考据学，在这里不再作为目的，而是作为承载义理的手段。

注释：

[1] 有关余嘉锡生平事迹，可参看牟润孙：《学兼汉宋的余季豫先生》[《海遗丛稿（二编）》，北京：中华书局，2009年，第219～229页]，周祖谟、余淑宜：《余嘉锡先生学行忆往》（《中国文化》1996年第1期），《余嘉锡先生传略》（收录于《余嘉锡论学杂著》，北京：中华书局，2007年，第713～727页）等。

[2] 陈寅恪：《陈寅恪集·诗集》，北京：生活·读书·新知三联书店，2001年，第119页。

[3] 周祖谟，余淑宜：《余嘉锡先生传略》，《余嘉锡论学杂著》，北京：中华书局，2007年，第722页。

[4] 郭康松：《清代考据学研究》，武汉：崇文书局，2001年，第252页。

[5] 参看胡适：《诸子不出于王官论》，欧阳哲生主编：《胡适文集》，北京：北京大学出版社，1998年，第180～186页。余氏此意牟润孙在《学兼汉宋的余季豫先生》提到，《海遗丛稿（二编）》，北京：中华书局，2009年，第222页。

[6] 余嘉锡：《余嘉锡论学杂著》，北京：中华书局，2007年，第181～182页。

[7] 鲁迅：《而已集》，《鲁迅全集》第3卷，北京：人民文学出版社，2005年，第528～529页。

[8] 陈明章编：《私立辅仁大学》，台北：南京出版有限公司，1982年，第126页。

[9] 陈明章编：《私立辅仁大学》，台北：南京出版有限公司，1982年，第150页。

[10] 余嘉锡：《余嘉锡论学杂著》，北京：中华书局，2007年，第417页。

[11] 余嘉锡：《余嘉锡论学杂著》，北京：中华书局，2007年，第417页。

[12] 柴德赓：《陈垣先生的学识》，陈智超编：《励耘书屋问学记》，北京：生活·读书·新知三联书店，2006年，第92～94页。

[13] 参看袁一丹：《陈垣与辅仁学派》，《中国文化》2017年第1期。

[14] 参看陈乐素：《陈垣同志的史学研究》、牟润孙：《励耘书屋问学回忆——陈援庵先生诞生百年纪念感言》等有关陈垣学行的文章，均收录于陈智超编：《励耘书屋问学记》，北京：生活·读书·新知三联书店，2006年。

[15] 牟润孙：《海遗丛稿（二编）》，北京：中华书局，2009年，第224页。

[16] 余嘉锡:《余嘉锡论学杂著》,北京:中华书局,2007 年,第 458～459 页。

[17] 余嘉锡:《宋江三十六人考实·凡例》,《余嘉锡论学杂著》,北京:中华书局,2007 年,第 330 页。

[18] 余嘉锡:《余嘉锡论学杂著》,北京:中华书局,2007 年,第 418～419 页。

[19] 余嘉锡:《余嘉锡论学杂著》,北京:中华书局,2007 年,第 425 页。

[20] 余嘉锡:《余嘉锡论学杂著》,北京:中华书局,2007 年,第 442 页。

[21] 余嘉锡:《余嘉锡论学杂著》,北京:中华书局,2007 年,第 479～480 页。

[22] 余嘉锡:《余嘉锡论学杂著》,北京:中华书局,2007 年,第 490 页。

[23] 周祖谟、余淑宜:《余嘉锡先生学行忆往》,《中国学术》1996 年第 1 期,第 241 页。

[24] 有关“文史互证”的相关论述,可参看卞孝萱、郝润华等:《笔谈:文史结合的现代学术意义》(《许昌学院学报》2004 年第 1 期)、卞孝萱:《略谈文史互证》[《东南大学学报》(哲学社会科学版)2004 年第 2 期]等。

[25] 陈寅恪:《柳如是别传》,北京:生活·读书·新知三联书店,2001 年,第 1014 页。

[26] 陈寅恪:《柳如是别传·缘起》,北京:生活·读书·新知三联书店,2001 年,第 3 页。

[27] 参看郝润华:《从传统到现代——论陈寅恪对传统诗歌解释方法的继承与开拓》,胡守为主编:《陈寅恪与二十世纪中国学术》,杭州:浙江人民出版社,2000 年,第 184～204 页。

[28] 参看卞孝萱:《刘师培以唐诗证史》,《现代国学大师学记》,北京:中华书局,2006 年,第 53～79 页。

[29] 郝润华:《文史互证方法的当代学术意义》,《烟台师范学院学报》(哲学社会科学版),2000 年第 4 期。

[30] 梁启超:《中国历史研究法(外二种)》,石家庄:河北教育出版社,2000 年,第 65～66 页。

[31] 蔡元培评胡适《中国哲学史大纲》语,《胡适文集》第 6 集,北京大学出版社,1998 年,第 156 页。

[32] 胡适:《〈水浒传〉考证》,《胡适文集》第 2 集,北京:北京大学出版社,1998 年,第 378 页。

[33] 余嘉锡:《宋江三十六人考实》,《余嘉锡论学杂著》,北京:中华书局,2007 年,第 328 页。

[34] 参看蔡鸿生:《〈读莺莺传〉的眼界和思路》,《仰望陈寅恪》,北京:中华书局,2004 年,第 43～58 页。

[35] 周祖谟、余淑宜:《余嘉锡先生传略》,《余嘉锡论学杂著》,北京:中华书局,2007 年,第 722 页。

[36] 余嘉锡:《余嘉锡论学杂著》,北京:中华书局,2007 年,第 326 页。

[37] 余嘉锡:《余嘉锡论学杂著》,北京:中华书局,2007 年,第 328 页。

[38] 鲁迅:《鲁迅全集》第 2 册,北京:人民文学出版社,2005 年,第 354 页。

[39] 余嘉锡:《余嘉锡论学杂著》,北京:中华书局,2007 年,第 330 页。

[40] 余嘉锡:《余嘉锡论学杂著》,北京:中华书局,2007 年,第 346 页。

[41] 余嘉锡:《余嘉锡论学杂著》,北京:中华书局,2007 年,第 418 页。

[42] 余嘉锡:《余嘉锡论学杂著》,北京:中华书局,2007 年,第 423 页。

[43] 余嘉锡:《余嘉锡论学杂著》,北京:中华书局,2007 年,第 484 页。

[44] 参看余嘉锡:《杨家将故事考信录》,《余嘉锡论学杂著》,北京:中华书局,2007 年,第 455～459 页。

[45] 余嘉锡:《余嘉锡论学杂著》,北京:中华书局,2007 年,第 419 页。

[46] 王士禛:《居易录》,《景印文渊阁四库全书》第 869 册,台北:台湾商务印书馆,1986 年,第 607 页。

[47] 参看余嘉锡:《宋江三十六人考实》,《余嘉锡论学杂著》,北京:中华书局,2007年,第337～339页。

[48] (元)脱脱等:《宋史》第32册,北京:中华书局,1985年,第11142页。

[49] 参看余嘉锡:《宋江三十六人考实》,《余嘉锡论学杂著》,北京:中华书局,2009年,第351～352页。

[50] 参看牟润孙:《学兼汉宋的余季豫先生》,周祖谟、余淑宜:《余嘉锡先生学行忆往》《余嘉锡先生传略》等。

[51] 陈垣:《余嘉锡论学杂著序》,《余嘉锡论学杂著》,北京:中华书局,2007年,第2页。

[52] 杨树达:《积微翁回忆录》一九三三年五月十五日条,北京:北京大学出版社,2007年,第50页。

[53] 余嘉锡:《小说家出于稗官说》,《余嘉锡论学杂著》,北京:中华书局,2007年,第267页。

[54] 余嘉锡:《余嘉锡论学杂著》,北京:中华书局,2007年,第382～383页。表达此意者尚有"今于显有可疑者,附着案语,余但条举事迹,以俟论定。盖与其过而废也,宁过而存之耳"等。(《余嘉锡论学杂著》,第332页。)

[55] 参看余嘉锡:《四库提要辩证》,北京:中华书局,1980年,第1447～1454页。

[56] (北齐)颜之推:《颜氏家训·勉学篇》,王利器:《颜氏家训集解》增补本,北京:中华书局,1993年,第235页。

[57] 卢弼:《三国志集解》卷十三《王肃传》注,北京:中华书局,1982年,第389页。余氏自注为"《魏志·王朗传》注",误。

[58] 余嘉锡:《四库提要辨证序》,《余嘉锡论学杂著》,北京:中华书局,2007年,第589页。

[59] 牟润孙:《学兼汉宋的余季豫先生》,《海遗丛稿(二编)》,北京:中华书局,2009年,第220页。

[60] 余嘉锡:《宋江三十六人考实》,《余嘉锡论学杂著》,北京:中华书局,2007年,第330页。

[61] (清)章学诚、叶瑛校注:《文史通义校注》,北京:中华书局,2014年,第324页。

[62] 参看(清)钱大昕:《潜研堂文集》卷十七《正俗》,陈文和主编:《嘉定钱大昕全集》第9集,南京:江苏古籍出版社,1997年,第272页。

[63] (清)章学诚:《章氏遗书·外集二》,《章氏遗书》第5册第二十九卷,上海:商务印书馆,1936年,第131页。

[64] 余嘉锡:《书章实斋遗书后》,《余嘉锡论学杂著》,北京:中华书局,2007年,第617～618页。

[65] 余英时:《"明明直照吾家路"——〈陈寅恪晚年诗文释证〉新版自序》,《中国文化与现代变迁》,台北:三民书局,2015年,第248页。

【现代文学研究】

传统的幽灵

——鲁迅的“归乡”模式与卡夫卡的“寻找”模式之比较

王海燕

（湖北文理学院文学与传媒学院，湖北襄阳，441053）

内容摘要：鲁迅小说的“归乡”模式和卡夫卡小说的“寻找”模式集中体现了他们对传统与自我问题的探索。对于鲁迅来说，漫长、强大的文化传统既是孕育他精神人格的母体和资源，一度也曾被他作为启蒙原则的抽象对立面而成为他极力要摆脱的重负；卡夫卡则恰恰相反，他一生的惶恐不安都来自失掉了犹太文化传统、隔断了传统之根的精神折磨与痛苦。鲁迅的“归乡”三部曲——《故乡》《祝福》《在酒楼上》形象地揭示了他在与传统作别时一波三折的心路历程。卡夫卡“寻找”模式的代表作——《城堡》通过K的经历和城堡历史的闪回叙述，揭示了没有过去也就意味着没有自我、同时也失掉了现在和未来，K的寻求寄托着卡夫卡重回犹太传统文化的渴望。他们的思考对于理解“传统与自我”这一问题仍然具有很大的启示意义。

关键词：鲁迅；卡夫卡；文化传统；“归乡”模式；“寻找”模式

作为时代的观察者、记录者、预言者，鲁迅与卡夫卡以各自的创作不仅全景式地呈现了大变动时代的美学特征与走向，也深入地探讨了新旧交替时代人们的精神危机与出路的可能性问题，尤其是对各自所属的文化传统表现出了极大的关注。对于鲁迅来说，漫长、强大的文化传统既是孕育他精神人格的母体和资源，一度也曾被他作为启蒙原则的抽象对立面而成为他极力要摆脱的重负。卡夫卡则恰恰相反，他一生的惶恐不安都来自“成了一个被剥夺了继承权的儿子”，即失掉了犹太文化传统、隔断了传统之根的精神折磨与痛苦。“在对人生意义的探索中，卡夫卡的主要感受，是作为异乡人和需要一张居留许可证才能存在的事实。”[1]他的全部创作都指向一个并不那么隐秘的中心：这个流浪者、异乡人终生都在寻找他失去的遗产——他自己的民族文化传统，而这种寻找，最后基本上都以失败告终。“不管我们是想以革命的方式反对传统还是保留传统，传统仍被视为自由的自我规定的抽象对立面，因为它的有效性不需要任何合理的根据，而是理所当然地制约我们的。”[2]无论任何时代，传统与自我都是一个无法回避的问题。鲁迅小说的“归乡”模式和卡夫卡小说的“寻找”模式集中体现了他们对传统与自我问题的探索，他们充满张力的思考对于我们今天理解这一问题仍然具有很大的启示意义。

一、不能承受的传统之轻/重

作为一个失掉了祖国、失掉了土地、失掉了语言，也不信宗教的犹太人，卡夫卡给自己下过定义：“没有祖先、没有妻子、没有后代，有一种想要祖先、夫妇生活和后代的强烈愿望。”[3]1922年在致米列娜的信中，卡夫卡写道：“我们两人都认识许多典型的西方犹太人，据我所知，我是所有人中最典型的。夸张点说，我没有一秒钟安宁，我什么都没有，我必须获得一切，我应该得到所有的人生来就无偿地得到的东西：不仅要现在和未来，而且还要过去，这也许是最困难的事情……”[4]卡夫卡，一个生于布拉格长于布拉格的犹太人，但他是一个既与传统犹太社会疏离、又没有被欧洲文化同化的犹太人。虽然欧洲各国在19世纪下半叶都取消了对犹太人的歧视性法律，犹太人在法律上获得了完全的公民权。但是，20世纪初，“一种新的反犹主义从德国这个有着浓厚仇犹传统的国家向东蔓延”，“在讲德语的地区，这种毒害尤为强烈。官方的歧视加上民众的怨恨，使许多犹太人在自己出生的土地上也深深感受到孤立和被排斥”[5]。对于这种环境下长大的犹太人卡夫卡来说，形成自己明确的身份认同并不是一件容易的事情。在语言方面，犹太人的民族语言希伯来语已经式微，只有少数专门的语言教师能掌握，连犹太教堂里做礼拜的祈祷书也是译成德语供人阅读。在宗教方面，无论在家庭还是在学校，犹太教已经蜕变成了一种虚化了的文化传统，一种形式上的祈祷。童年时代和少年时代，卡夫卡并不觉得自己从属于这种文化传统。就如加洛蒂指出的那样，他丧失了一切根基，“同时失去了天上和人间、与上帝的联系和与人类的联系”[6]。但是，成年后的卡夫卡却狂热地希望在人类的土地上扎根，并找回属于自己的文化遗产。这种寻找一方面体现在他的创作中，那些曾经失去的犹太文化传统一再出现在他的作品中；另一方面也体现在他逐渐觉醒的寻找犹太文化遗产的意识与现实行动中。

尽管中学与大学期间他都对犹太人团体活动并不太感兴趣，但是，1911年，一个小型波兰犹太剧团（意第绪语剧团）在布拉格的演出作为某种启示唤醒了卡夫卡对犹太文化传统的兴趣。自此，“卡夫卡再也摆脱不掉一种可望使人获得真实可靠、不可撼动的认同感的文化传统的魅力，即使他预感到，他这个被剥夺了继承权的儿子一定会永远失去传统的源泉”[7]。他购买并阅读了大量的犹太文化典籍和宗教典籍，并关注着犹太复国主义运动的发展。虽然他对犹太复国运动中的政治动机和集体理想保持一贯的怀疑态度，但他想要找回犹太人的文化传统这一点却是非常坚决的。直至生命的最后阶段，他还在孜孜不倦地学习希伯来语，并且还想回到犹太人的故居迦南（即巴勒斯坦）定居。“犹太民族遗产是卡夫卡的基础。虽然，他曾经想要摆脱一切传统的、世俗的影响，但是，他从来没有能够摆脱犹太民族对他的影响，正像他无法摆脱他同父亲那种既爱又恨的关系一样。他身上犹太人的根须一直延伸到下意识之中，犹太民族的遗产就是卡夫卡的命运。”[8]尽管他的作品从未出现过“犹太”字样或犹太人，但无论是《在流放地》《审判》中的“法”、《女歌手约瑟芬或耗子民族》《一条狗的研究》关于“我们民族”的探讨，还是《一只杂交动物》中半猫半羊的遗产、《猎人格拉胡斯》中永远漂泊的境地，其主题——流放、审判、律法、违规、赎罪等都是以犹太思想为主的。他的挚友布罗德指出：“《城堡》里没有出现犹太人这个词。然而，卡夫卡在《城堡》里，明确地从他的犹太灵魂直接出发，在一则简单的故事里谈到今日犹太人整体上所面临的处境远比一百篇学术论文中所能读到的还多。”[9]

饶有意味的是，对于卡夫卡成年之后一步步试图找回的犹太文化传统，鲁迅也曾以中国人的身份投之以赞赏。《摩罗诗力说》开篇，鲁迅在感慨世界上几大文明古国逐渐式微的文化史时，即赞叹了犹太希伯来文明的“教宗文术”：“次为希伯来，虽多涉信仰教诫，而文章以幽邃庄严胜，教宗文术，此其源泉，灌溉人心，迄今兹未艾。特在以色列族，则止耶利米之声；列王荒矣，帝怒以赫，耶路撒冷遂隳，而种人之舌亦默。当彼流离异地，虽不遽忘其宗邦，方言正信，拳拳未释，然《哀歌》而下，无赓响矣。”[10]公元前6世纪，在犹大王国即将灭亡之际，先知耶利米预告了耶路撒冷的无可挽救和亡国的悲剧，也预言了以色列遥远的未来的辉煌。在民族内忧外患的非常时期，这一批被称为“先知”的知识分子实际上从事的是一场深远的社会文化运动。鲁迅在晚清的末世图景中也体验到了预言犹大灭亡的耶利米的悲哀。他悲哀中华民族缺乏犹太耶利米那样的预言家：“家国荒矣，而赋最末哀歌，以诉天下贻后人之耶利米，且未之有也。非彼不生，即生而贼于众，居其一或兼其二，则中国遂以萧条。”[11]同为世界文明之源头孕育的子民，鲁迅不仅与先知耶利米心有戚戚焉，对于犹太民族的宗教，他也评价甚高，“希伯来之民，大观天然，怀不思议，则神来之事与接神之术兴，后之宗教，即以萌孽”[12]。古老的犹太教孕育了后来的基督教和伊斯兰教，虽然犹太民族因为触犯了上帝的律法而遭流放，但在鲁迅的理解之中，无论犹太人有没有“国粹”和土地，他们作为一个族群的凝聚力和标志性仍然是很明显的。在《随感录》《忽然想到》《同意和解释》《算账》等篇什中，鲁迅也多次提到犹太民族的历史和现状。这些文本信息表明，鲁迅对于犹太民族辉煌的古文明和流离失所的当下命运都是颇为关注的。而这关注的背景因素显然是犹太民族与中华民族彼时都面临着“灿烂于古，萧瑟于今”的相同命运。当新文化运动这场思想革命旗帜鲜明地亮起了反传统的口号时，鲁迅在《新青年》同仁的邀请下，也以文学创作投入到这场破旧立新的运动中来。“这场思想革命是由处于转折阶段中杰出的一代人保持下去的，这代人一般都生于19世纪80年代，在中国经学方面打下根基后又在国外接受了西方文化。他们横跨两个世界——这几乎是空前绝后的——并以知识为依据，而不是出于无知来否定中国传统的正统观念。”[13]鲁迅和他的同道陈独秀、胡适等人一起，成为反传统的主力军。“反传统”也构成了我们今日解读“五四”的重要符号。但值得注意的是，“所谓传统，本来自后人的赋予”，[14]“五四”时人并不怎么使用这一字眼。据统计，“传统”一词在《新青年》文本中出现的频率不过13篇，15次。“五四”时期，真正作为文化传统的象征是“孔教”（70篇、274次）和“孔道”（23篇、68次）以及其近义词“儒家”（45篇、109次）、“儒教”（20篇、48次）[15]。由此亦可见，彼时反传统言说的焦点即是针对作为政治合法性论证资源的孔子学说及其阐释，而非全部的传统文化资源。“五四”那一代杰出的知识分子在否认传统具有“知识资源”的意义时，对传统所具有的“学术资源”意义，是仍旧有所保留的。就如鲁迅笔下有“两个孔子”“两个庄子”一样，鲁迅的笔下也有两种传统：具备合法性论证功能的知识资源意义上的传统和文化学术资源意义上的传统。对于前者，他是无情抨击的，针对三纲五常、“忠”“孝”“节烈”等各个层面的批判，他的态度是峻急的，彰显的是他的启蒙立场。对于后者，即或是有所批判，他的态度也是严肃严谨的，“其文化批判则反映着他试图通过清理传统而从中寻找创造力的源泉，决心完成其‘立人’或改造国民性，探寻人与社会、与自我、与历史的某种有意义的联系方式，实现中国文化从传统向现代的创造性转化的价值取向”[16]。但是，即便从学理上能够对“传统”进行清晰地划分，一旦落实到每个不同个体的行动层面，这种界限并非那么分明和有效。因为人的行动并非只受理性支配，而是由理性、情感、甚至潜意识结构等多种因素共同决定的。由此，在文学创作中，也会呈现出清晰和混沌并存的复杂状态，鲁迅也不例外。

二、鲁迅的“归乡”模式

鲁迅在传统/反传统之间的矛盾和犹疑以及自我反思在小说的“归乡”模式中得到了复杂而微妙的体现。作为从几千年根深蒂固的农业文明传统和宗法制社会中受到异质文化刺激而分裂出来的新的个体，“归乡”必然是一个常写不衰的题目，20 世纪的中国文学史已经证明了这一点。这个裂变而生的新的个体在一开始只是获得了身体上的独立，他的精神血脉通过语言、习俗、文化仍然牢牢地镶嵌在过去的世界之中。只有那一整套社会、历史文化体系发生了真正的变化——从风俗到制度、从思想到宗教、从日常生活到行为准则——与之相适应的新的个体才会全然地诞生。鲁迅的痛苦正是来自他作为个体的“新”与他生活的整体时代环境新旧交替之间的紧张，或者说，是来自于现代与传统之间既无法截然分开又无法获得统一的紧张。鲁迅的“归乡”三部曲——《故乡》《祝福》《在酒楼上》形象地揭示了他在与传统作别时一波三折的心路历程，这是一个既撕裂传统也撕裂自我的残酷过程。

相对于《祝福》和《在酒楼上》，写于 1921 年 1 月的《故乡》虽然也有面对“荒村”和麻木乡民的悲凉之感，但其调子明显要比后两篇轻松。新旧二元对立的启蒙视角和“别了故乡二十余年”的知识分子立场使得小说的内容相对清晰，混沌与缠绕之处并不太多。尽管我们能感受到这场连根拔起的告别（“根”依然是以母亲、宏儿代表的家族而非现代家庭）与故乡的传统仍然有着千丝万缕的联系，但是在启蒙的视角下，这些微妙的联系并没有引起“我”精神上的巨大波澜与自我搏斗，如闰土那一声“老爷”透露出来的等级观念与他要走香炉、烛台、相信偶像崇拜的活动可以在叙述者认为的“辛苦麻木”中得到阐释，杨二嫂那一通夸张的来自故乡民俗世界的言行也可以用“辛苦恣睢”来解释。由少年闰土为中心构造的理想故乡、对宏儿和水生未来的期许、由“路”生发出来的希望等因素都为小说带上了“五四”时期特有的一抹亮色。“老屋离我愈远了；故乡的山水也都渐渐远离了我，但我却并不感到怎样的留恋”，这或可视为是“五四”高潮时期鲁迅思想上短暂的亢奋期的文学写照。三年之后一口气连写的两篇“归乡”小说《祝福》《在酒楼上》才揭开新式知识分子“我”与故乡更为深刻的血肉联系，也反证出《故乡》中的“我”看起来如此彻底连根拔起的告别只不过是一场身体意义上的告别，那埋藏在地表深处的错综复杂的精神之根是启蒙之光无法照亮的。

1924年2月7日，旧历正月初三，鲁迅写下了《祝福》——《彷徨》集的首篇，此时距离第一篇“归乡”小说《故乡》已经整整过去了三年。这三年，鲁迅对于新式知识分子与“故乡”的体认又发生了哪些不同的变化呢？仍然采用第一人称叙事的《祝福》在故事设置上可以看做《故乡》的延续。因为“我”回的是一个家已不在、只剩下家族联系的“故乡”：“虽说故乡，然而已没有家，所以只得暂寓在鲁四老爷的宅子里。”[17]作为一个在新式学校里接受新式教育的“新党”，“我”与鲁镇“祝福”的气氛格格不入，强烈的疏离之感使我归来不久即产生了“无论如何，我明天决计要走了”的念头。更关键的是，游离在鲁镇秩序之外的祥林嫂关于“魂灵”“地狱”的发问，不仅摧毁了“我”在《故乡》里的那种自信，也把“我”抛到了一种“不安”的精神境遇中。叙述者出于人道主义的考虑放弃了自己对于灵魂有无的真实想法，努力按照鲁镇的传统秩序来回答祥林嫂的提问，然而，这种游离于新旧之间的模棱两可的态度却无法解决祥林嫂“希望其有，又希望其无”的二难境遇。《故乡》中那个叙述者“我”与乡民全然不属于同一个世界的明晰界限在《祝福》中消失了，“我”在该不该为祥林嫂之死负责的疑问中由极度不安转为渐渐舒畅直至小说结尾处的一身轻松，“祝福”的气氛最终成功地将“我”拉回了鲁镇，“我”不过也是鲁镇无主名无意识吃人群体中的一员。“他越想尽快逃离鲁镇，就越发发现自己还无法完全与这里的一切马上割断联系，尤其是在精神上。”[18]在这场无主名的“吃人”悲剧中，包括叙述者“我”在内的每个人都是被告和凶手。因为这套建立在几千年文化传统之上、经由多次实践与调整形成的极为严密的鲁镇秩序，通过代代相传的生活实践，已然内化为生活于其中的个体无须追问起源的行动准则。“我”在祥林嫂面前遭遇的挫败感以及最终为鲁镇所同化的结局表明，1924年写作《祝福》时的鲁迅更为深刻地体会到：落实在社会实践层面的传统较之理论层面的传统对个体具有更大的制约力量。

七天之后，鲁迅再次回到“归乡”模式，写下了《在酒楼上》这篇被周作人认为“最具鲁迅气氛”的小说。与前两篇小说相比，叙述者“我”这一次更为彻底地离开了宗法制意义上的故乡的空间和人事。“我从北地向东南旅行，绕道访了我的家乡，就到S城。这城离我的故乡不过三十里……我竟暂寓在S城的洛思旅馆里了。”[19]有意地与故乡拉开了“三十里”的距离，对于叙述者来说，这是对于宗法制传统的有意疏离：“母亲”“本家”“四叔”等熟悉的人物与祭祀、祝福这样沉淀着传统的仪式，都不再成为制约“我”的因素，连“我”与吕纬甫之间也是脱离了封建宗法联系的同学兼同事的关系。较之《祝福》，“我”获得了更为明确的现代价值立场。小说充满张力的对话结构以其复杂的含混性引起了众多研究者的讨论，如林毓生认为该篇表现出一个天才知识分子的紧张：一方面是信奉“全盘性反传统”主义，另一方面却要在“未可明言的意识层面”献身于某些中国传统价值[20]，如李欧梵指出“我”与吕纬甫的对话“实际上是由作者安排的一次内心独白的戏剧结构”[21]。以上论述都注意到了彼时鲁迅思想上面对传统的某种矛盾、分裂的状态。作者主体裂变为几个角色展开对话、辩论是鲁迅颇为熟练的写作技巧，所以，对于叙述者“我”与“吕纬甫”同为鲁迅不同的自我，一般论者并无异议，分歧在于他们各自究竟意味着什么。是“全盘性反传统”主义与献身于某些传统价值的矛盾，还是理性认识与情感倾向之间的分歧，抑或是其他？笔者认为，《在酒楼上》一方面借吕纬甫的故事写出了传统强大的同化力量，其捕获能力犹如黑洞一样强大，像吕纬甫这样忠于母亲、有念旧情结（宗法制传统并非全然有害，它也为其成员提供温情脉脉的保护）、情感上依然留恋过去的人，即使在新思潮的冲击下有过叛逆的言行，但终究只是昙花一现，其最终的结局是吕纬甫的圆圈之喻：由于外力的作用，飞了一个小圈子，便又回来停在原地。另一方面，借“我”的故事表明了与传统告别的姿态与抉择。“我”以极大的同情和理解分享了吕纬甫被传统捕获的故事，某种意义上，吕纬甫就是另一个“我”，乃至另一个鲁迅。事实上，周作人也指出过迁坟、买花，都是著者自己的，虽然诗与真实的成分不太一样。而且，从小说形式上来说，吕纬甫的讲述占据着绝大篇幅，是叙述的主声部，关于梦中女孩、疾病、死亡的讲述渗透了作者强烈的主体情感——那是如同一时期的《野草》诸篇一样，将人物置于自绝自虐的极端境地去面对生命的虚无的体验。“如果说吕纬甫是鲁迅的另一个自我，那可能是鲁迅生命中最黑暗的一部分。”[22]窥见了虚无深渊的吕纬甫又退缩回到了过去，只剩下了无聊、敷敷衍衍、模模糊糊、随随便便，这与依然选择了现代价值立场的“我”是无法达成一致的。或者说，叙述者与吕纬甫分别代表了鲁迅前后两个阶段的自我，“我”与“方向正相反”的吕纬甫的告别也意味着站在现代价值立场上的鲁迅自我与绝望虚无的鲁迅自我的告别，这也正是这一阶段他反复书写的主题。这确实是“我”最后的回乡之旅，之后，鲁迅再也没有写过“归乡”主题的小说。因为，这是经历了《故乡》身体意义上的告别之后又一次的彻底告别。如果说前一次拔起的是启蒙视野下的有形之根、表面之根，那么这一次，在经历了“祥林嫂之死”与“吕纬甫之失败”之后，在对传统文化和新式知识分子自身有了更为复杂深刻的拷问之后，拔起的才是那盘踞在黑暗深处的精神之根。“我独自向着自己的旅馆走，寒风和雪片扑在脸上，倒觉得爽快。见天色已是黄昏，和屋宇和街道都织在密雪的纯白而不定的罗网里”，虽然，“罗网”之喻暗示我们，告别之后的目的地依然朦胧。

三、卡夫卡的“寻找”模式

卡夫卡的“寻求”主题一方面体现出他与欧洲文学传统的联系，另一方面也关联着他作为一个犹太人和现代人对于时代精神难题的“强攻”。奥登在1941年就指出：“卡夫卡的长篇小说属于一种最古老的文学类型：寻求。”[23]从神话故事中对于圣物（如金羊毛和圣杯）的寻求、到中世纪寻求精神感知和灵魂的拯救（如《神曲》）、再到启蒙时代对必然的寻求（如《浮士德》《彼尔金特》），包括侦探故事对清白的寻求，形成了稳定的关于“寻求”的母题。而对卡夫卡来说，他的小说并非英雄主人公为了显示个性或完成个性的一系列历险奇遇，无论是卡尔·罗斯曼，还是约瑟夫·K或K，他们都只有“要存在”的可怜愿望，完全不同于19世纪初新兴资本主义的那些关于权力、青春和学识的梦想，他们的寻求因为现实或精神世界的种种掣肘而只能成为一场悲剧。吴晓东认为，《城堡》是对经典的追寻模式的一个戏仿，在本质上是反追寻模式的，是滑稽摹仿，因为“K 完全成了一个暧昧不明的主体，连名字也是假的，K 只是一个代号、符号而已”，“K 追寻的客体——城堡也是混沌不明的”[24]。

在 2003 年人民文学出版社出版的《卡夫卡小说全集》的译本中，《城堡》一共有二十五章的篇幅，前三章已经基本完成了小说的主要情节，也几乎占去了整个故事时间的一半，后面二十二章的篇幅大部分由谈话构成：K 同女店主的谈话，同村长的谈话，同教师的谈话，同弗丽达的谈话，同奥尔加的谈话，同格拉姆秘书比格尔的谈话，同酒店侍女培枇的谈话……作品显示出一种奇特的非对称性，情节越向前发展，对话就越泛滥、琐屑和肿胀。《卡夫卡传》的作者彼得-安德烈·阿尔特认为，这是“由于卡夫卡没对框形结构作出精心安排，对渴望在村里被接纳的 K 的命运的叙述便继续驶向一种想象中的无止境状态。跟《诉讼》中的情况不一样的是，作者显然不知道，他的小说会漂向何处”[25]。这些对话从阅读感受上来说确实难免会带来繁冗、没有节制的感觉。但是，它们仅仅只是作者在写作惯性支配下的呓语吗？

如果对这些闪回叙述给予足够重视的话，那么我们会发现，与鲁迅“归乡”模式三篇小说中“过去的故事”一样，它们对于小说的整个意义结构起着举足轻重的作用。不妨先来看看这些谈话讲述的故事：第五章 K 和村长的谈话使读者了解了村子的过去，第六章老板娘讲述了她与克拉姆曾经有过的关系，最长的是奥尔加讲述她们一家遭遇的故事以及与城堡有关的故事。第十六章至第二十章，几乎五章的篇幅，讲述由一场无辜降临的灾祸（阿玛丽亚违背了索提尼的旨意）而招致的惩罚及漫长的祈求宽恕的过程，宗教意味也最为浓厚。还有最后陪枇讲述的弗丽达的故事。读者发现，是讲述和它的无止境的自我解释的力量在推动小说向前发展，通过大量的回顾，“显示出一种特有的社会和乡村神话，小说的现实富有错综复杂的事态，它们导致社会的扭曲、联盟和对抗”，“在表面的社会秩序后面有第二个过去年月的世界，谁想理解第一个世界，就必须对第二个世界作考古开发”[26]。个人、家庭、村庄和城堡的历史通过这些讲述在 K 面前逐步地展示出来，K 逐渐摆脱了一开始去见村长时的无知状态。后半部分的讲述越深入，越是证明了 K 的“经验”的贫乏——对于村子和城堡等级制度的无知、对这个公共世界与社会制度的无知，而其中的原因在于他作为陌生人无法与他们共享过去的经验，不了解它的历史渊源。

这种情形不是《城堡》中的孤立现象，而是自 1917 年以来便在卡夫卡的众多作品中反复出现，除了《城堡》，那些著名的短篇《守墓人》《一条狗的研究》《中国长城建造时》和《猎人格拉胡斯》，也是以同样的认知模式来对现实世界背后的“第二个世界”进行考古开发的。彼得认为，“与已经忘了自己民族传统的西犹太人的情况的联想在这里简直是油然而生”，他认为《城堡》的叙述结构和插入其中的倒叙间接地反映出卡夫卡对犹太传统的接近，“这时他虽然和犹太复国主义产生了某种距离，但同时通过他的希伯来语和对犹太教法典的研究再次靠近了犹太教的宗教上的根”[27]。《城堡》中的 K 若要得到身份的认同以及和村子里的人一样生活的权利，那么他首先必须要知悉整个村子的传统。这也可看做卡夫卡在书信和日记中一再重申的

“想要祖先”“想要过去”的根本缘由，因为，他的生存处境让他深深地领悟到，没有过去也就意味着没有自我，同时也失掉了现在和未来。事实上，卡夫卡在谈话中曾经明确地表达了这一点：布拉格的老犹太区“那些幽暗的角落、神秘的过道、模糊的窗户、肮脏的庭院、嘈杂的酒馆和关闭的餐馆依然活在我们心中……存在于我们身上的不卫生的老犹太城比我们周围的清洁卫生的新城更现实。我们清醒地穿过梦境：我们自己只不过是过去的岁月的一个幽灵”[28]。过去甚至比现在更为现实，对于卡夫卡来说，《城堡》中K的寻求寄托着他重回犹太传统文化的渴望。

就如鲁迅多次在对犹太民族命运的关注、参照之下谈论本民族的历史命运一样，卡夫卡也曾借古老的中国文明曲折表达了他对犹太传统的态度。《往事一页》《一道圣旨》《中国长城建造时》等篇章与其说表明了他对“中国”文明的好奇与想象，毋宁说更是他对自己能否充当沟通传统与当下的使者身份的想象实验。在古老的传统和现今的芸芸众生之间，有着遥远的距离，使者虽然孔武有力，却依然无法突破层层宫殿的围城，即使他最终克服了时空的限制，冲出了大门，他所携带的也只是一个死人的谕旨，一道过期的谕旨。这个传说可以看作是卡夫卡关于自己写作的一个隐喻，其中反复出现的皇帝——使者——卑微的臣民三者之间的关系，更像是传统——作者本人——现代人三者之间的关系。他想在古老的传统与现代人之间充当沟通的使者，突破那层层叠叠的围城（语言的、时代的、政治的、制度的、文化的、民族的……），却希望渺茫。在《一道圣旨》的最后，卡夫卡给读者留下了一线希望——“但当夜幕降临时，你正坐在窗边遐想呢。”[29]尽管只有微渺的希望，但我们仍然不能放弃“遐想”的权利。

＊本文为作者主持的国家社会科学后期资助基金项目“鲁迅的黑暗体验与书写研究”【17FZW027】的阶段性成果。

注释：

[1][法]罗杰·加洛蒂:《论无边的现实主义》,吴岳添译,上海:上海文艺出版社,1986年,第105页。

[2][德]伽达默尔:《真理与方法》第1卷,洪汉鼎译,北京:商务印书馆,2007年,第370页。

[3][奥]卡夫卡:《情书Ⅱ》,《卡夫卡全集》第9卷,北京:中央编译出版社,2015年,第346页。

[4][奥]卡夫卡:《情书Ⅱ》,《卡夫卡全集》第9卷,北京:中央编译出版社,2015年,第345页。

[5][美]伯纳德·J·巴姆伯格:《犹太文明史话》,肖宪译,北京:商务印书馆,2007年,第339页。

[6][法]罗杰·加洛蒂:《论无边的现实主义》,吴岳添译,上海:上海文艺出版社,1986年,第107页。

[7][德]彼得-安德烈·阿尔特:《卡夫卡传》,张荣昌译,重庆:重庆大学出版社,2012年,第225页。

[8][德]克劳斯·瓦根巴赫:《卡夫卡传》,周建明译,北京:十月文艺出版社,1988年,第262页。

[9][奥]马克斯·布罗德:《卡夫卡传》,汤永宽译,桂林:漓江出版社,1999年,第213页。

[10]鲁迅:《摩罗诗力说》,止庵、王世家编:《鲁迅著译编年全集》第壹卷,北京:人民出版社,2009年,第247页。

[11] 鲁迅:《摩罗诗力说》,止庵、王世家编:《鲁迅著译编年全集》第壹卷,北京:人民出版社,2009年,第276页。

[12] 鲁迅:《破恶声论》,止庵、王世家编:《鲁迅著译编年全集》第壹卷,北京:人民出版社,2009年,第304页。

[13] [美]费正清:《中国:传统与变革》,陈仲丹,等译,南京:江苏人民出版社,2012年,第394页。

[14] 章清:《学术与社会》,上海:上海人民出版社,2012年,第31页。

[15] 章清:《学术与社会》,上海:上海人民出版社,2012年,第49页。

[16] 高远东:《现代如何"拿来"——鲁迅思想与文学论集》,上海:复旦大学出版社,2009年,第4页。

[17] 鲁迅:《祝福》,《鲁迅全集》第2卷,北京:人民文学出版社,2005年,第5页。

[18] 国家玮:《"道德与事功"的挫败——以鲁迅小说第一人称叙事为中心》,《现代中文学刊》,2017年第3期,第44页。

[19] 鲁迅:《在酒楼上》,《鲁迅全集》第2卷,北京:人民文学出版社,2005年,第24页。

[20] 林毓生:《鲁迅的复杂意识》,乐黛云编:《国外鲁迅研究论集》,北京:北京大学出版社,1981年,第75页。

[21] 李欧梵:《铁屋中的呐喊》,长沙:岳麓书社,1999年,第78页。

[22] 周维东:《边缘处的表达——再谈〈在酒楼上〉的鲁迅气氛》,《学术月刊》2018年第6期,第135页。

[23] 叶廷芳编:《论卡夫卡》,北京:中国社会科学出版社,1988年,第96页。

[24] 吴晓东:《从卡夫卡到昆德拉》,北京:生活·读书·新知三联书店,2003年,第30页。

[25] [德]彼得-安德烈·阿尔特:《卡夫卡传》,张荣昌译,重庆:重庆大学出版社,2012年,第582页。

[26] [德]彼得-安德烈·阿尔特:《卡夫卡传》,张荣昌译,重庆:重庆大学出版社,2012年,第593页。

[27] [德]彼得-安德烈·阿尔特:《卡夫卡传》,张荣昌译,重庆:重庆大学出版社,2012年,第592页。

[28] [奥]卡夫卡:《随笔》,《卡夫卡全集》第4卷,北京:中央编译出版社,2015年,第341页。

[29] [奥]卡夫卡:《短篇小说》,《卡夫卡全集》第1卷,北京:中央编译出版社,2015年,第154页。

鲁迅诗化小说新论

任　军

（西华师范大学文学院，四川南充，637009）

内容摘要：通过引入“诗化叙述”概念，可以使“诗化小说”的判定标准更明确具体，有助于准确锁定研究范围、防止将概念和考察对象无限泛化，也便于将诗化小说进行有效分类。《兔和猫》与《鸭的喜剧》都具有类诗歌的结构方式，是鲁迅别具一格的诗化小说；《故乡》和《社戏》中独特的意境营构方式使作品具有繁复的意蕴结构和丰富的审美价值，显示了鲁迅诗化小说迥异于同类作品的独特之处。

关键词：鲁迅；诗化小说；诗化叙述；类诗歌的结构；意境

诗与小说的结合，在我国古典小说中即是一种很普遍的现象。无论是篇幅较短的“三言”“二拍”，还是四大名著等长篇小说，都有大量的诗词曲赋夹杂其中。但是，一般而言，这些小说中诗歌与散体文叙述的结合并非那么水乳交融、浑然一体的。诗歌更多的是作为故事主体的一种点缀，可以看成是“故事＋诗”的形态。诗与小说更亲密的接触当在现代白话小说诞生之后。这时，诗歌不再是那么表浅地呈现在小说文本中，不是与小说文体简单的相加，而已升华为一种诗化叙述，它表现为诗歌因素向小说文本的渗透——像盐溶于水那样的溶化无迹。人们很难在这些小说中找到诗歌显在的完整形式，但又分明能感受到叙述中有浓浓的诗情诗意。具有这种审美特色的小说在现代小说之父——鲁迅的手中就已经产生。

一、“诗化小说”的判定标准

当我们从小说的“诗化”角度探讨鲁迅小说时，首先遭遇的困惑就是研究对象和范围的不确定性。这主要源于人们在使用“诗化小说”这一概念时的游移不定。吴晓东等人的意见颇具代表性：

> 我们提出的所谓“诗化小说”的概念，与其说是对某一确定品种的小说的类型化的归纳，不如说是对一些大体相近的小说的笼统归类而已。而之所以称为“诗化小说”，是因为在研究中我们发现这些小说大致表现出“语言的诗化与结构的散文化，小说艺术思维的意念化与抽象化，以及意象性抒情，象征性意境营造等诸种形式特征”。尽管如此，“诗化小说”的概念也只是称起来方便而已，很难

称得上是一个严格的科学界定。假如换个说法，称其为“散文化小说”也未尝不可。[1]

因为是一种“笼统归类”，所以不同的论者在讨论现当代诗化小说时，他们锁定的研究对象在大体一致的前提下就难免有些许出入。具体到鲁迅的“诗化小说”，吴晓东提到的篇目有：《故乡》《社戏》《鸭的喜剧》《在酒楼上》《伤逝》[2]；靳新来仅提到3篇：《故乡》《社戏》和《伤逝》[3]；而有的论者则开出了更长的“名单”：《狂人日记》《一件小事》《头发的故事》《故乡》《兔和猫》《鸭的喜剧》《社戏》《伤逝》等[4]，如果说不同研究者面对同一作家作品的审美感受相异是“文学”研究的常态；那么，论者在将一些小说判定为“诗化小说”（或“散文化小说”或“抒情小说”）时，其判定标准则应该是相对确定而不是模糊不清的——这似乎也应该是文学“研究”的常态。比如当我们把“语言的诗化与结构的散文化，小说艺术思维的意念化与抽象化，以及意象性抒情，象征性意境营造等诸种形式特征”作为诗化小说的判定标准时，就存在以下问题：是否凡是具有这些特征的小说都是诗化小说？如果答案是肯定的，那么我们可以看到鲁迅绝大多数小说中都可以找到“语言的诗化”“意象性抒情”和“象征性意境营造”的例子，这无疑就有将“诗化小说”无限泛化的危险。那么，怎样才能既充分重视一些文本中局部的诗意笔法同时又不勉为其难地给它们套上“诗化小说”之称谓呢？笔者认为有必要引入“诗化叙述”这一概念。

在叙事学中，叙述（narrating），“一般指叙述行为，有时直接译为‘叙述行为’，以区别叙事或叙事话语”[5]。这里的解释直接源于法国结构主义叙事学代表人物热奈特的说法，他把“‘所指’或叙述内容称作故事（即使该内容恰好戏剧性不强或含的事件不多），把‘能指’，陈述，话语和文本称作本义的叙事，把生产性叙述行为，以及推而广之，把该行为所处的真或假的总情境称作叙述”[6]。其实，在面对具体文本时，我们往往很难把“叙述”绝对地从叙事话语中剥离，而且这样的剥离对于我们审美地接受文本也意义不大；鉴于此，本文的“诗化叙述”中的“叙述”一词既指经典叙事学的叙述行为，但同时我也打算给它赋予叙事话语的内涵。概言之，诗化叙述是指诗歌因素在叙述文本中的渗透或在叙述方法中的显现以及诗意在文本中的表露。具体而言，这里的诗歌因素包括：强烈的抒情性、类诗歌的结构方式（它是诗性思维方式的外化）、具有诗人气质的叙述者（比如鲁迅《伤逝》中的“我”）、叙述语句的诗歌特质（如诗的语词、诗的节奏）等等；而诗意在文本中的流露主要是指小说中意境的营构和诗情的抒发。

这里要特别指出的是：并非有诗化叙述存在的小说就是诗化小说，只有当小说文本中的诗化因素对小说的整体意蕴起决定性作用时，即不用这种诗化的方式就不足以充分传达作者的创作意图时，我们就视之为诗化小说；否则我们可以就认为该文本虽有诗化叙述而并非诗化小说。简单地说：诗化叙述是判定某文本是否为诗化小说的必要但不充分条件。

依据上述标准，我们可以判定：鲁迅的《伤逝》《社戏》《故乡》《兔和猫》《鸭的喜剧》等小说都堪称“诗化小说”的精品，而像《狂人日记》《阿Q正传》《孤独者》

《在酒楼上》《祝福》《药》《白光》《铸剑》《补天》等并非整体意义上的“诗化小说”，只不过其中也因为有不可忽略的诗化叙述而带给读者充盈的诗意和诗情感受，熔铸了丰富的审美意蕴。若依据“诗化”的不同表现形态，鲁迅的诗化小说大致可以分为三种类型：《兔和猫》与《鸭的喜剧》为一类——其诗化特征主要表现为类诗歌的结构方式；《故乡》和《社戏》为一类——意境的营构是其诗化的主要表现形态；《伤逝》自成一类——主要表现为浓郁的诗性抒情和强烈的诗性节奏。由于学界从“诗化小说”角度对《伤逝》的研究已有较充分的论述，所以本文仅对前两类小说展开讨论。

二、类诗歌的结构方式：《兔和猫》《鸭的喜剧》的诗学分析

《兔和猫》《鸭的喜剧》中既有一些诗化的语言和意境的营构（比如《鸭的喜剧》中盲诗人爱罗先珂对缅甸夏夜的诗意描绘），但更重要的“诗化”形态则是类诗歌的结构方式在小说中的运用。所谓“类诗歌”的结构方式是指与诗歌的某种内在结构很相似但又不完全等同于诗歌结构的构思方式。郑敏先生在《诗的内在结构——兼论诗与散文的区别》一文中曾指出：“如果将现代小说与戏剧这类作品除外（因为现代小说、戏剧发生激烈的变化，它们很多时候向诗转化），诗与传统的小说、戏剧不同之处是诗的突出的含蓄。这种含蓄常常使它有着不同于上述的文学品种的内部结构。”[7]笔者在阅读鲁迅的《兔和猫》《鸭的喜剧》两篇小说时，总感觉它们的结构方式与《药》《祝福》之类的小说有很大的不同，此处不妨借用郑先生的概念加以说明：《兔和猫》《鸭的喜剧》的结构方式与诗歌“展开式结构”中的“层层展开式”结构相类似。《兔和猫》的前半部分主要写白兔的可爱和它们给院子里的人们带来的欢乐，叙述的调子也是欢快、明亮的；但越到最后，潜在的恐怖和“死亡”的阴影也愈来愈凸显，但同时新出生七个小兔的发现使得“大家也又都高兴了”，若小说至此就结束，它的结构则仍然是散文化的，也不至于使人惊叹鲁迅的“思想的伟大”“仁爱”和“重正义”[8]。鲁迅的特异之处是并没有在此终篇，而是情不能已地抒写了如下的“诗化”语段：

> 但自此之后，我总觉得凄凉。夜半在灯下坐着想，那两条小性命，竟是人不知鬼不觉的早在不知什么时候丧失了，生物史上不着一些痕迹，并S也不叫一声。我于是记起旧事来，先前我住在会馆里，清早起身，只见大槐树下一片散乱的鸽子毛，这明明是膏于鹰吻的了，上午长班来一打扫，便什么都不见，谁知道曾有一个生命断送在这里呢？我又曾路过西四牌楼，看见一匹小狗被马车轧得快死，待回来时，什么也不见了，搬掉了罢，过往行人憧憧的走着，谁知道曾有一个生命断送在这里呢？夏夜，窗外面，常听到苍蝇的悠长的吱吱的叫声，这一定是给蝇虎咬住了，然而我向来无所容心于其间，而别人并且不听到……
>
> 假使造物也可以责备，那么，我以为他实在将生命造得太滥了，毁得太滥了。

钱理群先生说这是“《兔和猫》这篇小说最具震撼力之处”，“是鲁迅式的文字”，并因此而“流泪”和“痛苦的自责”[9]。而笔者在灵魂备受震动之余，对这段文字在整篇

小说结构上的作用也更加关注。此前的叙述看似别无深意，直到这段文字的出现才带给人很强烈的刺激，在这强烈的震撼之下再来看前面的文字，平实的叙述也深深地涂上一层感情色彩——这正是诗歌的“层层展开式”结构所具有的艺术效果。有了这段文字，全篇的情思得以深化、艺术境界也得以提升，正可谓“立片言而居要，乃一篇之警策；虽众辞之有条，必待兹而效绩”[10]。《鸭的喜剧》共分3节（各部分之间有明显的空行分开），前两节都是写盲诗人爱罗先珂对寂寞的环境的反抗（第一节中对缅甸夏夜的回忆和第二节养蝌蚪、养小鸡、养小鸭都是不同的反抗方式）——这是小说的主体，虽然也有压抑和沉闷的调子，但在这沉闷之中毕竟还有生气和热力；但当我们读到篇末：

> 现在又从夏末交了冬初，而爱罗先珂君还是绝无消息，不知道究竟在那里了。
>
> 只有四个鸭，却还在沙漠上“鸭鸭”的叫。

没有了怨诉和抗争，甚至也没有了富有生气的“寂寞”，而是“举天下无违言，寂漠为政，天地闭矣”[11]的“死寂”。郑敏认为具有“展开式结构”诗歌的共同点是“一切寓意和深刻的感情都包含在诗的结尾，或是层层深入，或是奇峰突起，或是引人寻思，总之结尾是全诗的高潮和精华”[12]。可以说，《鸭的喜剧》的结尾也有类似艺术效果。

当然，我们在强调《兔和猫》与《鸭的喜剧》的结构和一些诗歌结构的相似性时，也要看到两者的差别：诗化小说毕竟是小说，它的结构也只能是一种与诗歌内在结构近似而不等同的“类”诗歌结构。《兔和猫》中的大黑猫形象在小说开始不久就作为一种潜在的危险而存在；《鸭的喜剧》不但开篇就写到了“在沙漠上似的寂寞”，而且中间还不无悲哀地写道对这寂寞进行反抗的“无效”（买来的小鸭子吃掉了小蝌蚪，使“荷池奏鸣曲”美梦破产），这些都为小说的结尾埋下了伏笔——小说中一些意象和细节的这种“草蛇灰线”式的渐进性铺垫，显然不同于更多地追求突发性和瞬间刺激的诗歌思维方式。

三、《故乡》和《社戏》：独特的意境营构

以往的研究一般都笼统地肯定鲁迅对现代诗化小说的开创之功，但在将其诗化小说和废名、沈从文等人的作品一起论述的时候，或者更多地强调其共性，或者将废名等人作为更典型的诗化小说作者看待而重点研究之，有意或无意地忽略了鲁迅诗化小说的特异之处。自王瑶、杨义两位先生在20世纪80年代作出鲁迅小说中有“诗的意境”的论断以来，很多研究者都结合《故乡》《社戏》等具体作品对此进行过发挥和具体的阐释，但他们并没有对“意境”在鲁迅小说中的结构功能进行分析；也没有说明：相对于废名、沈从文、萧红等人的诗化小说而言，鲁迅诗化小说中的意境营构有何独特之处？笔者将通过对《故乡》和《社戏》的细读，尝试对此作出回答。

在《故乡》中，最富诗意的描写当是被大家经常提起的这样两段文字：

> 这时候，我的脑里忽然闪出一幅神异的图画来：深蓝的天空中挂着一轮金黄的圆月，下面是海边的沙地，都种着一望无际的碧绿的西瓜，其间有一个十一二岁的少年，项带银圈，手捏一柄钢叉，向一匹猹尽力的刺去，那猹却将身一扭，反从他的胯下逃走了。
>
> ……我在朦胧中，眼前展开一片海边碧绿的沙地来，上面深蓝的天空中挂着一轮金黄的圆月。

需要特别强调的是：此处的神异之境是成年“我”“当下”的幻象，不是“我”儿时的想象之境，不是萧红《呼兰河传》等作品中的“回溯性叙事中的儿童视角”[13]，更不是当年“我”亲眼所见的闰土形象和海边沙地夜景；诚然，这里的“当下”与“过去”相关，是由“过去”的人事生发出来的，但同时我们不能忽略的是其中也融合了对将来的“希望”，小说最后一段关于“希望”的议论并非游离于这幅“神异的图画”——质言之，这“图画”就是“希望”的象征或寄托。我们过去常常将这幅图画当成“我”回忆中的“故乡”的一部分，注意到现实中的“故乡”与回忆中“故乡”的对比，由这对比再引申出对小说主题的诸多理解，“哀人生之隔膜”[14]；“反映‘兵，匪，官，绅’也就是帝国主义和封建主义的反动统治，造成了城乡劳动人民从物质到精神、从外表到内心的十分可悲的变化”[15]；“少年与成年：自然与社会的二元对立”[16]。这种种说法都是研究者在不同时期从不同角度对小说作出的合理解读。但是，如果我们充分注意到小说中这个神异境界的幻象色彩，注意到它是既不同于“当下”的故乡也不是“过去”（回忆中）的故乡，那么，我们就可以说，在《故乡》中不仅仅存在着今/昔、少年/成年、自然/社会等“二元对立”；而是在这一切对立之上，还存在着一个更高层级的结构关系，即“现世”与“神境”的互生互衬。其结构关系可以图示如下：

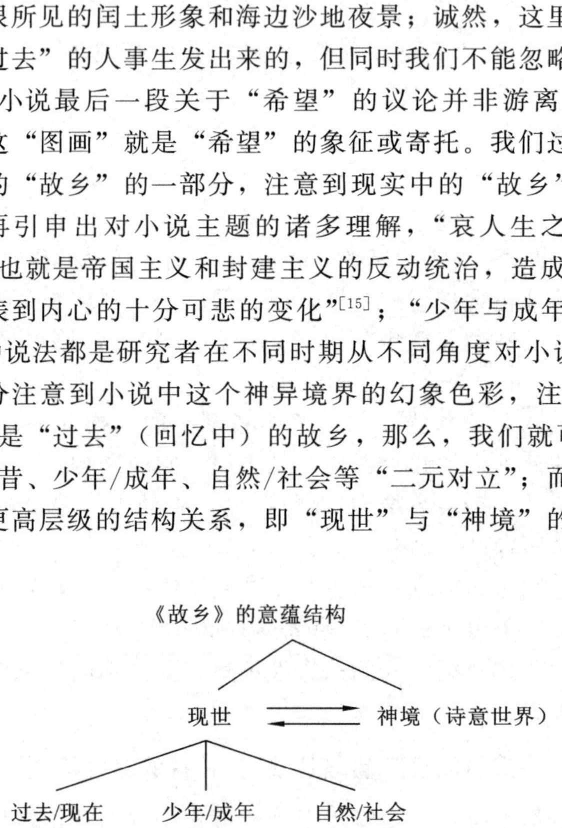

无论是“当下”还是“过去”的故乡都是“现世”（或称“世俗的世界”），而那幅“神异的图画”则是“神境”（或称“诗意的世界”）；有此“神境”，不但小说的诗意空间得到拓展，小说末尾关于“希望”的议论也才有了依托。由此，我认为鲁迅在《故乡》中表达的不仅仅是对“乡土中国”的眷顾和不满，更是对灵魂“故乡”，对精神家园的追寻，只不过在这追寻中始终难以摆脱现实的缠绕。

类似的艺术境界在《社戏》中同样存在。《社戏》后半段对乡村看戏经历的叙述具有田园牧歌般的诗意，并且和前面写都市看戏的经历形成了鲜明对比。但这里有两点尤须加以强调：第一，在《社戏》的乡村世界里并非都是“诗”：戏并不如“我”期待的那样好看，相反有些无聊和无趣，“我”是“支撑着仍然看”，“忍耐的等着”

自己不喜欢的老旦下场，而双喜他们是“破口喃喃的骂”；若豆子被偷得多了，阿发的娘“是要哭骂的”；八公公若知道动用了他的盐和柴，也是“会骂的”；六一公公对“我”过分的夸奖也未尝没有讨好大户人家的势利心。第二，《社戏》中最富诗意的笔墨写到了“实有”的乡村风光，但也不止一次地写了“我”的幻觉——我们姑且称之为“幻境”。比如：

……渐望见依稀的赵庄，而且似乎听到歌吹了，还有几点火，料想便是戏台，但或者也许是渔火。

那声音大概是横笛，宛转，悠扬，使我的心也沉静，然而又自失起来，觉得要和他弥散在含着豆麦蕴藻之香的夜气里。

那火接近了，果然是渔火；我才记得先前望见的也不是赵庄。……

既然离赵庄尚远，那“似乎”听到的歌吹自然也更多的是一种心理感觉。再如：

月还没有落，仿佛看戏也并不很久似的，而一离赵庄，月光又显得格外的皎洁。回望戏台在灯火光中，却又如初来未到时候一般，又漂渺得像一座仙山楼阁，满被红霞罩着了。……

……这一次船头的激水声更其响亮了，那航船，就像一条大白鱼背着一群孩子在浪花里蹿，连夜渔的几个老渔父，也停了艇子看着喝彩起来。

这里的“仙山楼阁”和“大白鱼”的意象营构出犹如童话世界般空灵而瑰丽的意境，产生了迥异于世俗世界的诗情。最重要的是，这里的诗意世界既与小说前半部分的都市社会相对立，而且也与乡村世界里的世俗人生相对立。由此，我们看到《社戏》中的意境也使小说产生了繁复的意蕴结构，图示如下：

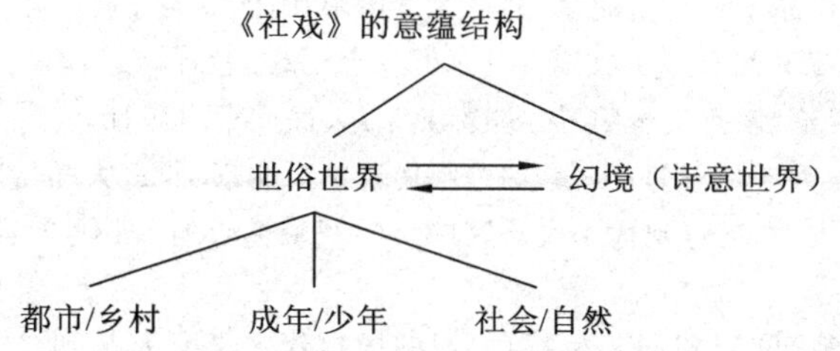

综上所述，我们可以得出两点结论：其一，《故乡》和《社戏》里的“诗意世界”各自统摄着全篇小说的主题意蕴，并非只是可有可无的局部的诗化叙述——这也是我们判定文本为“诗化小说”的重要依据。其二，在这两篇小说中，鲁迅对“乡土中国”的爱憎构成了他小说中“社会与自然的对立”的启蒙主题，而其独具特色的意境对小说主题意蕴的结构功能又使得“诗意世界”与小说的“世俗世界”（这里的“世俗世界”涵盖了“成年/少年”“社会/自然”等二元对立）构成了更高层级的对立，从而使其诗化小说表现出繁复的艺术境界，同时也完成了对启蒙主题的超越，表现了具有诗人气质和浪漫情怀的鲁迅对诗意家园的向往与追求——这正是以《故乡》和

《社戏》为代表的鲁迅诗化小说迥异于同类作品的独特之处。在废名和沈从文的诗化小说中，也存在着“诗意世界”与“世俗世界”的对立，但他们的“诗意世界”与“自然”是重合的，“世俗世界”与“社会”是重合的；所以他们的诗化小说在艺术形态上是单纯透明的，缺乏像《故乡》和《社戏》那样繁复的意蕴结构和明确的启蒙主题。萧红的《呼兰河传》等诗化小说延续了鲁迅的启蒙主题，但她小说中的意境主要来源于对“实有”的自然之景的诗意描述[17]，同样没有超越于“诗化的自然”，从而缺乏更强大的结构功能，也不具备《故乡》和《社戏》的双层结构。

总之，鲁迅的思想家品格和诗人气质的交融促成了其诗化小说为他人难以复制的艺术个性和难以抵达的审美高度。严家炎先生曾说“中国现代小说在鲁迅手中开始，又在鲁迅手中成熟，这在历史上是一种并不多见的现象”[18]。而对于现代诗化小说而言，我们也完全可以说，中国现代诗化小说在鲁迅手中起步又在鲁迅手中成熟，并在中国小说史上达到了只有他才能独步的境界。

注释：

[1] 吴晓东、倪文尖、罗岗：《现代小说研究的诗学视域》，《中国现代文学研究丛刊》1999 年第 1 期，第 67～80 页。

[2] 吴晓东：《现代“诗化小说”探索》，《文学评论》1997 年第 1 期，第 118～127 页。

[3] 靳新来：《20 世纪诗化小说的审美特征》，《洛阳大学学报》2003 年第 1 期，第 40～43 页。

[4] 杜秀华：《中国现代抒情小说的源头——论鲁迅的抒情小说》，《社会科学辑刊》1989 年第 1 期，第 138～143 页。

[5] 王先霈、王又平：《文学批评术语词典》，上海：上海文艺出版社，1999 年，第 296 页。

[6] [法]热奈特：《叙事话语 · 新叙事话语》，王文融译，北京：中国社会科学出版社，1990 年，第 7～8 页。

[7] 郑敏：《诗歌与哲学是近邻——结构－解构诗论》，北京：北京大学出版社，1999 年，第 3 页。

[8] 许寿裳：《我所认识的鲁迅》，北京：人民文学出版社，1978 年，第 60～77 页。

[9] 钱理群：《鲁迅作品十五讲》，北京：北京大学出版社，2003 年，第 5 页。

[10]（晋）陆机：《文赋》，张怀瑾：《文赋译注》，北京：北京出版社，1984 年，第 34 页。

[11] 鲁迅：《破恶声论》，《鲁迅全集》第 8 卷，北京：人民文学出版社，2005 年，第 25 页。

[12] 郑敏：《诗歌与哲学是近邻——结构－解构诗论》，北京：北京大学出版社，1999 年，第 12 页。

[13] 吴晓东、倪文尖、罗岗：《现代小说研究的诗学视域》，《中国现代文学研究丛刊》1999 年第 1 期，第 67～80 页。

[14] 安永兴：《〈故乡〉的思想和艺术特色》，《中国现代文学研究丛刊》1982 年第 1 期，第 351～360 页。

[15] 林志浩：《谈〈故乡〉的主题思想——与安永兴同志商榷》，《中国现代文学研究丛刊》1982 年第 4 期，第 298～302 页。

[16] 王学谦：《鲁迅〈故乡〉新论》，《中国现代文学研究丛刊》1999 年第 2 期，第 182～189 页。

[17] 是相对于鲁迅诗化小说中的“神境”和“幻境”而言，并非真有其景，比如《呼兰河传》中对“后花园”生活的诗化叙述。

[18] 严家炎：《鲁迅小说的历史地位》，《文学评论》1981 年第 5 期，第 9～22 页。

对鲁迅的知识的科学阐释

邓丽华

（华中师范大学文学院，湖北武汉，430079）

内容摘要：鲁迅文学创作的现代性源于其现代化的知识系统。现代知识学认为，鲁迅拥有的知识是被证实了的真的信念，由自然科学知识、人文社会科学知识与经验知识构成现代化的知识系统。既有知识的一般属性，也有实践性、价值性、综合性等特殊属性。鲁迅多元化的知识系统是现代文学得以建构的主要原因，对其思想、情感有着复杂的影响。

关键词：鲁迅；知识；信念；现代知识学

鲁迅在中国现代文学史上的地位，是任何研究现代文学的人都无法否认的。他之所以能够开创中国现代文学新时代的原因，学者们从许多方面进行了有益的探讨，或者从外部关注其接受的外国文学的影响，研究时代社会变革、政治、经济等因素，或者从文学内部，文学自身的发展规律来寻找。他们分别从某个侧面揭示了新文学发生的条件，但又忽略了一个至关重要的因素——新文学创建主体的智慧，无论是外部环境的影响还是文学继承方面的因素，都需要作用于人，经过作家主体的消化吸收，才能发生作用。所以，新文学的发生最重要的原因还在于，以鲁迅为代表的新文学先驱们拥有的新的、现代化的知识系统。这就需要我们对鲁迅拥有的知识做科学的阐释，进行现代知识学方面的解读，笔者以为通过借鉴哲学上对知识成熟、系统的阐释，有助于科学地理解鲁迅知识的定义、类型、属性、作用等本体性问题。研究鲁迅拥有的知识，是符合文学生产的逻辑的，没有现代化的知识系统，没有现代化的作家，就不可能产生新文学新的内容和新的艺术规范。

一、鲁迅的知识的三元定义

在定义鲁迅拥有的知识之前，我们首先需要了解知识的定义，哲学史上关于“知识的定义”问题最初由柏拉图在《泰阿泰德》[1]篇中提出，所以“什么是知识”的问题也被称为“泰阿泰德问题”，西方许多哲学家都尝试对这个问题做出回答，这一问题刺激了知识论或知识学的建立。但是，给知识下定义并不容易，罗素认为知识的定义和信念、真理的定义一样，都在一定程度上有它不可避免的含糊不清和不够准确的性质，给知识下定义就像给“秃”下定义一样困难，他说：“人类的全部知识都是不确定的、不准确的和片面性的。”[2]胡军也说：“任何知识的构成、证实及其性质都是相对的。绝对确实明白的知识是没有的。”[3]他们点明了知识本身的不确定性、相对性给定义知识造成的困难。目前学界比较认可的知识的定义是，“知识就是证实了的真的信念”[4]，它包含了信念、真和确证三个要素，虽然它曾遭到葛梯尔的质疑，认为在这三个条件之外需要有第四个条件，但并没有取得学者的普遍认可[5]。鲁迅拥有的知识符合知识的三元定义，是被证实了的真的信念。

首先，鲁迅拥有的知识是信念的一种，只有为鲁迅所相信才有可能被其接受、认识进而成为他的知识，所以说信念是知识的首要条件，没有信念就没有知识。正如罗素所说：“一切知识都必须根据我们的本能信仰而建立起来”[6]，如果这种本能信念一开始就被否定了，那也就不能形成与之相关的知识。鲁迅掌握的关于传统文学（如经史子集、神话传说等）、西方文学、自然科学（如矿物学、地质学、化学、物理学、生物学、生理学、医学等）、民间文学、语言、艺术（绘画、书法等）等方面的知识，都是建立在他对这些知识的相信之上的。如因为相信西医，相信“日本维新是大半发端于西方医学”[7]，所以鲁迅才会留学日本学习西医知识，而且积极地将现代医学知识运用到创作中，以一个患有迫害狂恐惧症的精神病人为原型写下《狂人日记》一文。如果不相信这方面的知识，鲁迅肯定就不会不远万里去学习、主动地运用这些知识。鲁迅拥有的知识一定是为鲁迅所相信的，是鲁迅的信念，但是鲁迅的信念却不一定都是知识，因为信念有真、假之分，知识只是信念的一种。

其次，鲁迅拥有的知识必须是真的信念，属于正确的信念的一个次类[8]，真的信念要指向一个客观存在的事实，没有客观事实作为依据的信念不是知识，只是“伪的信念”。这个客观存在的事实必须是事实的全部，而不能只是部分的、某个方面的事实，像鲁迅持有的汉字难懂，甚至要消灭汉字、实现文字拉丁化[9]的信念，就只看到了汉字艰深复杂的一面，只看到了劳苦大众学习方块字的困难，而缺乏对汉字蕴含的文化历史内涵、汉字实际起到的作用等全面认识，因为其片面性所以是假的信念，不能称其为知识。所以，知识一定是真的信念，但反过来真的信念却不一定都是知识，因为虽然结果为真，但有可能所做的判断并不是确证的，只是凭借猜测或运气等因素，没有根据、无法论证，像在考试中我们不会做这道选择题，却碰巧选对了正确答案，很显然这只是运气使然，不能说我们真的掌握了关于这道题的知识。宗教性的信念也是不需要验证也无从验证的信仰，不属于知识的范畴。鲁迅拥有的知识一定是真的信念，而且是经得起验证的真信念。

第三，由于信念有可能是碰巧为真，所以我们必须要有充分的证据来证实鲁迅拥有的信念是真的，这就是知识的确证，它是鲁迅拥有的知识的第三个必备要素。陈嘉明认为确证至少包含三种因素：证据、规范、确定过程[10]。知识的确证在实际生活中作用很大，因为有时候我们不能等到看到结果为真时再做出行动，而是在掌握了确证的证据之后就要展开行动，如应对预测到的即将到来的自然灾害等，所以说有时候确证的证据比结果更重要，当代知识论主要是围绕确证问题展开的。对鲁迅拥有的知识的确证，我们既可以通过考察其生平学习经历来明确他获取的知识，也可以从他文学作品中呈现的知识来佐证。总之，我们说鲁迅掌握了某方面的知识，一定是有充分的证据的，不能妄自揣测。

鲁迅拥有的知识从本质上来说反映的是鲁迅与其认识对象（包括自然、社会、人的思维等）的关系，在社会实践活动中能动地反映和把握对象，获得的正确的认识即是知识，体现了作家主体的主观能动性。鲁迅拥有的知识是比意见、信念更高级的认识，它在主观上和客观上都有充分的证据证明其为真，不仅鲁迅确信它，而且具有确定性[11]，这就为我们进行现代知识学方面的研究提供了切实的依据。

二、鲁迅的知识的多元化构成

鲁迅拥有的三维知识体系，是现代化的知识系统，与传统知识分子单一的知识体系截然不同，可以说，以鲁迅为代表的新文学先驱们的现代性，是从他们汲取现代化类型的知识开始的，知识类型、知识结构上的根本性变化，才是他们创造新文学最根本的因素。

对知识进行分类是十分必要的，因为知识有高级、低级之分，并非都具有真理性，不同的人根据不同的划分标准——知识的获取途径、知识来源的性质、知识的形态等，将知识划分成了许多不同的种类，如书本知识和实践知识、先天知识和经验知识、隐性知识和显性知识、感性知识和理性知识等等。威廉·狄尔泰的《人类研究导论》依据研究对象的性质把知识分为自然科学知识和社会科学知识，是现代知识体系诞生的标志[12]。

鲁迅拥有的知识的类型可以用自然科学知识、人文社会科学知识与经验知识来概括[13]，因为这三类知识既在时间上囊括了鲁迅积累的传统与现代知识，又在空间上包涵了鲁迅获得的中国和外国的知识，也能显示出鲁迅百科全书式知识结构的特征，是新文学现代性建构和民族性品格获得的主体条件。其中，自然科学知识主要由鲁迅在国内新式学校和国外留学中所修的自然科学课程中获得，包括数学、物理学、化学、生物学、生理学、地质学等。他接受了长期的、正规的、系统的自然科学知识的教育，坚信时代是“科学万能时代”[14]。人文社会科学知识则是鲁迅积累得最为饱满，取得成就也最大的知识系统，它贯穿于鲁迅幼年至成年、国内外的整个学习经历中，包括文学、语言、艺术、民俗等。鲁迅拥有的经验知识既有在社会实践中通过感官直接从物质世界中获得的知识，也有间接学习到的知识，还有日常感觉经验和科学知识被大众接受之后形成的常识。经验知识对鲁迅的思想和创作有着十分重要的影响。感觉经验是一切知识的基础，正如爱因斯坦所说：“一切关于实在的知识，都是从经验开始，又终结于经验。”[15]我们对周围世界的认识首先是感性认识，通过感觉经验获得对外物的认识，形成经验知识，进一步产生理论知识等其他知识，被公认的经验知识还会成为常识被人们掌握。经验知识会制约着人们对已有知识的理解，指导人们的实践行动。经验知识的个体差异性才能使作家主体充分发挥出个人的创造性，鲁迅儿时对故乡的美好记忆、对于师生情的珍视，以及之后在文学中对这些情感的表达都源于鲁迅的经验知识。当然经验由于主要是对过去和现在经历的总结，所以不可避免地带有某种局限性，由经验知识局限性而带来的负面影响需要我们去正视和规避，把经验知识与理论知识、时代产生的新知识等其他知识相结合。

鲁迅拥有的多元化的知识类型是现代化知识体系的表征，与此相比，中国传统的士大夫、士绅拥有的知识则局限在“道德知识”的范畴，没有“科学知识”的一维。所谓“科学知识”指的是以外部事物为对象的知识，它注重通过理论理性来把握客观真理，其性质是事实性的；道德知识则相反，它以道德伦理为对象，强调通过实践理性来形成主观上的“信念”，其性质是观念性的。陈嘉明曾说中国传统哲学并没有区分理论理性与实践理性，更没能区分客观之知与主观的道德信念[16]，中国传统的士也是如此。他们接受的是忠孝仁义价值观念、三纲五常伦理制度等的灌输，希望通过读书来达到“内圣外王”的境界，为人生而求知识，缺乏对知识本身的追求，价值为本，知识为末。统治阶级进一步用科举取士来强化对传统知识分子思想的控制，学而优则仕，通过读书来获取权力，把知识与权力捆绑，做官成了中国传统社会最高的价值取向。到了近代，思想家们也普遍热衷于用科学知识来宣传他们对社会、人生和政治的见解，所以，即便是接触了光、热等自然科学知识的康有为，他能联想到的也是用这些知识激励国人“心之热力”，做一个“忠肝热血人”[17]，谭嗣同运用地球是球形的原理是为了打破天朝居中的思想[18]，严复翻译的《天演论》也并未被严格地看作一部生物学或科学著作。可以说，“自然科学意义上的‘知’的概念，基本上不进入儒家的主流视野与话语”[19]，求知被严格限制在德性之知意义上的道德认识的范畴内，强调道德规范前提和道德践履。知识与道德不分，缺少理论理性和形而上学的逻辑推理，中国传统知识分子仅仅是知道如何行事，即理论上知道这一概念、实践上懂得如何操作，而不是寻求真命题的或事实的知识的理论活动。更没有明确地提出“信念”的概念，知识与信念没有区分开，客观的真与主观的真没有区分开来。总之，中国传统读书人拥有的道德知识完全等同于“信念”，对知识分子的思想、行为发生作用，他们并不注重求知与理性思辨本身，而只注重对儒家价值观念的遵从，严重影响了科学技术在古代中国的地位和发展。五四启蒙运动则把知识从信仰中解放了出来，重建独立的知识系统和信念系统，因而在历史上具有重要的意义。

鲁迅拥有的自然科学知识、人文社会科学知识与经验知识的三维知识体系，既与中国传统知识分子的知识系统相区别，同时也比我们当代的许多作家、学者的知识系统更加完备，在知识的汲取上，鲁迅就已经显示出传统与现代交融的复杂性，从知识的类型上我们还可以发现，鲁迅拥有的知识真正彰显了现代性和民族性的品格。

三、鲁迅的知识的一般性和特殊性

无论是什么类型的知识，它们都有基本的属性——主客观统一性、多样性、公共性、动态性。鲁迅拥有的知识，除了具有知识的一般属性之外，还有实践性、价值性、综合性等特殊属性，他拥有的科学知识更是科学性和价值性的统一[20]。

首先，主客观统一性是知识的根本属性，因为离开了主体或客体任何一方面，都无法构成知识，而且在知识的主体与客体中，我们尤其强调知识的主体性作用。人是知识的主体，知识是人脑思维的产物，知识只有依附于人才能发挥作用。知识的主体性作用是人的主观能动性的显现，人总是在积极主动地探索世界、获取新知，鲁迅拥有的知识就是主体创造性活动的产物。作家主体创造性的活动对知识的获取具有重要作用，是知识增长的重要途径，鲁迅积累的知识是其通过进新式学堂、留学国外、自学等方式不断获得的。其次，世界复杂多样，人类对世界的认识也是多方面的，人类的知识因此也具有多样性，鲁迅知识的不同分类也体现了知识的多样性。第三，知识的公共性指的是，知识要被确认就需要有被公共普遍认可的理由，知识可积累和可传达的特点也体现了它的公共性。无论是什么类型的知识，它都需要积累和传达，否则就会从社会中消失，公共性的丧失也意味着知识的消失，鲁迅积累的知识需要我们去解读，也值得我们研究。

此外，动态性也是知识的重要属性之一，知识的动态性指的是人类的知识不是一个封闭的结论系统，而是始终处在动态的变化中。人类的认识没有终点，知识的发展也不会终结。一方面，由于知识的对象是变化着的客观世界，所以反映其的知识也具有动态性，人们总是在动态地追踪有关客观世界的真相；另一方面，人的认识总会受到社会历史条件的制约，所以随着时间的推移社会条件的变化，人们的知识也会逐渐发生变化。时代的进步、社会的发展会不断推进人的知识向深广度发展，而现有的知识总会由于主客观条件的限制而带有历史的局限性、狭隘性，如果极端排斥与常识相悖的知识成果，就会阻碍新知识和真理的产生。当新的知识与经验知识、常识相矛盾时，需要我们突破常识的束缚，打破常规，不断修正已有的知识，形成新的知识。不受时空限制的知识是不存在的[21]，即便是科学知识，也并不具有普适性，即普遍适用性、客观必然性、永恒性，并非不可错的，就连科学发展史本身也处在不断地被质疑、被修改、被完善的过程中，对科学知识普适性信念极端化地确信同样会妨碍新思想、新知识的产生。“五四”时期的复古派正是没有意识到知识的动态性特征，所以最终与时代背道而驰。鲁迅关注现实人生的写作传统则与其知识系统的不断更新有关，新的知识的冲击，让鲁迅不愿继续沉迷于过去的知识与道德价值观中，所以他时刻关注现实，站在时代的尖端，形成了关怀现实的写作传统。中国传统文学则相对缺乏对现实的关注，鲁迅就曾批判：“中国人因为向来不敢正视人生，只好瞒和骗，由此也生出瞒和骗的文艺来。”[22]由于知识总是在一定的时空条件下产生，总会受到社会、历史、实践等因素的制约，分析知识时就需要我们注重结合特定的社会背景去考察，关注知识与政治、经济、文化等之间的联系，不难看到，近代中国忽视实用技术的思想文化观念就严重影响了近代科学知识的产生与发展。知识的动态性特征还要求我们在把握鲁迅及其他作家的知识系统时，应特别注意动态地去分析主体知识系统不断变化的过程。

除了知识的一般属性以外，鲁迅积累的知识还具有实践性、价值性、综合性等特殊属性。从读书求学时期到进入社会工作，鲁迅就十分注重知识的实践性，他既没有将知识束之高阁，也不喜欢做纯粹死板的学术研究，而是将知识与实践相结合，在实践活动中汲取知识，再用获得的知识来解决现实问题，并在实践中不断更新自己的知识。鲁迅积累的知识的价值性体现在对知识的选择着眼于其实际价值是否“有用”上，这也是为后世学者热切探讨的功利性色彩的体现，当然他也会吸取一些满足审美需要、具有审美价值的知识。鲁迅拥有的知识符合现代知识综合性的特征，前述知识的多样性主要针对知识的不同类型而言，侧重知识个体元素的多样化特征，而鲁迅知识的综合性是针对知识的整体而言的，侧重强调知识与知识之间的相互关系，知识与知识之间不再是互不相干的个体，而是构成有机的统一体。鲁迅知识的综合性既包括学科内部知识的综合，也有不同学科之间知识的综合，体现了鲁迅知识系统的成熟性。鲁迅拥有的科学知识还具有特别的属性，即科学性和价值性的统一，这是与传统文人在知识构成上区别最大的地方，其科学性体现在他掌握的科学知识具有极强的整体性、严密的逻辑性、高度的有序性[23]，对认识和创作实践等都有重要的指导意义。掌握了科学知识就相当于掌握了真理，因为“任何真理从本质上说，都是一种科学知识、科学理论的体系，都是科学性与价值性的有机统一”[24]。

在研究鲁迅的知识系统时，需要我们对鲁迅知识的相关属性有一个正确地把握，尊重知识本身的相关规律特征，比如知识的动态性特征。正因为鲁迅积累的知识具有实践性、价值性、综合性和科学性等特殊属性，使鲁迅其人及其文学作品持久地散发着特有的价值与魅力，成为一代又一代学者热衷研究它的理由。

四、鲁迅的知识的作用

知识对整个人类的生存和发展都很重要，“人类行为是以知识为基础的。所有类型的社会团体和社会角色都依赖于知识，并为知识所调节”[25]，人类的社会实践是在知识的指导之下展开的，具有合目的性和合规律性的统一。从文学上来说，鲁迅拥有的知识是其创造力的由来，也是现代文学得以建构的主要原因。其中，科学知识更改变着鲁迅的治学方法和思维方式。

传统文人只有传统文化知识，例如古代文学、古文字学、考据学、农学、中医学等，这些知识是建立在经验科学上的，而非现代科学，他们缺乏西方自然科学、哲学、心理学等现代知识，也缺乏演绎、归纳等逻辑思维方法。而鲁迅接受的正是传统知识和现代知识相结合的教育，这样形成的知识面更广，知识结构更合理，使鲁迅更富有创造力。主体的创造力需要坚实的知识做基础，只有掌握了中外文学各方面的知识，尤其是时代产生的新知识，把握了时代发展的脉搏，才能提出现代文学创造的主张。可以说，以鲁迅为代表的“五四”先驱们提出新文学的主张，并不仅仅是依靠勇气，更依靠他们拥有的知识与智慧，用已有的知识最终创造出新的文学方面的知识，开创了现代文学的新时代。鲁迅掌握的科学知识既作为知识储备供作家使用，还改变着他的治学方法和思维方式，从传统单一的考据到开始注重实践，对现实展开真实的观察与试验，“学习科学不仅给人们以知识，还给他锻炼求知的力量，和怎样正确地要求知识，怎样明晰地观察，探究，使他所知道的事情更真实”[26]。在实践的过程中，鲁迅对科学的追求也是对事实的尊重，从不尊重事实改变到尊重事实，在人类的历史行程上也是一个大进步[27]。

需要注意的是，鲁迅拥有的现代知识并不是让他与中国传统文学完全割裂开了，相反，鲁迅拥有的综合性的、多元化的知识使他在理智上认可外国文学的先进性，但情感上眷恋中国传统文化，从而形成了中国文学史上独特的现象：在文学创作上求新求变，但在学术研究上却倾向于选古；创作的文学作品多用白话，在学术著作上则用文言。这个现象反映了鲁迅等“五四”先驱们一方面求新求变，一方面又舍不得抛弃中国传统文化的复杂状况。鲁迅并没有因为眷恋传统，而否定了新文化的意义与价值，既能认可传统文化，又敏锐地看到了新文学的价值，而且很好地协调了理智与情感的矛盾。而同时期的复古派正是由于只认古、否定新的过激倾向，违背了文学发展与时俱进的规律，没有汲取新的营养。所以，一味保古，无益于促进文学的进步，不能为新时代提供新文学。鲁迅等“五四”新文学先驱们则顺应了文学发展的规律，善于对相应的知识进行调剂，所以新文学不仅得到了发展，而且在短时间内得到了繁荣。

从这个意义上来说，鲁迅以及“五四”新文学的“反传统”并不是全盘的，他们也并没有全盘西化，例如鲁迅、钱玄同等人都肯定了传统的价值，并且在传统文学的研究上有很深的造诣，例如胡适开创的新“红学派”，他们很好地调节了传统知识与新知识二者的关系。可以说，深受中国传统知识浸润的鲁迅，又接受了西方现代科学知识的影响，加上丰富的社会实践经验知识，使他拥有了现代化的知识系统，显示出与中国传统知识分子知识系统上本质性的差别，最终促成了“五四”新的文学传统的生成。

综上所述，鲁迅拥有现代化的知识系统是鲁迅智慧的显现，也是其文学创作的源泉，更是引起现代文学发生的主体性因素。在那个新旧交替的时代，以鲁迅为代表的“五四”新文学的创建主体正因为融合了传统的知识，掌握了时代产生的新知识，尊重时代发展与知识本身的规律，最终才能引起文学乃至社会上翻天覆地的变化。当然，我们强调对鲁迅做现代知识学方面的解读，并不是要脱离鲁迅的思想主体而去做纯粹知识细节的考辨与阐释，我们赞同张福贵教授提出的“鲁迅是伟大的，但并不证明其自身的一切都伟大”[28]，以期理性地、真实地呈现鲁迅的知识系统及其文学创作的独特性与价值。

注释：

[1] [古希腊]柏拉图：《泰阿泰德》，詹文杰译，北京：商务印书馆，2015年，第10页。

[2] [英]罗素：《人类的知识——其范围与限度》，张金言译，北京：商务印书馆，1983年，第606页。

[3] 胡军：《知识论》，北京：北京大学出版社，2006年，第5页。

[4] 胡军：《知识论》，北京：北京大学出版社，2006年，第66页。

[5] 陈嘉明：《知识与确证：当代知识论引论》，上海：上海人民出版社，2003年，第16页。

[6] [英]罗素：《哲学问题》，何兆武译，天津：天津人民出版社，2014年，第16页。

[7] 鲁迅：《呐喊·自序》，《鲁迅全集》第一卷，北京：人民文学出版社，2005年，第438页。

[8] [英]罗素：《人类的知识——其范围与限度》，张金言译，北京：商务印书馆，1983年，第191页。

[9] 鲁迅：《汉字和拉丁化》，《鲁迅全集》第五卷，北京：人民文学出版社，2005年，第585页。

[10] 陈嘉明：《知识与确证：当代知识论引论》，上海：上海人民出版社，2003年，第77页。

[11] [德]康德：《纯粹理性批判》，李秋零译，北京：中国人民大学出版社，2004年，第602页。

[12] 陈洪澜：《知识分类与知识资源认识论》，北京：人民出版社，2008年，第172页。

[13] 许祖华：《鲁迅的信念系统与知识系统论》，《山东师范大学学报》(人文社会科学版)2016年

第1期，第32页。

[14] 任鸿隽：《中国科学社社史简述》，《中国科技史料》1983年第1期，第5页。

[15] [美]爱因斯坦：《关于理论物理学的方法》，《爱因斯坦文集》第一卷，许良英，等译，北京：商务印书馆，2017年，第445页。

[16] 陈嘉明：《儒家知行学说的特点与问题》，《学术月刊》2013年第7期，第39页。

[17] (清)康有为：《京师保国会第一集演说》，汤志钧编：《康有为政论集》，北京：中华书局，1998：第241页。

[18] (清)谭嗣同：《论学者不当骄人》，李敖编：《谭嗣同全集》，天津：天津古籍出版社，2016年，第118页。

[19] 陈嘉明：《中国哲学的"力行"知识论》，《学术月刊》2014年第11期，第8页。

[20] 鲍宗豪：《知识与权利》，上海：上海人民出版社，1996年，第17页。

[21] 李正风：《科学知识普适性信念及其批判》，《自然辩证法研究》1994年第11期，第27页。

[22] 鲁迅：《论睁了眼看》，《鲁迅全集》第一卷，北京：人民文学出版社，2005年，第254～255页。

[23] 鲍宗豪：《知识与权利》，上海：上海人民出版社，1996年，第37～38页。

[24] 鲍宗豪：《论无知——一个新的认识域》，上海：上海人民出版社，1991年，第154页。

[25] [加]尼科·斯特尔：《知识社会》，殷晓蓉译，上海：上海译文出版社，1998年，第13页。

[26] 周建人：《鲁迅先生和植物学》，《回忆大哥鲁迅》，上海：上海教育出版社，2001年，第62页。

[27] 周建人：《鲁迅先生和植物学》，《回忆大哥鲁迅》，上海：上海教育出版社，2001年，第61页。

[28] 张福贵：《民国文学：概念解读与个案分析》，广州：花城出版社，2014年，第317页。

越南的鲁迅传播论

阮玉明

（华中师范大学文学院，湖北武汉，430079）

内容摘要：作为中国现代文学最重要的人物之一，鲁迅及其作品的传播已跨越了国界，对世界许多国家的文学产生深远的影响。与中国辅车相依的越南当然也不例外。对越南读者来说，鲁迅是他们最早接触的中国现代文学作家并受到他们的重视和喜爱。鲁迅译介与研究在越南已有将近八十年的历史。数十年来，越南译家和学者已将鲁迅的著作译介给越南读者，同时用不同的方式深入鲁迅研究并做出了巨大贡献，对中越文学交流的发展发挥了积极的作用。与其他中国作家不同，鲁迅在越南具有相当重要的地位，是目前被选入普通语文外国文学教育内容中的唯一中国现代作家。虽然越南学者向来涉及鲁迅在越南传播的文章不少，但是对鲁迅做进一步的探究仍然属于必要的科研活动。基于以上论述，本文分别论述鲁迅在越南的译介与研究情况，从而揭示越南学者当前的鲁迅研究上存在的若干问题。

关键词：鲁迅；越南；译介；研究；传播

一、鲁迅及其作品在越南的译介

作家作品的译介是国家之间文学交流的重要渠道，是世界上多元多样文化交流的桥梁，成为促使各国文化价值融入全球的好工具。鲁迅作品在西方的译介最早开始于20世纪20年代初期，可直到20世纪40年代，越南读者才有机会广泛地接触鲁迅的作品。作为中国的邻国，从地理位置到风俗习惯，越南都与中国相近，为什么越南与西方的鲁迅译介有这么一个20年相隔的时间呢？下文中，我们将从鲁迅作品在越南的译介背景出发，旨在弄清越南鲁迅译介相关问题的来源，从而进一步指出鲁迅在越南文化、社会、教育等方面举足轻重的地位。

（一）鲁迅作品在越南的译介背景

回顾中国文学的传播历史，我们发现，自20世纪20年代初开始，“中国文化走出去”的战略初步启程。与中国近现代的其他作家作品一样，鲁迅的作品也开始被翻译成外语，以便于推介到国外。鲁迅作品译介的起步最早可算周作人1922年翻译了《孔乙己》并传播到日本，标志着鲁迅作品在国外的译介与研究的开端。此后，《阿Q正传》《兔和猫》等众多作品也陆续被译成法语、英语并传播到了欧美国家，其中有的作品甚至由鲁迅主动亲自翻译成外语，供外国读者阅读。与此同时，该时期的越南是半封建半殖民地的社会制度，从经济、外交到文化、文学等方面都置于法国殖民统治者的保护权之下。因为在越南长期以来得到广泛使用的汉字被法国视为直接干扰殖民文化传播的主要因素，所以在1919年后，汉字渐渐被法文和拉丁化国语字所取代。法国殖民者在越南废除了汉字，对越南实行文化封锁政策，推广国语字和法文并开始进行西方文化、文学的传播。这表示法国一直设法打断中国文学，尤其是革命文学对越南产生影响的一贯政策。在这样的情况下，中国文学发展史上如此突飞猛进的五四新文化运动和革命文学思想等宝贵的产物对越南文学产生的影响微不足道，导致鲁迅的作品根本无法进入越南文坛，使越南读者在这个时期对鲁迅的了解很少，甚至可以说一无所知。

在中国，以鲁迅、胡适等人为代表的现代作家从1917年至1923年发起了中国文学有史以来最大的新文化运动，实现了中国社会文化的发展事业中反对文言文、提倡白话文的重要使命。此后，中国现代文学的新作品一般都使用白话文进行创作。而在1919年后的越南，人们要么使用古汉字或喃字，要么使用国语字或法文，所以越南读者对包括鲁迅作品在内的中国现代文学新创作几乎无法接近。对中国社会文言文和白话文之间的转换过程，连精通汉字的越南翻译家和作家也碰上了不少困难，更何况是越南百姓读者。那么，谁才是阅读鲁迅作品的第一位越南读者呢？这个问题哪怕是对越南文学界的学者提出来也不一定得到正确的答案，因为真正把握情况底细的人并不多。关于这一点，梁维次教授在他1990年第42期《香江杂志》中发表的一篇文章中说道："胡志明主席就是接触和阅读鲁迅作品的第一位越南读者。越南八月革命成功之前的1924至1927年期间，胡志明主席在中国广州成立了越南青年革命同志会，进行了抗法救国的革命斗争活动。1927年，鲁迅先生正好也在广州任教，所以胡志明主席早已接触和阅读鲁迅的创作，并且非常喜欢。"[1]胡志明主席掌握和精通法语、英语、汉语等多种外语，不仅能看懂鲁迅作品的中文原作，还可以用汉语创作诗文。作为越南民主共和国第一领导人的胡志明主席，又成为鲁迅的第一位越南读者，这件事情确实是颇有默契，更能体现了鲁迅与胡主席之间的机缘。值得一提的是，在这个时期，鲁迅文学作品在越南的译介仍然毫无进展。直到越南文坛上名为"东洋平民阵线"的组织在1936年成立之后才标志着法国殖民统治者对报刊出版管制上的变化，这是中国现代作家作品进入越南的重要起步，为鲁迅及其作品在越南的译介工作创造便利的条件。作为汉字文化圈里的一个成员国，越南与中国的文化与思想大同小异，所以与其他国家相比之下，显而易见的是越南读者更想关注中国文学的作品，读者对文学作品的接受也更为顺利。由于中国和越南在20世纪20年代的阶段都是半封建半殖民地的国家，所以鲁迅五四运动前后的文学作品涉及的社会问题与越南当时的历史背景非常相近。这也让越南读者更容易地接受鲁迅作品的译介。

在越南文坛上，普遍的观点认为，20世纪40年代才出现鲁迅及其作品的翻译工作。可是，有个鲜为人知的事实就是鲁迅作品的译介最早开始于20世纪30年代初。1931年，译者武玉潘把法文版的《孔乙己》翻译成越南语，但是中译法、法译越的多重翻译环节导致了越译本上的不少误译之处。此后，着手于鲁迅译介工作就是邓台梅教授。对邓台梅来说，鲁迅作品译介和研究就像他所说的，是一种缘分。据越南文学史料记载，1936 年，通过一位从未谋面的朋友，邓台梅读到了一本有关鲁迅逝世的纪念特刊并从特刊里得到了不少反省和收获。这个历史事件促使他做出了把鲁迅介绍到越南的重要决定。可以说，鲁迅去世后才被传播到越南，分明是一件值得遗憾的事情。从此，邓台梅在越南《清议杂志》上开始刊载了自己翻译的鲁迅作品。起初，邓台梅在该杂志的“外国名文”栏目上刊登了《人与时》这首诗的越译版，把鲁迅称为一名先锋的文艺家。此后，邓台梅陆续翻译了鲁迅不同体裁的作品，如诗剧《过客》、小说《阿 Q 正传》、散文《狗猫鼠》等。到了 1944 年，邓台梅在《鲁迅的身世与文艺》一书中表示他对鲁迅创作事业的心得与敬佩，同时强调，鲁迅这位中国现代文学的优秀作家不单单是一个普通作家，更是整个时代的杰出代表。越南在 1945 年八月革命成功之后推翻了封建制度，初步获得了国家主权，越南的社会、政治、文化等领域上的管制发生了变化。中国文学的传播随之就有了更自由的发展空间。在坚强与法国殖民主义者进行斗争的同时，越南人民也致力于社会主义的建设事业。该阶段，越南也不断学习和借鉴苏联、中国等社会主义国家的先进文学。特别是 1949 年新中国成立以后，在中国共产党的领导下，中越两国关系的发展迈上了新的台阶，中越文学的交流日益频繁。由此，越南学者对鲁迅作品的译介也越做越大，为后期的越南鲁迅研究做出了应有的贡献。

（二）致力于鲁迅作品译介的越南翻译家

在各国文学相互影响与交流的过程当中，翻译被看做一个非常重要的有效手段。中越两国之间的文学交流也不例外。只有通过对中国作家作品的翻译，文学传播者才能让越南读者接触并读懂中国文学的作品，了解和鉴赏到中国作品的主题思想及其作家所采取的艺术表现手法等内容。为了达到最佳的传播效果，参加文学翻译工作的越南翻译家不仅要通晓汉语，其母语更要达到作家等级的水平。另一方面，翻译家必须掌握两个国家的历史、社会、文化等重要的有关背景。因为，相较于其他领域的翻译，文学作品的翻译并不简单，要求译者在了解作品原作汉语原文的基础上，要用母语进行一个重新写作的过程。一个文学作品的翻译家既是影响过程的客体又是传播过程的主体，要同时扮演着两个重要的角色。因此翻译过程相当于作品的第二次创作，塑造了作品的第二次生命。1945 年之后，从事鲁迅文学作品翻译工作的越南翻译家不仅在队伍方面上非常雄厚，在翻译水平上更占据着显著的优势。因此，翻译鲁迅文学作品的越南中国文学传播者不止邓台梅一人，而是勠力同心的团队。他们为鲁迅文学在越南的译介献上了不世之功。我们将参与鲁迅介译主要的人物及其简介罗列如下：

邓台梅（1902—1984，笔名青泉、青平等），议安省青章县人，越南著名作家、教育家、文学批评家，曾担任过越南教育部部长，对越南的中国现代文学传播具有极大的贡献。邓台梅在一个儒学家庭出生、成长，家族几代都是革命爱国志士，所以他从小就有了爱国爱民的博爱之心，接受了东京义塾的教育。1944 年，邓台梅出版了越南首部系统性的文学理论专著《文学概论》，成为传播中国现当代文学的越南先锋学者之一。

潘魁（1887—1959，笔名新越、他山等），广南省殿盘县宝安乡人，越南著名作家、记者、学者。潘魁从小学就开始接受儒学教育，精通汉字。自1907年，他参加东京义塾运动，曾在《南风杂志》《六省新闻》等多家报纸杂志社工作。1939年，潘魁在西贡开始从事儒学教育和小说创作事业，其创作涉及批判孔教、接受西欧、提倡女权等众多问题。他对越南的中国现当代作家作品的传播做出了很大的努力，其鲁迅作品的越语译本曾经荣获文学奖翻译项目的奖项。

张政（1916—2004，笔名一枝梅，一文等），河静省干禄县人，越南著名作家、汉学家、文学批评家。1945年前，他在《清议杂志》上读了邓台梅的鲁迅作品译本后就被鲁迅文学所吸引。1952年，他被调到教育部教材编写部门工作，有机会去中国深造。从此，他投入于中国现当代文学的研究工作，同时翻译了鲁迅大量的作品。张政是一位鲁迅翻译的成功译家，其译文得到了学术界的认可。鲁迅作品中的种种细节与中国各重大历史事件息息相关。因此，张政在翻译鲁迅作品的同时，也注重加以适当的注释。

简芝（1904—2005，实名阮有文，笔名简芝），河东省怀德府安决乡人，越南著名作家、教育家、学者。简芝从小就接触儒学文化并深受儒家思想的影响。1940年，他正式开始作诗写文的事业。1945年的越南革命爆发后，他把自己的土地和财产献给了国家。作为一位汉学家，简芝对东方文化、诗学、佛教以及中国文学非常通晓。从1954年，他去南方生活，当过职员、大学讲师、写了不少中华哲学和古代文学的有关专著，翻译了许多中国文学著作和史书以及大量的鲁迅作品。

胡浪（出生年月大约在20世纪30年代），是越南二十世纪的作家兼译者。胡浪的特点就是只在文坛上推出自己创作或翻译的文章，而在生活中几乎销声匿迹，所以他是越南人了解最少的鲁迅作品翻译家。胡浪的鲁迅译本虽然不多，其译文也不是很贴近原作的思想内容和表现艺术，但译者的行文和表达具有非常深刻的个人烙印，所以在一定程度上对越南鲁迅译介工作发挥了积极的作用。

除了以上译者外，关注并翻译鲁迅作品的越南翻译家还有潘文阁、南珍、胡士协、范氏好、演珠、陈庭史、梁维次、梁维心等人。1975年后，越南南部得到了完全的解放，越南南、中、北统一并得到了全国范围内的独立自由。该阶段，鲁迅作品在越南仍然得到了广泛的传播与接受。除了小说和杂文，鲁迅的诗歌和研究专著等其他体裁开始受到文学界的关注。这些译者重新翻译了鲁迅的经典著作或继承了前人尚未完成的工作，比如梁维心译介了鲁迅的《中国小说历史研究》等。

可见，越南的鲁迅翻译家均为很早就接受过汉学、儒学教育而成就都很突出的代表学者和作家。其中，邓台梅扮演着引路人的角色，而张政和潘魁译介的作品为数最多。值得一提的是，他们的翻译方法和翻译风格却是截然不同。潘魁采用的是尽可能靠近原作的直译法，他认为译文中各短语或分句的语序不能颠倒位置，也不能增多或减少，译版要保持作家的核心思想和思维表达方式。这种译法虽然能保持原文句法结构，但是让普通读者难以接近。反之，张政的译法较为灵活委婉，使译文更简单易懂，给读者带来了更佳的阅读体验。张政的译本行文表达平易近人，符合于广大读者的接受能力，所以得到了更广泛的传播和应用。

（三）鲁迅作品在越南的重要译本

邓台梅1942年译介鲁迅作品之后，越南对鲁迅和其他中国现代作家作品的翻译工作才开始活跃起来。因此，鲁迅成为中国现当代作家作品在越南传播的一座特别重要的桥梁，而邓台梅则被视为第一位系统性译介鲁迅的越南翻译家。之后，鲁迅在越南的译介由许多译者一同进行，使鲁迅传播一步步进入了高峰期。

1. 鲁迅小说的译本

鲁迅作品在越南的译介过程中，小说的译介不仅最早进行而且译本为数最多。1952年，简芝翻译的一本名为《孤独者》的鲁迅小说集，由世界出版社出版发行。这是当时越南首部鲁迅小说集的越语译本。1955年，潘魁翻译了《鲁迅小说选集(第一集)》，并通过河内出版社出版发行。跟简芝1952年的小说集作对照，我们发现其中有三部小说被潘魁重译。1957年，潘魁的《鲁迅小说选集（第二集）》由作家协会出版社出版，其中也重译了简芝已翻译过的两部小说。1960年，胡浪通过普通出版社推出了名为《祝福》的译本。虽然，该书的内容不新鲜，是重译了潘魁译过的作品，但该译本行文表达委婉、风格新颖，给读者带来了非同一般的阅读体验。随后，张政翻译了大量的鲁迅小说。首先是1960年出版的《故事新编》，然后是1961年出版的《呐喊》和《彷徨》，共三部选集。其中，《呐喊》和《彷徨》的译本引起了越南文学界的高度关注。《呐喊》的创作时间为1918至1922年期间，见证了辛亥革命演变和五四运动爆发的过程。在作品中，封建社会的腐败道德和落后观念得到了深层次的剖析，体现了鲁迅对统治阶级的批判以及对灿烂明天的渴望。《彷徨》的创作时间为1924至1925年期间，整部小说从首篇《祝福》到末篇《离婚》的内容都是封建势力对农民和知识分子生活的残暴压迫的描写，充满着鲁迅对人民的不幸遭遇深感悲哀和同情的思想。张政把这两部小说集译介到当时的越南社会可算恰逢其时，因为鲁迅在小说中所描述的社会问题就是越南人民正在面临的处境。这两部小说涉及的是反封建礼教和教条主义、批判农民阶级的愚昧和知识分子的懦弱等内容，恰好是越南革命时期人民特别关注的问题。因此，张政的译本在越南读者心中更容易找到共鸣。1966年，简芝翻译了一部名为《鲁迅选集》，由香稿出版社发行。该译作是越南南方文坛上首次出现并广为流传的鲁迅小说译本，其内容是提倡人权，批判封建制度和反对外侵势力。这部选集在当时越南南方人民生活中的出现，标志着文艺界迈出一个有力的步伐。

目前为止，鲁迅的小说在越南绝大多数都被翻译成越南文。其中，不少作品由多个译者在不同时间段进行译介。因此，鲁迅的许多小说得到了多次的重译、重印或再版，这对一位外国作家来说是极为罕见的。

2. 鲁迅杂文和散文的译本

除了小说以外，鲁迅的杂文和散文在越南也很受读者的欢迎。1956年，越南第一部印刷成书的鲁迅杂文集越译本由文艺出版社印行，由潘魁选译。作为越南最早收录鲁迅杂文的译作，该杂文选集包括39篇杂文，成为当时引起越南文学界高度关注的焦点。鲁迅杂文集共有16部，而潘魁已把《华盖集》《野草集》《三闲集》等排除在外，只从剩下的13部杂文集当中进行挑选，同时加以说明："译本的选编标准并非根据作品在主客观理念下的好与坏，而是基于本人对作品原文能理解和领悟与否而选译。这样也许会让译者和读者更容易接近作品原貌。其余三部杂文，尤其是《野草》，我实在不想翻译，因为只懂字面义而对背后的深层思想不够理解，翻译过来恐怕发生误译。《野草》是一部散文诗，应由一位优秀的诗人翻译才到位。”[2] 1963 年，张政通过河内出版社推出了分三册的《鲁迅杂文》译本，其中上册收录了 60 篇、中册收录了 80 篇、下册收录了 70 篇。张政在该译本的序文部分中说明，他自 1960 年对鲁迅 16 部杂文集开始进行阅读和节选。经过 3 年时间，他所翻译、编辑的鲁迅杂文共 210 篇。2003 年，该选集由文化通讯出版社再版，成为目前为止越南最具规模性的鲁迅杂文译本。

3. 鲁迅诗歌的译本

鲁迅诗歌的译介虽然早在越南八月革命前夕已经开始，可直到 1960 年后才算进入了成熟的阶段。与小说和杂文相同，鲁迅的诗歌在越南也得到了文艺界的高度重视，其充满的革命精神熏陶了越南不少作家和学者。该阶段，专注于鲁迅诗歌的译者不少，其中成就较突出的有南珍、潘文阁、胡士协、费仲厚等。南珍对鲁迅诗歌的翻译下了很大的功夫，根据鲁迅创作生平的背景，把鲁迅诗歌分为鲁迅留学日本前、留学日本后和 1926 年—1935 年期间等三个阶段里的创作进行了系统性的译介。他在自己《诗人鲁迅》一书中曾经说道：“用革命的眼光体会鲁迅的诗歌、用革命的心脏感受鲁迅的诗歌，我们就会看出一个伟大诗人的形象，这是唯一正确的办法。”[3] 此外，潘文阁为鲁迅诗歌的译介所做出的贡献也不少，他与费仲厚合译了鲁迅诗歌全部 75 首，先于越南《诗院》网页上陆续刊登，到了 2002 年通过劳动出版社出版成书，其中较受读者欢迎的有：《秋夜有感》《桃花》《爱之神》等诗作。

总之，通过越南语译本，读者能接触并了解鲁迅作品的内容及其创作艺术表现；而通过不同的翻译版本，读者更有选择性地接近鲁迅作品的原本面貌。对鲁迅作品原作和各种相应的译本进行考察之后，我们认为越南翻译家基本上都能把译本贴近原作，通顺地阐述鲁迅作品的思想核心内容，使之符合于越南语的行文和表达方式。

二、鲁迅及其作品在越南的研究

跟越南的鲁迅译介一样，鲁迅及其作品的研究是越南文坛上早已开展的重要工作。如果说翻译家对作品进行翻译等于给作品带来了一条新生命的话，那么学者对作家作品进行研究意味着为该作品的生命力增添光彩。因此，越南的鲁迅译介一直以来都与鲁迅研究一路同行，两者共存，取长补短。越南文坛上的邓台梅、张政、潘文阁等许多著名的翻译家同时也是鲁迅研究学者，一向致力于鲁迅的翻译与研究工作，为越南文学界带来了最真实的鲁迅传播。越南学者对鲁迅的研究不仅涉及鲁迅的作品及其艺术表现手法，更深入挖掘鲁迅的思想、为人、生平和事业等问题。因此，越南的鲁迅研究长期以来都是范围广、内容全、领域多。而越南文学界对鲁迅的关注点包括鲁迅作品的思想内容和艺术手法等主要价值，其研究规模从小到大、研究程度从浅到深。对越南的鲁迅译介也好，鲁迅研究也好，从严格意义上说，邓台梅都是元史开山，功在千秋。他在有生之年似乎把全部精力投入于鲁迅创作的研究之上并取得了巨大的成就。之后，一代代学者，像黎春雨、张政、南珍、胡士协、芳榴等都为邓台梅接力，一同着手于鲁迅的研究事业。越南学者在越南不同的历史和社会的发展阶段，沿着不同的研究倾向，本着不同的研究精神，对鲁迅及其作品采用了不同的研究视角和研究方法，旨在服务于越南文学批评理论研究的发展。

（一）越南1986年前社会学倾向的鲁迅研究

邓台梅为鲁迅研究事业所做出的贡献不仅仅是为了满足越南读者深入了解鲁迅的要求，更重要的是为了服务越南当年革命的需要。他在越南1945年八月革命前夕出版了越南鲁迅研究首部专著的《鲁迅的身世与文艺》，成为越南鲁迅研究的奠基人。邓台梅在书中以马列主义的辩证法对鲁迅的生平和创作事业进行了个人观点阐述，认为鲁迅是人道主义者，而鲁迅作品的艺术表现带有独特的风格，虽然行文坚硬、笔触冷淡但作品思想深处藏有的火热心怀。1945年八月革命成功之后，越南宣告独立，法国在越南文化思想战线上的干涉没有前期那样任意横行。越南文坛上的学者更有条件去接受各国文学的新思潮。越南新成立的政权对越南文艺界所提出的任务就是以社会主义国家的进步文学为发展方针，以苏联和中国文学的斗争精神为学习榜样。该阶段，由于深受马列主义的影响，越南学者一般趋于鲁迅创作中反封建反帝国等精神思想的研究。这种批判和战斗的精神就是当时越南文坛上所需要的宝贵资源，是加强越南人民同心协力的爱国之心并巩固将领和士兵决心打败敌人的钢铁意志之重要介质。鲁迅曾经弃医从文，因为他认为医学只能治疗人民身体上的病，而对人民精神上、思想上的病只能用文学来根治。面对多年置于帝国侵略者和封建势力统治下的劳动人民，看到他们思想、精神都已经麻木了，鲁迅感到万分悲伤。他决定用自己的文学创作来挽救劳动人民，鼓励他们站起来与统治阶级进行斗争。鲁迅革命文学作品中的斗争意志很强，每一词每一句都充满着反帝国反封建的强烈精神。这一切满足了当时越南历史背景的迫切要求，所以非常值得越南文学借鉴和学习。因此，鲁迅作品的社会价值与精神价值被当时越南学者彻底地挖掘、展开，而作品的审美、艺术等价值和精神并没有受到他们的足够重视。

从整体上看，越南1986年前的鲁迅研究已经取得了丰硕的成果，各位学者与研究对象接近的视角和方法也极为丰富。但是，由于接受当时越南主流文学的时代性影响，研究观点主要是从反形式主义倾向的要求出发，所以越南的鲁迅研究趋于社会学方向的内容。越南的鲁迅作品研究从一开始主要以传统的社会历史方法为主，研究者基本上都着重于反映社会现实的内容，或者用作品的艺术价值来说明作品反映的各项社会内容。学者阮雨在做鲁迅研究过程中已经表示："鲁迅是不辞辛劳地建立中国无产文学的先锋战士，其创作内容是为无产阶级的劳动人民而写，充满着人道主义和深刻的人生意义。"[4]后来，沿着这一方向对鲁迅进行研究的越南学者也越来越多。作为越南鲁迅研究之路的开辟人之一，邓台梅对鲁迅的研究一直受到文学界的高度评价。张政在其文章中曾经肯定，邓台梅和鲁迅无论是在思想上还是在风格上都有不少相同之处："鲁迅是一个爱国者，更是一个从进化论走到马克思主义的思想家。邓台梅也一样，可算同气相求。"[5]了解邓台梅对鲁迅的研究之后，我们发现他确实是越南鲁迅研究最有深度和气质的学者。邓台梅在1969年推出的《求学与研究之路》一书中谈到了鲁迅的创作风格与艺术。关于鲁迅小说的艺术风格，邓台梅表示："普通的内容与写实的笔法相结合是鲁迅艺术表现风格的特色，他的写实不等于拍照，而是一种人民社会生活的真实反映。"[6]谈到鲁迅的杂文，邓台梅认为："鲁迅的杂文真可谓前无古人后无来者，因为作者一直认真、严肃地研究，左思右想之后才开始动笔，所以写出来的每一句都充满着人生和时代的气息。"[7]通过邓台梅对鲁迅作品不同体裁如此深刻的评价，可见邓台梅对鲁迅研究下了很大的功夫，甚至说他用了自己的心灵去解读鲁迅作品都一点儿不过分。

该时期，越南学者的鲁迅研究重点以《呐喊》《彷徨》两部小说选集为中心。这两部选集中的反封建制度、批判资产革命、农民与农民革命、妇女的命运、知识分子的悲剧、人的腐化、统治阶级的人格恶化、人物形象典型意义、创作中的世界观等等各项社会历史内容的相关问题都被越南学者在不同程度上进行了开拓和论述，其中最为突出的成就大部分属于有关农民、妇女和知识分子的人物形象典型意义的研究。鲁迅小说的人物形象典型意义问题在《中国现代文学简史》一书中得到了邓台梅的详细探析，他对鲁迅人物典型的塑造艺术水平表示认可："在任何一种典型的场合或者环境下，鲁迅都能找到典型的人物形象来顶上去，既完成了写作任务又可以达到艺术表现的效果。这不是一般水平的作家可以做到的境界。"[8]不少越南鲁迅研究学者一同认为，在鲁迅所有的文学创作当中，阿 Q 是作家成功塑造的最典型的人物形象。谈到此问题，学者张政曾经强调："阿 Q 在中国文学史上典型人物的形象塑造艺术中绝无仅有，其形象塑造可达世界文学的优秀水平。"[9]实际上，每个典型人物不管是属于什么社会阶级，处在什么样的生活环境，放置于什么样的历史背景都有自己的特征和个性；作家只有在对人物特点完全掌握、对人物进行了真实的叙述和描写的情况下，才可以把人物的形象塑造出来。学者们认为，在这一点上，鲁迅不仅已经做得到，而且还做得特别好。因此，鲁迅在每一部创作中都为每一个故事内容成功地塑造了各不相同的典型人格；从农民到知识分子，从农村妇女到城市妇女等多种典型人物在鲁迅的作品中都能找到。

农民与农民革命是鲁迅作品中一个重要的创作内容，也是引起了越南文学批评界集中探究的学术焦点。不少越南学者曾经在自己文章中表示，中国革命文学阶段的作品对以农民为代表的受压迫阶级的生活和命运进行了深刻又真实的描述，而鲁迅是该文学潮流中努力刻画农民形象并描写农民生活的最具代表性作家。鲁迅以写实的笔法突出了农民的痛苦劫难并带动了劳动人民的悲剧意识，一方面打动了读者的善心，另一方面激发人民对统治阶级的痛恨，呼吁全民族被压迫的劳动人民同心协力站起来进行斗争。鲁迅创作中这种艺术表现被众多研究学者认为是值得当时越南作家借鉴、学习的手法，负起他们文以载道之责。鲁迅小说中的农民形象，如《阿 Q 正传》中的阿 Q、《祝福》中的祥林嫂、《故乡》里的闰土等人物都成为越南学者的研究对象。越南学者一致认为，对于具有悲剧命运的他们，鲁迅是先用既同情又批判的眼光来看待，之后才以写实的笔法对他们进行了真实的描述。这种人物形象的刻画，是现实主义作家最为人道的客观表现。鲁迅对农民所批判的是他们那种麻木、迷信的精神和心态，甘心情愿为统治阶级做奴隶而丝毫没有自救和反抗的意识。越南的研究学者对鲁迅的创作观点也表示肯定，认为鲁迅毫不客气地指出农民的这种精神病态并对其进行极力的批判无非是让他们从昏头昏脑的状态中省悟过来并变得更坚强，更理智，为国家的发展，为民族的前途而团结在一起，打倒封建制度："鲁迅不断为被压迫的劳动人民想办法，发现了农民的病态，给他们看病，为他们治病，让他们有勇气地斗争。"[10]

旧社会中妇女的命运是鲁迅小说中的重点内容之一。学者黎春雨把鲁迅小说中的妇女形象的人物分成两种：第一种像祥林嫂那样的农村妇女，第二种像子君那样的城市小资产妇女。他认为："光算《呐喊》和《彷徨》，就有了好几部小说谈到妇女的形象。不管是农村妇女还是城市小资产妇女，两者都落在社会底层的生活环境中挣扎着，被压迫，被剥削。鲁迅在小说中反映了他们的生活，反对压于他们身上的沉重负担，为他们要求平等自由。可惜，祥林嫂具有农村人的悲惨命运，绝无出路；而新时代妇女形象的子君，勇敢但妥协、易变，最终自己那种超现实的价值观和不彻底的革命性必定在残酷的现实中'碎成粉末'。"[11]封建社会中的知识分子形象，在鲁迅小说中也占有举足轻重的地位。凡是从事鲁迅研究的越南学者都了解到这一点儿，所以他们多年来对鲁迅刻画的知识分子形象进行了不同程度的解读和剖析。学者黎春雨表示，变幻莫测的封建社会中，知识分子心理变化的描述得到了鲁迅的高度重视。鲁迅在小说中所刻画的知识分子形象多半是属于小资产阶级的。沉重的生活压力、绝无出路的社会现实、愤怒不满、痛不欲生等心态是鲁迅小说中常见的知识分子形象。能够如此成功地刻画出这样的形象，说明鲁迅非常了解他们的生活，甚至明白他们心理上的每一个小动态。知识分子的悲剧，不仅在于他们掉落在走投无路的处境，更体现在他们面对不幸生活时流露出那种自卑、无奈、悲观、无助的精神表现。鲁迅担心的是，连知识分子阶级面对生活现实都那么无可奈何、无能为力，那么国家的将来何在？这不仅是他们自己的悲剧，更是国家民族的悲剧！黎春雨认为，鲁迅对这些知识分子给予强烈的批判，但并没有为他们感到彻底的失望："鲁迅对知识分子的批判并不等于对他们的否定，而是催促他们把悲痛变成战胜他们自我脆弱的动力，不易承受命运的安排，敢于参与革命斗争，从而'革命'了他们的人生。"[12]另外，鲁迅小说中，封建教条主义所迫害的陈士成和孔乙己，败德辱行的高老夫子，为非作歹的四铭，穷途末路的吕纬甫，思想闭塞的魏连殳等多种类型的知识分子也是不少越南学者在不同程度、不同接入点开拓展开的鲁迅研究课题。

学者张政在他 1971 年主编的《中国文学史教程》中也指出："鲁迅作品中的主导创作精神体现在反帝国反封建的彻底性，通过所阐述的故事向读者揭示了践踏各种社会伦理道德的统治阶级，极力批判了给帝国主义当走狗的封建制度，揭露了他们的滔天大罪。帝国主义者和封建统治者呼朋引类，造成一种带有吃人本质的腐败社会。因此，反帝国反封建彻底地贯穿了鲁迅的文学创作，从人民群众的革命立场向侵略者和反动势力宣战并斗争到底。"[13]可以看出，鲁迅的创作内容多半是批判腐败社会、反对帝国封建的残暴统治。换句话说，这就是为社会的发展和阶级的权利而说话。在这里，张政也好，其他越南学者也好，都抓住了鲁迅作品的这个特点，都尽量地把这些细节挖掘出来当做深入研究的主要资料。

综上所述，越南1986年前的鲁迅研究阶段中，越南学者绝大多数都高度评价鲁迅创作的战斗精神，一同肯定这就是可以打败敌人、解放人民、推翻旧制度的一种实为有效的尖锐武器。他们认为，这种斗争的武器是鲁迅从马列主义的理论中学到的，是在马列主义世界观和价值观的引导下磨炼出来的，所以必定变得日趋灵敏尖锐。可以看出，越南学者是接受了鲁迅创作精神，等于他们接受了马列主义价值观的影响；尤其是为了符合越南社会背景的条件以及服务越南当时革命的需要，他们的鲁迅研究内容具有阶级性社会学特性的学术倾向。根据文学接受理论的观点，创作者和接受者共同构成作品的社会效果，所以这等于两者共同参与创作的过程。作品若没有经过接受者的融化和领悟就无法生成作品的审美对象和艺术形象。在越南鲁迅作品的接受与研究中，越南学者是以接受者的身份参与创作过程，主动接受了鲁迅作品中对越南社会发展产生美好影响的思想内容以及符合于越南革命文学所需要的艺术价值；旨在推动越南广大读者爱国爱民、反殖民反封建的精神培育，揭露半封建半殖民制度的腐败并批判其残暴罪恶，打击农民和知识分子在统治阶级压迫下的懦弱，召唤劳动人民的革命觉醒等目的；真正实现了文学是精神武器、文艺服务于革命的政治目标。

（二）越南1986年后本体论倾向的鲁迅研究

越南1986年实行的革新开放使文化接触与文学交流由此日益广泛。这对人民的社会生活也好，对作家和读者的文学生活也好，都是一个重要的里程碑。文学开放的民主氛围大大影响着各代作家，让他们对现实生活有了新的观念。革新开放之后，越南文学沿着民主化方向发展，具有深刻的人本性和人文性，进一步脱离了苏联文学的发展模式。之前的文学模式和理论虽然给社会带来了值得认可的贡献，但其研究成果的阶级本质味道极为浓郁，过于思想化、政治化，缺少了审美和艺术本质的价值，使文学研究的发展容易落入封闭死板的状态。改革时期的越南文学提倡的民主化不仅是文学发展运作趋势的前提，更是越南文学1986年以来的重要成就。随着新文化政策的展开，越南学者的文学研究发生了巨大的转型，从阶级性社会学走向本体论，标志着文学从传统的马列主义哲学立场转为本身建造进程的拐弯点。从此，越南文学批评理论可以彻底脱离政治教条主义，迎来了全新的思维观念。在越南文学改革的影响下，作家的创作以及包括鲁迅研究在内的文学批评理论也随之慢慢转型。

正如上文所述，前期的越南鲁迅研究趋于社会学倾向。具体来讲，研究文章主要以鲁迅作品的阶级性、社会性、大众性、战斗性等具有政治思想色彩的方面为中心。文学改革时代的来临，使越南的鲁迅研究工作者以全新的理论资源与思维方式面对新的格局。鲁迅作品的自身价值，像艺术表现和审美形象等问题成为越南学者所关注的焦点。从文学本体论的角度讲，鲁迅小说、散文和诗歌的价值不仅在于作品的反帝反封、救国救民的战斗精神，而且还表现在作家创作的心灵世界、作品自身的审美特性等文学创作本身的基本形态。越南学者这样的认识使他们的鲁迅研究方向大大转变，开始趋于空间塑造、修辞价值、美学表现等作品的艺术方面研究。换言之，越南学者的研究更重视鲁迅创作的艺术表现和美学观念等内在价值。这种沿着本体论倾向的转型完全符合于越南新时期文学批评理论的发展规律。该转型充分表现在越南1986年后大量的鲁迅研究，比如黎辉焦1988年在《鲁迅短篇小说的艺术表现手法研究》的论文中表示："鲁迅的叙述手法很独特，这种手法无论是古代作家还是同时期的作家都从未有过的。"[14]梁维次 1992 年在《鲁迅的艺术表现手法及其普通学校中的教学》一书中强调："鲁迅的手法既有民族性又有现代性。这是中国 20 世纪文学创作艺术表现手法的特征，是沿着世界现代潮流发展而具有中国特色的艺术手法。"[15]这说明，该时期的越南鲁迅研究开始着眼于鲁迅作品的各种本体性价值，脱离了前期的阶级性社会学研究的单一模式。此外，该时期的鲁迅研究中，人物形象问题得到了越南学者的重新认识，其研究沿着人物本身的塑造艺术方向拐弯，不像前期那样只能代表阶级和社会的形象说话。这一切表明，越南的鲁迅研究发生了很大的变化，为前期研究上的空白做了填充，使之变得日益丰富。值得一提的是，本体论探究也是新时期中国鲁迅研究的普遍倾向。因为，回顾了中国新世纪以来的鲁迅研究情况，不难发现，中国二十世纪下半叶围绕着毛泽东思想的鲁迅研究趋势早就弱化，而近几年来中国文学评论界流行的是鲁迅本身的话题，就像魏巍在《回到鲁迅本身重新理解鲁迅》一书中提出"回到鲁迅身边重新理解鲁迅……我们到底需要一种怎么样的鲁迅研究"[16]等问题就是近期中国鲁迅研究的一种全新认识。

除此之外，对这个时期本体论倾向的鲁迅研究进行论述的同时，我们发现以比较文学为研究接入点的越南鲁迅研究占有较大的份额。众所周知，比较文学从 20 世纪初期就开始出现于越南文坛。然而，在 1945 年八月革命之前，比较文学理论并没有得到越南学者的特别关注，其研究成果也是寥寥无几。直到 1945 年之后，特别是 1986 年的改革开放以来，越南比较文学研究情况大有转变，把比较文学理论当做研究方法的学者也越来越多。在越南近期的文学研究中，研究学者经常从比较的视角对所关注的问题进行探究，而鲁迅研究也随之成为其中的重要部分。由于带有比较倾向的越南鲁迅研究多半也是从作品本身的内在价值出发，所以我们将其归类为本体论倾向的研究。具体而言，从比较视角开展的鲁迅研究其实也是越南上个文学阶段早就形成的学术理念。越南权威的鲁迅研究学者，像邓台梅、张政、阮遵等在涉及比较文学理论的文章中不仅一次提到鲁迅与世界文学或越南文学某个作家或文学现象的可比性，只是学者没有真正深入研究而已。到了 1986 年以后，随着越南学者对比较文学的日益关注，比较视角下的鲁迅研究不仅得到重新挖掘和展开，而且还取得了许多重要的成果。比如，阮氏丽江 2015 年的《鲁迅和南高小说的艺术空间比较》，李氏琼英 2017 年的《〈阿 Q 正传〉与〈志飘〉比较研究》等是越南近年来较具代表性的文章。越南学者通过这些课题，既可以阐述两国作家在创作内容和创作艺术上的异同之处，又能够弄清它们之间异同的根源所在。

结语

总而言之，自鲁迅作品以正式的渠道首次出现于越南文坛的 1942 年以来，越南的鲁迅译介与研究工作已历经了将近八十年的发展路程。越南翻译家和学者在鲁迅译介与研究工作中已经取得了丰硕的成果，说明他们所付出的努力是巨大的。鲁迅研究在越南不同的历史阶段、不同的社会背景所发生的变化，就是越南文学批评理论研究不断发展并赶上世界潮流、满足时代需要的最真实之征兆。这完全能够证明，鲁迅译介与研究已经成为越南文学批评理论史上一个不可缺少的有机组成部分。从当前的研究状况上看，越南学者的鲁迅研究虽然一直不断由浅入深，但其中有的谈得还不够彻底，尚待学者做补充；甚至许多新方面的内容还需要从新的角度去开拓。值得一提的是，近些年来竟然出现了选题上有重复、思路上缺乏创造性等现象。因此，为了继承并发扬越南鲁迅研究一代代学者长期以来的优秀传统，越南学者在不断努力深入鲁迅研究的同时，还需要掌握国外的研究状况，赶上中国和世界的研究思路；结合于目前越南文学批评理论发展的需要以及文坛上鲁迅作品的接受特点等综合因素，拟定出最合适的研究方向和目标。相信，随着中越文学交流的日益增强，在越南学者的努力下，不久的未来我们将有机会接触更完善的鲁迅作品译本及有关鲁迅研究的新著作。

注释：

[1] [越]梁维次:《胡志明与中国文学》,《香江杂志》1990年第42期,第43页。

[2] [越]潘魁:《鲁迅杂文选集》,河内:河内文艺出版社,1956年,第2页。

[3] [越]南珍:《诗人鲁迅》,《文学杂志》1966年第10期,第67页。

[4] [越]阮雨:《不辞辛劳建立了中国无产文学的先锋战士鲁迅》,《文学研究》1961年第7期,第51～65页。

[5] [越]张政:《邓台梅与中国文学》,河内:文艺出版社,1994年,第239页。

[6] [越]邓台梅:《求学与研究之路》,河内:文学出版社,1969年,第55页。

[7] [越]邓台梅:《求学与研究之路》,河内:文学出版社,1969年,第49页。

[8] [越]邓台梅:《中国现代文学简史》,河内:事实出版社,1958年,第170页。

[9] [越]张政:《中国文学史教程》,河内:教育出版社,1971年,第188页。

[10] [越]张政:《中国文学史教程》,河内:教育出版社,1971年,第175页。

[11] [越]黎春雨:《中国文化革命主将鲁迅》,河内:文化出版社,1959年,第112页。

[12] [越]黎春雨:《中国文化革命主将鲁迅》,河内:文化出版社,1959年,第118页。

[13] [越]张政:《中国文学史教程》,河内:教育出版社,1971年,第194页。

[14] [越]黎辉焦:《鲁迅短篇小说的艺术表现手法研究》,河内:河内综合大学,1988年,第79页。

[15] [越]梁维次:《鲁迅的艺术表现手法及其在普通学校的教学》,河内:河内师范大学出版社,1992年,第17页。

[16] 魏巍:《回到鲁迅本身重新理解鲁迅》,《现代中国文化与文学》2018年第1期,第98页。

【汉语方言研究】

宿松方言表情态的述补结构

黄晓雪

（广州大学人文学院/语言服务研究中心，广东广州，510006）

内容摘要：宿松方言的述补结构有“V得C”“V得倒$_2$”“V得来$_2$”“V得（O）”四种形式。这四种形式都可用于表能力、可能的动力情态。“V得C”和“V得（O）”还可表客观道义情态、主观道义情态和认识情态；“V得倒$_2$”还可表认识情态。其演变路径可概括为如下几种：“表能力的动力情态＞客观道义情态＞主观道义情态”“表能力的动力情态＞认识情态”和“客观道义情态＞认识情态”。

关键词：宿松方言；情态；述补结构

宿松方言的述补结构有“V得C”“V得倒$_2$”“V得来$_2$”“V得（O）”四种形式。“V得C”中，C是补语或动相补语；“V得倒$_2$”和“V得来$_2$”表示的意义都凝固成了一个整体，“倒”和“来”均无实义；“V得”中，“得”是补语，当“V得”带宾语时，就构成了“V得（O）”结构。这些述补结构可以表示多种情态[1]。宿松方言表能力、可能最常见的手段是述补结构，而非能愿动词。

1 V得C

C是补语或动相补语，“V得［·tæʔ］C”的否定形式为“V不［·pu］C”。

1.1 “V得C”表施事者具有实现某种结果或位移的可能性。C是表结果或位移的成分，它可以是意义较实在的动词，如例（1）—（6）；简单形容词，如例（7）；也可以是意义较虚的动相补语，如例（8）—（10）的“脱”（“脱”有“完”的意思）和例（11）的“倒”（这里“倒”表动作有了某种结果，记作“倒$_1$”）。例如：

（1）这个包不重，我驮得起~我背得起~。

（2）你今年考得上大学不~你今年能考上大学吗~？

（3）A：你打得渠经不~你打得过他吗~？

B：我打渠不经~我打不过他~。

（4）渠挑得一桶水起。

(5) A：家里要做屋盖房子，你搞拿得一万钱来不？

B：我搞拿不来。

(6) A：你把桌子搬得来不吗？

B：我一个人搬不来。

(7) 这个衣裳邋遢死着很脏，你洗得干净不吗？

(8) 我吃不脱这那多饭我吃不完这么多饭。

(9) 渠吃得一斤肉脱他能吃一斤肉。

(10) 这那多衣裳，我一个人洗不脱这么多衣服，我一个人洗不完。

(11) 奶奶看不倒看不见字。

“V得C”可表“具有实现某种位移的可能性”，如例（1）和例（6），也可表“具有实现某种结果的可能性”，如例（3）和例（11），还可表“具有实现某种状态的可能性”，如例（4）。否定形式是“V不C”。这类“V得/不C”都是表能力的动力情态。

“V得/不C”如果带宾语，则宾语的位置有两种：肯定形式是“V得OC”（例3句A）和“V得CO”（例2），否定形式是“VO不C”（例3的B句）和“V不CO”（例8），但以“V得OC”和“VO不C”较为常见。

1.2　“V得C”还可用于道义情态，可分为两类：一类表客观情况是否允许施事者实现某种结果或位移的可能性，为客观道义情态，如例（12）—（15）；一类表法律、道义上是否“允许、许可”或承诺实现某种结果的可能性，为主观性道义情态，如例（16）—（18）：

(12) 外头漆黑，我看路不倒外面漆黑，看不见路。

(13) 那乎子闹饥荒，好多人都吃不饱饭那时候闹饥荒，很多人都吃不饱饭。

(14) 将现在生活条件好，一般里人普通人都买得车起/买得起车买得起车。

(15) 天落雨，这那多东西我挑不回去天下雨，这么多东西我挑不回去。

(16) 渠里钱只渠家儿子想得倒，旁人都想不倒她的钱只有她儿子能得到，别人都得不到。

(17) 那个老人家可怜，媳妇搁不得渠，饭都吃不饱那个老人可怜，儿媳妇嫌弃她，她连饭都吃不饱。

(18) 我保证你家儿子考得大学起我保证你儿子考得上大学。

客观道义情态跟表能力的动力情态语义关系密切，二者都以施事者为取向，不同的是，表客观道义情态的“V得/不C”表示的动作或事件有一个外在的客观条件，而表能力“V得/不C”没有一个外在的客观条件出现在句法层面，这并不是说“V得/不C”表示的能力就不需要客观条件，只是这个客观条件是施事者自身的状况，因而往往无需说出，如果补出这个客观条件，其结构就与表客观道义情态的“V得/不C”相似，如在“奶奶眼珠眼睛不好，看不倒看不见字”中，当着眼于动作“看”的施事“奶奶”时，“看不倒”就是表施事者实现某种结果的能力，着眼于“眼珠眼睛不好”时，“看不倒”就是允许实现某种结果的客观条件，为客观道义情态。可见，表能力的“V 得 C”经过语用类推，很容易用于例（12）—（15）类表客观道义情态的句子。

“V 得 C”表主观道义情态也与客观道义情态相通。无论是主观道义情态，还是客观道义情态，都有一个允许动作结果实现的条件，只是这个条件有所不同。客观道义情态中，允许动作结果实现的条件是人类社会或自然界中客观存在的情况，不带有说话人的主观态度，因而是以施事为取向的情态；主观道义情态中，允许动作结果实现的条件是说话人“施加”的义务或“给予”的许可、承诺，带有说话人的主观性，是以说话人为取向的情态[2]。但无论是基于客观存在，还是基于道义、法律、承诺，都是说话人对事件或状况的判断，因此，例（12）—（15）的“V 得/不 C”如果经过语用推理，用于说话人从道义、法律等角度做出的主观判断，就形成例（16）—（18）类表主观道义情态的句子。

综上，“V 得 C”经历了“表能力的动力情态＞客观道义情态＞主观道义情态”的演变。

1.3 判断或推测事件是否出现某种结果的可能性，例如：

（19）今朝日头大，被卧晒得干今天太阳大，被子能晒干。

（20）这个地方有山泉，种里菜干不脱这个地方有山泉，种的菜干不掉。

（21）火小着了，饭粪煮不熟。

（22）这样下去，你里的病诊不好。

（23）两千块钱就买得一个电视机来两千块钱就能买一个电视机。

（24）今朝里的日头晒被卧不干今天的太阳晒不干被子。

表认识情态的“V 得/不 C”可分为两类：一类是句法层面有一个表客观条件的成分，如例（19）的“今朝日头大”和例（20）的“这个地方有山泉”；一类是句法层面没有一个表客观条件的成分，如例（23）和例（24）。

我们认为，表能力和表客观道义情态的“V 得 C”都有可能发展演变为表认识情态。例（23）和例（24）类表认识情态的“V 得/不 C”有可能是由表能力的“V 得/不 C”演变而来。表能力的“V 得/不 C”中，主语（动作的施事）都是指人的成分，当主语是第一人称时，施事者和说话人为同一人，“V 得/不 C”通常理解为表施事者是否具有实现某种结果或位移的能力，句子只能为陈述句，不能为疑问句，如例（1），但当主语是第二或第三人称时，“V 得/不 C”既是对施事者具有实现某种结果的能力的客观叙述，又是说话人对命题的判断，句子既可以是陈述句，又可以是疑问句，如例（2）和例（5）。例（23）和例（24）中，“V 得/不 C”也都是说话人对命题的判断，只是句子的主语都不是指人的成分，但其句法结构跟表能力的“渠吃不脱这那多饭他吃不完这么多饭”“渠挑得一桶水起”很相近，因此，我们认为表对主语（施事）能力判断的“V 得/不 C”（动力情态）经过语用类推，就有可能用于对某一事件现实状况的判断或推测，从而演变为认识情态，即经历了“表能力的动力情态＞认识情态”的演变。

表客观道义情态的“V得/不C”也有可能演变为认识情态。例（19）—（22）与表客观道义情态的“V得/不C”都有一个表客观条件的成分，不同的是，例（12）—（14）中，“V得/不C”的主语（施事）指人，V表示的动作是由这个施事发出的，这类句子不带有说话人的主观态度，而例（19）—（22）中，“V得C”的主语不是指人，V表示的动作也不是由人发出的，但无论例（12）—（14）（客观道义情态），还是例（19）—（22）（认识情态），都是说话人基于上述客观条件所作的判断，只是前者是客观性的，这种判断与客观事实相符或基本一致，因而带有“报导”性，后者是说话人对现实状况的主观推测或判断，因而具有主观性。我们认为，例（12）—（14）的“V得/不C”很容易经过语用类推发展到用于例（19）—（22）的认识情态，即经历了“客观道义情态>认识情态”的演变。

2　V得倒$_2$

2.1　能性述补结构“V得［·tæʔ］倒$_2$［·tau/ tau^{42}］”（否定形式为“V不倒$_2$”）表示的意义有两类：一类表懂得做某事或具备做某事的能力、技能。“V得倒$_2$”中“倒”读轻声“［·tau］”。“V不倒$_2$”的“倒”有两个读音：读本调“［tau^{42}］”，这时“V不倒”有强调不具备完成某个动作或事件的能力、技能的作用；读轻声“［·tau］”，这时“V不倒”是一般地否定，但当“V不倒”用于句末时一般只读本调，例如：

（1）我做得倒里事，你也做得倒$_{我能做的事，你也能做}$。

（2）这个菜你舞得倒不$_{这个菜你会做吗}$？

（3）我家姐姐做得倒鞋$_{我姐姐会做鞋}$。｜我家姐姐做得鞋倒$_{我姐姐会做鞋}$。

（4）我家哥哥舞不倒饭$_{我哥哥不会做饭}$。｜我家哥哥舞饭不倒$_{我哥哥不会做饭}$。

（5）A：这个伢$_{孩子}$走得路倒呗$_{吗}$？

B：还走不倒$_{还不会走}$。

（6）我吃不倒烟$_{我不会抽烟}$。

一类表主语（施事）是否具有达到某个数量的能力，例如：

（7）渠一早晨割得倒一亩田里$_{的}$谷$_{他一早上能割一亩田的谷}$。｜渠一早晨割得一亩田里$_{的}$谷倒。｜渠一早晨一亩田里$_{的}$谷割得倒。

（8）A：你一年寻得十万块钱倒不$_{你一年能挣十万元钱吗}$？

B：寻不倒那多钱$_{挣不到那么多钱}$。

（9）A：奶奶一餐吃得倒一碗饭不$_{奶奶一顿能吃一碗饭吗}$？

B：吃一碗饭不倒$_{吃不了一碗饭}$/吃不倒一碗饭$_{吃不了一碗饭}$。

“V得/不倒$_2$”如果带宾语，宾语的位置都有两种，肯定形式是“V得O倒”和“V得倒O”两种，如例（3），否定形式是“VO不倒”和“V不倒O”两种，如例（4）、例（9）B句。“V得倒$_2$”表示的能力通常是后天习得的，而非与生俱来的，因此，V往往是施事能够控制的动作行为，一般为自主、可控动词，非自主可控动词一般不能进入V的位置，如不能说“困得倒醒会睡觉”“哭不倒不会哭”。

“V得/不倒$_2$”意义已经凝固成一个整体，“倒$_2$”没有实在意义，不能看作一个独立的成分。“倒$_2$”应由能性述补结构“V得/不倒$_1$”中表动作有了结果的动相补语“倒$_1$”语法化而来，应是“倒$_1$”进一步虚化的结果。“V得/不倒$_2$”和“V得/不倒$_1$”形式上并没有什么两样，只是由于语义虚化，“倒$_2$”不再带有表某种结果的意义，因而能性述补结构“V得倒$_2$”和“V得倒$_1$”的语义也有差别：前者表有做某事的能力或懂得做某事，大致相当于“能V”或“会V”，后者则表实现某种结果的可能性。

2.2　“V得/不倒$_2$”表客观情况是否允许实现某动作，为客观道义情态，如：

（10）我里的手痛，洗不倒衣裳/洗衣裳不倒不能洗衣服。

（11）渠里脚好着，将走得路倒/走得倒路他的脚好了，现在能走路。

这类“V得/不倒$_2$”用法很受限制，其表允许实现某动作的“客观情况”在内容上仅限于表人身体或身体部位的情况。因此，例（10）和例（11）如果着眼于动作的施事，“V得/不倒$_2$”看作表有能力做某事或懂得做某事的动力情态也无不可。

2.3　表是否能达到或容纳某个数量的估计、推测，如：

（12）这个屋住得倒四个人这个房子能住四个人。｜这个屋住得四个人倒。｜这个屋四个人住得倒。

（13）这一窝饭吃得倒十个人不这一窝饭能吃十个人吗？｜这一窝饭吃得十个人倒。｜这一窝饭十个人吃得倒。

（14）这只猪卖不倒一千块钱这只猪卖不到一千块钱。｜这只猪卖一千块钱不倒。｜这只猪一千块钱卖不倒。

这类表对表认识情态的“V得/不倒$_2$”应由例（7）—（9）表能力的“V得/不倒$_2$”演变而来。如果说话人将这种对人能否达到某个数量的判断类推到对某种事物能否达到或容纳的数量的判断，就形成了例（12）—（14）类表认识情态的“V得倒$_2$”，即经历了“表能力的动力情态>认识情态”的演变。

3　V得来$_2$

“V得［·tæʔ］来$_2$［·lei /lei^{35}］”表懂得做某事，否定形式为“V不来$_2$”。“来$_2$”一般读轻声［·lei］，但当“不来$_2$”位于句末时，“来”一般读本调［lei^{35}］，如：

（1）这个题目我做得来这个题目我会做。

（2）这个高科技里东西你用得来不这个高科技的东西你会用吗？

(3) 我跳得那个舞来。｜我跳得来那个舞。

(4) 这个伢孩子只几个月，还讲不来话。

(5) 我唱黄梅戏不来。

(6) 这个东西冇吃过，我舞不来这个东西没吃过，我不会做。

(7) 这个［·kOʔ］事做不来这么简单的事不会做吗？又不是七篇文章又不是做七篇文章。

"V得来$_2$"与表懂得做某事的"V得倒$_2$"表示的意义基本相同，例（1）—（7）"V得/不来"都可用"V得/不倒$_2$"替换。但"V得来$_2$"与"V得倒$_2$"用法上有细微差别，即"V得来$_2$"一般用于表抽象的、难度较大的动作或事件，不用于简单的、具体的动作或事件，"V得倒$_2$"没有这个限制。下面句子一般不能说：

(8) *哥哥舞得来饭。

(9) *姐姐洗不来衣裳。

"V得来$_2$"意义已凝固成一个整体，"来"没有实义。"V得来$_2$"与第1节（例6）中由趋向动词"来"充任补语的能性述补结构（记作"V得来$_1$"）在形式上没有两样，带宾语时，宾语的位置也与述补结构"V得来$_1$"相同，即肯定形式有"V得O来"和"V得来O"两种，否定形式有"VO不来"和"V不来O"两种。"V得来$_2$"与"V得来$_1$"表示的意义有差别：前者表懂得做某事，大致相当于"会V"，后者则表实现某种位移的可能性。"V得来$_2$"应由"V得来$_1$"语法化而来，"来"表趋向或结果的语义弱化便形成"V得来"。

4 V得（O）

"V得［·t/ t^5］（O）"的否定形式为"V不得（O）"。"V得/不得"中，"得"为可能补语。"V得/不得"如果带宾语，宾语只能位于整个结构后面，不能位于"V"和"得/不得"之间。"V不得"不带宾语位于句末时，"得"多读本调［tæʔ^5］，带宾语时通常读轻声［·tæʔ］；"V得（O）"则任何情况下都读轻声。

4.1 "V得（O）"表具备做某事的能力，例如：

(1) A：这个伢孩子走得路不？

B：走不得。

(2) 张家老人家吃不得饭，过不倒几多时候张老人家不能吃饭，活不了多久。

(3) 渠吃得饭，困得醒，么事不好他能吃能睡，有什么不好？

(4) 这个伢念得书这个孩子是块读书的材料。

(5) 奶奶一餐吃得一碗饭奶奶一顿能吃一碗饭。

"V得（O）"包含两种意义：一是侧重于表施事者具有某种能力，如例（1），二是侧重于表施事者自身的条件（如身体状况或个性特征）允许做某事，如例（2）—

(4)，以第二种意义多见。当然，这两种意义之间关系密切，不太容易区分，如例（5）既可以理解为表第一种意义，又可理解为表第二种意义。当着眼于"奶奶"长期的一贯的表现时，理解为第一种意义较为合适；当着眼于"奶奶"近期或当下的身体状况时，理解为第二种意义比较合适。"V得"与"V得倒$_2$"表示的意义既相同又不同。第一种意义如例（1）的"V得/不得"可用"V得/不倒$_2$"替换。但"V得"的第二种意义是"V得倒$_2$"不具备的。"V得倒$_2$"多表懂得做某事，往往侧重于表后天习得的技能、技巧等，而这种意义又是"V得"不具备的；例（5）的"V得"如果理解为表第一种意义，则可用"V得倒$_2$"替换，但"V得倒$_2$"有强调"能够达到某个数量"的意思，"V得"只是一般地表示具有某种能力。

4.2 "V得（O）"还表道义情态，可分为两类：一类表客观情况允许做某事，为客观道义情态，如例（6）—（14）；一类表示法律、道义、情理上的可能、可以、允许，为主观道义情态，如例（15）—（19）：

(6) 我胃不好，吃不得。
(7) 渠身体不好，劳操劳不得。
(8) 奶奶病着了，辣不得动不了。
(9) 渠里脚诊好着他的脚治好了，将现在走得路。
(10) 张家老人家病里得下不得床。
(11) 姆妈手胳痛妈妈胳膊痛，做不得事。
(12) 我吃不得辣胡椒，一吃就胃痛。
(13) 王伢在路上跶断脚在小王在路上摔断腿了，回去不得。
(14) A：你今朝回来得不你今天能回来吗？
B：单位有事，回去不得。
(15) 公家里的东西，扒拿不得。
(16) 伤天害理里的事做不得。
(17) 只渠用得渠家爷里钱只有他能用他父亲的钱，别人都用不得。
(18) 车里吃得烟不车里能吃烟吗？
(19) 伢孩子里屋爷娘爹娘住得孩子的房子父母能住。

"V得（O）"表客观道义情态应由表能力的"V得（O）"发展而来，具体说来，是由表施事者自身条件允许做某事的"V得（O）"演变而来。而表主观道义情态的"V得（O）"则应由表客观道义情态的"V得（O）"经过语用推理演变而来。"V得（O）"由"表能力的动力情态＞客观道义情态＞主观道义情态"的演变过程与上述的"V得C"类似。

4.3 "V得（O）"还可表对事件现实状态的判断、推测，为认识情态，例如：

(20) 今朝日头大，晒得被卧今天太阳大，能晒被子。
(21) 这个布劳，做得鞋这个布结实，能做鞋。

（22）这一条路走得车车能通过；兀那一条路坡坡凼凼里坑坑洼洼的，走不得。

（23）这个锄头撼得草这个锄头可以锄草。｜这个笔画不得画。

表认识情态的“V 得（O）”也可分为两类：一类是句法层面有一个表客观条件的成分，如例（20）的“今朝日头大”和例（20）的“这个布劳”；一类是句法层面没有一个表客观条件的成分，如例（22）和例（23）。“V 得（O）”表认识情态既可由表能力的动力情态演变而来，又可由表客观道义情态演变而来，其演变过程应跟“V 得 C”类似，此不赘述。

＊本文得到国家社科基金项目“汉语‘动（＋宾）＋补’语序及相关语法演变研究”【17BYY028】和国家社科基金重大项目“600 年来赣语与官话互动的历史追踪、现状调查与数据库建设”【18ZDA297】的基金资助。

注释：

[1] 本文把情态分为三类：动力情态、道义情态和认识情态。动力情态中，致使事件发生的因素与当事人自己有关，包括其能力（ability）和意愿（volition）。一般认为道义情态中，导致事件发生的因素源自当事人之外，包括上级的允许（permission）、法律所规定的义务（obligation）或是承诺（commissive）。认识情态表达说话者对事件现实状态的判断。参见李宗江、王慧兰：《汉语新虚词》，上海：上海教育出版社，2011 年，第 65～74 页。“Lyons（1977）又将道义情态区分为客观性道义、主观性道义两类。客观性道义是“报导”物质世界或人类社会中存在的某种义务或许可，主观性道义则是说话人‘施加’义务或‘给予’许可。”转引自李明：《汉语表必要的情态词的两条主观化路线》，《语法研究和探索》（十二），北京：商务印书馆，2003 年，第 397～411 页。

[2] “Bybee（1985）采用了一种新的分类，她将情态区分为：以施事为取向的情态（agent-oriented modality）、以说话人为取向的情态（speaker-oriented modality）、认识情态。与根情态、认识情态的二分不同的是：根情态被拆分为两类，一类表示说话人的指令（directive），相当于 Lyons 所说的‘主观性道义情态’，此类被称为‘以说话人为取向的情态’。‘以说话人为取向的情态’与认识情态的相同点在于：它们的辖域是整个命题，与施事并无直接的语义关联。根情态中的其余部分，包括客观性道义、能力、意愿等等，自身就是命题的一部分，与施事或多或少仍有语义关联，因而被称为‘以施事为取向的情态’。”参见李明：《汉语表必要的情态词的两条主观化路线》，《语法研究和探索》（十二），北京：商务印书馆，2003 年，第 397～411 页。

苏南地区孤岛型河南话方言岛比较研究
——以吴江菀坪和丹阳埤城为例

陈晓姣

（山东大学文学院，山东济南，250100）

内容摘要：本文考察了江苏吴江菀坪镇和丹阳埤城镇河南方言岛的语言现状，分析了菀坪河南话、埤城河南话与信阳光山、罗山方言的语音差异以及方言岛内部的新老差异。通过对比吴江菀坪与丹阳埤城河南方言岛的语音特征，发现这些方言岛方言有向当地方言靠拢的趋势，其中，与当地方言融合的程度受方言岛内部人口因素的影响较大。

关键词：河南方言岛；声韵调系统；发展趋势

一、引言

吴江位于江苏省东南部，吴江方言属于吴方言苏沪嘉小片。菀坪镇位于吴江市西北部，这一地区原是东太湖水域淤塞而成的荒滩，清光绪年间，河南及苏北等地的灾民逃难至此围湖造田，遂安家落户。据资料显示，今吴江菀坪来自河南的人口约15000多人，祖籍多是信阳罗山、光山两地。菀坪当地人说的河南话被称作菀坪话。

郭熙（1995，2000）[1]将苏南地区的河南方言岛分为掺杂型、孤岛型和群岛型，认为苏南地区河南方言岛群的“河南话”是在光山、罗山、商城等方言的基础上发展起来的一种“融合性”方言。吴江菀坪河南方言岛属于孤岛型方言，笔者于2017年利用做“语保工程”的机会对这一地区方言进行了深入调查，通过与信阳罗山、光山方言的语音系统进行比较，发现菀坪镇的河南话以罗山方言为主并融合了两地方言的语音特征。根据郭熙（1991）[2]，江苏丹阳埤城河南方言岛同样属于孤岛型方言，其方言是由光山音系发展而来，本文将吴江菀坪河南话与丹阳埤城河南话放在一起进行对比，拟通过两地方言的新老差异，探讨河南方言岛与周边当地方言的关系及发展趋势。

二、吴江菀坪河南话的语音特点

（一）声韵调

1. 声母（24 个）

p 八兵病	p^{h}派片爬	m 麦明		f 飞副饭灰	v 味问温王
t 多东毒	t^{h}讨天甜		l 脑老连路		
ts 资早贼竹争纸	ts^{h}刺草抽拆茶			s 三事山手十	z 热
tʃ 柱主	tʃ^{h}春船权			ʃ 顺书	
tɕ 酒九	tɕ^{h}清全轻	ȵ 年泥		ɕ 想谢响县	
k 高共	k^{h}开	ŋ 熬安		x 好活	
Ø 软月云用药					

古泥来母字今声母相混，泥母在今细音前读 ȵ 声母，今洪音前读 l 声母，个别读 n 或 l 声母，统一记作 l，如：年 ȵian^{55}、老 lau^{24}、脑 lau^{24}、南 lan^{55}/nan^{55}。tʃtʃ^{h}ʃ 与撮口呼相拼，如：主 tʃy^{24}、船 tʃ^{h}yan^{55}、顺 ʃyn^{212}。m 和 k k^{h}与 u 韵母相拼时，声母和韵母之间略带有摩擦音 v，如：木 mvu^{212}、古 kvu^{24}。

2. 韵母（37 个）

ɿ 师丝试十直尺	i 米戏急七一锡	u 苦五骨谷	y 猪雨出橘局
ər 二儿			
a 茶瓦塔法辣八	ia 牙鸭	ua 刮	
ɛ 热北色白	iɛ 写接贴节	uɛ 国	yɛ 靴月
		uo 歌坐过盒活托郭壳	yo 药学
ai 开排	iai 鞋街	uai 怪快	
ei 赔对飞		uei 鬼	
au 宝饱	iau 笑桥		
əu 豆走六绿	iəu 九油		
an 南山半短	ian 盐年	uan 官宽	yan 权软
ən 深根寸灯升硬争衡	in 心新病星	un 滚困	yn 春云
aŋ 糖床王双	iaŋ 响讲	uaŋ 光狂	
oŋ 东用	ioŋ 兄		
ŋ 你			

i 韵母与双唇音 p p^{h}m 和舌面前音 tɕtɕ^{h}ɕ 相拼时，实际读音略带摩擦，接近 ɿ，如：米 mɿ^{24}、戏 ɕɿ^{212}。y 韵母与 ȵ、l 或零声母相拼，声母和韵母之间有摩擦，如：女 ȵʑy^{24}。ɛ 韵母的音值略高，实际是 E。an 在个别情况下实际读音接近 ãn 或者 ã，

如：南 $l\tilde{a}^{55}$。

3. 声调（4 个）

阴平 31	东通百急哭六	阳平 55	门铜皮毒白
上声 24	懂苦鬼讨买	去声 212	动怪寸路地

去声［212］自身动程不稳定，有［213］［312］［21］［12］几个变体形式，依据大多数单字音情况，统一处理为 212。上声［24］有时动程略长，接近［224］。

（二）音韵特点

1. 声母特点

（1）古全浊声母清化，今逢塞音、塞擦音，平声送气，仄声不送气。如：平 $p^{h}i\eta^{55}$、病 $pi\eta^{212}$、头 $t^{h}\partial u^{55}$、逗 $t\partial u^{212}$、才 $ts^{h}ai^{55}$、在 $tsai^{212}$、群 $t\varepsilon^{h}yn^{55}$、掘 $t\varepsilon y\varepsilon^{55}$。

（2）泥、来母部分相混，在遇摄合口一等模韵前都读 l，如：奴＝庐 lu^{55}、努＝鲁 lu^{24}、怒＝路 lu^{212}。

（3）知庄章组大部分字与精组洪音字今声母合流，读作 ts tsʰ s，如竹 tsu^{22}、抽 $ts^{h}\partial u^{31}$、茶 $ts^{h}a^{55}$、争 $ts\partial n^{31}$、抄 $ts^{h}au^{31}$、事 $s\text{ɿ}^{212}$、山 san^{31}、纸 $ts\text{ɿ}^{24}$、十 $s\text{ɿ}^{55}$；遇摄、山摄、臻摄合口三等知章组声母今读 tʃ tʃʰ ʃ，如：猪 $t\text{ʃ}y^{31}$、专 $t\text{ʃ}yan^{31}$、春 $t\text{ʃ}^{h}yn^{31}$。

（4）不区分尖团，精组和见组细音字读 tɕ tɕʰ ɕ，例如：酒＝九 $t\text{ɕ}i\partial u^{24}$，清＝轻 $t\text{ɕ}^{h}in^{31}$，想＝响 $\text{ɕ}ia\eta^{24}$。精组和见组字在遇摄合口三等鱼虞韵前读 tʃ tʃʰ ʃ，如：居 $t\text{ʃ}y^{31}$、举 $t\text{ʃ}y^{24}$、句 $t\text{ʃ}y^{212}$。

（5）日母字有两种读音：一种读作 z 声母，如：热 $z\varepsilon^{212}$、人 $z\partial n^{55}$；另一种读零声母，如：儿 ∂r^{55}、耳 ∂r^{24}、软 yan^{24}、润 yn^{212}。

（6）古影疑母开口一二等字读 ŋ 声母。如：爱 ηai^{212}、袄 ηau^{24}、硬 $\eta\partial n^{212}$。

（7）晓匣母假摄合口二等字、遇摄合口一等字读 f 声母，如：花＝发 fa^{31}，胡＝符 fu^{55} 等。

（8）影云以母梗摄、通摄的部分字读 z 声母，如：用 $zo\eta^{212}$、容 $zo\eta^{55}$。

2. 韵母特点

（1）入声字今读舒声韵。

（2）遇摄合口三等鱼虞韵泥来母、知庄章组和见组字读 y，例如：女 $\text{ȵ}y^{24}$、吕 ly^{24}、猪 $t\text{ʃ}y^{31}$、除 $t\text{ʃ}^{h}y^{55}$、句 $t\text{ʃ}y^{212}$、徐 $\text{ʃ}y^{55}$ 等。遇摄合口一等端系字、合口三等庄组字与流摄相混，如：赌＝斗$_{侯}$ $t\partial u^{24}$、粗$_{模}$＝初$_{鱼}$＝抽$_{尤}$ $ts^{h}\partial u^{31}$。

（3）蟹止摄、山臻摄、宕江摄端系和知系合口字、江摄开口二等字读开口韵，如：对 tei^{212}、吹 $ts^{h}ei^{31}$、短 tan^{24}、乱 lan^{212}、算 san^{212}、孙 $s\partial n^{31}$、桩 $tsa\eta^{31}$、窗 $ts^{h}a\eta^{31}$。

（4）曾梗摄与深臻摄舒声字相混，读前鼻尾，如：沉$_{深}$＝陈$_{臻}$＝澄$_{曾}$＝呈$_{梗}$ $ts^{h}\partial n^{55}$、今$_{深}$＝巾$_{臻}$＝京$_{梗}$ $t\text{ɕ}in^{31}$。

3. 声调特点

（1）平分阴阳，古平声清声母字今读阴平，浊声母字今读阳平。

（2）古全浊上声字今读去声，次浊上声字今读上声。古去声字仍读去声。

（3）古清入和次浊入声字今读阴平，古全浊入今读阳平。

三、河南方言岛语音变化

一般认为苏南地区的河南话是太平天国运动之后河南信阳地区的移民带来的，文献资料记载苏南地区的移民多来自信阳光山、罗山、商城等地，以往由于光山、罗山等地方言大同小异，分析河南方言岛语音特征的发展演变时，移民来源地方言的差异往往容易被忽略，我们认为，正是方言中这些“小异”才能反映出移民接触融合的特征和进程。本文选取河南光山、罗山两地方言材料进行对比，材料来自叶祖贵（2014），同时参考张启焕（1993）的早期材料。

另外，郭熙、蔡国璐（1991）曾报道过丹阳埤城一带河南村方言的情况，文章对比了河南村方言与信阳光山（移民来源）、丹阳埤城方言的声韵调系统，认为河南村方言的音系主要由光山音系发展而来。笔者曾在2016年赴丹阳埤城对当年同一发音人进行调查，发现二十多年来其河南话也发生了一定程度的改变。由于丹阳埤城、吴江菀坪河南话都是由信阳光山、罗山方言发展而来，本文在此一并讨论两地方言的新老差异。事实上，丹阳埤城与吴江菀坪发音人的实际年龄大致相当（63岁），丹阳埤城发音人当年（1991）年龄30多岁，今菀坪青年发音人年龄30岁。对比可以涵盖两个地区方言的新老差异：吴江菀坪老年和青年的语音变异，以及丹阳埤城发音人1991年到2016年的语音变化。下文图表中分别将埤城1991年（参考郭熙1991）的材料称作“埤城（早）”，埤城2016年的调查材料称作“埤城（晚）”，菀坪河南话分别是“菀坪（老/新）”。

（一）声母比较

1．知庄章组字

表1　各点知庄章组字读音

	开口						合口			
	遮	迟	手	站	张	食	猪	水	穿	春
光山	꜀tʂe	꜁tʂʰʅ	꜂ʂəu	tsan꜄	꜀tʂaŋ	꜁ʂʅ	꜀tʂʮ	꜂sei	꜀tʂʰʮan	꜀tʂʰʮen
罗山	꜀tse	꜁tsʰɿ	꜂səu	tsan꜄	꜀tsaŋ	꜁sɿ	꜀tɕy	꜂sei	꜀tɕʰyan	꜀tɕʰyn
菀坪（老）	꜀tsɛ	꜁tsʰɿ	꜂səu	tsan꜄	꜀tsaŋ	꜁sɿ	꜀tʃy	꜂sei	꜀tʃʰyan	꜀tʃʰyn
菀坪（新）	꜀tsɛ	꜁tsʰɿ	꜂səu	tsan꜄	꜀tsaŋ	꜁sɿ	꜀tɕy	꜂sei	꜀tɕʰyan	꜀tɕʰyn
埤城（早）	꜀tsɑ	꜁tsʰɿ	꜂sə	tsan꜄	꜀tsaŋ	səʔ꜆	꜀tsʮ	꜂ɕye	꜀tɕʰyan	꜀tɕʰyn
埤城（晚）	꜀tsɑ	꜁tsʰɿ	꜂sə	tsan꜄	꜀tsaŋ	seʔ꜆	꜀tʃʮ	꜂suei	꜀tɕʰyan	꜀tɕʰyn

开口字各地声母读音比较整齐，除知二庄、知三章蟹摄和止摄合口字，光山话今读ts组，其余读tʂ组；其他方言点合流为ts组。根据叶祖贵（2014）[3]，信阳地区大多数方言都已经ts、tʂ不分，ts、tʂ组有合流的趋势。各方言点合口字声母的读音情况要复杂一些，例如：知组遇摄合口三等“猪”字，光山话读tʂ，埤城早期读ts，罗山话和菀坪青年读tɕ，菀坪老年和埤城今读tʃ；章组山摄合口三等“穿”字，多地读音保持了较大的一致性，除光山话和菀坪老年读tʂʰtʃʰ外，其余各地都为tɕʰ。

表 1 中合口字声母大体有 tʂ、tʃ、tɕ、ts 四种读音，声母读音和韵头密切相关。郭熙（1991）提到，“ɥ 在光山话中除单独作韵母外，还可作韵头，而河南村只作单韵母，不能做韵头”[4]。埤城河南话是从光山话发展而来的，可以看到，当合口呼韵头不能是 ɥ 时，发音部位前移为撮口呼 y，声母随之发生改变，也就是说声母可能经历了“tʂ→（tʃ）→tɕ/ts”的发展阶段。叶祖贵认为，信阳部分方言中遇合三、山合三、山合四、臻合三知、章、日组及见组字读 y 类韵母，“实际上以前应该是 ɥ 类韵母，后受到权威方言（郑州话或普通话）的影响演变而来的”[5]。相比之下，罗山话和菀坪话可能处在中间的发展阶段。可以看到，丹阳埤城河南话与光山话比较一致，菀坪河南话与罗山方言更为接近，这些地区方言知系声母正处在发展变化中。

2. 日母字

表 2　各点日母字的读音

	儿	惹	扰	染	人	如	软	闰	日	肉
光山	꜁ər	꜂ɥe	꜂ʐau	꜂ʐan	꜁ʐen	꜁ɥ	꜂ɥan	ɥen꜄	꜀ər	ʐəu꜄
罗山	꜁ər	꜂ze	꜂zau	꜂zan	꜁zən	꜁y	꜂ȵyan	yn꜄	꜀zɿ	zəu꜄
菀坪（老）	꜁ər	꜂zɛ	꜂zau	꜂zan	꜁zən	꜁y	꜂yan	yn꜄	꜀zɿ	zəu꜄
菀坪（新）	꜁ər	꜂zɛ	꜂zau	꜂zan	꜁zən	꜁zu	꜂yan	zən꜄	꜀zɿ	zəu꜄
埤城（早）	꜁ər	꜂jɑ	꜂jɑu	꜂jan	꜁jən	꜁lu	꜂nyan	nyn꜄	iəʔ꜆	ioʔ꜆
埤城（晚）	꜁ər	꜂zɑ	꜂zɑu	꜂zɑn	꜁iən	꜁ɥ	꜂nyɑn	nyn꜄	꜀zɿ	zəu꜄

日母字大致有三类读音：第一种读作 ʐ 或 z，如：人 $ʐen^{55}$/$zən^{55}$；第二种读零声母，如：儿 $ər^{55}$、如 y^{55}；第三种是 n 或 ȵ，如：软 $nyan^{24}$/$ȵyan^{24}$。早期埤城河南话有入声字，郭熙指出：“河南村没有舌尖后声母。在河南村话中，光山的 tʂtʂʰʂ 分别归入 tstsʰs，ʐ 归入半元音 j（我们作零声母处理）、n 和 l 中。”[6] 如今，入声字“日 $iəʔ^{4}$”和“肉 $ioʔ^{4}$”在埤城河南话中舒化为 $zɿ^{212}$ 和 $zəu^{212}$，这大概是河南村在和周边方言接触过程中受周边当地方言和源方言影响的结果。另外，“软”在各方言点中有零声母、n 和 ȵ 三种读音，根据黄晓东（2006）[7]，“软”在罗山张河为 ȵyɛ̃，罗山周党为 yɛ̃，可见这一组读音也存在变化，但从表 2 中看，埤城河南话的读音与罗山方言有着更大的一致性。

3. 泥来母

表 3　各点泥来母字的读音

	脑	老	怒	路	年	连	女	吕
光山	꜂lau		ləu꜄		꜁ȵian	꜁lian	꜂ɳɥ	꜂ɥ
罗山	꜂lau		ləu꜄		꜁ȵian	꜁lian	꜂ȵy	꜂ly
菀坪（老）	꜂lau		ləu꜄		꜁ȵian	꜁lian	꜂ȵy	꜂y
菀坪（新）	꜂nau	꜂lau	nu꜄	lu꜄	꜁ȵian	꜁lian	꜂ȵy	꜂ly
埤城（早）	꜂nau	꜂lau	lu꜄		꜁nian	꜁lian	꜂ɳɥ	꜂lɥ
埤城（晚）	꜂nau	꜂lau	lu꜄		꜁nian	꜁lian	꜂ɳɥ	꜂lɥ

信阳光山和罗山方言泥母洪音读 l 声母，与来母相混，细音读 ȵ 声母，与来母区分。各点差别较大的是来母字“吕”，在今光山话中是零声母，罗山话中是 l 声母。据陈章太、李行健（1996）：“古泥来母字在信阳话中读为一个声母，其实际音值老年人为 n，中年人为 l，青年人为 n 或 l。”[8]今菀坪老年读音与光山、罗山话整体一致，而青年能够区分泥来母。丹阳埤城河南话遇摄合口一等模韵部分字的声母原本为 n，如今也开始向 l 靠拢，如“怒 nu^{212}→lu^{212}”。光山和菀坪老年发音人“吕”为零声母可以看出 l 声母在发展演变的过程中可能经历了弱化或脱落。

（二）韵母比较

1. 遇摄合口三等鱼虞韵

表 4　各点遇摄合口三等字的读音

	女	吕	徐	猪	除	句	语
光山	꜂ɳɥ	꜂ɥ	꜁ɕi/꜁ɕy	꜀tʂɥ	꜁tʂʰɥ	tʂɥ꜄	꜂ɥ
罗山	꜂ȵy	꜂ly	꜁ɕy	꜀tɕy	꜁tɕʰy	tɕy꜄	꜂y
菀坪（老）	꜂ȵy	꜂y	꜁ɕi	꜀tʃy	꜁tʃʰy	tʃy꜄	꜂y
菀坪（新）	꜂ȵy	꜂ly	꜁ɕy	꜀tɕy	꜁tɕʰy	tɕy꜄	꜂y
埤城（早）	꜂ɳɥ	꜂lɥ	꜁tɕʰɥ	꜀tsɥ	꜁tsʰɥ	tɕɥ꜄	꜂ɥ
埤城（晚）	꜂ɳɥ	꜂lɥ	꜁tɕʰɥ	꜀tʃɥ	꜁tʃʰɥ	tɕɥ꜄	꜂ɥ

遇摄合口三等鱼虞韵泥来母、知庄章组和见组字在光山和罗山方言大致有 i、ɥ、y 三类读音，其中，光山基本为 ɥ 类，罗山基本为 y 类。就韵母 ɥ 或 y 来看，两类读音在埤城河南话、菀坪河南话中也分别一致，埤城河南话与光山话相同，菀坪河南话与罗山话一致。此外，“徐”字各点的韵母有 i/ɥ/y 三种，郭丽（2009）[9]提到湖北黄孝方言“鱼虞韵精泥组字白读是 i，文读是 y”，其中有些字只有文读音 y/ɥ，有些只有白读音 i（“徐” ɕi^{5}），根据孝感方言鱼虞韵的文白异读，文章认为“精泥组中的文读 ɥ 是受西南官话或北京话的影响所产生的新文读”，“泥组精组鱼虞韵读 ɥ、i 是鱼虞相混后产生的异读”。信阳罗山、光山紧邻黄孝片，叶祖贵（2014）[10]提到信阳方言“遇合三、山合三、臻合三精组字主要有 i 类韵母、y 类韵母两种读音形式”，他发现 i 类韵母多是老派读音，y 类韵母为新派读音，根据罗山、浉河等地的读音情况，认为“i 类韵母是早期阶段”。上文提到，信阳方言 y 类韵母应该受到了权威方言（郑州话或普通话）的影响，由 ɥ 类韵母演变而来，如果上述推论准确，那么“徐”的韵母在信阳方言中的大致演变顺序应该为“i→ɥ→y”。

2. 深臻曾梗摄

表 5 各点深臻曾梗摄字的读音

	针	蒸	身	生	今	京	宾	冰
光山	꜀tʂen		꜀ʂen		꜀tɕin		꜀pin	
罗山	꜀tsən		꜀sən		꜀tɕin		꜀pin	
菀坪（老）	꜀tsən		꜀sən		꜀tɕin		꜀pin	
菀坪（新）	꜀tsən		꜀sən		꜀tɕin		꜀pin	
埤城（早）	꜀tsən		꜀sən		꜀tɕin		꜀pin	
埤城（晚）	꜀tsəŋ		꜀səŋ		꜀tɕiŋ		꜀piŋ	

各点曾梗摄与深臻摄开口舒声字读音相混，都读 ən、in 韵，读音特征高度一致。不同的是，早期丹阳埤城河南话梗摄字并入臻摄，如今出现部分臻摄开口字并入梗摄的情况，ən 韵变为 əŋ，如吞 t^{h}əŋ31、恩 $əŋ^{31}$、本 $pəŋ^{24}$；in 韵变为 iŋ，如印 $iŋ^{212}$、病 $piŋ^{212}$、贫 $p^{h}iŋ^{55}$等。根据郭熙（1991）丹阳埤城方言的音系特征，埤城河南话 ən 韵变为 əŋ，in 韵变为 iŋ 与丹阳埤城本地话 əŋ 和 iŋ 对应一致，因此，埤城河南话这一特征可能是发展演变过程中受到埤城本地话影响的结果。

（三）声调比较

信阳处于河南的最南端，《中国语言地图集》将信阳地区方言划归为中原官话信蚌片，主要依据标准是“古入声字的今调类”。今信阳光山、罗山大部分方言无独立的入声调，古全浊入声字今归阳平，古清入、次浊入今归阴平。菀坪河南话与光山话、罗山话整体一致，但是，埤城河南话却存在入声，具体如表 6。

表 6 各点入声字今读

	八	笔	福	各	拉	麦	月	杂	活	读
光山	꜀pa	꜂pei	꜁fu	ko꜄	꜀la	me꜄	ɥe꜄	꜁tsa	꜁xo	꜁təu
罗山	꜀pa	꜂pei	꜁fu	ko꜄	꜀la	me꜄	ye꜄	꜁tsa	꜁xo	꜁təu
菀坪（老）	꜀pa	꜂pei	꜁fu	kuo꜄	꜀la	me꜄	yɛ꜄	꜁tsa	꜁xuo	꜁təu
菀坪（新）	꜀pa	꜂pi	꜁fu	kuo꜄	꜀la	me꜄	yɛ꜄	꜁tsa	꜁xuo	꜁təu
埤城（早）	paʔ꜆	piʔ꜆	꜁fu	koʔ꜆	laʔ꜆	moʔ꜆	ioʔ꜆	tsaʔ꜆	xoʔ꜆	toʔ꜆
埤城（晚）	paʔ꜆	꜂pɛi	꜁fu	koʔ꜆	laʔ꜆	me꜄	yəʔ꜆	tsaʔ꜆	xoʔ꜆	꜁təu

黄晓东（2004）[11]发现罗山$_{周党}$方言存在入声，只不过这一地区“入声无ʔ尾，与阴平的差别只在于调值的高低”。罗山$_{周党}$方言邻近江淮官话，“是江淮官话和中原官话的过渡类型”，丹阳埤城是孤岛型河南方言岛，其方言由光山话发展而来，方言中的喉塞尾入声韵应该是周围埤城本地方言影响的结果。吴江菀坪镇也是孤岛型河南方言岛，周边是吴江方言，有带喉塞尾的入声韵，但菀坪河南话却没有借入，由此可

见，丹阳埤城河南话与当地方言融合的程度较高。具体原因下文再作进一步分析。

表7 各点调值

	阴平	阳平	上声	去声	入声
光山	54	45	324	311	—
罗山	43	45	35（24）	411	—
菀坪（老）	31	55	24	212	—
菀坪（新）	31	55	24	212	—
埤城（早）	42	35	212	31	4
埤城（晚）	42	35	212	31	4

除丹阳埤城河南话的入声调之外，各点调值整体走向比较一致，同时也存在一些细微差别，如菀坪河南话去声［212］的个别单字调接近［312］［21］，上声［24］有时动程略长，接近［224］等。这些方言中声调的变体形式，如阳平的平和升，上声的升和曲折，去声的降（包括先降后平）和曲折等会随着时间、地点的变化，某些特征格外凸显出来，导致一些差异出现。

（四）小结

通过以上分析，可以看出，丹阳稗城河南方言岛的语音变化大于吴江菀坪方言岛，一个重要原因是二者人口数量有巨大差异。笔者于2016年去往丹阳埤城河南村进行调查时，大部分河南移民已经分散到了周边各地，河南村仅剩不到400人，吴江菀坪河南村虽然经历了合并拆迁，但人口相对集中，人口数量也远远多于丹阳埤城，可见与当地方言融合的程度受方言岛人口因素的影响很大。另外，方言岛与周围方言的语音差异也会对源方言产生影响，当语音差异较大，与当地方言无法正常沟通而移民人数又比较少时，移民更容易放弃本方言改用当地方言，或者在本方言中吸收当地方言的某些语音特征，这也能够解释为什么埤城河南话吸收了埤城本地方言中的入声。

四、河南方言岛语音的发展趋势

如今，埤城、菀坪两地孤岛型河南方言岛正受到权威方言或周边方言的影响，源方言特征逐渐消失，例如，信阳方言 n、l 相混，但是河南村方言可以区分；信阳方言 f、x 逢合口呼不能区分，今河南村方言有的能够区分。同时，河南村方言开始带有周边方言特征，例如，埤城河南村有入声，部分臻摄开口字有并入梗摄的情况，与埤城本地话趋于一致。另外，河南村老年人的方言开始被同化，埤城河南村会说标准河南话的人只占少数，其语音成分也已经掺杂了当地方言特征；菀坪河南话保存得相对较为完整，但通过新老差异也能看出向当地方言或普通话靠拢的趋势。以上情况主要有两个社会方面的原因，一方面，河南村的行政归属历经变革，村民来源不再单一，随着新农村发展建设，乡村合并拆迁，人口流动频繁，河南村已不再纯粹。另一方面，村里年轻人与当地人通婚已属常见，且年轻人多外出工作或在城里生活，讲的多是普通话，调查显示，虽然受老一辈影响也会有河南方言的情结，但他们认为在生活中还是权威方言比较实用。

从整体看，河南方言岛语音发生变化的主要原因是语言接触这一外部因素，除人口数量和语音差异对方言间的接触融合影响较大之外，还有一个重要因素是方言岛的类型。根据移民人口的分布情况，方言岛大致可分为掺杂型、群岛型、孤岛型，不同类型方言岛的发展模式和发展趋向既有共同点，也有差异性。共同点是方言岛都要面临与外部其他方言之间的接触和融合，在外部方言的冲击下，方言岛内部语言发生变化或消亡，中间往往都会经历一个弱势方言与强势方言并存的过渡阶段；其次，在方言接触过程中，方言岛内部语音系统的变化都是不平衡的，可能有的变化发生在声母，有的发生在韵母或声调。同时，不同类型方言岛的发展也存在差异性，以黄晓东(2004)浙江安吉县的官话方言岛为例，与本文所述两个方言岛有所不同。首先，安吉境内各种方言岛基本上都是群岛型和掺杂型[12]，除了与当地方言接触之外，方言岛之间也会相互影响；埤城和菀坪河南方言岛属于孤岛型，被周边本地方言或其他方言包围，像是大海中的小岛屿，相较掺杂型、群岛型方言岛更容易受到外部环境因素的影响。其次，浙江安吉县内移民来源广泛，人口数量大，岛内至少包含了河南话、安庆话、湖北话三种官话方言，方言之间的接触，以及源方言与周边方言的接触，会呈现出趋同或多向发展的可能；埤城和菀坪两地河南方言岛内部的语言比较单一，移民源方言与当地方言在方言岛的发展中处于一种此消彼长的关系中。因此，不同类型的方言岛，发展路径可能不同。最后，不同类型的方言岛处在不同的方言包围模式中，由于语音变化的不平衡性，语音系统内部的变化以及变化不平衡性的具体表现也各不相同。

目前已知江苏、浙江等地有多处大大小小不同分布类型的河南方言岛，这些方言岛移民的语言历经几代人发生了不同程度的变化，研究河南方言岛的语言变化及未来发展趋势，对于深入研究语言接触，经济、文化、年龄、语言态度等社会因素对语言变化产生的影响等问题都具有重要参考价值。

＊本文系中国语言资源保护工程“濒危汉语方言调查·江苏吴江菀坪镇河南话”【YB1731A001】、北京语言大学研究生科研创新基金项目（2016）“丹阳埤城河南方言岛今昔对比研究”的阶段性成果。

注释：

[1] 郭熙：《苏南地区的河南方言岛群》，《南京大学学报》1995 年第 4 期，第 120～136 页；郭熙：《苏南地区河南话的归属问题》，《东南大学学报》（哲学社会科学版）2000 年第 4 期，第 95～101 页。

[2] 郭熙、蔡国璐：《丹阳市埤城的河南方言岛》，《徐州师范学院学报》（哲学社会科学版）1991 年第 2 期，第 130～136 页。

[3] 叶祖贵：《信阳地区方言语音研究》，北京：中国社会科学出版社，2014 年，第 55 页。

[4] 郭熙、蔡国璐：《丹阳市埤城的河南方言岛》，《徐州师范学院学报》（哲学社会科学版）1991 年第 2 期，第 133 页。

[5] 叶祖贵：《信阳地区方言语音研究》，北京：中国社会科学出版社，2014 年，第 91 页。

[6] 郭熙、蔡国璐:《丹阳市埤城的河南方言岛》,《徐州师范学院学报》(哲学社会科学版)1991 年第 2 期,第 133 页。

[7] 黄晓东:《浙江安吉县河南方言岛的内部接触与融合》,《语言科学》2006 年第 3 期,第 65 页。

[8] 陈章太、李行健:《普通话基础方言基本词汇集》,北京:语文出版社,1996 年,第 1020 页。

[9] 郭丽:《湖北黄孝方言鱼虞韵的历史层次》,《语言科学》2009 年第 6 期,第 660 页。

[10] 叶祖贵:《信阳地区方言语音研究》,北京:中国社会科学出版社,2014 年,第 93 页。

[11] 黄晓东:《浙江安吉县官话方言岛研究》,北京:北京语言大学博士学位论文,2004 年。

[12] 黄晓东:《浙江安吉县官话方言岛研究》,北京:北京语言大学博士学位论文,2004 年。

海南昌江乌烈军话的单字调与两字组连调

刘新中　吴艳芬

（暨南大学文学院/暨南大学汉语方言研究中心，广东广州，510632；
暨南大学文学院/暨南大学汉语方言研究中心，广东广州，510632）

内容摘要： 本文的主要观察点是单字调系统如何投射到两字组连调中的，同时也是传统方言学的田野调查与实验语音学的实验研究相结合的一个探索。用方言学的调查先行分类，然后根据分类对单字调和两字组连调做了实验研究，对相关数据进行提取、分析，在方言学分类的基础上，用实验语音学的方法为单字调、连调做出一个相对客观的描写。在对单字调数据进行分析时，既要考虑系统，更要注意最小对立，这样就可以有效解决接近声调的区别与分类；在连调分析时，要特别关注单字调在连调中的投射及其具体表现，经过具体分析看到，在乌烈军话中连调表现为两大类：不变调时音节中的声调多为中和，变调时表现为声调异化。

关键词： 乌烈军话；单字调；连读调；中和；异化

一、乌烈军话的语言生存环境

（一）昌江县的地理位置

昌江黎族自治县位于海南省西北偏西部，地跨北纬 18°53′～19°30′、东经 108°38′～109°17′。东西宽 21.5 千米，南北长 75 千米。东与白沙黎族自治县毗邻，南与乐东黎族自治县接壤，西南与东方市以昌化江为界对峙相望，西北濒临北部湾，东北部隔珠碧江同儋州市相连。昌江是典型的热带季风气候区，年平均气温 24.3 ℃，全年无冬，四季如春，日照充足，年平均降水量为 1676 毫米[1]。

（二）昌江县的行政区划

昌江土地总面积 1617 平方公里，其中耕地面积 56.6 万亩；海岸线 63.7 公里，水域面积 8.3 万亩。现辖石碌镇、十月田镇、乌烈镇、昌化镇、海尾镇、叉河镇、七叉镇、王下乡共 8 个乡镇，84 个村（居）委会，179 个自然村。第六次人口普查数据汇总结果显示，昌江县 2010 年总人口为 223839，人口密度为每平方公里 138 人，2010 年末全县总人口 26.5 万，居住着汉、黎、苗等民族，其中黎族人口占总人口的三分之一[2]。

（三）昌江县的历史沿革

昌江是海南岛建置较早的郡县之一。其中对语言分布影响较大的是宋代的昌化军以及明代的卫所。

西汉元封元年，置至来县，属儋耳郡地，昭帝年间属珠崖郡地，东汉建武年间属崖州地。

隋大业三年，以至来县地析义伦、昌化、吉安三县，昌化、吉安设在本县境内。

唐武德元年，置儋州，治义伦，领昌化，同时省吉安入昌化。贞观元年又析昌化县复置吉安县，辖于岭南道。乾元元年废吉安县置洛场县。五代属儋州。

宋熙宁六年，改儋州为昌化军，废昌化并入藤桥镇。元丰三年复置昌化县。南宋端平二年，改昌化军为南宁军，昌化县划归南宁军辖。

明洪武元年，废军复州，昌化县仍属儋州。

民国三年，昌化县易名为昌江县，隶属广东省。1949年12月，昌江县与感恩县合并为昌感县。

1958年12月，昌感、白沙、东方三县合并为东方县（时称大县），隶属海南黎族苗族自治州管辖。

1961年6月，三县又分设，复置昌江县。

1987年12月20日，撤销海南黎族苗族自治州建制，昌江县改名为昌江黎族自治县。

（四）语言与民俗

复杂的人口分布使得人们必须选择一种较为能够接受的话来进行交流。

普通话推广较为普遍，居民日常操用的主要语言还有：黎话、军话、村话、儋州话、海南话、临高话、粤话、苗话等，具有黎锦纺织、黎族制陶技艺、黎族船形屋、黎族文身等丰富的黎族传统习俗以及儋州戏、儋州调声、儋州山歌、黎族三月三、黎族山歌、渔民赛龙舟、昌城琼剧、军话山歌、村话山歌等多种地方特色文化风情。

（五）乌烈镇简介

乌烈镇辖乌烈、长塘、纳凤、峨沟、白石、峨港6个村委会，7个行政村：乌烈村、峨沟村、道隆村、白石村、长塘村、纳凤村、峨港村[3]。

乌烈是昌江黎族自治县辖镇。1961年建乌烈公社，1983年设区，1987年置乌烈镇。位于县境西北部，距县城38公里。面积88.9平方公里，人口2.5万，以黎族为主。有公路通达。农业主产水稻、花生、甘蔗、西瓜，种植蔬菜。

根据2016年的数据，乌烈镇辖区面积共89平方公里，下辖7个行政村，8个自然村。总人口34270（其中，农业人口32385，户数6617），总户数6892，人口密集，并呈黎汉杂居分布状。

（六）昌化江下游的语言分布与语言使用

昌化江下游两岸的族群语言非常复杂，昌化江北岸，乌烈镇上通行军话，昌城乡军话、海南话都有，昌化镇主要是海南话，乡下主要是军话和黎语。

乌烈军话有四种口音，分布在四个村落：乌烈、道隆、长塘、纳风。昌化江下游两岸的语言分布按照“濒危方言点语言生活的调查提纲”可将有关问题总结如下。

昌城讲军话的村落有：电村、新城、昌城、杨柳、咸田、昌化。

乌烈军话被称为军话，自称还是他称都是如此。在乌烈，军话是一个强势方言。

乌烈军话所在村落主要分布在乌烈和昌城两个乡镇，讲军话的人口约22000，除了外来人口和外地嫁来的媳妇，前8位的大姓分别是：钟、符、林、李、范、杨、羊、陈。这些姓氏迁来乌烈的历史有族谱记载。以钟姓为例，族谱记载，钟姓祖先从讲军话的三亚崖城迁来乌烈已经超过200年。

乌烈附近讲军话的村落大概有人口5000，乌烈军话有四种口音，分布在四个村落：乌烈、道隆、长塘、纳风。除了军话，本地操军话的村民还会讲不同程度的儋州话、海南话、黎语、村话（哥隆话）；大部分村民都会讲带有口音的普通话。

解放前本村儿童就读的学校（包括私塾）教师用的教学语言是军话，现在教学语言已经是普通话了。在乌烈、昌城，老年人（60岁以上）、中年人（40～60岁）以及青年人（40岁以下）之间大都使用军话交谈，在乌烈村，老中青三代目前更是用军话进行交流。在乌烈，老中青三代以及平辈之间，目前广泛使用军话交谈。最近这十几年，虽然外来的普通话、海南话影响很大，但是乌烈的小孩最早学会的方言还是军话。

在家庭中，外来的媳妇嫁来乌烈后，也都学会使用军话。在乌烈假如一家三代同堂的话，家里老中青三代与代之间，平辈之间都习惯使用军话交谈。讲军话的人对自己的母语还是有很浓厚的感情，多数人认为军话有传承与继续使用的必要。

军话是平常思考使用的主要方言，当地人心里数东西的时候使用大都使用乌烈军话。

各地军话都有很多不同形式的言语作品，在乌烈也是有很多用军话表达的儿歌、童谣、山歌、故事等。

二、乌烈军话的单字调

（一）乌烈军话单字调的声学表现

乌烈军话有5个单字调，分别是阴平、阳平、上声、去声、入声，入声单独为一个调类，入声塞音韵尾已经消失。具体如表1。

表1　乌烈军话的单字调

阴平	阳平	上声	去声	入声
44	31	42	55	324
[诗]	[时]	[驶]	[试]	[实]

乌烈军话的声调归纳成以上的调类调值，阴平实际上在 33 到 44 之间，阳平和上声音高范围接近，但是变化的形式不同，记为 31 和 42 是为了区别音类，实际调值在非最小对立时，非常接近。下面我们有两个方面的语音实验的说明。首先是声调的直观图。下面是三位中年、老年的乌烈男性发音人的声调直观图，见图 1 到图 4。

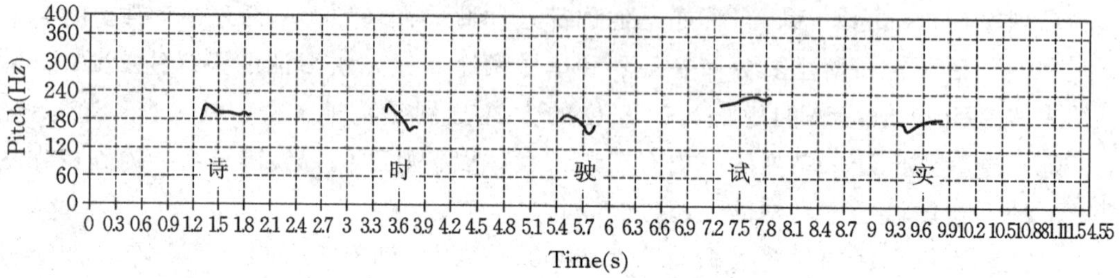

图 1　老男的声调直观图【钟校长】

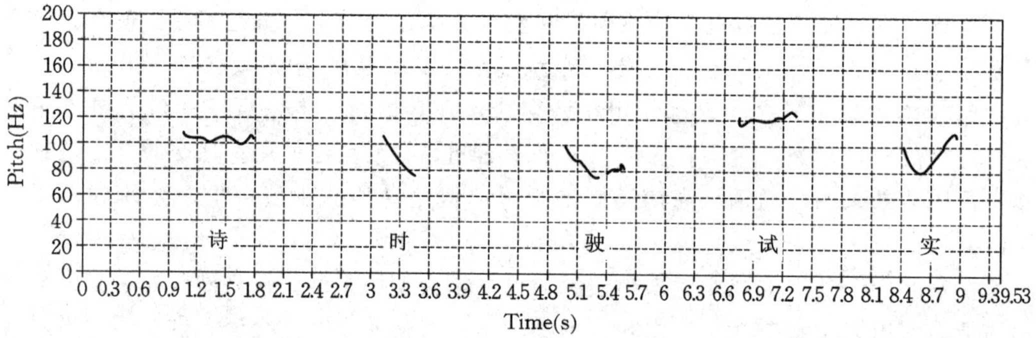

图 2　中男 1 的声调直观图【李老师】

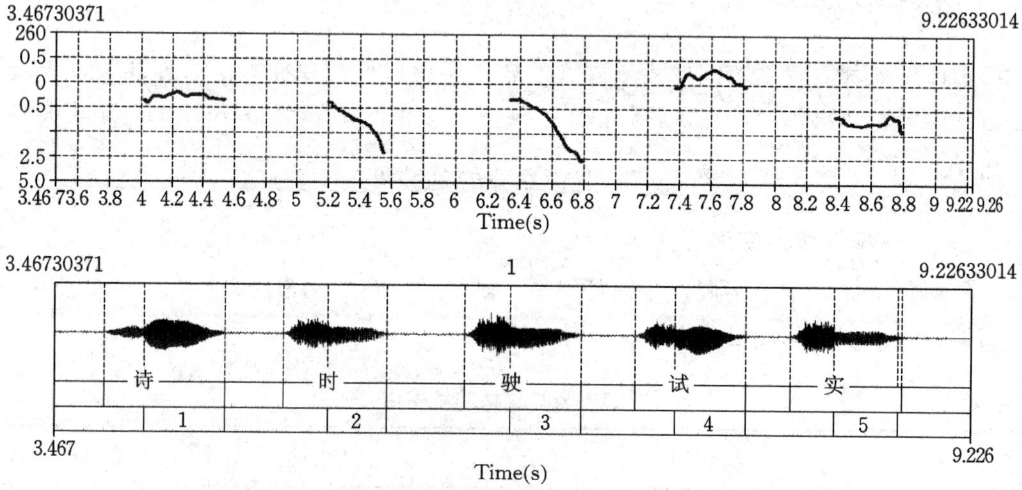

图 3　老男声调综合图【钟校长】

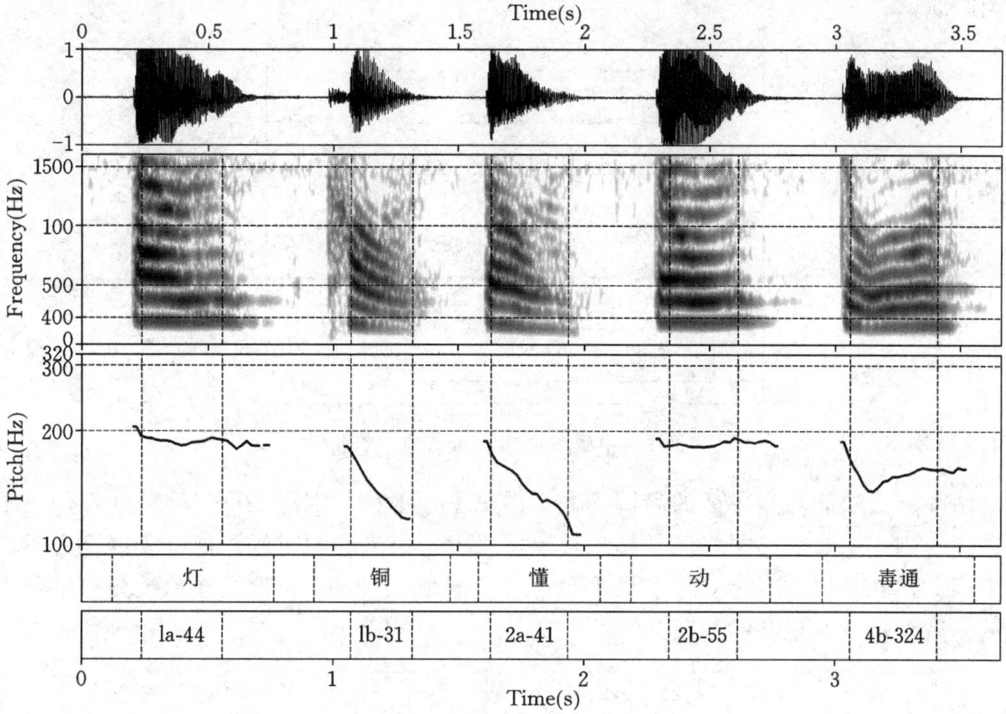

图 4 中男声调综合图【邓老师】

下面是乌烈军话声调数据所呈现的特点，我们还做了有代表性的发音人的声调折线图。

表 2 乌烈军话的单字调音高数据

诗	2.82	2.88	2.94	3	3.06	3.12	3.18	3.24	3.3	3.3
时	1.39	1.36	1.14	0.95	0.88	0.69	0.49	0.27	0.01	0.01
使	2.98	2.78	2.57	2.27	1.86	1.43	1.07	0.76	0.46	0.46
是	4.7	4.77	4.81	4.83	4.84	4.87	4.9	4.95	5	5
试	4.17	4.14	4.09	4.06	4.04	4.04	4.09	4.2	4.35	4.35
事	4.56	4.58	4.61	4.63	4.65	4.65	4.63	4.59	4.52	4.52
职	1.26	1.18	1.1	1.16	1.29	1.43	1.58	1.73	1.88	1.88
石	0.5	0.6	0.79	1	1.18	1.33	1.46	1.6	1.72	1.72

图 5 是综合了《方言调查字表》的声调例字而作出的，从中我们可以看到阳平和上声的区别还是较为清楚的，这是突出了最小对立的声调例子的结果；但是如果不在声调最小对立的情况下，不强调阳平、上声的对立，就会出现非常接近的情况。下面我们将乌烈军话的声调整理，经过 T 值转换后的对数数值，分别做出老男、中男的

声调曲线图。

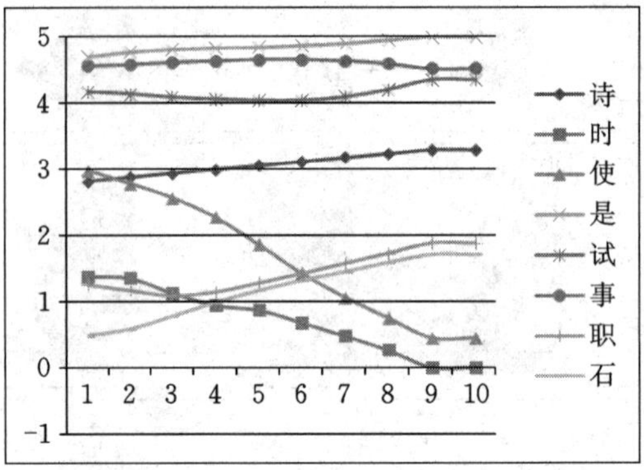

图5　中男声调综合图【钟、李】

图6所反映的乌烈军话的声调，老男的阳平、上声差别还是可以区分的，但是中年男性的则有明显的趋同，但是如果提出阳平、上声来问的时候，他都会区别为不同的声调。这就是说，声调对立在最小对立时是清楚、明显的，但是在系统分布中会有音域、调型接近、重合的情况。

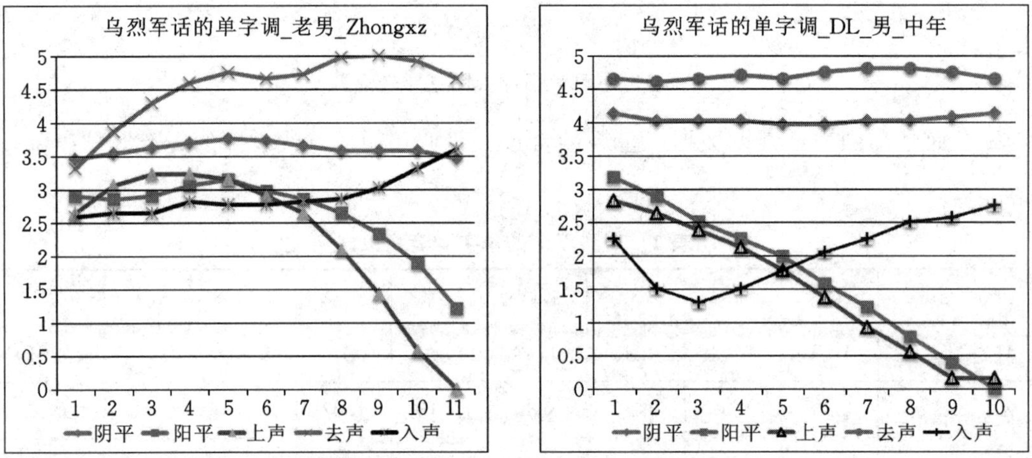

图6　乌烈军话的声调【老男、中男】

根据最小对立，适当调整声调系统中的调值，我们把乌烈军话的单字调总结如下。

表3　乌烈军话的单字调

调类	阴平	阳平	上声	去声	入声
例字	[诗]	[时]	[驶]	[试]	[实]
中年调值	44	31	31	55	324
例字	灯	铜	懂	冻	毒

根据上述的分析，我们把乌烈军话的声调描写如下：

表 4 乌烈军话的单字调的音系描写

阴平	阳平	上声	去声	入声
44	31	42	55	324
h-h	M-L	h-l	H-H	M-l-h

这里我们将 5 度对应于音高描写的符号：1→L，2→l，3→M，4→h，5→H。

（二）乌烈军话单字调的分析

乌烈军话的单字调描写有三个难点：一是阳平和上声的调值描写，二是文白异读；三是单字调声调格局与哪种官话相似。

1. 阳平和上声的调值

阳平和上声的调值非常接近，我们用一组最小对立来区别：驶-时、裸-螺、爬-把、芽-雅、苗-秒、驴-吕、时-使、迷-米、泥-你、犁-李、梅-每、民-敏、忙-蟒、词-此、儒-乳。这一组比较项中，“词-此、儒-乳”相同，这是因为来源和处理上的问题。

冯法强[4]对崖城军话声调的描写如下：声调 5 个：阴平 33、阳平 31、上声 21、去声 55、入声 314。他有三点说明：（1）入声调独立，带嘎裂声，语图上声调曲线中部折断。（2）去声 55 很高，带紧喉色彩。（3）阳平 32 与上声 21 接近，但对立。调值非常接近，但是当地的人认为不同。前两个不是音位特征，不需要特别强调，但是他对阳平与上声的观点与我们的观察基本一致。

2. 文白异读

文白异读主要表现在阳平和去声。

表 5 乌烈军话的单字调的文白读

	阴平	阳平	上声	去声	入声
白读	44	31	42	55	324
文读	44	24	42	53	324

文读多出现在借用普通话的词语中，还有一种情况是文读有明显的人际间的差异，在我们调查的 5 位发音人中，林老师（男，30 岁），阳平和去声的文读有扩大化的情况，其他的发音人还是有较为稳定的白读为主的基本声调格局。

3. 乌烈军话与海南等地军话的声调在音系格局上的比较

下面是几个海南西部几个军话点的声调比较。

表 6 海南西部几个军话点的声调

	阴平	阳平	上声	去声	入声
儋州中和［丘学强］[5]	33	31	51	55	11
	M-M	M-L	H-L	H-H	L-L
儋州中和［冯法强］[6]	33	31	51	55	213
	M-M	M-L	H-L	H-H	l-L-M
乌烈军话［刘新中］	44	31	42	55	324
	h-h	M-L	h-l	H-H	M-l-h
八所军话［丘学强］[7]	33	31	51	24	33
	M-M	M-L	H-L	l-h	M-M
八所军话［符镇南］[8]	33	42	53	24	3
	M-M	h-l	h-l	l-h	M
三亚崖城［詹伯慧］[9]	33	21	11	55	214
	M-M	l-L	L-L	H-H	l-L-h
三亚崖城［丘学强］[10]	33	21	11	55	214
	M-M	l-L	L-L	H-H	l-L-h
三亚崖城［刘春陶］[11]	33	32	21	55	324
	M-M	M-l	l-L	H-H	M-l-h
三亚崖城［冯法强］[12]	33	32	21	55	314
	M-M	M-l	l-L	H-H	M-L-h

上述材料包括了海南西部 4 个不同点军话，它们由北向南间隔分布，从总的情况来看，海南西部各个点的军话，它们声调音系格局表现出较强的一致性：入声自成一类，其他阴、阳、上、去四个调也有较强的一致性特点。阴平多为中平、高平，阳平多为低降，上声以高降、中降为主，去声以高调（高平或者高升）为主。詹伯慧先生在 1959 年发表的文章中，记录崖城军话的阳平 21 调时附注说“韵尾收喉塞音 ʔ”。入声为舒声调 214，附注说“韵母为 i、iːe、u、ua 时，调值为先低平后中平 11 33”[13]。但是除了调值上的差异，单就声调系统组成与声调格局来看，海南岛西部的这些军话的声调系统有较强的一致性。

为了说明海南军话的归属，除了毗邻的相关比较，我们能够观察的就是同为官话系统的西南官话。根据李荣先生主编的《现代汉语方言大词典》的描写，柳州有 5 个声调：阴平 44，阳平 31，上声 54，去声 24，入声 5。成都有 4 个声调：阴平 55，阳平 21，上声 53，去声 213；贵阳也有 4 个声调，阴平 55，阳平 31，上声 53，去声 24。总体而言，乌烈军话的单字调格局与西南官话非常相似。

表 7　乌烈军话与西南官话几个代表点的声调比较

	阴平	阳平	上声	去声	入声
乌烈军话［刘新中］	44	31	42	55	324
	h-h	M-L	h-l	H-H	M-l-h
柳州话［刘村汉］[14]	44	31	54	24	5
	h-h	M-L	H-h	l-h	H
桂林话［李蓝］[15]	33	21	55	35	归阳平
	M-M	l-L	H-H	M-L	l-L
桂林话［唐磊］[16]	33	31	53	25	
	M-M	M-L	H-M	l-H	
贵阳话［汪平］[17]	55	31	53	24	
	H-H	M-L	H-M	l-h	
成都话［梁德曼］[18]	55	21	53	213	
	h-h	M-L	h-l	H-H	
武汉话［朱建颂］[19]	55	213	42	35	
	H-H	l-L-M	h-l	M-H	

从主要的音系格局看，将海南军话划归西南官话桂柳片，应该是合理的。首先阴平调，多数的西南官话是高调或者中高调[20]；阳平多处于音高的低或中低范围，调型为降调；上声多为高调或者中高调，调型为降调；去声落点多为高调，调型高平、高升为主。

冯法强[21]认为，海南军话和桂柳官话一样，都源于明代官话，但是海南军话和桂柳官话也存在一定的差异，他还根据入声的演变，认为，入声分化归阳平，这与西南官话入声分化的情况相同。但是根据我们的调查，“入声分化归阳平”这个观察不适用于乌烈军话，现在还没有看到明确的迹象表明乌烈军话的入声自成一类，并没有合并到阳平中去。

从目前能够对应的材料来看，海南西部的军话的声调音系格局表现出较强的一致性，而它们与西南官话中的桂柳话呈现出较为稳定的对应关系。丘学强[22]讨论了8种军话，按照与“像多数北方方言”的接近程度做了一个排序：八所—崖城—中和—平海—坎石潭—青塘—永安，这里他认为海南的三个点比较接近北方话。这里他说的北方方言与西南官话较吻合，属于南方官话，不是北方官话。

三、乌烈军话的两字组连调

乌烈军话的两字组连调相对简单，下面是5个声调循环组合之后的各个连调的实际情况。我们利用曹志耘主编的《汉语方言地图集调查手册》中的连读变调例词为主，参照了词汇调查中的两字词语，标注、提取两字组的音高数据，进行归一化处理，取每种连调的音高模式。连调的发音人以两位发音人的数据为基础，一位老年男性和一位中年男性。下面我们分别就乌烈军话的两字组连调的情况进行初步的总结。

（一）阴平位于首字

阴平位于首字地位的不变调或基本不变，变化的模式见图7。

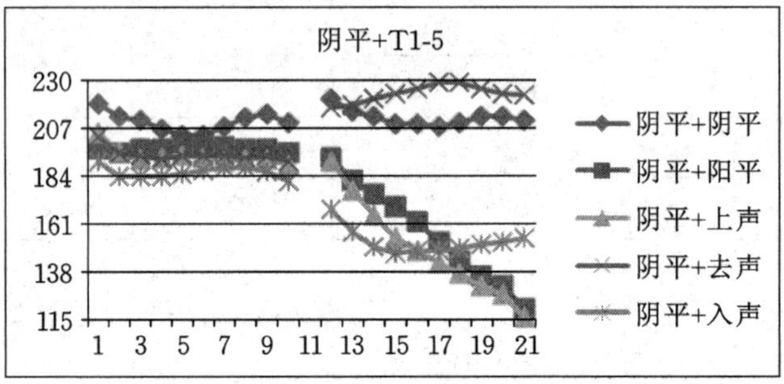

图7　阴平位于首字的两字组连调

阴平位于词首的连调情况，具体如下：

①阴平＋阴平，不变，44＋44→44＋44，如：飞机、东风、开车、当官。这里的不变调44，较单字调略高，记为55＋55也是可以的。

②阴平＋阳平，不变，44＋32→44＋42，如：清明、工人、开门、耕田。这里位于后字的阳平调与下面看到的上声的变化几乎一样，只是阳平的起点和终点比上声的略高。

③阴平＋上声，不变，44＋31→44＋41，如：工厂、身体、乡长、天井。

④阴平＋去声，不变，44＋55→44＋55，如：书记、车票、开店、分配。去声位于末尾的略有一点拱度，听感上还是一个高调。

⑤阴平＋入声，基本不变，44＋324→44＋423，如：钢笔、东北、生日、开学。入声位于末尾时，调头因为受前字的协同发音的影响而比单字调的抬高了，而调尾又较单字调为低，但是保留了上升的形式。

（二）阳平位于首字

阳平位于词首时连调情况见图8。

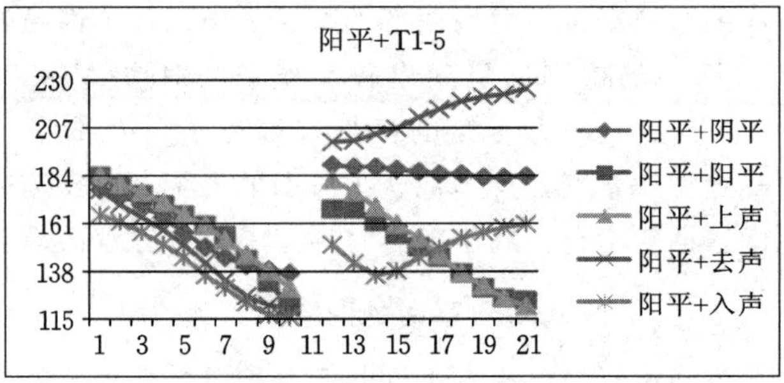

图8　阳平位于首字的两字组连调

阳平位于词首时连调情况具体如下。

①阳平＋阴平：基本不变调，31＋44→32＋33，如：农村、良心、骑车、爬山。由于后接阴平是高调，因此阳平原本较低的落点被抬高了，由 31 变为 32，但是听感上还是一个低降调，因此是基本不变。

②阳平＋阳平，不变，31＋31→31＋31，如：眉毛、农民、皮鞋、围裙。两个阳平相连，前字保持了单字调的调型，后字的调头略低于单字调的调头，但是并不改变低降这一调型。因此定义为不变。

③阳平＋上声，基本不变，31＋41→32＋31，如：牙齿、门口、团长、长短。阳平、上声在单字调中调型接近，连读时调型依然较为接近，但是有区别：位于词首的阳平落点比位于词尾的上声要高，但分别与它们的单字调相对而言，还是基本不变。

④阳平＋去声，基本不变，31＋55→32＋44［45］，如：名字、毛病、排队、同意。阳平后接去声时，调头降低了一些，而后接的去声原本是一个高平调，但是因为起点被拉低了，调型变成了高略升的调，但是音高变化在高的范围，因此界定为基本不变。

⑤阳平＋入声，基本不变，31＋324→31＋3233，如：毛笔、头发、同学、茶叶。阳平后接入声时，调头略低于单字调的阳平，跟在阳平后面的入声，声调调型的前面部分与单字调时相同，但是后面的升幅较为平缓，为了反映后面平缓上升的过程，记为 3233，并不是说后面是一个平调，而强调的时主调型是后面的较为平缓的 23。

（三）上声位于首字

上声位于词首时连调情况见图 9。

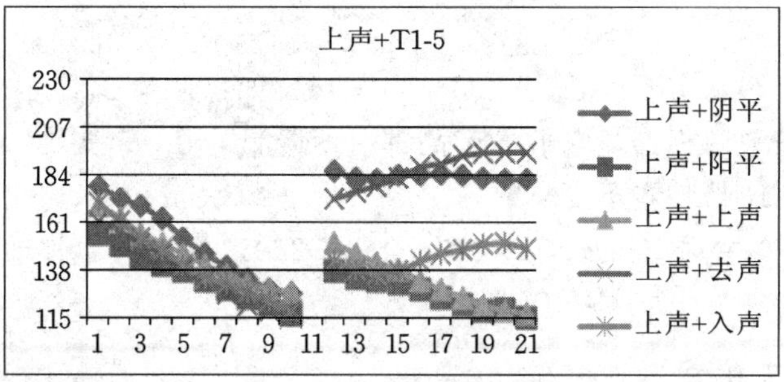

图 9 上声位于首字的两字组连调

上声＋阴平的总的情况还是不变调，维持这种不变的微调还有不同的情况，具体如下。

①上声＋阴平，基本不变，41＋44→41［42］＋44，如：火车、点心、比方、打针。

②上声＋阳平，基本不变，41＋31→31＋21，如：水池、草鞋、倒霉、检查。

③上声＋上声，基本不变，41＋41→31＋31，如：手表、厂长、起码、管理。

④上声＋去声，基本不变，41＋55→32＋55［45/54］，如：水稻、水库、海带、古代。

⑤上声＋入声，基本不变，41＋324→31＋324，如：粉笔、赌博、转业、死活。

（四）去声位于首字

去声位于词首时连调情况如图 10。

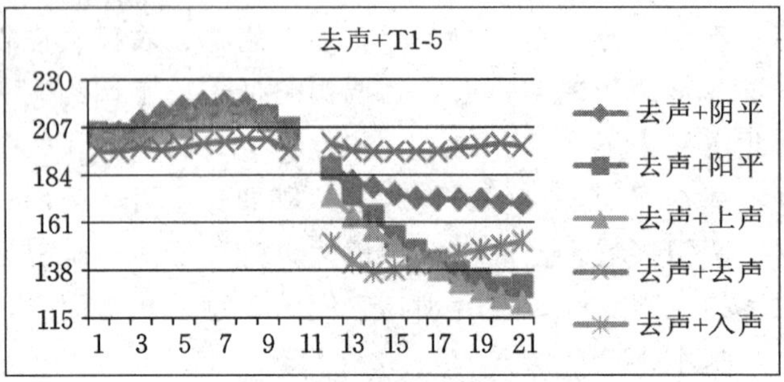

图 10　去声位于首字的两字组连调

去声＋阴平总的来看是基本不变调，但是位于词首的去声的调型都有略微的先升后降的情况，这主要是为了适应后接低调的协同发音问题，具体情况如下：

①去声＋阴平，基本不变，55＋44→454＋33，如：坐车、动工、汽车、背心、地方、用功。为了与前面高调相区别，阴平略低，约为 33 调，但是与 44 没有对立，因此视为基本不变。

②去声＋阳平，基本不变，55＋31→454＋41，如：象棋、坐船、算盘、过年、大门、调查。

③去声＋上声，基本不变，55＋41→454＋31，如：动手、道理、报纸、进口、代表、户口。

④去声＋去声，基本不变，55＋55→44＋44，如：制造、对待、会计、意见、政治、孝顺。两个高平调相连，它们的音高都有所降低，由 55 变为 44，但是并没有形成新的调型，因此还是基本不变。

⑤去声＋入声，基本不变，55＋324→454＋324，如：道德、动物、政策、副业、办法、树叶。

（五）入声位于首字

入声位于词首时连调的情况或多或少地发生变调，具体情况见图 11。

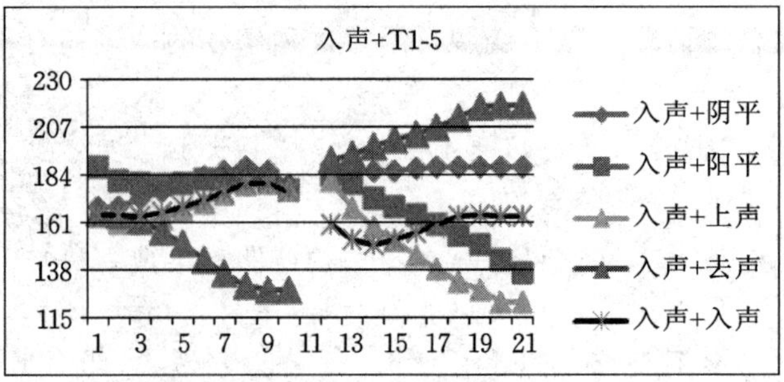

图 11　入声位于首字的两字组连调

乌烈军话的入声不分阴阳，合并为一个调，单字调为324；当入声位于词首时，后接中、低调时，入声由324变为上声调34；后接高调时，入声变为21，具体如下：

入声＋阴平：324＋44→34＋33，如：北京、北方、立冬、读书。

入声＋阳平：324＋31→34＋32，如：骨头、发财、渔民、石头。

入声＋上声：324＋41→34＋41，如：黑板、发火、日子、石板。

入声＋去声：324＋55→21＋35，如：发动、落后、发票、力气、白菜、铁路、立夏、实现。

入声＋入声：324＋324→34＋324，如：节约、出血、墨汁、白色、作业、节日、目录、学习。

四、小结

关于两字组连调，首先是确定连读与单字调的关系。哪些变调，变调的模式是什么；哪些不变调，连读调基本不变调的情况下，单字调如何投射到连调中去。单字调的声调格局所反映的军话的官话性质，与西南官话关系密切。两字组连调的类型分为两种。一是不变调，包括基本不变。具体表现为单字调调值在两字组连调中的投射，为了协同发音所表现出的中和，即两种声调在调型和音高域方面在保持自身原调的基础上彼此接近。二是异化的变调模式，在音高和调型方面都增强区别度。这一类主要是入声位于词首的连调。

此外我们还看到，同样的连调模式不会因为结构的不同而改变连调模式，这就是说，乌烈军话的连调与句法结构关系不大。

*本文得到如下项目的支持：(1) 广东粤、闽、客方言韵律特征研究（18BYY187）；(2) 粤方言语音特征的实验语音学研究，2014年度国家社科基金一般项目（14BYY038）；(3) 中国语言资源保护工程濒危汉语方言调查·海南东方付马话项目（YB1618A009）。

注释：

[1] 资料来源：http://www.changjiang.gov.cn/cjgov/zjcj/200911/t20091105_32218.html，以及《海南省行政区划代码(2006年4月)》整理。

[2] 资料来源：http://www.changjiang.gov.cn/cjgov/zjcj/200911/t20091105_32218.html，以及《海南省行政区划代码(2006年4月)》整理。

[3]《海南省行政区划代码》，2006年4月。

[4] 冯法强：《论海南军话的来源和归属》，《广西师范大学学报》(哲学社会科学版)2017年第3期，第77页。

[5] 丘学强：《军话研究·军话音系》，北京：中国社会科学出版社，2005年，第53～66页。

[6] 冯法强：《海南儋州中和军话音系》，《海南广播电视大学学报》2017年第1期，第42页。

[7] 丘学强：《军话研究·军话音系》，北京：中国社会科学出版社，2005年，第53～66页。

[8] 符镇南：《海南岛西海岸的村话》，《民族语文》1983年第4期，第70页。

[9] 詹伯慧：《海南岛"军话"语音概述》，《语言学论丛》第3辑，上海：上海教育出版社，1959年，第127～149页。

[10] 丘学强：《军话研究·军话音系》，北京：中国社会科学出版社，2005年，第53～66页。

[11] 刘春陶:《崖城军话的类型特点及其形成原因初探》,《海南大学学报》(人文社会科学版)2013年第6期,第73页。

[12] 冯法强:《论海南军话的来源和归属》,《广西师范大学学报》(哲学社会科学版)2017年第3期,第76页。

[13] 詹伯慧:《海南岛"军话"语音概述》,《语言学论丛》第3辑,上海:上海教育出版社,1959年,第127～149页。

[14] 刘村汉:《柳州方言词典·引论》,南京:江苏教育出版社,1995年,第6页。

[15] 李蓝:《西南官话的分区(稿)》,《方言》2009年第1期,第72～78页。

[16] 唐磊:《桂林官话声调实验研究》,西北师范大学硕士学位论文,2016年,第14～14页。

[17] 汪平:《贵阳方言词典·引论》,南京:江苏教育出版社,1994年,第5页

[18] 梁德曼:《成都方言词典·引论》,《方言》1993年第1期,第6页。

[19] 朱建颂:《武汉方言词典·引论》,南京:江苏教育出版社,1995年,第8页。

[20] 李蓝:《西南官话的分区(稿)》,《方言》2009年第1期,第72～78页。

[21] 冯法强:《论海南军话的来源和归属》,《广西师范大学学报》(哲学社会科学版)2017年第3期,第77页。

[22] 丘学强:《军话研究·军话音系》,北京:中国社会科学出版社,2005年,第53～66页。

对大学生方言保护意识培养的思考

贾迪扉

（华中师范大学语言与语言教育研究中心，湖北武汉，430079/
华北水利水电大学外国语学院，河南郑州，450046）

内容摘要： 方言作为一种语言资源受到越来越多的关注，方言保护是“中国语言资源保护工程”的重要内容。就目前我国的语言生态看，方言保护还面临不少的困难和挑战。而培养大学生方言保护意识，对于保证语言生态健康地向前发展，有效地传承方言文化，具有重要意义。关于大学生方言保护意识的培养，可以从三个方面着手：一是认识方言保护意识培养的必要性，二是采取必要的切实可行的培养措施，三是注意把握好尺度并做好因势利导工作。

关键词： 方言保护；大学生；方言文化

随着新世纪人们对语言多样性认识的提高，方言作为一种语言资源受到越来越多的关注，方言保护问题成为2015年由教育部、国家语委牵头正式启动的“中国语言资源保护工程”（以下简称“语保”或“语保工程”）的重要内容。就目前我国的语言生态看，方言保护不仅任务非常紧迫，而且面临不少的困难和挑战。相对于“语保”专家的保存工作（语言资源调查、建档等）而言，学界更关心甚至担忧的问题是如何使语言生态健康地向前发展，有效地传承方言文化。

本文拟从大学生方言保护意识的培养这一视角来探讨该问题，并围绕以下三个方面展开：方言保护意识培养的必要性，方言保护意识培养应采取的措施，方言保护意识培养过程中需要注意的问题。

一、方言保护意识培养的现实需要

自上世纪五十年代以来，我国长期坚持以推普工作为核心任务的语文政策，并取得了重大成就。截至目前，除个别偏远地区外，普通话已达到基本普及的程度，不同方言区之间交流的障碍已基本消除。但与此同时，由于过去认识的偏差，一味强调推普而忽视方言地方文化载体作用的倾向普遍存在，导致大多数地区的方言面临迅速萎缩的局面。尤其是改革开放以来，随着普通话作为全民通用交际工具重要性的日益突显，方言消退的速度之快和强度之高令人始料不及。

就目前在校的大学生而言，他们大多出生于我国普通话推广进入高潮的九十年代末。从幼儿园、小学、中学一直到大学，他们在正式场合接触到的，不管是课堂教学语言，还是影视报刊媒体语言，基本上是普通话，在非正式场合使用的家庭交际用语也有相当一部分放弃方言改用普通话，城市家庭（主要是地级及以上城市）这方面表现得尤为突出。可以说，方言使用环境的急剧萎缩，致使当今大学生对自己家乡方言的态度和使用等方面发生了一系列深刻的变化。主要表现为：

一是对家乡话越来越漠视。在官话方言区，除东北官话等少数强势方言外，中原官话、冀鲁官话、晋语等多数方言区普遍存在方言自卑意识。随着普通话的日益深入人心，这种自卑意识越来越强，甚至出现完全否定方言的倾向。根据笔者对郑州市5所地方高校河南籍大学生的调查显示（发放调查问卷500份，收回461份），54.6%的学生认为自己的方言“土”，没有普通话悦耳动听。经常有学生这样评价自己的家乡话：平时也没有觉得自己的话不好听，一经录音才知道自己的话这么“艮（硬）”。36.4%的学生对方言的前途持无所谓态度，高达24.3%的学生甚至认为方言没有保护价值，近31%的学生平时只选择普通话进行交际。最新的调查表明，非官话区也是越来越多的青年学生更倾向于选择使用普通话交流。

二是方言交际能力断崖式下降。且不说一部分城市长大的学生基本不具备方言表达能力，就是认为自己说了家乡话的绝大部分学生，实际上所说的方言也是变异了的，或者说是严重缩了水的，语音、词汇、语法三个方面已与普通话或地区权威方言日益趋同。即使是方言交际氛围较好的东南各方言区的情况也不例外。鲍明炜早在1980年就指出了南京方音向普通话靠拢的趋势[1]。钱乃荣也曾对上海话进行过调查。新时期以来，上海方言声母、韵母、调类几乎缩减了一半，大量的方言特征词，在青年人嘴里已经基本消失，以致沪剧滑稽剧要选择青年演员都发生了严重的危机[2]。湘方言、闽方言等也无不面临同样的问题。

官话区自然更不在话下。拿河南境内中原官话区的情况来说，除了调值系统外，其余皆与普通话日益趋同。方言词语从这一代大学生身上大量丧失，即使是方言特征词也未必能灵活使用，而大量典型的方言语法特征消退的强度也不容忽视。如流行最广的特征词“中”在许多大学生口中已经变成了“好/行”（除非创设“这中不中?”之类的方言语境）。豫北地区的谓词变韵、子变韵，豫南信阳方言的特殊比较句式、双宾语句式等典型的方言语法现象，在很多大学生身上已基本消失甚至完全消失。总之，方言的表达功能在这一代大学生身上急剧退化已成为一个不争的事实。

三是方言代际传承面临断裂的危险。家庭作为方言的最后领地，其根基已经产生动摇。因为自上世纪九十年代开始，普通话的普及已从政府的有意推广逐步变成人们的自觉追求。这促使越来越多的家庭让孩子从小单一选择使用普通话进行交际。城市来的学生，其家长受教育程度高，相对更关注孩子的成长，为了让孩子走向更大的舞台，他们会主动创设普通话交际的语境条件。即使自己平时使用方言，当与孩子交流时也会尽量用普通话。这必然导致使用方言的群体萎缩、方言传承难以为继的局面。可以预见，随着今天城镇一体化进程的快速发展，农村初中、小学的萎缩，大量农村学生进入县城、市区，方言代际传承的断裂问题无疑会进一步加剧。

大学生身上表现出来的这种深刻变化，必然会给方言文化的传承带来很大的冲击。不难想象，当大家都不再说方言的时候，诸多优秀的传统剧种、民间文学、民间曲艺形式等也就失去了存在的理由。可以说，挽救和保护方言，使方言文化得以传承的问题，目前已到了刻不容缓的地步。

我们认为，学校既然可以作为推广普通话的前沿，那么同样也可以作为方言文化传承的前沿，地方高等院校尤其如此。因为相对于中小学而言，地方高校具有明显的优势：(1) 作为普通话、方言共用并存的集中场所，高校的语言生态相对和谐。部分学生随着社会化程度的提高，有重新拾起家乡话的态度倾向。(2) 许多院校开设有现代汉语课程或普通话课程，部分大学生对我国新时期的各项语文政策和工作任务有一定的了解。(3) 我国“语保工程”的主力军集中在各地方高校，利用“语保”团队的工作实践有利于影响和感染身边的大学生。

以地方高校作为方言文化传承的排头兵，充分利用相对有利的语言生态条件，积极培养大学生的方言保护意识，对于方言文化的有效传承不仅是必要的，而且是大有可为的。

二、方言保护意识培养的具体措施

为了更好地发挥地方高校在“语保”工作中排头兵的作用，让更多的人参与到“语保工程”建设中来，加强对大学生方言保护意识培养的工作势在必行。笔者认为应采取以下具体措施：

（一）加强我国语言政策、法令的宣传力度

其一，继续加强推普宣传。尽管我国的推广普通话政策、法令早已深入人心，但在新的历史条件下，推普工作依然面临着严峻的挑战与艰巨的任务。就国家语言战略而言，只有进一步强化普通话作为通用语的地位和实际社会功能，才能更好地发展先进文化，增强国家民族的凝聚力，维护社会的高效交际。也只有努力打造强大的国家通用语言，才能从根本上改变国家语言能力不足的状况，才能从容应对世界上其他语言的发展战略等。就大学生个人而言，只有练就一口流利的普通话，才能融入更广泛的社会，实现自身的人生价值。

其二，加强新时期的“语保工程”宣传。随着经济社会文化生活的快速发展，“我国已从过去长期突出推广普通话，狠抓语文规范化进入到‘推广和规范使用国家通用语言文字’和‘科学保护各民族语言文字’两大语言政策齐抓并举的阶段”[3]。新的阶段，有新的任务。尤其是将方言视为语言资源这样的新认识，同学们需要时间去消化和理解。如何有效地宣传方言资源保护的意义，使同学们广泛接受“语言资源”这一理念，并唤起自觉保护方言资源的意识就显得非常重要。

为加强“语保工程”宣传的感染力和说服力，应充分利用地方高校“语保”工作的实践开展不同方式的讲座。有条件的，可以让本校参与“语保”工作的老师开展这一活动；没有条件的，可以在接受校外“语保”专家的指导并利用其“语保”工作实践成果开展这一活动。活动过程中要注意充分利用保存、整理的各类方言录音、录像材料，让同学们深切体会方言存在的价值。

（二）引导大学生关注自身的语言生活

构建和谐的语言生活是我国新世纪语言文字工作的总目标，引导大学生对这一问题尤其是对普通话与方言并存分用过程出现问题的关注，对于他们方言保护意识的培养具有重要意义。笔者认为，目前情势下应特别强调以下两点：

其一，引导同学们正确理解普通话与方言的关系问题。二者的辩证关系正如李荣先生所说："普通话在方言之中，又在方言之上。"[4]普通话在方言之上，意思是说，普通话作为民族共同语具有不可替代的崇高地位，在社会语言生活中发挥着重要的全局性作用；普通话在方言之中，意思是说，普通话本质上也是方言（就语音标准而言，普通话就是北京方言；就词汇标准而言，普通话就是北方方言；就语法标准而言，普通话就是权威的社会方言），同时又与其他地域方言相互影响，相互补充，推广普通话并不意味着要消灭方言。其二，引导同学们在私人场合自觉使用方言进行交际。要做到这一点，需要及时引导同学们消除由过分强调推普带来的两种糊涂认识。观点一：认为说方言太"土"，说普通话才算得上"文明"。推普标语"说普通话，做文明人"就是这种偏激认识的典型写照，其危害是将同学们引向排斥方言的"歧途"。观点二：认为说方言会影响普通话水平，方言与普通话差别大的地方一旦习得就难以纠正。事实证明这个观念是错误的，因为拥有双语双言能力是世界上大部分人的常态。只有引导同学们打破这种认识误区，才有利于帮助他们树立科学的语言观，正确看待方言独特的地域文化价值和语言学价值，保证方言交际的有效进行。

（三）开展多种多样的方言文化活动

针对大学生接受能力强、活泼好动的特点，加强对高校方言社团的专业指导，并积极开展一系列方言文化活动，不仅有利于创设方言交流的氛围，而且有利于强化同学们对家乡话的感情认同和方言表达能力。

其一，以方言社团成员为主力军，围绕方言文化建设的主题开展活动。方言社团在高校并不少见，但这种自发的团体往往因业余兴趣而起，目标不够明确，活动的开展也较为随意。具体表现为：成员聚集在一起分别介绍自己家乡话的几个典型的特征词，或播放几段介绍地方风俗文化的视频等。这种活动往往因流于形式而效果不佳。只有加强对社团的专业指导，开展真实、有效的方言文化调查，才能使同学们在活动中得到实际锻炼。

每次活动之前要制订明确的目标，并精心设计活动方案。坚持先调查后汇报的基本原则，采取灵活多变的形式开展活动，如乡音朗诵比赛、方言故事大会等。适当的条件下，还可以组织观赏专业的地方曲艺表演等，让同学们集体接受地方文化的熏陶，切身感受地方文化的魅力。

其二，充分利用新媒体，让更多的大学生参与到方言保护的建设中来。我们处在互联网时代，在校大学生是最活跃的网民群体。充分发动大学生利用网络参与到方言保护的建设中，不仅可以激发同学们的工作热情，使他们获得满足感、成就感，而且可以为"语保工程"建设节约成本，并产生良好的社会宣传效应。

活动可以采用多种形式，既可以照实记录，发在博客或微信圈，也可以利用手机录音、录像、拍照，发表在网上。有条件的还可以主动联系“语保人”，直接为“语保”工作提供语音资料、风土人情的图片和视频等。另外，还应鼓励同学们参与语言地标网站“乡音苑”的建设，使更多的在校大学生成为愿意为方言文化的传承贡献一份力量的志愿者。

三、方言保护意识培养的心理把控

在高校采取切实可行的措施，借以促进大学生方言保护意识的回归，让更多的人参与到语言保护工程的建设中来无疑是正确的。但掌握好措施尺度，把控好心理因素，做好因势利导工作，这也是必需的。应特别注意以下两个方面的问题。

（一）充分尊重个人意愿

无论是宣传语言政策，还是开展“语保”活动，都必须坚持以人为本的原则，充分尊重个人的意愿。不管方言能力强的，还是方言能力较弱的，甚至仅会说普通话的（随着自身社会化程度的提高，有可能重新拾起家乡话），只要对方言文化传承有兴趣，我们一律持欢迎态度。对方言文化传承不热心的，即使我们没能引导其走向方言保护之路，同样也应该给予充分的理解和尊重。在目前形势下，让全民自觉参与方言保护应该还只是一些语言学家的理想。

一般而言，对方言不感兴趣的往往是没有方言交际能力的同学（至少是方言能力较弱的），他们单一选择普通话作为交际工具主要源于家庭的安排，其目的也无非是为了更好地实现人生价值。语言选择自由是我们每个人享有的一项基本权利，无论选择普通话还是方言作为第一习得语，皆无可厚非。我们既干涉不了同学们的语言选择权，也干涉不了他们的语言生活。我们能做的只能是因势利导，因为我们培养的是具有方言文化传承意识的志愿者，不是专业的“语保人”。不然，就会制造语言生活中新的矛盾点，与构建和谐语言生活的目标背道而驰。

（二）及时消除不安心理

方言保护意识培养过程中，要注意及时消除学生的不安心理。部分使用普通话较多的同学，担心使用方言会影响自己的普通话水平，因此顾虑重重；而部分热心“语保”的同学，往往会对方言生存危机过于焦虑，对推普工作产生消极情绪，甚至将方言的衰微归咎于推普。

针对前者，重在鼓励。用世界上大多数人的双语事实鼓励同学们放心使用方言，并使他们进一步明白，“随着普通话的推广、外语教育普及以及语言接触频繁，双语双言人越来越多”[5]。使用双言不仅有利于多样性文化的有效传承，而且“能培养出更有智力优势也更有交际能力优势的孩子”[6]。针对后者，重在疏导。以语言日趋大同的世界形势引导同学们不必杞人忧天，并使他们明白，语言保护能做到的，除了专家抢救性的保存工作外，还应尽可能延缓方言消失的速度，使之以活态形式继续传承地方文化。

总而言之，无视方言危机，任由其自生自灭的态度要不得；一味强调方言的地方特色，并因此排斥普通话推广的态度同样应当摒弃。

* 本文是教育部人文社会科学重点研究基地重大项目“湖北方言及汉语方言语法比较研究”【17JJD740007】的阶段性成果。

注释：

[1] 鲍明炜：《六十年来南京方音向普通话靠拢情况的考察》，《中国语文》1980年第4期，第241～269页。

[2] 钱乃荣：《论语言的多样性和“规范化”》，《语言教学与研究》2005年第2期，第1～13页。

[3] 詹伯慧：《杂议语言资源的开发、利用和保护》，《学术研究》2017年第9期，第168～171页。

[4] 李荣：《普通话与方言》，《中国语文》1990年第5期，第321～324页。

[5] 郭熙：《七十年来的中国语言生活》，《语言战略研究》2019年第4期，第14～26页。

[6] 刘丹青：《差别化政策是语言保护工作的迫切任务》，“首届世界语言资源保护大会”（中国长沙）发言稿，中国社会科学院语言研究所网站，2018年。

【语言学研究】

湘西山江苗语特殊“形名”结构的语序类型及产生动因

唐贤清　吴秉承

（湖南师范大学文学院/南方语言文化研究中心，湖南长沙 410081；
湖南师范大学文学院/南方语言文化研究中心，湖南长沙 410081）

内容摘要：苗语是典型的SVO型语言，其蕴含形名结构的语序应为“修饰语位于中心语后”。湘西山江苗语“形名”结构存在NA、AN两种语序形式，两种语序具有多种表义功能。文章主要从语序类型的角度分析两种语序的不同用法，并讨论以上语序特征的产生动因。

关键词：苗语；形名结构；语序

一、引言

湘西山江苗语“形名”结构的语序是指形容词与名词之间组合的不同顺序。山江苗语中的形容词与名词之间的语序类型有以下两种情况：一是AN型，是指同一语义关系的表达在苗语中有一种“形容词在前、名词在后”的语序形式，如“men^{213}$_{\text{亮}}$ mã^{22}$_{\text{晚上}}$天亮”“ŋa^{31}$_{\text{窄}}$ pjɯ^{53}$_{\text{房子}}$窄的房子”等；二是NA型，是指同一语义关系的表达在苗语中有一种“名词在前、形容词在后”的语序形式，如“ʂo^{22}$_{\text{薯}}$ ʥin^{31}$_{\text{红}}$红薯”“ɣ^{53}$_{\text{衣}}$ ɕɛ^{42}$_{\text{新}}$新衣”等。

苗语中形容词与名词之间的句法关系及其语序问题是苗语语法学界讨论的热点问题之一，尤其是对谓词性“形＋名”结构内部的句法语义关系的讨论，众学者见仁见智。张永祥、曹翠云曾将谓词性“形＋名”结构判定为“谓体”结构[1]；罗安源认为结构中的形容词与名词之间构成陈述关系，属于“谓主”结构[2]；向日征论证结构中的名词是对形容词的句法语义补充，属于“中补”结构[3]；余金枝则认为该结构是“述宾”结构[4]。本文不纠结于该结构之间的语义关系，而是对整个“形名（或名形）”构成的系统进行考察，讨论名词与形容词的语序构成、语序特征及其产生动因。

山江镇位于湖南省湘西土家族苗族自治州凤凰县中部，距凤凰县城大约20公里，全镇人口1.8676万，其中99%以上是苗族。山江镇自清代以来就是重要的苗汉商贸市场。山江苗语属于苗语东部方言西部土语区。

本文语料主要来自第二作者的母语，部分补充语料来源于第二作者的爷爷（吴作洪，1931年出生）和奶奶（龙其英，1933年出生），两位老人均只会说苗语。

二、“形名”结构的构成及语序特征

首先，构成这两类语序结构的形容词，涉及性质形容词和状态形容词[5]之别，如苗语中的状态形容词与名词搭配时，其位置比较固定：构成名词性形名结构时，只存在AN语序，且中间需加助词“nã^{22}”；而构成谓词性形名结构时，只存在NA语序，在句中作谓语。换言之，状态形容词与名词搭配时，语序和语义之间存在一一对应关系，二者泾渭分明。例如：

（1）a^{35} lɛ^{53} pjo^{35} se^{21} se^{21} nã^{22} pjɯ^{53}.　　一个黑漆漆的房子。（定）
一 个 黑漆漆 的 房子

（2）a^{35} lɛ^{53} pjɯ^{53} pjo^{35} se^{21} se^{21}.　　一个房子黑漆漆的。（谓）
一 个 房子 黑 漆漆

以上例句中的“pjo^{35} se^{21} se^{21}黑漆漆”为状态形容词，与名词搭配构成名词性短语时，只能位于名词前，结构中必须带上助词“nã^{22}的”。据杨再彪考察湘西小章苗语，认为湘西小章苗语“naŋ^{44}”是吸收了汉语“的”字结构[6]，山江苗语与之相符。又因为状态形容词修饰名词的固有语序有且仅有NA一种形式。故本文主要讨论性质形容词与名词的结构顺序。按照性质形容词与名词之间关系的不同语义类别，我们分别讨论如下：

（一）NA型

NA型中，属于中心语的名词在前，修饰语的形容词在后。根据结构组合亲密度的不同差别，可把NA型分为两个小类：一类属于复合词（NA1）；另一类属于短语（NA2）。分别讨论如下：

1. NA1

NA1型属于限制性，用来限制某一事物性质的类别，使之与同类事物相互区别，如（3）中的“pi^{31}$_{发}$ qwɤ^{31}$_{白}$白头发”，表头发具有白属性的这一种类别，语义重心在N。这类结构语义联系紧密，组合较为紧凑。属于复合词。

（3）	tɕɯ^{53} ȡã^{22}	甜酒 酒甜	ŋã^{22} ŋo^{35}	冬天 季冷	tu^{31} an^{42}	苦瓜 瓜苦
	pi^{31} qwɤ^{31}	白头发 发白	ʎa^{35} qha^{31}	旱田 田干	ɒu^{35} ʦan^{31}	凉水 水凉

2. NA2

余金枝在考察湘西矮寨苗语“名＋形”结构时曾明确指出，矮寨苗语“名＋形”存在一类结构关系不紧密的“名形”短语[7]。山江苗语也存在此特征，我们把这一大批“名＋形”结构归为 NA2。NA2 属于描述性，用来描摹事物的某种状态，如（4）中的“（pã^{22} me^{35}）$_{脸}$ ʥin^{31}$_{红}$ 红的脸”，表示脸处于红这一状态。这类结构组合较为松散，介于复合词和短语之间。

（4）pã^{22} me^{3} in^{31}① 红的脸　mjɛ^{31} ʐa^{35} 聪明的人　ʐe^{35} ʑɯ^{31} ɕo^{42} 热的菜
　　脸　红　　人　聪明　　菜　暖

mjɛ^{31} ho^{213} ɕin^{31} 老实的人　pa^{213} cjɛ^{35} cje^{42} 糊的锅巴　ʎi^{213} ɕjɛ^{42} 熟的饭
　　人　老实　　锅巴　烫　　饭　熟

（二）AN 型

AN 型中，属于中心语的名词在后，修饰语的形容词在前。主要构成“形名”短语，结构后需按照语义要求添加补充性成分，如助词、叹词、程度副词、句末语气词等，否则不能独立存在。根据 AN 的不同表义功能，我们可分为两个小类：一类为静态性描述（AN1）；一类为动态性描述（AN）。下面分别探讨两类形容词的不同表义功能。

1. AN1

AN1 表描述性，A 用来描述事物具有某种状态，如（5）中的“kwen^{53}$_{宽}$ pjɯ^{53}$_{房子}$ 宽的房子”，语义重心在 A，A 表示房子的空间维度大，A 是对 N 的静态描写。

（5）kwen^{53} pjɯ^{53} 宽的房子　ʐa^{35} mjɛ^{31} 年轻的人　cu^{42} me^{35} 忧郁的脸
　　宽　房子　　年轻　人　　忧郁　脸

ʐɒu^{213} ɕjo^{35} 英俊的人　ʂan^{35} mjɛ^{31} 高个子　ʨa^{42} mbha^{213} 丑陋的女人
　　好　男　　高　人　　丑　女

形容词具有动态性特征是指形容词与名词的表层结构为 AN，深层语义是形容词对名词的动态性描述。根据形容词动态意义的不同角色功能，我们可以分为两个小类：一类为主动变化；另一类为被动变化。为统一描写，我们把主动变化标记为 AN2；把被动变化标记为 AN3。下面分别讨论其不同的语义功能。

2. AN2

按照受力条件的不同，AN2 主动变化可分为两个小类：一类是自发产生的变化，属于自主变化；另一类是受到外力作用产生的改变，属于非自主变化，例如：

（6）qwɤ^{31} pi^{31} 头发变白　ʦan^{31} ɒu^{35} 水变凉　qo^{35} mjɛ^{31} 人变老
　　白　发　　凉　水　　老　人

ɕjɛ^{42} pi^{53} 果子变熟　ȵe^{31} ɤ^{53} 打湿衣服　ɖu^{35} tɤ^{21} 砍完柴
　　熟　果子　　湿　衣　　干净　柴

由上述例子可以看出“qwɤ$^{31}_{白}$pi$^{31}_{发}$头发变白”表头发由黑变白的自变过程，事物名词“头发”是自身力量产生的变化，属于自主变化；“ȵe$^{31}_{湿}$ɤ$^{53}_{衣}$打湿衣服”，可译成衣服被雨、水或其他液体打湿的状态，施事主体可根据语义需求进行扩展，即“衣服湿的状态”是受到外力作用产生的变化，属于非自主变化。同理，“ȡu$^{35}_{干净}$tɤ$^{21}_{柴}$砍完柴”可看成柴被砍完的状态是受到人的外力条件下产生一个从有到无的过程。也就是说造成以上状态变化的主体可以是事物名词本身，也可以是事物名词受到外力影响产生的状态变化，即事物名词 N 本身产生变化。

3. AN3

从意义上看，此类形式属于他变，但与上述 AN2 型中的非自主变化有不同。A 的变化是由于 N 产生的，A 被动接受了事物名词 N 的某种属性而引起的性状变化，事物名词 N 本身不产生变化，例如：

（7）qha^{31}ʈe^{53}干旱（干于太阳）　　ȵe^{31}ɒu^{35}湿于水　　xwan^{42}ȵa^{53}腻于肉
　　干　太阳　　　　　　　　　　湿　水　　　　　　腻　肉
　　me^{53}χa^{31}tɕu^{31}辣于辣椒　　lɯ^{35}tɯ^{31}脏于土　　tɕɯ^{35}tɕa^{53}qa^{31}臭于屎
　　辣　辣椒　　　　　　　　　　脏　土　　　　　　臭　屎

上例中的“qha$^{31}_{干}$ʈe$^{53}_{太阳}$干旱”，表“太阳”是“干”这一状态的形成原因，可译为被太阳晒干，即“干”的状态是被动接受事物名词“太阳”热的属性引起的，“太阳”自身不发生变化。同理，“ȵe$^{31}_{湿}$ɒu$^{35}_{水}$湿于水”等也能作出同样的解释。

综上所述，我们可以得出 AN 和 NA 的不同表义功能为：

意义 \ 类型		NA1	NA2	AN1	AN2	AN3
限制性		＋				
描述性	静态性		＋	＋		
	动态性（主）				＋	
	动态性（被）					＋

由上表可知，性质形容词和名词的语序位置简单，语义结构较为复杂。总体来看，可分为限制性和描述性两部分：NA1 为限制性，主要限制事物的属性类别；NA2、AN1、AN2、AN3 为描述性，主要描摹事物存在的性质状态，且 AN2 为动态的主动性描述，AN3 为动态的被动性描述。从构词结构的紧密度来看，“形名”异序结构的组合紧密度可依次排序为：NA1＞NA2＞AN（AN1、AN2、AN3）。

三、“形名”结构不同语序特征的产生动因

格林伯格（Greenberg）提出的语言普遍现象：如果某些或所有副词跟在它们的所修饰的形容词后，那么这种语言中的形容词也处于名词之后，而且以动词前置于名

词性宾语为优势语序[8]。苗瑶语大部分程度副词修饰形容词位于形容词后[9]，动词位于名词性宾语之前。可以认为苗瑶语“形名”结构的优势语序为NA型。

从山江苗语的语言事实上看，苗语固有的结构形式为“正＋偏”式。这个形式具有系统性，不单是“形名”结构，还表现在其他结构形式上，如名词＋名词，月＋数词，量词＋指示词，方位词＋名词，名词＋动词，名词＋形容词，分别举例如下：

(8) 名＋名：	pjɯ^{53} wa^{35} 瓦房	nɯ^{35} qa^{53} 鸡蛋	ɒu^{35} ȵu^{31} 口水
	房　瓦	蛋　鸡	水　口
(9) 月＋数：	ʎha^{53} a^{31} 一月	ʎha^{53} pu^{35} 三月	ʎha^{53} ku^{42} 十月
	月　一	月　三	月　十
(10) 量＋指示：	lɛ^{53} an^{31} 那个	lɛ^{53} nen^{53} 这个	pan^{53} nen^{53} 这些
	个　那	个　这	些　这
(11) 方位＋名：	lə^{35} ntɒu^{213} 树上	ʈe^{53} pjɯ^{53} 屋后	nə^{21} me^{35} 面前
	上　树	后　屋	前　脸
(12) 名＋动：	lɯ^{42} su^{35} 喷泉	mo^{35} ɕu^{31} 镰刀	khu^{53} pɣ^{31} 板锄
	泉　喷	刀　锯	锄头挖
(13) 名＋形：	ndɣ^{53} qwɣ^{31} 白纸	ȵa^{53} ʈa^{213} 肥肉	ɣ^{53} phu^{53} 蓝衣服
	纸　白	肉　肥	衣　蓝

以上结构形式我们可以观察到，“正＋偏”式是苗语固有的构词法（包括短语），即中心语在前，修饰语在后。山江苗语NA形式符合了苗语固有的构词特征，属于苗语初始的语序形式，故本文着重讨论AN形式的来源。

（一）AN1型

从上述（4）和（5）中我们可以发现，AN1型与NA2型在语义上有共性，都表示事物的性质状态。此外，句法上也存在相似特征，如可搭配相同成分，例如：

(14) tɯ^{53} ʎha^{31} kua^{21} / qa^{35} ʎha^{31} tɯ^{53} kua^{21}　　绳子很长
　　长　绳子　过　　绳子　长　过

(15) ʐɒu^{213} mjɛ^{31} tɕu^{22} / mjɛ^{31} ʐɒu^{213} tɕu^{22}　　人很好
　　好　人（程度副词）人　好（程度副词）

例中可以看到，山江苗语同一语义具有两种表达方式。从现实的语料上看，产生以上两种表达方式的原因主要有：

1．苗语的内部因素

苗语属于强分析性语言，缺乏形态变化表示不同的语法意义，表示语法意义主要通过虚词和语序。苗语跟汉语一样，是话题优先的语言，话题优先导致部分NA结构在苗语里有两可形式，例如：

（16）ta^{31}ʔɒu^{35}me^{35}厚脸皮/ʔɒu^{35}me^{35}ta^{31}脸皮厚

厚　脸皮　　　　脸皮　厚

m^{22}thi^{31}痛肚子/qa^{35}thi^{31}m^{22}　　肚子痛

痛　肚子　　　肚子　痛

上述NA结构中，语序上有不同，语义产生细微差别。AN主要强调A，如厚脸皮，语义焦点在“厚”，突出事物的性状。而NA主要强调N，语义聚焦在N，突出表现厚这一特性的位置。

2. 语言接触的外在影响

“形名”结构的语序变化是山江苗语个体变异，还是受到强势语言的干扰，为弄清这个问题，笔者考察了苗瑶语族[10]诸语言形容词修饰名词的结构顺序。苗瑶语“形名”结构，同一语义有两种表示方法的有：

湘西苗语（东部土语 小章苗语）：

（17）xwen^{55}u^{53}/u^{53}xwen^{55}浑水　　　　nɑ^{53}bo^{24}/bo^{24}nɑ^{53}脓疱[11]

浑　水　水　浑　　　　脓疱　疱　脓

布努语：

（18）laŋ^{8}fa^{3}/fa^{3}laŋ^{8} 大头　　　　nte^{3}lau^{1}/lau^{1}nte$^{3 \cdot 3}$长腿[12]

大　头头大　　　　长脚　脚　长

畲语：

（19）tsu^{31}kjɔ^{22}/kjɔ^{22}ʦu^{31}白米　　　　ne^{55}kɤ^{21}/kɤ^{21}ne^{42}老人[13]

米白　白　米　　　　人老　老　人

湘西苗语东部土语的小章苗语、布努语、畲语同一语义的“形名”结构具有明显的双重语序特征，即“名形”与“形名”并存。笔者推测触发产生这类语言现象的“模式语”可能是汉语。

汉语也存在影响苗语的真值条件，汉语的形名结构包括“形名”和“名形”两种形式。朱德熙认为汉语性质形容词远不如状态形容词自由，无论定语或状语[14]。沈家煊认为汉语性质形容词更倾向做定语而不是做谓语；状态形容词比性质形容词更倾向于做谓语[15]。而苗语“形名”结构变化的形容词为性质形容词，形容词置名词后组成NA形式为稳定结构，既然汉语性质形容词AN形式优于状态形容词结构，那么触发苗语出现AN型结构的语源框式语应是汉语。

山江、腊尔山俗称“两山地区”是湘西苗族的重要聚居地，四周处于西南官话的包围之中，山江作为一个重要的苗汉贸易交流场所，使山江苗语在不同历史时期产生丰富的汉语借词，吴秉承、杨再彪把山江苗语借词粗略分为上古、中古、近代、现代等层次[16]。考察汉语借词，其中不乏AN结构，例如：

（20）ta^{35} tɕje^{53} 大姐　　lã^{22} xe^{21} 凉鞋　　pɛ^{31} ta 白糖　　xõ^{22} ta^{2} 红糖
　　　大　姐　　　　凉　鞋　　　　白 糖　　　　红　糖

上述借词为汉语借词，形式为 AN 型，与苗语 AN 形式等同，语义相近，可以认为 AN 形式的汉语借词，是推动苗语 AN 形式发展并增多的外在动因。

（二）AN2 型

AN2 型与苗语 VN 型语序非常相似。苗语是 SVO 型语言，在不属于构词范围内，动词在动作对象之前是唯一合法的句法位置，例如：

（21）bɯ^{53} ku^{31} pɣ^{31} tɕhɯ^{21} ȵi^{22} tso^{31} tʂha^{21} to^{31}．他们在操场上打球。
　　　他们　　打　球　在　操场　上

（22）bɯ^{53} ku^{31} ȵi^{22} an^{31} ʐã^{22} tɣ^{21}．　　　他们在那里砍柴。
　　　他们　　在 那里 砍 柴

“pɣ^{31} 打”“ʐã^{22} 砍”表正在进行的动作，形式为 VN。与 VN 不同的是，AN2 型的 A 除了可以表动作状态，还可以修饰名词组成 NA1 形式，例如：

（23）qwɣ^{31} pi^{31} 头发变白/pi^{31} qwɣ^{31} 白头发　tsan^{31} ɒu^{35} 水变凉/ɒu^{35} tsan^{31} 凉水
　　　白　　发　　　　发　白　　　　凉　水　　　　水　凉

语言事实表明，苗语部分形容词存在动态和描述两种特征，这一点与汉语相同，如汉语“花儿红了”。完成体标记“了”反映了形容词“红”具有动态性的显现特征。与汉语不同的是，苗语 AN 结构在句中可充当谓词性成分，A 可占据谓语动词的句法位置表动态义。这一特征决定苗语 AN 结构与 VN 形式具有相同的句法意义，即具有动态性的形容词与动词在苗语 SVO 型语序中句法结构等同。石德富、陈雪玉考察黔东苗语形容词时发现，如果形容词位于 V 的位置，之后又有了体词位于 O 的位置，那么形容词也就具备了动词的动态意义[17]。山江苗语动态性形容词这一特征，与黔东苗语相符。

（三）AN3 型

罗安源认为，湘西苗语 AN 形式有一种“异构”现象，如：nte^{35}湿 noŋ^{42}雨 湿雨[18]。山江苗语读音有些细微差别，但用法相同。据张永祥介绍，黔东苗语存在相同形式，如 ɕu^{31}湿 noŋ^{13}雨 因有雨而湿，va^{44}脏（qa^{35} ta^{33}）泥 因有泥而脏[19]。从现有的语料上看，苗瑶语族其他语支却较为罕见。我们很难确认这种结构是否是苗语的底层结构。但从语义上看，这种结构可以理解为，被雨打湿，形容词“湿”动态性特征明显，表打湿义。雨是产生湿的原因。这种结构与古汉语“V＋N”和“V＋于＋N”结构相似，例如：

（24）大臣苦法而细民恶治也。《韩非子·和氏》

（25）天下苦秦久矣。《史记·陈涉世家》

（26）郤克伤于矢。《左传·成公二年》

（27）臣诚恐见欺于王而负赵。《史记·廉颇蔺相如列传》

如上例（24）和例（25），在古汉语“V＋N”结构中，V状态是由于N产生的。而例（26）和例（27）属于“V＋于＋N”结构，“于”表被动义。苗语缺少表被动的介词，为表被动义，迫使具有动态性特征的AN3结构赋予A一个被动义。苗语和汉语这两种形式在表征与语义上都具有共性，很难说明谁影响谁。但从已有的研究成果来看，很有可能是受到汉语的干扰。如李云兵[20]论述了汉语语序对苗瑶语序的干扰。吴福祥[21]曾论证南方民族语言处所介词短语位置及关系小句和核心名词的语序演变是语言接触的产物，而触发语言演变的“模式语”是汉语。山江苗语AN3结构，极有可能是受到汉语“V＋N”结构和“V＋于＋N”结构的双重干扰，或者直接借用“V＋N”结构，抑或是复制汉语“V＋于＋N”结构，后结构重组为“A＋N”，N是A产生的原因。

四、余论

从山江苗语“形名”结构的语序形式上看，“名＋形”是苗语的固有语序。“形＋名”这种语序形式是后起的，其产生动因是苗语内部和外部因素共同作用的结果。内因是决定性的，外因起推动作用。外部因素产生异于语序共性的现象大多与汉语或汉语方言有关[22]。

细观察笔者发现，语言接触具有层次性，主要表现为：固有语序＞新固语序两可＞新语序三个阶段。从共时层面的角度看，这些语言现象或多或少残存共现于同一语言平面上，即同一语义具有多种语序表现形式。这不仅限于“形名”语序，如山江苗语差比句也具有类似特征。山江苗语差比句固有的句法结构为：比较主体＋qa^{35}（比较标记）＋比较结果＋比较基准，比较主体＋比较结果＋比较基准＋度量成分，如例（28）和例（29）。汉语借词“比”的借入使山江苗语差比句产生句法结构上的变异，表现为：比较主体＋pi^{31}比（比较标记）＋比较基准＋比较结果，如例（30）。

（28）$bɯ^{53}$ qa^{35} $ʂan^{35}$ we^{53}.　　他比我高。
　　　他　　高　我

（29）$bɯ^{53}$ $ʂan^{35}$ we^{53} te^{31}.　　他比我高。
　　　他　高　我　点

（30）$bɯ^{53}$ pi^{31} we^{53} qa^{35} $ʂan^{35}$.　他比我高。
　　　他　比　我　　高

从历时的角度上看，语言接触是一个漫长的历史过程。语言是变化发展的，强势语言和弱势语言在接触过程中，往往对弱势语言产生影响，从而使弱势语言吸收了很多强势语言的语言成分，即使是强势语言某些特殊语法现象消失了，在弱势语言中往往能找到痕迹，如山江苗语 AN3 语序极有可能是古汉语在民族语的遗留，又如古汉语曾出现的反响型量词“田十田” “牛十牛”等，在哈尼语、载瓦语里还大量出现[23]。唐贤清等（2018）提出汉语历史语法的“普方古民外”立体研究法，立足于汉语语法结构的历史演变，利用现代汉语共同语、现代汉语方言、民族语言和境外语言的研究材料和理论方法来为汉语历史语法研究服务[24]。同样，这一研究视角也可以运用于民族语言的形态句法研究，将民族语言的形态句法演变置于世界语言普遍演变模式范围内考察，更有助于学界弄清民族语言某一特殊形态句法现象产生的动因和来源。

*本研究得到湖南省教育厅重点项目“湘与黔桂边跨方言跨语言副词比较研究”（项目编号：15A122）的资助。

注释：

[1] 张永祥、曹翠云:《黔东苗语的谓$_2$一体结构》,《语言研究》1984 年第 2 期,第 227～237 页。

[2] 罗安源:《苗语(湘西方言)的“谓—主”结构》,《语言研究》1983 年第 1 期,第 221～223 页。

[3] 向日征:《吉卫苗语研究》,成都:四川民族出版社,1999 年,第 86 页。

[4] 余金枝:《湘西苗语述宾结构中的一种特殊类别——“形容词＋名词”结构分析》,《语言研究》2009 年 第 1 期,第 117～123 页。

[5] 参见余金枝:《矮寨苗语参考语法》,中央民族大学博士论文,2010 年。

[6] 杨再彪:《湖南西部四种濒危语言调查》,北京:民族出版社,2011 年,第 156 页。

[7] 余金枝:《矮寨苗语形容词修饰名词语序的类型学特征》,《中央民族大学学报》2004 年第 1 期,第 106～109 页。

[8] J. H. Greenberg:《某些主要跟语序有关的语法普遍现象》,陆丙甫、陆致极译,《国外语言学》1984 年第 2 期,第 45～60 页。

[9] 李云兵:《中国南方民族语言语序类型研究》,北京:北京大学出版社,2008 年,第 159～160 页。

[10] 王辅世、毛宗武:《苗瑶语古音构拟》,北京:中国社会科学,1995 年,第 2～3 页。

[11] 杨再彪:《湖南西部四种濒危语言调查》,北京:民族出版社,2011 年,第 138 页。

[12] 孙宏开、胡增益、黄行:《中国的语言》,北京:商务印书馆,2007 年,第 1516 页。

[13] 李云兵:《中国南方民族语言语序类型研究》,北京:北京大学出版社,2008 年,第 174 页。

[14] 朱德熙:《语法讲义》,北京:商务印书馆,1984 年,第 73 页。

[15] 沈家煊:《不对称和标记论》,南昌:江西教育出版社,1999 年,第 300 页。

[16] 吴秉承、杨再彪:《湖南凤凰山江苗语借词层次分析》,《凯里学院学报》2017 年第 2 期,第 97～102 页。

[17] 石德富、陈雪玉:《黔东苗语形容词在词类中的地位》,《中央民族大学学报》(哲学社会科学版)2011 年第 1 期,第 87～94 页。

[18] 罗安源:《苗语(湘西方言)的“谓—主”结构》,《语言研究》1983 年第 1 期,第 87～94 页。

[19] 张永祥:《黔东苗语的谓词》,《贵州民族研究》1984 年第 3 期,第 166～175 页。

[20] 李云兵:《论语言接触对苗瑶语语序类型的影响》,《民族语文》2005 年第 3 期,第 34～43 页;

李云兵:《语言接触对南方一些民族语言语序的影响》,《民族语文》2008年第5期,第17～34页。

[21]吴福祥:《南方民族语言处所介词短语位置的演变和变异》,《民族语文》2008年第6期,第3～18页;吴福祥:《南方民族语言关系小句结构式语序的演变和变异——基于接触语言学和语言类型学的分析》,《语言研究》2009年第3期,第72～85页。

[22]李云兵:《语言接触对南方一些民族语言语序的影响》,《民族语文》2008年第5期,第17～34页。

[23]戴庆厦:《古汉语研究与少数民族语言》,《古汉语研究》2008年第4期,第2～8页。

[24]唐贤清、姜礼立、王巧明:《汉语历史语法的"普方古民外"立体研究法》,《古汉语研究》2018年第4期,第43～49页。

汉语“三标四句式”充盈态复句的句法语义关系判定

吴锋文

（四川外国语大学，重庆，400031）

内容摘要： 本文主要探讨“三标四句式”充盈态复句的句法层次和语义关系判定问题。从标记序列模式信息匹配的角度，确定“三标四句式”复句的18种标记充盈态模式，归纳总结了充盈态标记序列中复句关系词语与句法层构、语义关联间的映射关系，在此基础上挖掘总计出有关“三标四句式”充盈态复句的18条句法语义判定规则。该规则预期可为后续复句句法语义知识库建设和研发复句句法分析系统奠定基础。

关键词： “三标四句式”复句；标记充盈态；语义关联；映射关系；小句关联体

一、引言

汉语复句研究，历来是学界研究的热点问题。有关汉语复句句法分析，也受到计算语言学领域的关注，如鲁松（2001）[1]、洪鹿平（2008）[2]、杨进才（2015）[3]、胡金柱（2016）[4]等。姚亚平（1990）指出：“对现代汉语多重复句的所有模式进行详尽考察，归纳出几种模式，那无论是对一般人认识多重复句的特点和句型，掌握多重复句一般的分析方法，还是对计算机的语言处理，都有一定的帮助。”[5]

为全面揭示复句关系标记与复句层构间的互动关系，归纳复句关联模式的类型特点，吴锋文（2017）总结出汉语四句式复句标记序列模式有110种[6]。这些四句式复句标记序列模式中，包含3个关系词语的复句联结模式和复句实例又是分布最广、使用频率最高的。故本文以“三标四句式”复句为考察对象，采用邢福义复句理论体系[7]和复杂特征集思想[8]，探讨“三标四句式”充盈态复句[9]的句法语义判定问题。

二、“三标四句式”充盈态复句的标记序列模式与句法层构

“三标四句式”复句是汉语有标复句的一个子类，是指由四个分句构成的、显现出三个复句关系词语的有标复句。例如：

（1）①<u>如果</u>你的想法正确，②你<u>就</u>不怕别人批评；③<u>如果</u>你的想法不正确，

④批评正好可以帮助你纠正错误。

我们在大规模语料库的基础上，以“标记控制，语义聚类，同构分析”为策略[10]，结合复句关系词语的配位、语义类别以及分句序位，从大量复句实例总结抽取出 18 种“三标四句式”充盈态标记序列模式，如表 1。

表 1 “三标四句式”充盈态复句的标记联结模式

序号	标记序列	序号	标记序列	序号	标记序列
M1	kb-Rib＋Rjf-kb-Rjb	M7	Rif-Rjf-Rkf-kb	M13	kb-Rif-Rjf-Rjb
M2	Rif-kb-Rjb＋Rkf-kb	M8	Rif-Rib-Rjf-kb	M14	kb-Rib-Rjf-Rjb
M3	kb-Rif-Rjb＋Rkf-kb	M9	Rif-Rjf-kb-Rjb	M15	Rif-kb-Rib-Rjb
M4	kb-Rib-Rjf＋Rkf-kb	M10	Rif-Rib-Rif-kb	M16	Rif-kb-Rib-Rjf
M5	Rif-kb-Rjb＋Rif-kb	M11	kb-Rib-Rif-Rib	M17	Rif-Rjb-Rkf-kb
M6	Rif-kb-Rif-Rib	M12	Rif-kb-Rib-Rib	M18	Rif-kb-Rjf-Rjf

表 1 中这类“三标四句式”标记序列是一种标记充盈态模式，其复句实例是充盈态有标复句。以标记序列模式 M3、M9 为例，请看下例：

（2）①身为魔术师，我们一定不会去揭秘和吐槽任何魔术，②因为那违背了职业信条，③但是如果一般观众能从中找到乐趣，④我们也无法阻止。（中新网 2014-1-31）

（3）①就算老虎再大，②只要为非作歹，③触犯党纪，④就难逃铁笼。（人民网 2014-7-29）

例（2）分句①④无标，分句②有因果标记“因为”，分句③出现标记连用“但是＋如果”。例（3）分句①出现“就算”，分句②④出现标记搭配“只要……就”，分句③空标。其相应句法分析树如图 1-2 所示。

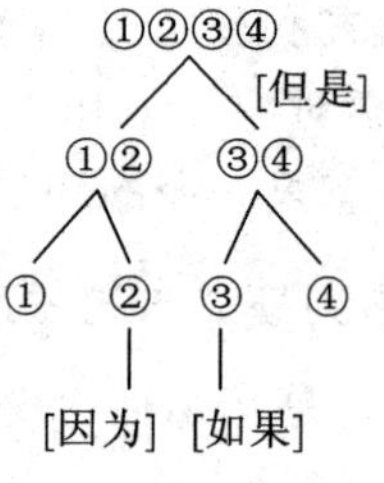

图 1 例（3）分析结果

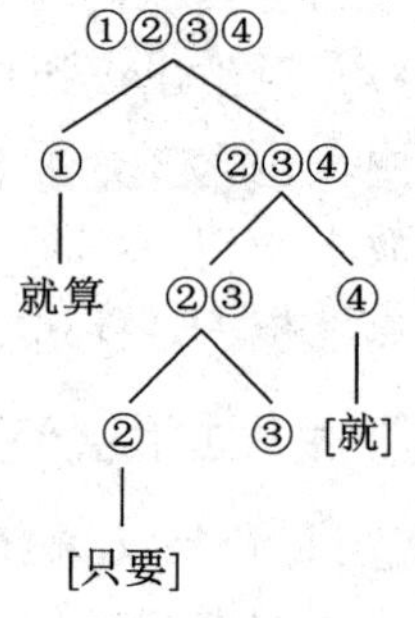

图 2 例（4）分析结果

本文对上述“三标四句式”标记序列模式及大量实例进行了分析。考察发现，

“三标四句式”充盈态复句的标记序列所能形成的复句层次结构有四种类型，如表2。

表2 “三标四句式”充盈态复句的层构类型

复句层构	分句组合顺序
2-2式	（（C_1，C_2），（C_3，C_4））
（1-（1-2））式	（C_1，（C_2，（C_3，C_4）））
（1-（2-1））式	（C_1，（（C_2，C_3），C_4））
（（2-1）-1）式	（（C_1，（C_2，C_3）），C_4）

三、“三标四句式”充盈态复句的表里映射关系

解决自然语言处理与理解问题，陆俭明（2006）指出，要重视加强对语言结构特征方面的研究与描写[11]。复杂特征集是细致刻画自然语言知识的一种有效方法。在表1基础上，我们借助复杂特征集思想对充盈态“三标四句”式复句模式的句序、关系标记属性[12]（配位、搭配关系、语义类别）等信息进行描写，以期全面清晰地刻画和揭示复句标记、标记序列模式与复句句法语义间的互动关系，从而建立出一个有关四句式复句标记序列与复句实例间的“表-里”映射机制。18种充盈态标记序列模式的表里映射关系采用特征思想归纳如表3。

表3 “三标四句式”充盈态复句的复杂特征描写

标记序列模式	特征描写	层次构造	语义关系
kb-Rib＋Rjf-kb-Rjb	C1：空标、C2：b＋f型标记连用、C3：空标、C4：b型标记，且与C2中f型标记搭配	（C_1，（（C_2，C_3），C_4））	（C_2，C_3）：bl （（C_2，C_3），C_4）：sem（Rjb） （C_1，（（C_2，C_3），C_4））：sem（Rib）
Rif-kb-Rjb＋Rkf-kb	C1：f型标记、C2：空标、C3：b＋f型标记连用、C4：f型标记	（（C_1，C_2），（C_3，C_4））	（C_1，C_2）：sem（Rif） （C_3，C_4）：sem（Rkf） （（C_1，C_2），（C_3，C_4））：sem（Rjb）
kb-Rif-Rjb＋Rkf-kb	C1：空标、C2：f型单标、C3：b＋f型标记连用、C4：空标	（（C_1，C_2），（C_3，C_4））	（C_1，C_2）：sem（Rif） （C_3，C_4）：sem（Rkf） （（C_1，C_2），（C_3，C_4））：sem（Rjb）
kb-Rib-Rjf＋Rkf-kb	C1：空标、C2：b型单标、C3：f＋f型标记连用、C4：空标	（（C_1，C_2），（C_3，C_4））	（C_1，C_2）：sem（Rib） （C_3，C_4）：sem（Rkf） （（C_1，C_2），（C_3，C_4））：sem（Rjf）

续表

标记序列模式	特征描写	层次构造	语义关系
Rif-kb-Rjb+Rif-kb	C1：f型单标、C2：空标、C3：b+f型标记连用且f型标记复现、C4：空标	$((C_1, C_2), (C_3, C_4))$	(C_1, C_2)：sem（Rif） (C_3, C_4)：sem（Rif） $((C_1, C_2), (C_3, C_4))$：sem（Rjb）
Rif-kb-Rif-Rib	C1：f型标记、C2：空标、C3：复现f型标记复现、C4：b型标记且与f标记搭配	$((C_1, C_2), (C_3, C_4))$	(C_1, C_2)：sem（Rif） (C_3, C_4)：sem（Rif、Rib） $((C_1, C_2), (C_3, C_4))$：bl
Rif-Rib-Rif-kb	C1：f型标记、C2：b型标记且与f型标记搭配、C3：f型标记复现、C4：空标	$((C_1, C_2), (C_3, C_4))$	(C_1, C_2)：sem（Rif、Rib） (C_3, C_4)：sem（Rif） $((C_1, C_2), (C_3, C_4))$：bl
kb-Rib-Rif-Rib	C1：空标、C2：b型标记、C3：f型标记、C4：b型标记复现，且与f型标记搭配	$((C_1, C_2), (C_3, C_4))$	(C_1, C_2)：sem（Rib） (C_3, C_4)：sem（Rif、Rib） $((C_1, C_2), (C_3, C_4))$：bl
Rif-kb-Rib-Rib	C1：f型标记、C2：空标、C3：b型标记且与f标记搭配 C4：b型标记复现	$((C_1, C_2), (C_3, C_4))$	(C_1, C_2)：bl (C_3, C_4)：bl $((C_1, C_2), (C_3, C_4))$：sem（Rif）
Rif-Rjf-Rkf-kb	C1：f型单标、C2：f型单标、C3：f型单标、C4：空标	$(C_1, (C_2, ((C_3, C_4)))$	(C_3, C_4)：sem（Rkf） $(C_2, (C_3, C_4))$：sem（Rjf） $(C_1, (C_2, (C_3, C_4)))$：sem（Rif）
Rif-Rib-Rjf-kb	C1：f型标记、C2：b型标记且与C1中f型标记搭配、C3：f型单标、C4：空标	$((C_1, C_2), (C_3, C_4))$	(C_1, C_2)：sem（Rif、Rib） (C_3, C_4)：sem（Rjf） $((C_1, C_2), (C_3, C_4))$：yg
Rif-Rjf-kb-Rjb	C1：f型单标、C2：f型标记、C3：空标、C4：b型标记且与C2中f型标记搭配	$(C_1, ((C_2, C_3), C_4))$	(C_2, C_3)：bl $((C_2, C_3), C_4)$：sem（Rjf、Rjb） $((C_1, C_2), (C_3, C_4))$：sem（Rif）

续表

标记序列模式	特征描写	层次构造	语义关系
kb-Rif-Rjf-Rjb	C1：空标、C2：f型单标、C3：f型标记、C4：b型标记且与C3中f型标记搭配	$(C_1, (C_2, (C_3, C_4)))$	(C_3, C_4)：sem（Rjf、Rjb） $(C_2, (C_3, C_4))$：sem（Rif） $(C_1, (C_2, (C_3, C_4)))$：yg
kb-Rib-Rjf-Rjb	C1：空标、C2：b型单标、C3：f型标记、C4：b型标记且与C3中f型标记搭配	$((C_1, C_2), (C_3, C_4))$	(C_1, C_2)：sem（Rib） (C_3, C_4)：sem（Rjf、Rjb） $((C_1, C_2), (C_3, C_4))$：yg
Rif-kb-Rib-Rjb	C1：f型标记、C2：空标、C3：b型标记且与C1中f型标记搭配、C4：b型单标	$((C_1, C_2), (C_3, C_4))$	(C_1, C_2)：bl (C_3, C_4)：sem（Rjb） $((C_1, C_2), (C_3, C_4))$：sem（Rif）
Rif-kb-Rib-Rjf	C1：f型标记、C2：空标、C3：b型标记且与C1中f型标记搭配、C4：f型单标	$(((C_1, C_2), C_3), C_4)$	(C_1, C_2)：bl $((C_1, C_2), C_3)$：sem（Rif、Rib） $(((C_1, C_2), C_3), C_4)$：sem（Rjf）
Rif-Rjb-Rkf-kb	C1：f型单标、C2：b型单标、C3：f型单标、C4：空标	$((C_1, C_2), (C_3, C_4))$	(C_1, C_2)：sem（Rjb） $((C_1, C_2), C_3)$：sem（Rkf） $(((C_1, C_2), C_3), C_4)$：sem（Rif）
Rif-kb-Rjf-Rjf	C1：f型单标、C2：空标、C3：f型标记、C4：复现C3中f型标记	$((C_1, C_2), (C_3, C_4))$	(C_1, C_2)：sem（Rif） (C_3, C_4)：bl $((C_1, C_2), (C_3, C_4))$：sem（Rjf）

四、“三标四句式”充盈态复句的句法语义关系判定

充盈态标记序列和复句层次关系之间存在着“一对一”的表里映射关系，可以唯一确定充盈态复句的层次构造和语义关系[13]。利用这种映射关系，挖掘不同序位关联标记的特征，提取一系列句法语义规则，可判定“三标四句式”充盈态复句的句法语义关系。下面将“三标四句式”充盈态复句句法语义判定规则归纳如下。

规则1：若任一复句CS的Numb（CS）＝4，分句C_1、C_3复现无标，分句C_2出现标记连用形式Rib＋Rjf，分句C_4出现标记Rjb，且Rjf、Rjb形成搭配关系，则复句层次构造为$(C_1, ((C_2, C_3), C_4))$，小句关联体(C_2, C_3)规约为并列关系[14]，

（（C_2，C_3），C_4）的关系均由Sem（Rjf、Rjb）确定，复句关系由Sem（Rib）确定，例如：

（4）①现在我已经知道我错了，【②所以我不但要补偿你，③还给你一只手，】④而且还要再给你一次机会。（古龙《七星龙王》）

例（4）无标分句③优先与分句②结合，（②，③）规约为并列关系，“不但-而且”标示（（②，③），④）为递进关系，“所以”标示（①）与（（②，③），④）为因果关系。

规则2：若任一复句CS的Numb（CS）＝4，分句C_2、C_4无标，分句C_1出现标记Rif，分句C_3出现标记连用形式Rjb＋Rkf，且标记Rif、Rjb、Rkf间没有搭配关系，则复句层次构造为（（C_1，C_2），（C_3，C_4）），小句关联体（C_1，C_2）的关系由Sem（Rif）确定，（C_3，C_4）的关系均由Sem（Rkf）确定，复句关系由Sem（Rjb）确定，例如：

（5）①我的兄弟因为看不惯司马家的手段后，②都决定不再铸剑，③不过，如果小姐有需要的话，④我可以请他们来帮忙，重振唐门的铸剑威风。（TVB电视剧《血荐轩辕》）

例（5）分句①“因为”标示分句①②间是因果关系，分句③标记连用中“如果”标示分句③④是假设关系，分句③标记连用中“不过”标示（①，②）与（③，④）之间为转折关系。

规则3：若任一复句CS的Numb（CS）＝4，分句C_1、C_4无标，分句C_2出现标记Rif，分句C_3出现标记连用形式Rjb＋Rkf，且标记Rif、Rjb、Rkf间没有搭配关系，则复句层次构造为（（C_1，C_2），（C_3，C_4）），小句关联体（C_1，C_2）的关系由Sem（Rif）确定，（C_3，C_4）的关系由Sem（Rkf）确定，复句关系由Sem（Rjb）确定，例如：

（6）①身为魔术师，我们一定不会去揭秘和吐槽任何魔术，②因为那违背了职业信条，③但是如果一般观众能从中找到乐趣，④我们也无法阻止。（中新网2014-1-31）

例（6）分句②出现标记“因为”，标示分句①②是递进关系，分句③中连用标记中“如果”，标示分句③④是假设关系，“但是”标示复句为因果关系。

规则4：若任一复句CS的Numb（CS）＝4，分句C_1、C_4无标，分句C_2出现标记Rib，分句C_3出现标记连用形式Rjf＋Rkf，且标记Rib、Rjf、Rkf间没有搭配关系，则复句层次构造为（（C_1，C_2），（C_3，C_4）），小句关联体（C_1，C_2）的关系由Sem（Rib）确定，（C_3，C_4）的关系由Sem（Rkf）确定，复句关系由Sem（Rjf）确

定，例如：

(7) ①你故意在脸上嵌起九颗寒星，②并且始终不肯摘下那顶草帽，③只因为你的易容术虽精妙，④还是怕我认出你来。(古龙《九月鹰飞》)

例 (7) 分句②出现标记“并且”，标示分句①②是并列关系，分句③中连用标记中“虽”，标示分句③④是转折关系，“因为”标示复句为因果关系。

规则 5：若任一复句 CS 的 Numb (CS) =4，分句 C_2、C_4 无标，分句 C_1 出现标记 Rif，分句 C_3 出现标记连用形式 Rjb＋Rif，且标记 Rif、Rjb 间没有搭配关系，则复句层次构造为 ((C_1，C_2)，(C_3，C_4))，小句关联体 (C_1，C_2)、(C_3，C_4) 的关系由 Sem (Rif) 确定，复句关系由 Sem (Rjb) 确定，例如：

(8) ①若不揭破这些人想出的鬼花样，②当真要被他吓得半死，③但若非如此天寒地冻之时，④他这花样也休想耍得出来。(古龙《武林外史》)

例 (8) 分句①出现标记“若”，标示 (①，②) 之间假设关系，分句③出现标记连用“但若非”，“若非”标示 (③，④) 假设关系，“但”标示复句为转折关系。

规则 6：若任一复句 CS 的 Numb (CS) =4，分句 C_2 无标，分句 C_1、C_3、C_4 分别出现标记 Rif、Rif、Rib，且 Pos (Rif) = f、Pos (Rib) = b、Sem (Rif) = Sem (Rib)，则复句层次构造为 ((C_1，C_2)，(C_3，C_4))，小句关联体 (C_1，C_2)、(C_3，C_4) 的关系由 Sem (Rif、Rib) 确定，复句关系规约为并列关系，例如：

(9)【①上官小仙若不想说的事，②没有人能问得出来，③她若想说，④就根本不必问。】(古龙《九月鹰飞》)

例 (9) 分句①中标记“若”标示 (①，②) 之间假设关系，分句③的标记“若”与分句④中“就”形成搭配，标示 (③，④) 间的假设关系，复句规约为并列关系。

规则 7：若任一复句 CS 的 Numb (CS) =4，分句 C_4 无标，分句 C_1、C_3、C_4 分别出现标记 Rif、Rib、Rif，且 Pos (Rif) = f、Pos (Rib) = b、Sem (Rif) = Sem (Rib)，则复句层次构造为 ((C_1，C_2)，(C_3，C_4))，小句关联体 (C_1，C_2)、(C_3，C_4) 的关系由 Sem (Rif、Rib) 确定，复句关系规约为并列关系，例如：

(10)【①虽然是不同的地方，②却是同样的明月，③虽然是不同的人，④有时也会是同样的心情。】(古龙《三少爷的剑》)

例 (10) 分句①②标记对“虽然-却”标示 (①，②) 为转折关系，分句③复现的标记“虽然”标示 (③，④) 为转折关系，然后 (①，②) 与 (③，④) 之间规约为并列关系。

规则8：若任一复句CS的Numb（CS）=4，分句C_1无标，分句C_2、C_3、C_4分别出现标记Rib、Rif、Rib，且Pos（Rif）=f、Pos（Rib）=b、Sem（Rif）=Sem（Rib），则复句层次构造为（（C_1，C_2），（C_3，C_4）），小句关联体（C_1，C_2）、（C_3，C_4）的关系由Sem（Rif、Rib）确定，复句关系规约为并列关系，例如：

（11）【①这人走得很慢，②但却绝不停顿，③虽然听到了车铃马嘶声，④但却绝不回头！】（古龙《多情剑客无情剑》）

例（11）分句②中“但/却”标示（①，②）为转折关系，分句③④显现的标记搭配“虽然-但”标示（③，④）为转折关系，然后（①，②）与（③，④）之间规约为并列关系。

规则9：若任一复句CS的Numb（CS）=4，分句C_2无标，分句C_1、C_3、C_4分别出现标记Rib、Rib、Rib，且Pos（Rif）=f、Pos（Rib）=b、Sem（Rif）=Sem（Rib），则复句层次构造为（（C_1，C_2），（C_3，C_4）），小句关联体（C_1，C_2）、（C_3，C_4）均规约为并列关系，复句关系由Sem（Rif、Rib）确定，例如：

（12）【①只有反复阅读，②反复感受和体验，】【③才能领略艺术的全部魅力，④才能品尝艺术的迷人的美。】（https：//wenda. so. com/q/1364581000063126）

例（12）分句①无标，（①，②）规约为并列关系，分句③④复现标记“才”，（③，④）规约为并列关系，标记对“只有-才”标示（①，②）与（③，④）之间为条件关系。

规则10：若任一复句CS的Numb（CS）=4，分句C_4无标，分句C_1、C_2、C_3分别出现标记Rif、Rjf、Rkf，且Pos（Rif）=Pos（Rjf）=Pos（Rkf）=f、Sem（Rif）≠Sem（Rjf）≠Sem（Rkf），则复句层次构造为（C_1，（C_2，（（C_3，C_4）））），小句关联体（C_3，C_4）的关系由Sem（Rkf）确定，（C_2，（（C_3，C_4））的关系由Sem（Rjf）确定，复句关系由Sem（Rif）确定，例如：

（13）①我无论生在哪个年代，②就算是生在几百年以前，③只要是我心里想说的话，④我还是一样会说出来。（古龙《多情剑客无情剑》）

例（13）分句③的“只要”标示（③，④）为条件关系，“就算”标示（②，（③，④））之间为假设关系，分句①中“无论”标示①与（②，（③，④））间为总让关系。

规则11：若任一复句CS的Numb（CS）=4，分句C_4无标，分句C_1、C_2、C_3分别出现标记Rif、Rib、Rjf，且Pos（Rif）=f、Pos（Rib）=b、Pos（Rjf）=f、Sem（Rif）=Sem（Rib）≠Sem（Rjf），则复句层次构造为（（C_1，C_2），（C_3，C_4）），小句关联体（C_1，C_2）的关系由Sem（Rif、Rib）确定，（C_3，C_4）的关系由

Sem（Rjf）确定，复句关系规约为因果关系，例如：

(14)【①你只要在江湖中混三五年，②就没有别人好混的了，③以后我们若是还有机会见面，④希望还是朋友。】

例（14）分句①②出现搭配标记“只要-就”，标示小句关联体（①，②）为条件关系，分句③中“若”标示（③，④）为假设关系，（①，②）与（③，④）规约为因果关系。

规则12：若任一复句CS的Numb（CS）=4，分句C_3无标，分句C_1、C_2、C_4分别出现标记Rif、Rjf、Rjb，且Pos（Rif）=f、Pos（Rjf）=f、Pos（Rjb）=b、Sem（Rif）≠Sem（Rjf）、Sem（Rjf）=Sem（Rjb），则复句层次构造为（C_1，（（C_2，C_3），C_4）），小句关联体（C_2，C_3）规约为并列关系，（（C_2，C_3），C_4）的关系由Sem（Rjf、Rjb）确定，复句关系由Sem（Rif）确定，例如：

(15) ①即使他们个个都廉洁奉公和铁面无私，【②如果不加强教育，③不致力于提高广大党员特别是党员领导干部的整体素质，】④就会给法制和监督的实施带来难度。（《人民日报》1997-6-23）

例（15）分句③无标，（②，③）规约为并列关系，“如果-就”标示（（②，③），④）为假设关系，“即使”标示（①）与（（②，③），④）为虚让关系。

规则13：若任一复句CS的Numb（CS）=4，分句C_1无标，分句C_2、C_3、C_4分别出现标记Rif、Rjf、Rjb，且Pos（Rif）=f、Pos（Rjf）=f、Pos（Rjb）=b、Sem（Rif）≠Sem（Rjf）、Sem（Rjf）=Sem（Rjb），则复句层次构造为（C_1，（C_2，（C_3，C_4））），小句关联体（C_3，C_4）的关系由Sem（Rjf、Rjb）确定，（C_2，（C_3，C_4））的关系由Sem（Rif）确定，复句关系规约为因果关系，例如：

(16)【①少昂是比我的生命还重要的存在，②只要有人敢对少昂不利，③就算是我的血亲朋友，④我也不会放过!】（左晴雯《还君明珠》）

例（16）搭配标记“就算-也”标示（③，④）为虚让关系，“只要”标示（②，（③，④））为条件关系，分句①无标，①与（②，（③，④））间规约为因果关系。

规则14：若任一复句CS的Numb（CS）=4，分句C_1无标，分句C_2、C_3、C_4分别出现标记Rib、Rjf、Rjb，且Pos（Rib）=b、Pos（Rjf）=f、Pos（Rjb）=b、Sem（Rib）≠Sem（Rjf）、Sem（Rjf）=Sem（Rjb），则复句层次构造为（（C_1，C_2），（C_3，C_4）），小句关联体（C_1，C_2）的关系由Sem（Rib）确定，（C_3，C_4）的关系由Sem（Rjf、Rjb）确定，复句关系规约为因果关系，例如：

(17)【①雄狮堂堂主朱猛是个极不好惹的人，②而且言出必行，③如果他说

他要不择手段去对付一个人，④那么无论是什么样的手段他都会用得出来。】（古龙《英雄无泪》）

例（17）分句②中“而且”标示小句关联体（①，②）为递进关系，分句③④的搭配标记“如果-那么”标示（③，④）为假设关系，（①，②）与（③，④）规约为因果关系。

规则15：若任一复句CS的Numb（CS）＝4，分句C_2无标，分句C_1、C_3、C_4分别出现标记Rif、Rib、Rjb，且Pos（Rif）＝f、Pos（Rib）＝b、Pos（Rjb）＝b、Sem（Rif）＝Sem（Rib）、Sem（Rif）≠Sem（Rjb），则复句层次构造为（（C_1，C_2），（C_3，C_4）），小句关联体（C_1，C_2）规约为并列关系，（C_3，C_4）的关系由Sem（Rjb）确定，复句关系由Sem（Rif、Rib）确定，例如：

（18）【①美国政府不仅停止了对新芬党的武器禁运，②取消了对新芬党在美国募捐的限制，】③而且签发了该党领导人亚当斯赴美签证，④并同他在白宫进行了会谈。（《人民日报》2000-5-25）

例（18）分句②无标，（①，②）规约为并列关系，分句④中“并”标示小句关联体（③，④）为并列关系，分句①③的“不仅-而且”标示（①，②）与（③，④）间为递进关系。

规则16：若任一复句CS的Numb（CS）＝4，分句C_2无标，分句C_1、C_3、C_4分别出现标记Rif、Rib、Rjf，且Pos（Rif）＝f、Pos（Rib）＝b、Pos（Rjf）＝f、Sem（Rif）＝Sem（Rib）、Sem（Rif）≠Sem（Rjf），则复句层次构造为（（（C_1，C_2），C_3），C_4），小句关联体（C_1，C_2）规约为并列关系，（（C_1，C_2），C_3）的关系由Sem（Rif、Rib）确定，复句关系由Sem（Rjf）确定，例如：

（19）【①你不但逼死了她，②逼死了郭庄，】③而且迟早会把我也逼死的，④因为你永远都要别人依照你安排的方式活下去。（古龙《英雄无泪》）

例（19）分句②无标，（①，②）规约为并列关系，分句①③的“不但-而且”标示（（①，②），③）为递进关系，分句④中“因为”标示（（①，②），③）与分句④为因果关系。

规则17：若任一复句CS的Numb（CS）＝4，分句C_4无标，分句C_1、C_2、C_3分别出现标记Rif、Rjb、Rkf，且Pos（Rif）＝f、Pos（Rjb）＝b、Pos（Rkf）＝f、Sem（Rif）≠Sem（Rjb）≠Sem（Rkf），则复句层次构造为（（C_1，C_2），（C_3，C_4）），小句关联体（C_1，C_2）由Sem（Rjb）确定，（C_3，C_4）的关系由Sem（Rkf）确定，复句关系由Sem（Rif）确定，例如：

（20）①小弟的生命虽重，②神剑山庄的威信更重，③若是两者只能选择其一，④他只有牺牲小弟。（古龙《三少爷的剑》）

例（20）分句②中“更”标示（①，②）为递进关系，分句③中“若是”标示（③，④）为假设关系，分句①中“虽”标示（①，②）与（③，④）间为转折关系。

规则18：若任一复句CS的Numb（CS）=4，分句C_2无标，分句C_1、C_3、C_4分别出现标记Rif、Rjf、Rjf，且Pos（Rif）=f、Pos（Rjf）=f、Pos（Rkf）=f、Sem（Rif）≠Sem（Rjf）≠Sem（Rkf），则复句层次构造为（（C_1，C_2），（C_3，C_4）），小句关联体（C_1，C_2）由Sem（Rif）确定，（C_3，C_4）规约为并列关系，复句关系由Sem（Rjf）确定，例如：

（21）①一个女人如果遇到元宝那样可爱的小伙子，②有时是什么事都做得出来的，【③不管她有多大年纪，④不管她是谁都一样。】（古龙《七星龙王》）

例（21）分句①中“如果”标示（①，②）为假设关系，分句③④中“不管”标记复现，（③，④）规约为并列关系，“不管”标示（①，②）与（③，④）间为转折关系。

五、余论

本文在大规模语料统计分析基础上，以“标记控制，语义聚类，同构分析”为策略，确定了“三标四句式”复句的18种充盈态模式。针对18种标记序列模式，结合关系词语所处句序、关系标记属性信息，系统描写、刻画并揭示了复句标记、标记序列模式与复句句法语义间的互动关系，构建一个有关“三标四句式”复句标记序列与复句实例间的“表-里”映射关系表，并挖掘提取了有关“三标四句式”充盈态复句的句法语义判定规则。

笔者的研究预期是，通过全面总结分析一定分句数目的复句（分句数）与所显现的复句关系词（个数）之间的所有可能模式，去挖掘复句关系标记对分句组合及语义关联的制约，划分出两种不同类别的有标复句（充盈态有标复句、非充盈态有标复句），从而建立一个面向信息处理的复句句法语义知识库，为复句句法语义自动分析服务。

需要指出的是，每种复句标记序列模式，真实语境中其复句格式及相应语料的分布有很大差异。有些复句标记序列模式聚合了大量的复句格式及其实例，有些标记序列模式类聚的复句格式较少甚至仅有一种，因此不能武断地去制定规则。对于这些聚类复句格式较少的标记序列模式，在确定标记序列模式属于充盈态还是非充盈态时，研究中笔者是按照从严原则，将这类复句标记序列模式划归入非充盈态标记模式，以确保判定规则的有效度和准确性。

*本文系重庆市教委人文社科重点项目“面向智能理解的汉语多重复句句法语义判定研究”【18SKGH076】、重庆市委组织部首届“重庆英才计划青年拔尖人才”资助计划、校级“嘉陵学者”资助计划、四川外国语大学科研项目“面向智能理解的汉语有标复句句法语义问题研究”【sisu201710】的阶段性成果。

注释：

[1] 鲁松、白硕等：《汉语多重关系复句关系层次分析》，《软件学报》2001年第7期，第987～995页。

[2] 洪鹿平：《汉语复句关系自动判定研究》，南京：南京师范大学硕士学位论文，2008年。

[3] 杨进才、谢芳等：《复句关系词规则生成系统中的冲突检测与处理》，《中文信息学报》2015年第4期，第8～15页。

[4] 胡金柱、舒江波等：《复句关系词自动识别中规则的表示方法研究》，《计算机工程与应用》2016年第1期，第127～132页。

[5] 姚亚平：《多重复句的分析模型——兼谈语法分析作用与目的》，《汉语学习》1990年第3期，第8～14页。

[6] 吴锋文：《基于模式识别的四句式复句句法语义关系判定》，《汉语学报》2017年第3期，第19～28页。

[7] 邢福义：《汉语语法学》(修订本)，北京：商务印书馆，2016年。

[8] 有关复杂特征集思想，最早由冯志伟先生提出，参见《汉语句子描述中的复杂特征》《功能合一语法：基于复杂特征和合一运算的语法》等。

[9] 吴锋文：《基于关系标记的汉语复句分类研究》，《汉语学报》2011年第3期，第63～73页。

[10] 吴锋文：《基于关系标记的汉语复句分类研究》，《汉语学报》2011年第3期，第63～73页。

[11] 陆俭明：《要重视特征的研究与描写》，《长江学术》2006年第1期，第80～86页。

[12] 本文将二标记连用形式表示为 Ri＋Rj，其他同理；将句序连续的三个分句表示为 ci－1，ci，ci＋1。有关复句类别及关系标记的语义类别参见邢福义：《汉语复句研究》，北京：商务印书馆，2001年，第38～47页。

[13] 吴锋文：《基于关系标记的汉语复句分类研究》，《汉语学报》2011年第3期，第63～73页。

[14] 本文将无标分句间所形成的无标小句关联体用粗体方括号**【】**标示，无标小句关联体之间的语义关系一般规约为并列关系或因果关系。

新兴亲属称谓语的认知阐释

彭　琳

（华中师范大学语言与语言教育研究中心，湖北武汉，430079/
广东女子职业技术学院，广东广州，511450）

内容摘要：当今网络环境下，社会上产生了大量的新兴亲属称谓语，这些新兴称谓语是传统亲属称谓语“类词缀”化后生成的新词语。本文在分析汉语亲属称谓语“类词缀”的特征（语义虚化，能产性强）之后，进一步阐释新兴亲属称谓语形成的认知机制，认为隐喻和转喻是新兴亲属称谓语形成的机制。

关键词：亲属称谓语；类词缀；语义虚化；隐喻；转喻

称谓语是人们在交际中指代交际对象的称呼，可以用于识别交际对象的身份，体现交际双方的社会角色和社会地位，所以称谓语既是一种语言现象，也是一种社会现象。称谓语分为亲属称谓语和社会称谓语两类。亲属称谓语是汉语称谓系统中主要的组成部分。“汉语亲属称谓系统是一个庞大而复杂的系统，从不同的角度反映着亲属关系。”[1]体现家庭核心亲属关系的称谓语，如“爷、叔、妈、哥、姐、弟、妹”等，是我们日常生活中经常用到的亲属称谓语。随着互联网的不断普及和迅猛发展，社会上产生了大量的新兴称谓语。值得关注的是，在这些新兴称谓语中出现了很多亲属称谓语，比如“范爷，犀利哥，微笑姐，奶茶妹”等等。这些称谓语是在亲属称谓语泛化之后产生的一种新兴称谓形式，其中原有的亲属称谓义已经淡化。罗湘英认为：当今网络环境下，亲属称谓语泛化的语言现象，即“以单音节的亲属称谓名词为构词要素产生大量的新词词群，其中的亲属称谓名词的词汇意义逐渐弱化，语法意义增强，构词能产能力空前扩大，具有标注词性的功能，且所处位置相当固定。这一特点和汉语中的词缀相当，我们称之为亲属称谓的词缀化”[2]。吕叔湘（1979）认为：“汉语里地道的语缀不很多……有不少语素差不多算是前缀和后缀，然而还是差点儿，只可以成为类前缀和类后缀。”因为这些在语义上还没有完全虚化，有时还以词根的面貌出现[3]。

当今网络环境下产生的新兴亲属称谓语是传统亲属称谓语类词缀语法化的结果。本文在分析汉语亲属称谓语泛化之后，形成类词缀语法化的现象，继而阐释现代网络环境下新兴亲属称谓语形成的认知机制。

一、亲属称谓语类词缀的语法化

1.1 类词缀与语法化

国内语言学界对类词缀的界定有多种争议。“类词缀”这一术语最早是由吕叔湘在《汉语语法分析问题》中提出的。他指出汉语中有些词素被看作后缀，但它们仍然能以自由词的形式出现，类词缀是由词根虚化为词缀的一个中间现象，其意义并未完全虚化。吕叔湘将语义没有完全虚化的词缀称作类前缀或类后缀。沈孟璎（1995）认为，类词缀主要表现在词的语义趋于概括和抽象，意义泛化，语义偏离[4]。曾立英（2008）在《三字词中的类词缀》中把能产性强，具有一定定位功能但没有完全具备词缀资格的语素称为类词缀[5]。在前贤研究成果的基础上，我们认为，类词缀与词缀的主要区别在于词的意义是否虚化；类词缀是词义逐渐虚化的介于词根和词缀之间的一种语法单位；其位置比较固定，构词定位，具有能产性和类化的特点。

何谓语法化，Kurylowicz认为，语法化是从词汇形素向语法形素的转化，或者从低级语法形素向高级语法形素的转化[6]。沈家煊给语法化（Grammaticalization）的定义是：语言中意义实在的词转化为无实在意义，表语法功能的成分，这样一种过程或现象，中国传统的语言学称之为实词虚化。语法化就是指词义抽象化达到一定程度后引起词义虚化，实词最终失去原有的词汇意义，变成只表示语法关系，具有语法功能的语法单位[7]。一般来说，语法化现象包括三种现象：实词虚化，句法化，词汇化。邬菊艳、王文斌（2014）从语法化和词汇化的视角探究了英汉语类词缀现象。他们认为，类词缀的生成是一种语法化过程，单位结构体的词汇化促进了语法化的形成，其中，语义虚化是语法化现象的最基本特征[8]。

1.2 亲属称谓语的语义虚化

为考察亲属称谓语类词缀语法化现象，我们从中国语言资源网中的“新词语研究资源库”[9]中搜索了含有“爷、奶、叔、爸、妈、哥、姐、弟、妹”为词模的部分新词以及其释义，从中来观察这些新兴亲属称谓语类词缀的语法化过程。

倒爷：指称从事倒买倒卖投机的男性。

国民奶奶：对在影视剧中饰演奶奶角色，并得到普遍认可的女星的美称。

房叔：指称利用权力非法拥有多套房产的男性政府官员。

萌叔：指称形象、举止可爱的中年男子。

虎爸：指称对子女期望很高，教育方式严厉的父亲。

拼妈：指称在教育理念、教育能力等方面与人拼争的妈妈们。

淡定哥：指称遇事从容镇定、处变不惊的青年男子。含戏谑色彩。

托姐：受雇于货主，假装顾客购买商品以引人上当的女子。与“托哥”相对。

炫富弟：指称网络上高调炫富、嘲笑穷人的初中生网友“叨叨”。

Q妹：喜欢QQ聊天的年轻女性。

从上述新兴亲属称谓语中我们可以发现，大量的网络新亲属称谓语是由汉语亲属称谓语泛化产生的，旧词衍生出新的义项，新的语用功能。比如，以表长辈亲属称谓词“爷、奶、爸、妈”为词模泛化而来的新词“倒爷、国民奶奶、虎爸、拼妈”等；

以表平辈亲属称谓词“姐、哥、妹、弟”为词模泛化的新词“淡定哥、托姐、炫富弟、Q妹”等，这类亲属称谓语的变异属于称谓语的泛化现象，但这种泛化与传统称谓语的泛化完全不同。首先，从新词的语用功能来看，这些新词不再符合传统称谓语泛化的原则，即不是以拉近交际双方亲近关系为目的，而是表示某一类人、某种职业、某个群体的形象，某种嗜好或者表示某社会焦点事件[10]。传统汉语中“爷、奶、爸、妈、姐、哥、妹、弟”都是亲属称谓语中的典型成员，从义素分析法的角度分析，要考虑系属、亲缘、辈分、长幼以及性别五部分的因素，即包含“[+父/母系]、[+血/姻亲]、[+长辈/同辈]、[+男性]、[+女性]”等义素，但随着新兴亲属称谓语“X哥、X姐”等词语的广泛流行，泛化之后的亲属称谓语在词义方面表现为义素脱落，区别意义的义素特征开始脱落，并向“类词缀”方向发展。比如，“哥”词缀化构成的新词“淡定哥”，“姐”词缀化构成的新词“托姐”等，泛化后新词中的“哥”“姐”义素完全有别于传统亲属称谓语中“哥”“姐”的义素了，失去了原有的称谓名词中［+长辈］、［+父系］、［+血亲］三个意义要素，仅保留了［+男性］、［+女性］的义素，亲属称谓义淡化并脱落，其泛化变体具有了新的特点：在语义上有较强的概括性，一个称谓词就能概括一个完整的社会焦点事件，或者某一类人的形象，职业特征等，比如“房叔、淡定哥、拼妈”等。泛化后的新词“淡定哥、托姐”不再表示亲属关系，而是概括某一类人的形象，标示某一职业特征，传递一种感情色彩。从词的内涵上看，这类词具有直观性和描述性，带有鲜明的感情色彩，表现出明显的意义泛化的特征。

新兴亲属称谓语的亲属义素大部分脱落，语义趋于概括和抽象，语义偏离，意义泛化，这是传统亲属称谓语演化为类词缀的表现，同时也体现出新兴亲属称谓语意义由实到虚的语法化过程。

1.3 新兴亲属称谓语的构词特征及能产性

在造词方面，新兴亲属称谓语表现出一种新的语言现象，即这些新词在语法特征上遵循着一定的构词模式：语素（名词、动词/动宾结构、形容词）+词缀化的亲属称谓词[11]。

如下图：

新兴亲属称谓语的构词特征

构词模式	举例
名词+亲属称谓类后缀	票爷　款爷　股爷　女性爷　的哥　吧哥　的姐　房姐　空姐　空嫂　春节妈妈　奶茶妹　环保妹　四眼妹
动词/动宾结构+亲属称谓类后缀	倒爷　卡爷　担忧爷　踏哥　奔跑哥　托姐　炫富弟　打工妹　暴走妈妈
形容词+亲属称谓类后缀	淡定哥　犀利哥　富婆　坚强弟

新兴亲属称谓名词词缀化的词有：“爷、哥、姐、妹、弟、婆”等，泛化的新词

一般采用这些词缀化的词或词模，加上其他义素构成，结构上以偏正式为主，比如，“哥”词缀化构成的新词“的哥，犀利哥”等；“姐”词缀化构成的新词“款姐，托姐”等。

类词缀在构建新词时，其位置是固定的，这也是我们判断新词是否类词缀的标准之一。新兴亲属称谓语中，词缀化的亲属称谓词都是固定为后词缀，这种构词特征也是传统亲属称谓语演化为类词缀的表现。

新兴亲属称谓语演化成类词缀后，其构词的能产性很强，体现在其构词形式的多种多样。新兴亲属称谓语中，从语音方面来看，在“X＋亲属称谓类词缀”结构槽中，“X”的音节数量可以不受限制，可以是单音节、双音节或多音节，比如“股爷、女性爷、犀利哥、暴走妈妈”等。从语法方面来看，在“X＋亲属称谓类词缀”结构槽中，“X”的词性可以是名词、形容词、数词、副词等，也可以是短语和字母，合成类型丰富多样，例如“票爷（名词）、炫富弟（动词）、打工妹（动词）、犀利哥（形容词）、富婆（形容词）、必须哥（副词）、LV姐（字母）”等。从新兴亲属称谓语类词缀的语义方面来看，其语义泛化后，语义越来越宽泛，所以其外延也会越来越大，构词能力也越来越强。以“姐”为例，有“托姐、导姐、的姐、房姐、微笑姐”等等。“姐”被用作类词缀，形成“X姐”的格式，指称人们所关注的各种特色女性，如“微笑姐、暴力姐、犀利姐、淡定姐”等等。

汉语亲属称谓系统是一个非常庞大丰富的词汇系统，具有长幼有序、父系母系、内外有别、男女有别的特征。在当代社会结构，多元文化以及科技的迅猛发展等因素的影响下，一些单音节的亲属称谓语的亲属称谓义淡化，逐步成为类词缀，具有强大的构词能力，并生成了大量的新兴亲属称谓语。亲属称谓语类词缀化后，语义虚化，位置固定，能产性极强，体现出汉语语言内部类词缀的发展趋势和语法化的特征。

二、新兴亲属称谓语的形成机制

在当今网络时代，传统亲属称谓语演变为“类词缀”后，生成了大量的新兴亲属称谓语。由实词语义虚化成为类词缀，从语言的内部发展来看，是词根义素自身虚化的结果，而导致语义虚化演变为类词缀的生成机制是隐喻（Metaphor）和转喻（metonymy）机制。

2.1 亲属称谓语“类词缀”与隐喻机制

隐喻是认知语言学的主要理论，是从一个具体的概念域向一个抽象的概念域的映射。（Lakoff，Johnson 1980/200；贾泽林 2011）[12]隐喻是人类运用联想和想象，依据心理空间的相似，将彼心理空间映射到此心理空间。隐喻是人类的一种认知模式，是用概念A来说明概念B，因为A、B共享某一相似特征。相似性是隐喻的基础，是指始源域与目标域这两个不同的认知域之间具有彼此相像的特征或特性（王文斌 2007）[13]。类词缀生成新词语时，将原词语的词义引申，也就是将已知的抽象概念与新的概念相联系，找到两者之间的相似特征，这样就形成了始源域与目标域两个相似的认知域间的映射。

新词的产生是与人类的认知和思维密切相关的，隐喻是新词或新概念形成的一种手段。认知语言学家认为，人们在对抽象事物进行概念化的时候，往往是以始源域的经验来说明或解释目标域的抽象概念的。面对新事物，人们会找出新事物与已知事物之间的相同特征，以实现概念的转换，这个过程可描述为始源域向目标域的语义结构映射。新词的创造源于人类的认知规律，所以通过类词缀生成的新兴亲属称谓语是人类的隐喻认知规律的体现。

在类词缀化趋势下生成的"X爷、X叔、X爸、X哥、X姐"等"X+亲属称谓类词缀"结构槽中，其原型亲属称谓语"爷、奶、爸、妈、叔、姐、哥、妹、弟"的语义虚化非常明显。以"哥"的语义演变过程为例，在原型亲属称谓语中，"哥"作为一个实词语素，其传统的语义有"[+人]、[+男性]、[+年长]、[+亲属]、[+尊称]"，而新兴亲属称谓语"X哥"中，其传统语义大多已脱落，仅保留了"[+男性]、[+年长]"两个义素，指称从事某一行业和具有某特征的男性，如"的哥、淡定哥"等。虽然"哥"从传统的实词语素类词缀化了，以后词缀的形式出现，但是它仍然保留了始源域中亲属称谓"哥"的最基本的语义：年长于自己或相仿的男性。这表明人们在创造新词时，是将自己熟悉的始源域中的概念投射到目标域中具有相同特征的概念上。当人们将亲属称谓语"哥"的原始基本语义投射到"X哥"类词缀上，即投射到新的认知域中的时候，就是隐喻机制参与类词缀语法化的过程。

隐喻机制对其他的亲属称谓语，如"爷、奶、爸、妈、哥、姐、妹、弟"的类词缀化的形成也产生了同样的作用。

2.2 新兴亲属称谓语与转喻机制

王寅（2007）认为，转喻是指同一个ICM（理想化认知模型）之内表述和理解部分与整体关系的认知现象，即可用一个部分来认识另一个部分或整体，或通过整体来认识部分，两者具有接触或临近关系[14]。由定义可知，转喻是在同一个认知域内表述和理解部分与整体关系的认知现象，以事物间的邻近联想为基础，用"X"指称凸显、易感知、易记忆、易辨认的部分，用部分代替整体，其主要功能是对事物的指称。

新兴亲属称谓语是人们认知和思维的成果，隐喻和转喻机制在其构造方式上均起到重要的作用。我们观察到新兴亲属称谓语，比如"倒爷、国民奶奶、房叔、萌叔、虎爸、拼妈、淡定哥、托姐、炫富弟、Q妹"等，其构造方式都是属于"X+亲属称谓类词缀"结构槽，其中亲属称谓类词缀"爷、奶、叔、爸、妈、哥、姐、弟、妹"的原始亲属称谓义的义素大部分已脱落，语义虚化，这是隐喻机制导致的；而"X+亲属称谓类词缀"结构槽中的"X"表述主要是由转喻机制促成的。"X"表述是人们在同一认知域内，通过联想，用某一凸显、易感知、易记忆、易辨认的部分代替整体，在这一语义的演变中，转喻产生了作用。李军华（2012）认为，认知称谓语对人物的指称主要是由转喻方式构成的，其转喻主要有以下类型：言语转喻、人的品质转喻、财产转喻、体态语转喻、形象特征转喻、物品转喻、服饰转喻、行为转喻、职业转喻和场所转喻等等[15]。比如"倒爷"，指称从事倒买倒卖投机的男性，人们用"倒"来联想，来凸显"倒买倒卖"这一不光彩的行为，属于行为转喻，突显的是人物的行为。类似的还有"托哥，托姐"等。"房叔"，指称利用权力非法拥有多套房产的男性政府官员，人们用“房”一词来表达某官员非法拥有的多套房产，用部分来认识整体，突显人物的非法财产。“萌叔”，指称形象、举止可爱的中年男子。“萌”一词，很容易让人产生“可爱”的联想，易感知“可爱”的形象，可以归为形象特征转喻。

转喻的过程就是抽取事物凸显特征的过程（邬菊艳、王文斌2009）[16]。在同一个认知域内，以凸显的部分代替整体，是一种转喻模式，通过这种模式，可以生成无限的新词。

三、结语

网络语境下，亲属称谓语时时刻刻在发生变异，变异形式的产生和发展一方面受到语言内部规则和机制的压制与影响，另一方面与语言外部因素也密切相关，如社会现状，文化形态以及民众的心理状态等等。语言内部的机制主要是隐喻和转喻机制，在亲属称谓语类词缀化的过程中，除了隐喻和转喻机制外，语言自身的类推机制以及经济原则等机制也产生了一定作用。一种语言现象的出现必定是由多种因素共同作用的结果。新兴亲属称谓语的出现，体现了当今社会上层出不穷的新事物、新观念、新思潮。为了满足人们语用的需求，传统的亲属称谓语发生了变异，亲属称谓语类词缀化使得传统的亲属称谓义虚化，新称谓的语用空间得到扩张，填补了当今社会交际中社会称谓语的缺环现象。这一课题值得大家从各个角度做进一步的研究探讨。

注释：

[1] 胡士云：《汉语亲属称谓研究》，北京：商务印书馆，2007年，第36页。

[2] 罗湘英：《亲属称谓的词缀化现象》，《汉语学习》2000年第4期，第74～77页。

[3] 吕叔湘：《汉语语法分析问题》，北京：商务印书馆，1979年，第49～52页。

[4] 沈孟璎：《试论新词缀化的汉民族性》，《南京师范大学学报》（社会科学版）1986年第1期，第93页。

[5] 曾立英：《三字词中的类词缀》，《语言文字应用》2008年第2期，第32～40页。

[6] J. Kurylowicz，“The Evolution of Grammatical Categories”，*Esquisses Linguistiques*，2，1975.

[7] 沈家煊：《“语法化”研究综观》，《外语教学与研究》1994年第4期，第17页。

[8] 邬菊艳，王文斌：《论英汉类词缀的语法化和词汇化》，《外语教学》2014年第5期，第5～8页。

[9] 中国语言资源网中的“新词语研究资源库”：http://ling. cuc. edu. cn/newword/showWordResult. aspx? page=4.

[10] 刘永厚：《汉语社会称谓语的语义》，北京：知识产权出版社，2017年，第126页。

[11] 包乌云：《流行语语义泛化研究》，大连理工大学硕士学位论文，2015年，第20～24页。

[12] 贾泽林：《现代汉语类词缀认知研究》，西北师范大学硕士学位论文，2011年，第32～35页。

[13] 王文斌：《隐喻的认知构建与解读》，上海：上海外语教育出版社，2007年，第227页。

[14] 王寅：《认知语言学》，上海：海外语教育出版社，2007年，第535页。

[15] 李军华、余蜜：《“XX哥”类认知称谓名词的构造方式与理据》，《湘潭大学学报》（哲学社会科学版）2012年第6期，第158～161页。

[16] 邬菊艳、王文斌：《英语“类词缀”的认知阐释》，《外语与外语教学》2009年第2期，第15～18页。

革新的外力：出版评论与“五四”时期商务印书馆的出版转向

曾建辉

（广西师范大学新闻与传播学院，广西桂林，541004）

内容摘要：“五四”时期是中国社会和文化的大变革时期，也是中国现代出版业的重要转型期。以罗家伦为首的知识分子以出版评论为武器，对当时落伍于时代发展的商务印书馆进行了严厉的批评，这直接刺激、推动了商务印书馆出版体制的改革、出版结构的调整以及书刊内容的创新。商务印书馆的出版转向充分说明当时出版评论作为一种革新的外力与出版机构的深刻变革之间存在着明显的耦合效应，它将出版业拽入新文化、新思想的时代洪流中，引发出版文化生态的震荡和改变。

关键词：“五四”时期；出版评论；商务印书馆；转向

考察商务印书馆的发展史，可以发现这所我国近现代最大的出版企业先后经历了多次深刻的调整、革新。特别是在1919年五四运动发生后，商务印书馆从管理体制到编辑机构，从财务制度到人事组织，尤其是内容生产方面的图书、杂志的出版都发生了一场显得异常匆忙而又急促激烈的变革。这种近乎颠覆式的大转向，如果没有外部因素的强烈冲击，那么这样疾如旋踵的剧变就让人觉得异常突兀和不解。对于“五四”时期商务印书馆的变化，国内学者已经做了一些研究，如宁敏峰[1]描述了商务印书馆与五四新文化运动之间的巨大反差，并分析了其产生的原因；黄剑[2]指出“五四”时期的张元济和商务印书馆都经历了从消极到顺应的过程，从多重面向上深入地考察了这段曲折反复的历史；贠蒙蒙[3]认为社会舆论的压力和经营利润的下滑导致了商务印书馆不得不开始全面的改革。目前来看，对“五四”时期商务印书馆的出版转向依然存在着深化研究的空间。基于此，本文尝试从出版评论视角考察商务印书馆这场变革，旨在全面展现出版评论作为一种外在力量对当时出版机构革新的推动作用和引导效果。

一、“五四”时期商务印书馆与文化新潮的游离

近现代的中国社会政局变幻无定，思想文化日异月殊，呈现出中西碰撞、新旧杂

糅的状况，反映在出版业上就是不同出版机构守成或趋新的差异。守成者如文明书局、有正书局等俨然白首耆宿，执着于文化古籍的整理与出版。趋新者如中华书局、开明书店等仿若风华少年，大张旗鼓于新文化、新思潮的传播与宣传。而执中国近代出版之牛耳的商务印书馆则步入了发展的成熟期，依旧按照自己“在商言商”和“渐进改良”的内在惯习不紧不慢地稳步前行，这显然并不能与“五四”时期激进勇猛、横扫一切封建残留的新文化浪潮合拍。与新潮社、北新书局、亚东图书馆等新出版群体积极加入、勇立潮头相比，商务印书馆明显一时反应不及，难以适应，只能不退不进，持隔岸观火、静观其变的态度，坚守着原来的出版模式，保持着旧有的出版风格，出版类型依然以教科书、工具书和古籍为主，主办的杂志所持言论四平八稳，老成持重。这种稳健的态度在追求彻底、极端变革的普遍性急躁的社会情绪里很容易被外界当成是保守的立场，是与时代脱节的“不合时宜之举”。这直接导致商务印书馆失去了一大批新文化阵营里的著作者群体和支持新文化运动的读者。同时由于出版的书刊落后于环境变化，不能及时回应社会文化关切，丧失了竞争优势。更为难堪的是，因为没有具有社会号召力和引导力的新知识、新学说、新思想的著作涌现，导致了其位居民国时期首席智识传播、思想启蒙的文化坐标的地位的动摇，身后的竞争对手如中华书局、世界书局、大东书局等不断地扩张出版业务，侵蚀着它的领先优势。所有的这些不利因素累积起来导致了商务印书馆的出版业务进入到下滑通道，书刊滞销，利润急剧下降。以旗下的杂志为例，被誉为“杂志中的杂志”的《东方杂志》，还有以往畅销的通俗读物《小说月报》的关注度不复以前盛况，销量不断减少，以至亏损。据张元济统计，1917年商务版杂志的销量额是1.46万元，1918年下降到1.1万元[4]，按照当时杂志的平均价格计算，销售的册数也下降近5000册。而到了1919年情况更加恶化，滞销的书刊达到了60多万册，总码洋超过100万元[5]。张元济在分馆减价售书发布通告时，还特意嘱咐负责人“删去本版三年滞销一项”[6]，这足以反映出当时商务版图书积压的严重性。面对如此经营困境和逼人情势，商务印书馆的改革就势在必行了。

促动商务印书馆革新的直接导火索是罗家伦的一篇著名的出版评论，亦可称之为批判檄文——《今日之中国杂志界》。在这篇炮火猛烈的评论里，罗家伦疾言厉色地点名批评了商务印书馆出版的刊物，认定《东方杂志》是“杂乱派”杂志的代表：

> 这派大都毫无主张，毫无选择，只要是稿子就登。一期之中，“上至天文，下至地理，古今中外，诸子百家”，无一不有。这派的名称举不胜举，最可以做代表的，就是商务印书馆的《东方杂志》。这个上下古今派的杂志，忽而工业，忽而政论，忽而农商，忽而灵学，真是五花八门，无奇不有。你说他旧吗？他又像新。你说他新吗？他实在不配。民国三二年黄远生先生在主持的时候，还好一点，现在我看了半天，真有莫名其妙的感想。这样毫无主张，毫无特色，毫无统系的办法，真可以说对于社会不发生一点影响，也不能尽一点灌输新智识的责任。我诚心盼望主持这个杂志的人，从速改变方针。须知人人可看，等于一人不看；无所不包，等于一无所包。我望社会上不必多有这样不愧为“杂志”的杂志。[7]

而且在罗家伦给杂志分类的第四类学理派里，商务印书馆所办的《教育杂志》和《妇女杂志》被列入了“脑筋混沌的”，“名为谈学理，实在没有清楚的脑筋、适当的方法去研究学理的真象，只是浑浑沌沌的信口开河”，而且是属于“市侩式”的一小类，“上面高扯学理的大旗；就实际而论，做的人既对于学理无明确的观念，又无研究的热心，不过打空锣鼓，以期多销几分”。对这种刊物，罗家伦的态度是“最讨厌”“极不堪”，断言“这类的杂志若不根本改良，真无存在的余地”[8]。罗家伦如此愠怒，对商务印书馆和《东方杂志》等不留情面，痛加批贬，其实是有源可溯的。这个根源就是以陈独秀为首的《新青年》杂志与商务印书馆杜亚泉主持的《东方杂志》之间发生的论战，这场论战的核心是中学、西学能否并存，协调发展的问题。这本是属于学术范畴的理论探讨，只是就刊物中的有关观点进行协商或批驳而已。但陈独秀有意将此论战扩大化，当成一个宣传新文化、新思想的契机，所以杜亚泉和《东方杂志》就被树立成为守旧思想的复辟典型，被渲染成了新文化运动前进的“绊脚石”，必欲先除之才能保证这场新文化运动的顺利开展。陈独秀当时是北京大学文科学科长，罗家伦是其学生，再加之罗氏编辑的《新潮》杂志和《新青年》杂志是同道（傅斯年语），是兄弟孔怀的连枝关系，两者是同气相求，同声相应，所以《今日之中国杂志界》的发表可看作陈、杜东西方文化大论战的一个延续和扩大，突破了学术研讨的区域，演变为新兴的文化势力对实力雄厚但思想保守的传统文化出版机构的挑战与冲击。

二、《中国今日之杂志界》引爆商务印书馆的革新压力

《中国今日之杂志界》这篇评论渗透着罗家伦对当时杂志现状的认知和对编辑杂志的思考，见解深刻，颇具实践性和专业性。这份专业性就来自之前创立和编辑《新潮》杂志的经历，虽然只有几个月的短暂时间，但足以让罗家伦对杂志出版有一个较为深入的了解，而就在《新潮》编辑部与当时的刊物负责人傅斯年共同办刊的这段体验，让罗家伦直观地感受到了批判的手段和评论的力量，这也是他自觉运用出版评论对商务印书馆进行批评的内在动因之一。《新潮》由傅斯年、罗家伦、徐彦之、顾颉刚、俞平伯等北大学生创办，以介绍西方现代思潮，批评中国学术、社会问题为主要内容。首期杂志在社会上很受欢迎，产生了一定的影响。第一期出版后不久，张东荪就在《时事新报》上发表了两篇关于《新潮》杂志的相关评论，在《新潮杂评》中赞扬《新潮》的同时，针对其书评栏目只介绍国内出版物的现状提出了自己的意见，指出：“与其批评中国的出版物，不如介绍外国的出版物。日本文学博士中岛力造曾发起一个读书会，专读欧美新出的书；将书中的意见，详细解说出来，并将这解说做了一个出版物，名为《泰西新书梗概》。一般学者很受益了”，“如是批评中国书总离不了抨击，抨击有什么结果呢？还不是骂一回就完了吗？”[9]批评中国出版物于新文化建设无益，还不如直接介绍引进西方图书。因此，张东荪建议《新潮》增添一个介绍西洋新书的栏目，用以传播西方最新思想文化动态。面对这样的批评和建议，《新潮》立刻做出了回应和改变：“多多介绍西洋文学、哲学、科学的门径书；设一个‘西书研究团’，选择若干最精要的书籍，经每人自由任定，定日读完，作成提要；即以提要之佳者，登于杂志上；要给读这提要的人一个明白的、分析的、概括的知识；故书

新评一栏，仍旧保留。最好是每期有它，若果不能，也要每两期有它一回。”[10]并将书评栏目分为“西书提要、故书新评、书报介绍、蒲鞭”四项，分别在杂志中不定期刊出。关于外界对《新潮》有“所载多哲学及文学之新潮，于科学之新潮，尚未能充分提倡”的批评，《新潮》编辑部也积极予以回应，允诺竭力改善，并在同期杂志中热情邀请北京大学理工类学者赐稿，在杂志的第二卷、第三卷中就刊登了不少纯科学的文章，如王星拱的《科学的知识是客观的不是》和《物与我》，汪敬熙的《心理学之最近的趋势》，还翻译介绍了爱因斯坦的相对论原理。另外还有读者指责《新潮》中译名不统一和过于直接、不留余地的文章风格，编辑部也一一做出了解释，并承诺在以后的刊物中加以修正。罗家伦在这期间也以“记者志希”的名义对读者来信、外界评论做了解答和回应。作为主要编辑人，罗家伦全程参与了《新潮》根据外界的评论和反应，他对杂志方向和内容进行调整的变革经过，这不但增加了其杂志编辑出版的实践经验，而且对出版评论这一重要的批判武器的作用有了切身的体会，强化了自觉运用的意识，并成为他攻击落后观念、宣传先进思想的重要文体形式。

果不其然，罗家伦的这篇气势凌厉、锋芒毕露的《中国今日之杂志界》一出世就震惊了出版界，在社会上影响很大。“罗家伦《今日中国之杂志界》一文，把商务各种杂志骂得体无完肤……商务受到这样严重的攻击，在文化教育界的声誉顿时一落千丈。”[11]老牌的《东方杂志》的销量持续下跌，读者群体也逐渐流失。以恽代英、张国焘、郑超麟等为代表的青年读者对《东方杂志》失去了敬意，将之视同复辟、落后的代名词，转而投向更有热情、更加激进的《新潮》《新青年》的读者阵营。当时的许多报刊在受到批评之后，都会适当地做些内容上的调整或改变以期平息舆论，重获读者信任。如著名的《时事新报》副刊《学灯》的一些栏目“黑幕”“剧评”的内容就曾被钱玄同大加嘲讽和鞭挞，故意将“鸳鸯蝴蝶派”称为“鹦鹉派”，“此等人所做的东西虽然种种不同，而其价值则一，要之皆是脑筋组织不甚复杂的人所做的事业而已”[12]。最后一句话的评价，已近乎谩骂式的人身攻击了。《学灯》受其批评，立刻用行动上的回应表示对批评的接受，对副刊专栏进行了调整。首先，增加了“科学丛谈”“思潮”等新栏目，登载最新的反映西方文化的论述或译作；其次，修改了部分栏目的名称和主题内容，改变专注于教育的用稿倾向，原“教育小言”变为“小言”，扩大了评论的范围，并尝试着用连载的方式刊登长篇论著；最后，撤销了“黑幕”和“报余丛载”，将这些版面用于刊登思想文艺方面的内容。此外，还加快了《学灯》的出版频率，改为每周六期，只有星期日不出。这样的改变让《学灯》顺利适应了时代环境文化思潮的变化，并成为新文化运动中的一支重要的力量。

三、出版评论直接促成馆办杂志的全面改革

然而当罗家伦的批评檄文引发舆论热潮，外部的批评铺天盖地的时候，商务印书馆并没有及时警醒。迫于压力，商务印书馆撤换了《东方杂志》的主编，由陶惺存接替杜亚泉，但这并不代表商务印书馆完全认可或接受了外界的批评，只是暂时的应对外界舆论的缓兵之计。当年七月，刚接任主编的陶惺存化名“景藏”发表了《今后杂志界之职务》，对罗家伦的批评做出了回应和解释。针对罗家伦对《东方杂志》“杂

乱”的批评，陶氏以“杂货铺”作喻，声称“杂志犹杂货店也，杂货店之货物最为繁琐细碎。其中既少贵重之品，亦多无甚价值之物”，所存之货乃是为人生日用必需品，微小如瓦罐、火柴、针线亦要齐备。所以编辑杂志就必须兼收并蓄，不得不杂。文中还对杂志的分类和编辑杂志的标准进行了论述，“犹抱琵琶”式地暗合了罗家伦的意见，但却没有明确地表明刊物改革的意思。而外界评价为“本有保皇党臭味，提及革命总是摇头”[13]的时任商务印书馆经理张元济起初也没有将外界的批评当成大事。他在传阅了1919年营业总表后指出，上一年度书业的不尽人意是由于“新思潮激进，已经有《新妇女》《新学生》《新教育》出版，本馆不能一一迎合”[14]的缘故。从这表述中可以看出商务印书馆上层对于新文化运动的保留态度，也能体味出商务印书馆对于社会流行的反映新文化的新创杂志的些许不屑。撤换主编之举只是迫于市场压力，挽回销售颓势被动采取的一些措施而已。但事态的发展远远超出了他们的预估，罗家伦的出版评论引发了社会各界对商务印书馆乃至整个出版业后继的批评，让商务印书馆等出版机构深陷负面舆论的漩涡。宗白华就曾在《时事新报·学灯》上撰文批评商务印书馆在新时代里毫无进步：“一个大书局在社会上同别种商店不同。它营业而外还要负点文化责任……中国现在的大书局正相反。它们不仅丝毫不晓得有文化责任，并且还正是中国文化的障碍。上海两个大书局，如商务印书馆与中华书局就是这样。商务印书馆十余年不见出几部有价值的书。学理书等到现在还是严复的几本译本……新学潮的书籍月刊都不看见它代售。”[15]郭沫若在谈及国内杂志的情况时，对商务版的杂志也颇有微词，“我最不高兴的是商务印书馆出版的《东方杂志》和《小说月报》，那是中国有数的两大杂志。但那里面所收的文章，不是庸俗的政谈，便是连篇累牍的翻译，而且是不值一读的翻译。小说也是一样，就偶尔有些创作，也不外是旧式的所谓才子佳人派章回体，报章乱七八糟”[16]。1920年孙中山也因商务印书馆拒绝出版《孙文学说》一书表示极大不满，“我国印刷机关，惟商务印书馆号称宏大，而其在营业上有垄断性质，固无论矣，且为保皇党之余孽所保持。故其所处一切书籍，均带保皇党气味，而又陈腐不堪读。不特此也，又且压抑新出版物，凡属吾党印刷之件及外界与新思想有关之著作，彼皆拒不代印”[17]，对商务印书馆的保守和在时代变革中的不作为予以严厉的批评。随着出版评论对商务印书馆批评的集中和深入，以张元济为首的商务印书馆领导层开始从心底接受新文化运动，并作出如前文所述的180度大转折式的幅度激烈、广泛持久的改革举动。

出版评论最直接的效果就是促使商务印书馆对旗下主要杂志的主编进行更换，由新派知识分子取代旧有人员，全面向时代趋向和世界潮流靠拢。陶惺存接任《东方杂志》主编后不久，旋即去世，由钱智修继任，对原来的栏目进行了裁撤并转，“文苑”等刊登旧文学的栏目被撤销，新设“新思想与新文艺”“世界新潮”“时论介绍”栏目，重点介绍西方文学和学术理论。此外还设立了“读者论坛”栏目，强化编读往来，并一度针对“月刊相隔太久，使人等得不耐；而且对于大事的评判和记载，不免过迟”[18]的意见，将《东方杂志》变为半月刊，以增加时效性，适应读者需求；《学生杂志》由杨贤江负责，既革新杂志内容，又改变杂志风格。内容方面是以介绍基本智识，宣传新文化、新科学为主。风格方面是改变生硬说教面孔，注重平等，趣味和活泼。增加了学生发表园地的“青年俱乐部”，反映学校学习、生活的“写真”“余兴”，引进新科学知识的“科学新语”，批评社会和学校的“时论摘要”。“通讯”“答问”两栏目则主要就读者来信涉及比较多的问题进行解答，指点迷津，实现编辑对读者的引导，体现刊物的价值；李石岑任《教育杂志》主编，改革的方向主要是减少空洞理论阐述的文章，鼓励实地调查和反映基层教育实际的稿件，并积极扩充稿源，鼓励全国各地的大中小学教师、学生参与办刊，加大对本土教育的研究力量；《妇女杂志》是章锡琛担当主编一职，首先改变的是刊物的编辑方针，主张为女性发声，为女性真正的解放呐喊，改变过往男子代替女子说话的状况。其次，关注青年男女的婚恋问题，注重读者的需求。最后是强化杂志营销，采取降价策略进行促销扩大读者市场；《小说月报》则由沈雁冰任主编，与文学研究会合作，树立“为人生”的文学思想，强化文学的启蒙性，加大对西方文学特别是弱小民族或国家的文学的介绍与引进，并设立“论评”栏目刊载理论文章和文学评论，这些措施意在将《小说月报》打造成新文学思潮和实践的重要阵地。

四、出版评论推动商务印书馆系列丛书的出版

出版评论对商务印书馆旗下杂志的批评和指责，其实并不仅仅是表达对刊物的不满，刺激杂志与时俱进，更深层的用意还在于推动杂志背后的出版机构改变原来的出版方向，增加民主科学和民众启蒙等相关图书的出版。当时杂志的膨胀式增长，让文化界又喜又忧。郑振铎认为杂志的增多，对于宣传新知识、新思想、新主义是大有帮助的，是出版界一件非常值得高兴的事；但也表示了忧虑，“虽然很热闹，而可以总评一句话，就是浅薄无科学的研究”，并指明了改进的路径，“诸君！杂志不过是供我们参考的，不能在那里做我们的科学研究的工夫吓！但是同时出版界要多有这类科学的书出版才好”[19]。郑振铎的这篇评论既有全面回顾总结，也不缺乏前瞻性。他指出杂志所具有的媒介特性让其在传播新鲜信息方面确有独特的优势，但也正因为“杂”“散”“浅”“乱”，让学理性、系统性的论著和学说难以传播，容易产生简单化、极端化的误读。所以成系列的丛书的出版也就成为当务之急。当时也有出版评论和郑振铎的观点不谋而合，“现今杂志第一个缺点，就是所介绍的知识，居多是片断的，仿佛是东鳞西爪，竹头木屑，既没有系统，又没有相互的关系”[20]。宗白华赞同“现在的文化运动是从杂志时期到了丛书时期了”的观点，主张“杂志虽是仍然有出版传播的价值，而我们尤重要的是具体地介绍西洋成系统的学说与科学的专论”[21]，并提出了编译出版丛书的策略，“丛书出版的次第，应该略有系统，先出门径的根本的书，后出名家的专著”[22]。罗家伦在总结五四运动的经验时也认为“近来的出版品种，有一种最大的通病，就是从研究方面来的少，从直觉方面来的多”，就一个问题重复论述，互相抄袭，类似“菌的生长”的恶性泛滥。他要求定期出版物要有“成熟的学说、系统的介绍”在内容质量方面进行提升。而要满足日益增多的刊物对“成熟的学说、系统的介绍”的需求就必须从速大批量地翻译引进“西洋大部有系统的著述”，“中国人看西洋人的学说实在可怜得狠，可以说是除了杂志而外，其余简直没有几个看过成部的著作，那能有成熟的学说发现呢”[23]。从批评杂志开始，出版评论就不断地在督促

出版机构组稿丛书、编译丛书，实施系统化、专业化的出书计划，而不能仅仅简单地停留在定期刊物这种“短、平、快”的急功近利式的商业出版上，“少办些杂志，多编些丛书”成为出版评论对出版机构的呼声和要求。

出版评论的督促与诉求得到了出版界的回应。当时身处商务印书馆的蒋梦麟就觉察到国内书籍饥荒的严重，企图策划出版系列丛书缓解这一状况，“丛书之倡，有二原因：一则欲首尾衔接，出一部西洋基本文明的全书。二则欲其不散漫，使读者见其一而欲读其余”[24]，并力邀胡适担任丛书的编译职责。胡适在回国滞留上海期间，专门花一天的时间去书店云集的四马路调查了上海出版界的情况，结果和蒋梦麟的观察和感触是一样的，“上海的出版界——中国的出版界——这七年简直没有两三部上可以看的书！不但高等学问的书一部都没有，就是要找一部轮船上火车上消遣的书，也找不出”，中文书籍如此，外文书状况又是如何呢？胡适调查的结果也是让人失望的，“看来看去，都是些萧士比亚的《威匿思商》《麦克白传》，阿狄生的《文报选录》，戈司密的《威克斐牧师》，欧文的《见闻杂记》……大概都是些十七世纪十八世纪的书……都是和现在欧美新思潮毫无关系的”，“东京丸善书店里的英文书目，那书目上凡是英美两国一年前出版的新书，大概都有。我把这书目和商务印书馆与伊文思书店的书目一比较，我几乎要羞死了”[25]。两人一拍即合，于是由蒋梦麟起意倡导，胡适、蔡元培、陶孟和积极参与，在商务印书馆的大力支持之下，“世界丛书”自 1920 年 10 月开始出版。这是商务印书馆自新文化运动兴起后印行的第一套以译印欧美、日本著作的丛书。另外同时出版的“尚志学会丛书”及稍后印行的“共学社丛书”也有不少译著，三类丛书加起来总共出版 107 种，其中译著有 93 种，占 87%之多。一年后，王云五主持商务，更是扩大其编译丛书的范围，策划出版了“汉译世界名著”系列，初集就有一百种，以后陆续出版了甲编、乙编等。继商务印书馆之后，“新文化丛书”“新潮丛书”“新人丛书”都云合雾集地竖起旗子来了。“统计他们所登的书籍出版预告，至少在一百种以上。在素与世界文化隔离的中国，忽然有这许多编译的书籍产生，把世界文化逐渐介绍来，这实在是非常乐观的事！”[26]这些出版行为共同助推了新文化运动的普及与深入，正如王云五所言：“实则为新文化运动继续工作而于无形中收效最宏者，当推彼时开始的各学术团体或出版家所编译的各种新丛书。”[27]而这一出版成绩的取得，与出版评论是分不开的。“商务印书馆有些暮气，只怕没兴致来干这事；中华书局有些衰气，恐怕没精神来办这事；亚东图书馆力量薄，恐怕不敢做这事。据我看来，这三个书局都该办这事。不过要他们办非得一番鼓吹不可。”[28]正是出版评论持续的鼓动、推动、带动，推石上山的不懈努力，加之出版界人士的响应、努力才营造出如此良好的出版气象。

五、结语

“五四”时期的中国出版业是以民营出版机构为主的一种结构态势，形成了以企业化、市场化、职业化、竞争化为主要特征的高度商业性运作模式，出版物的生产、销售的好坏直接决定着出版机构是发展壮大还是萎靡关张。在这种环境下，出版评论所具有的直接影响读者选择的评判、导向功能以及间接地推动政府管制、企业管理和市场销售等功能都会影响到出版机构的方方面面，引发出版业各结构要素的变革，这种变革直接而又集中体现在出版业的内部的生产环节上，即图书、报刊的出版和发行。所以毫无疑问，出版评论是引发出版机构对内容生产进行深刻变革、全面革新的导火线，它猛烈抨击落后、保守、愚昧、低俗的书刊，热情讴歌民主、科学、自由、进步的读物，将出版业拽入新文化、新思想的时代洪流中，随之引起了出版文化生态的震荡和改变。在我国近现代出版业持续向前的过程中，出版评论从稚嫩走向了成熟，不断地发出自己的声音，以批评的方式介入到出版活动中。"五四"时期商务印书馆出版方向的转移、出版结构的调整等创新变革的背后显露着出版评论明晰真切的痕迹，这凸显了出版评论对出版活动的强力介入与出版机构的转向变化之间存在着强烈的耦合效应。

*本文为国家社科基金项目"中国近现代出版评论文献整理与研究"【19BXW037】的阶段性成果。

注释：

[1] 宁敏峰：《在新文化运动的冲击下走上革新道路——新文化运动初期的商务印书馆》，《出版发行研究》2008年第10期，第76～79页。

[2] 黄剑：《从消极到顺应：五四时期的张元济和商务印书馆》，《华中师范大学学报》（人文社科版）2015年第1期，第119～125页。

[3] 负蒙蒙：《商务印书馆与新文化运动》，武汉：华中师范大学，2016年硕士学位论文。

[4] 张元济：《张元济日记（下）》，北京：商务印书馆，1981年，第505页。

[5] 张树年：《张元济年谱》，北京：商务印书馆，1991年，第162页。

[6] 张元济著、张人凤整理：《张元济日记（上）》，石家庄：河北教育出版社，2001年，第670页。

[7] 罗家伦：《今日中国之杂志界》，《新潮》1919年第4期，第74～75页。

[8] 罗家伦：《今日中国之杂志界》，《新潮》1919年第4期，第75～76页。

[9] 张东荪：《新潮杂评》，《时事新报》1919年1月21日。

[10] 傅斯年：《致新潮社同学读者诸君》，《新潮》1919年第1卷第3期，第23页。

[11] 章锡琛：《漫谈商务印书馆》，商务印书馆编：《商务印书馆九十年》，北京：商务印书馆，1987年，第111页。

[12] 钱玄同：《今之所谓"评剧家"》，《新青年》1918年第2期，第187～188页。

[13] 蒋维乔：《创办初期之商务印书馆与中华书局》，张静庐辑注：《中国现代出版史料·丁编（下）》，北京：中华书局，1959年，第398页。

[14] 张元济：《张元济日记（下）》，北京：商务印书馆，1981年，第709页。

[15] 宗白华：《评上海的两大书局》，《时事新报·学灯》1919年11月8日。

[16] 郭沫若：《创造十年》，《郭沫若文集》第七卷，北京：人民文学出版社，1958年，第37页。

[17] 孙中山：《致海外国民党同志函》，《孙中山文集》第五卷，北京：中华书局，1985年，第210页。

[18] 罗家伦：《今日中国之杂志界》，《新潮》1919年第1卷第4期，第76页。

[19] 郑振铎：《一九一九年的出版界》，《新社会》1920年第7期，第9页。

[20] 郃爽秋：《敬告现在的新文化运动家》，《时事新报·学灯》1920年1月15日。

[21] 宗白华：《讨论译名的提倡》，《时事新报·学灯》1920年4月12日。

[22] 宗白华：《我对于编译丛书底几个意见》，《时事新报·学灯》1920年7月8日。

[23] 罗家伦：《一年来我们学生运动的成功失败和将来应取的方针》，《新潮》1920年第4期，第59～60页。

[24] 孙善根：《走出象牙塔——蒋梦麟传》，杭州：杭州出版社，2004年，第43页。

[25] 胡适：《归国杂感》，《胡适作品精选》，长春：时代文艺出版社，2000年，第92～93页。

[26] 郑振铎：《我对于编译丛书底几个意见》，《民国日报·觉悟》1920年7月8日。

[27] 王云五：《五十年来的出版趋向》，王云五：《旅渝心声》，上海：商务印书馆，1946年，第239页。

[28]《沈泽民致白华函》，《时事新报·学灯》1920年1月19日。

个体化、深描与小写：罗伯特·达恩顿书籍史研究的三个维度

李家军

（华中师范大学文学院，湖北武汉，430079/
湖北民族大学文学与传媒学院，湖北恩施，445000）

内容摘要：罗伯特·达恩顿从个体化、深描和小写三个维度展开书籍史研究，把关注视角和重心转向文学和书籍生产领域的布拉格街头文人的地下写作，传播领域的公共舆论、电视媒介、把关人和审查机制，以及图书出版和贸易领域的运输商、书商、批发商、零售商、书贩等历史个体、细节和细部，并以此构建书籍传播的传播循环模式，重构法国大革命和启蒙运动历史，具有了历史人类学和文学社会学的属性与特征，形成了独特的书籍史研究路径。

关键词：罗伯特·达恩顿；书籍史；个体化；深描；小写

二十世纪中叶后，由于新史学、心灵史和多学科外史转向推动，社会史研究范式发生了深刻变迁，由此掀开了规模宏大的社会史转向运动，这是继语言学转向后的又一次文化转向运动，它深刻地影响着新文化史构建。美国历史学家罗伯特·达恩顿是这次转向运动中最具代表性的人物之一，他以研究法国大革命思想的源起和启蒙运动蜚声学界。他剔除了宏大历史模型和宏伟历史结构，从个体化、深描和小写三个微观路数展开书籍史研究，把关注视角转向了图书出版和贸易领域的运输商（shipper）、书商、批发商（wholesaler）、零售商（retailer）、书贩（peddler），文学生产领域的布拉格街头文人和地下文学的写作，传播学领域的公共舆论、电视媒介、把关人和审查机制等个体和细节，以书籍研究的传播循环模式，把西方书籍史研究推进到新的层次。

一、个体化：在边际制造意义

个体是相对于宏观整体而言的。罗伯特·达恩顿在英国经验主义学派和法国年鉴学派的史学研究框架上，熟稔地运用微观史学视角展开史学观念审视和书写实践，遵从“书写自由”学术本位，与启蒙运动和法国大革命中的个体展开深入、开放的对话和言谈，重构启蒙运动研究，法国大革命历史的面目因而焕然一新。众所周知，在宏

大历史观念中，个体被一只看不见的手有意识地遮蔽。二十世纪六七十年代后，法国年鉴学派勒高夫、拉杜里和菲雷等第三代代表人物高举革新的大旗，质疑“总体历史”，在历史研究方向上发生了根本变化，“总体性已经不是起码的原则，而是遥远的地平线了”[1]，按照福柯的说法，“总体性已经耗尽了自己的全部可能性，不再存在了”[2]，人们有意识地放弃宏大体系，重点转向时间和空间上有限的历史，微观史学正是在这样的背景中应运而生。微观史学明确提出短时段、个人（个性）、独特性、突发事件、局部事实和地方性事件的历史研究路径，在历史观念、研究对象、视角、方法和叙事形式上发生了根本性的改变，以此反拨宏大叙事、“整体性”“长时段结构”和“静止的历史”观念。个体化历史在欧洲盛极一时，但表现形态各异，法国的日常生活史、英国的个案史等等都有着某种内在共通性。正如国内学者张正明在《年鉴学派史学范式研究》中所言，微观史学解释模式在反对传统史学观念上有三个方面表现得尤为突出：一是反对乌托邦历史设计，主张还原历史中的丰富性；二是反对宏大叙事，尤其反对单线历史和简单的、一元的历史演进模式；三是微观历史解释模式强调历史发生的偶然性，它运用的微观视角和微观视点把生活世界的丰富性带进历史之中，从而在历史哲学层面上重构日常生活[3]。随着微观史学的滥觞，长期被忽略的“个体”逐步显现，个体的尊严、权力“在一种暂时的价值代替另一种暂时价值的运动”[4]中开始清晰，刘文瑾将这一价值运动形象地称为“他人的面容”。她认为，在“绝对恶”之后，人们必须思考如何更好地面对他者的价值。

在罗伯特·达恩顿那里，狭义的书写指基于微观视阈展开的史学建构方式，是历史存在的“另一面”，是个体的历史，广义上的书写是与抽象思维相对、以诗性话语和历史展开的对话和言谈。“‘书’既不是承载知识的文献，也不是知识本身，而是知识发生的原初方式——人与人的相遇与言谈。”[5]国内学者刘文瑾的这句话道出这样一个道理：“书”并不具有某种超越性意义，它所承载和探究的只是人与人之间的相遇和言谈。在罗伯特·达恩顿看来，“书籍”是“历史中的一种力量”，“书籍联系着极为广泛的人类活动，从捡破烂到传达上帝声音的一切事。它们是匠人的产品、经济交换之物、观念之舟以及政治和宗教冲突的因素”[6]。而罗伯特·达恩顿凭着史学家的敏锐嗅觉，穿越200余年时空隧道，与法国大革命时期的个体相遇并深入交流与对话，既深刻地书写了启蒙运动的微观历史，也推究出“人类知识发生的原初方式”。这得益于罗伯特·达恩顿微观史学观念的启示与实践。

这位就读于英国牛津大学的历史学博士，早年深受法国年鉴学派、“书籍与社会”研究小组、英国经验主义学派的多重影响，回到美国后，又深受著名学者克利福德·吉尔兹的人类学研究的进一步启示，从而使得他的史学研究观念逐步形成。“观念是如何在社会中发挥作用的，态度和价值观是如何发展起来的。”[7]在美国学者盖伊和“书籍与社会”研究小组观念的社会史的基础上，罗伯特·达恩顿提出了有别于两者的观念的社会史路数，他避开前者仅关注“哲人的思想”，后者仍停留于注重连续性和文化惯性的不足，探究观念和个体之间的联系中介，使观念成为日常生活的组成部分。“考察观念如何成为日常世界（包括经济利益的世界）的一部分，可以改变我们对于一般而言的历史而不仅是启蒙运动的观念。”[8]对个体的关注贯穿于罗伯特·达恩顿史学研究的各个方面。在对书籍史的研究中，罗伯特·达恩顿十分关注贤哲的思想在物质化到书过程中的变迁路线，出版商及推销员、公共舆论和媒介在各种思想观念的传播中扮演何种角色，出版业如何适应革命前欧洲的经济和政治体制，地下文学如何获得市场青睐等诸种问题，从而把书籍的商业生产史、地下文学变迁路线纳入观念社会史研究中。“要提高和保持文明，冒险是很重要的。”[9]当英国哲学家怀特海（1861—1947）在《观念的冒险》中写下这段文字时，他已深刻地理解哲学和思想冒险对人类历史进程的意义。怀特海所说的“冒险”，主要是“观念的冒险”，他认为，在人类文明的缓慢演进过程中，观念之作用不可替代，它不仅为人类文明的发展提供源源不断的原动力，而且“观念将对人类历史的历险经历做出解释，作者对这些观念进行思辨的构架时，无异于是在经历一场冒险”[10]。当罗伯特·达恩顿感叹“冒险进入这一领域（观念社会史）”时，他的冒险不仅在于面对材料匮乏的窘境，更在于在一个“暧昧和悖论的时代”[11]如何更好地显现个体的冒险经历，并厘清这些个体之间的各种复杂关系，从而重构新的启蒙和革命历史。“历史具有一种朝向未来的维度。”[12]罗伯特·达恩顿在“人与人的相遇和言谈”中超越大写之书的总体性企图，以开放性的书写姿态呈现他者面容，朝向未来，改写和重构着新世纪书写方式和史学格局。

二、深描：屠猫的日常生活狂欢

二十世纪三十年代末期，在法国巴黎圣塞佛伦街的印刷所里，发生了一起翻天覆地的屠猫狂欢。按照审判仪式，一群印刷工人各自扮演卫兵、告解神父和刑吏，判处四处围追堵截捉来的猫（包括师母的宠物小灰）死刑，在“一阵哄笑”“欢欣”“闹成一团”的“大笑”声中，一只只血淋淋的猫在绳套上摆荡，失声尖叫。笑声并未就此结束。在接下来的几天里，印刷工人重演“复本”寻开心，模拟彼时狂欢的屠猫情景，印刷所里的笑声不绝于耳。这种残酷的屠猫仪式，缘何引来众多印刷工人的狂欢？为什么是猫？印刷工人以何种心态集体屠猫？屠猫狂欢与法国文化有何种干系？诸如此类的种种问题，构成罗伯特·达恩顿思考法国文化的基点，“掌握屠猫狂欢的笑点所在，或许就有可能‘掌握’旧制度之下技工文化的要素”[13]。在罗伯特·达恩顿细致入微的追踪思考中，由屠猫而引发的对法国民俗、社会关系和人物心理的思考贯穿于整个文本系统中，罗伯特·达恩顿由此打开了法国社会“一套素昧平生的意义系统”[14]，“这种是双重的：既是欢乐的、兴奋的，同时也是讥笑的、冷嘲热讽的，它既否定又肯定，既埋葬又新生”[15]。如果说苏联著名文艺理论家巴赫金在分析拉伯雷《巨人传》中节庆、广场和民间诙谐文化的分析引申出“狂欢”理论的话，那么罗伯特·达恩顿正是沿着狂欢理论的致思路径，沿用心态史、阅读史等系列史、历史人类学等思考方法，深度描述了法国启蒙运动和大革命前期的社会心理和思想文化。

权力和暴力永远不会用诙谐的语言说话，板正的面孔、冷漠的外表和严肃性便于维护既成的统治秩序。而诙谐和笑正是对官方、教会禁忌和恐吓的挑战，它具有“免于恐惧的自由”性质。狂欢文化是文艺复兴后法国民间文化的基调，它诙谐、怪诞包罗万象、全民参与、具有节庆性，诅咒、发誓、混战、殴打、脱冕、预言、占卜等直接渗透节日主题的一系列情节，等级、特权、禁令、规范在此瓦解，人们百无禁忌、放浪形骸，从而获得了“对恐惧的胜利”[16]和“非官方的权力”[17]。拉伯雷在《巨人传》第四部叙述了“诉讼国”的居民以甘心挨打来赚钱谋生的故事。约翰修士只花二十块金币就痛打了一个“酒糟鼻子”。小说写道：“约翰修士抡起棍子对准董鼻子的脊梁、肚子、胳膊、腿、头，浑身上下打了一个不亦乐乎，我以为打死了。可是把二十块金币给了他，我看见他马上站了起来，乐得跟一个国王或者双倍国王那样。”[18]这个“酒糟鼻子”的命运类似于罗伯特·达恩顿笔下的猫，只不过后者一命呜呼，而约翰修士的身份正如屠猫的印刷工人。主角、情节、格调惊人的相近，让我们不惊叹于法国狂欢文化精神的一致性。巴赫金认为，狂欢不是戏剧的表演形式，而似乎是生活本身的（但也是暂时的）的形式。随着狂欢节和大斋节的交替上演，猫成为法国民间狂欢文化的主角，现实中温顺可爱的猫便具有了多种文化隐喻的意义。作为巫术的隐喻，猫无远弗届，旧制度下的猫的哀叫声中听出了狂欢、偷情、闹新婚和屠杀。印刷工人的师傅、师母，更是把夜半猫叫顺理成章地理解为鬼魂附体的众巫夜会。在罗伯特·达恩顿的笔下，屠猫仪式更是具有了别具一面的隐喻意义。印刷工人效仿法庭，嘲笑既有秩序、法律和社会现状，发泄心中积怨，声东击西审判师傅一家，以怪诞的仪式消解了长期作威作福的权力，声讨资产阶级的罪名[19]。但印刷厂里拉伯雷式的弯腰捧腹的笑声也只是印刷工人“戴着镣铐的舞蹈”，离大张旗鼓地“掀翻资产阶级师傅的桌子”[20]还为时尚远。“革命的因子有可能受到象征和隐喻的抑制而不至于蔓延，要不然像1789年那样全面的爆发在所难免。”[21]不过，大革命前夜的屠猫仪式充满风趣，但也极具风险。“这些工人把象征性的玩闹推到真实状况的边缘，一旦擦枪走火，杀猫之举有可能变成公开造反。”[22]极具讽刺意味的是，半个世纪后，巴黎的工人以类似的方式掀起的一场骚动仅限于象征层面。罗伯特·达恩顿也极具调侃地说道：“把这场大屠杀看作是法国大革命九月大屠杀的彩排，当然是荒唐。”[23]“诉讼国”里以甘心挨打来赚钱谋生的故事和巴黎圣塞佛伦街的印刷所的屠猫狂欢构成了人们日常生活的情景，人们藉此寻证日常生活的意义个体存在的价值，一个个尘封已久的他者面容逐渐血肉丰满起来，清晰起来。

罗伯特·达恩顿穿行于文本和语境间，重现两百年前大革命前夜的人物关系，呈现那个时代的场景、生活和人们的心理、愿望，旨在以心态史的视角重组人类的共同经验，重构人们的历史认知。历史并不具有规律和客观必然性，在某种程度上说，历史仅是“以某种价值观判断社会发展时漠视他人的苦难和不幸的借口”[24]。“对他人命运的冷漠要么是一部分人假借‘历史规律’‘客观必然性’来合法化那些‘为了明天人类社会的进步而必须付出的代价’，为此不惜上演‘绝对恶’的剧目；要么使另一部分人只会在对威权的驯服和一己之私的维护中‘丧失思考能力’，以‘恶的平庸’来促成地域场景的上演。”[25]众所周知，心态史是当代文化转向中一个最具特性和最具活力的史学分支，也是二十世纪七十年代后法国史学的主流趋势。它的研究对象是某一时代“社会群体在社会生活中共有的观念和意识”[26]，勒高夫将其理解为“研究日常的自动行为”“研究的对象是历史的个人没有意识到的东西，是他们思想中非个人的内容”[27]。它着重研究一定群体在社会生活中共有的观念和意识及其与特定现实物质环境之间的关系。但由于心态的模糊性，史学家必须从反复出现的日常生活中捕捉其隐藏的意义，出版物由此成为通往心态史的绝佳路径，按照于文的说法，“书籍最直观和生动地反映了人们的兴趣爱好与审美标准的变化，而作为精神产品的物化，这种反映的可测量性和可操作性都是无可比拟的”[28]。

阅读心态是显现读者他者面容的基本路径。罗伯特·达恩顿将阅读史与心态史契合，通过考察一定时代读者的阅读状态来洞悉特定时代社会群体的心态，“阅读的历史或阅读的人类学迫使我们去面对外来心灵的异己性”[29]。读者心态研究是罗伯特·达恩顿书籍史和心态史研究基本维度，也是人类学的深度描述理论和书籍研究循环模式的实践和运用。“古人的阅读活动对我们来说既有熟悉的一面，也有陌生的一面。我们和古人读同样的东西，但却不会有完全一样的感受。”[30]罗伯特·达恩顿把书籍史、阅读史和人类学深描相结合研究路径集中体现在《屠猫记：法国文化史钩沉》一书中，他借助大量的读者档案，细致解读史料文本，“建立书籍阅读活动中的象征系统与历史现实之间的连接”[31]，重构阅读语境和符号系统，洞察出人们的阅读动机、阅读取向、阅读心态等核心问题。西方书籍史研究最华彩的部分是罗伯特·达恩顿循环模式的提出，这一模式涵纳书籍的写作、生产、销售和阅读等各环节中的关键因素，尤其突出了阅读的重要性，这是罗伯特·达恩顿书籍史研究的创新和活力所在。在《什么是书籍史》一文中提出的研究阅读的五种进路更是西方书籍史研究的拓展和深化。他认为，书籍史应该：（1）研究过去人们阅读的理念和假定及其对阅读行为的影响；（2）研究普通大众的阅读行为；（3）研究少数留下阅读信息的个案；（4）熟悉文学理论，寻求文学理论与阅读史研究的结合；（5）在目录学基础上，将前四种研究提升到新的高度[32]。罗伯特·达恩顿的读者本位和类属研究由此成为循环模式的亮色。值得注意的是，他的读者研究是在作者、出版商、运输商、书商等循环系统和文学史、出版史、印刷史组成的文化系统中展开的，和其他因素一样，它必然受到思想、经济、社会和政治、法律方面的控制和影响。罗伯特·达恩顿的书籍史书写突破传统修史模式，纠偏和整合多种观念并深化拓展，从而“提出新的问题，应用新的方法，开辟新的源泉”[33]，赋予了西方书籍史和新文化史新的活力。

三、小写：细节的叙述

> 革命前的女性服装开胸很低，配以鱼骨裙，发式也千奇百怪，至少贵族妇女们是这样。当时有一种发式盘的有一米高，上面按不同主题加以修饰，或者是果盘，或者是花篮，甚至是动物园。有一种宫廷发式被弄成田园风景的浮雕，上面有池塘、猎鸭人、转动的风车、骑着骡子去赶集的农夫，还有一个教士同农夫的老婆调情。[34]
>
> “愿上帝保佑我的敌人，并让我逃出他们的魔爪！……我将一直颠仆于途，直到我能找到一个藏身之地。”他附上了转寄地址，以便万一白斗篷修道院的工作得以落实时，纳沙泰尔印刷公司能够找到他；并像往常一样严词谴责着“狂热和非理性”，他说他正往一个边陲小镇，那里的一家新开张的印刷公司可能有工作的机会。[35]

以上两段文字并非小说里的情节，而是罗伯特·达恩顿笔下描述勒塞纳“可伶鬼”形象和革命前女性奇异发式的文字。在第一段中，罗伯特·达恩顿以平实的笔墨细致描绘了革命前的女装和奇异发式。发式的主体、类别、高度、形态和构成要素，果盘、花篮、动物园一应俱全，池塘、猎鸭人、转动的风车、骑着骡子去赶集的农夫、同农夫老婆调情的教士构成的浮雕式田园场景活灵活现，俨然一幅写实主义风光大画。第二段以人物自白的形式描写了“可伶鬼”勒塞纳四处谋职的心理活动。早年深受生活磨难的勒塞纳在为了寻找一份藉以糊口的工作而漂泊零落，在白斗篷修道院、纳沙泰尔印刷公司和边陲小镇辗转奔波，四处无门。“我丢掉了所有工作。被社会抛弃，游荡着，被剥夺了希望，我要当和尚，无论是灰色，白色，或者黑色，剃胡子，剃头发，穿凉鞋，或打赤脚，都没有关系。”[36] 风光大画和人物面容如此丰满鲜活，这些只有在巴尔扎克现实主义小说或者伍尔夫意识流文学中读到的充满趣味性的文字，很难让人们相信出自一个与小说家的称谓相去甚远，以修史、治史为本事的当代史学家。但事实毋庸置疑。虽然罗伯特·达恩顿一再申言“服装常常是政治气候的晴雨表”[37]，但当你看到他描写奇异发式的白纸黑字，未免讶异，这一极度夸张、博人眼球的奇异发式必然是发式王国的奇葩，空前绝后。那么，罗伯特·达恩顿为何要细致地描绘革命前的服饰和发式，并浓墨重彩地渲染一个落魄的“可伶鬼”形象？为何不惜笔墨于一个普通不过的个体的心理和行为，并不厌其烦于平实文字的反复推演、叙述？思考这些问题，可以洞悉罗伯特·达恩顿书籍史的全部秘密。想象、描写等写作手段的大量运用，生动离奇的故事和荒诞情节的一幕幕上演，铺排的叙述，细致的描绘构成了罗伯特·达恩顿书籍史书写的整体面貌和基本格调，推动这一书写路数出场的当属历史书写观念、范式和话语形态的深度变动。

“一旦把‘话语’理论应用到历史写作上，不但写不好，反倒会写得更滥。”[38] 罗伯特·达恩顿提及的话语理论是指宏大话语系统，它是在总体性历史框架下生成的一套极具逻辑性、抽象性和概括性的话语体系，是实实在在的大词演绎。众所周知，自二十世纪初语言学转向以来，话语理论大行其道，在各种学科领域中安营扎寨，经营着宽广的地盘，这得益于法国结构主义的倡导和索绪尔、皮亚杰等实证主义派和拉康、巴特和福柯等末世学派的推动。法国结构主义者“把一切人类现象视为语言现象的处理”[39]。语言成为“挡在真实面前不可逾越的障碍”[40]，对于历史来说，真实只能停留在语言层面，正如美国历史学家贝克尔那样将“历史等同于人类记忆”。解构学派之父德里达提出语言的延异理论，认为意义具有内在的不稳定性，总是同时既被差异化又被延宕。福柯主张话语即陈述，具有描述性、实证性、稀少性特点。在“事实只存在于语言上而非现实中”与“语言是思维观念之物”理论的双重夹击下，历史学成为文学[41]，历史学朝着叙事学方向发展。罗伯特·达恩顿质疑话语理论，不仅是质疑传统大词话语体系的表达逻辑和形态应用，重要的是其批判矛头所向是生成这一话语体系的历史总体性观念和宏大叙事。与话语理论形成鲜明对比的是，他主张话语的通俗易懂、流畅清晰、口语化和生动化，“把故事按 12 岁女孩的标准来写”[42]。从小报新闻记者到国际知名的书籍史专家，这一话语主张始终贯穿在罗伯特·达恩顿的尽情自由的书写中。

“历史学家要进入已逝的世界，光靠方法理论那一套是不行的，还需要大胆想象，放下成见，不拘泥于定式思维。”[43]人们认为文学是想象的艺术天经地义，而把想象纳入历史写作是不可思议的。但罗伯特·达恩顿说到做到。传统方法理论和定势思维也已终结，想象成为历史写作的新路径，他以丰富的想象，连通多个看似不相关联的史料故事、人物事件和风俗人情，以细致入微的描写和细节叙述“小写历史”，成皇皇巨著和书籍史研究的洋洋大观。“小写历史”是在“大写历史”终结时又一新生的历史叙事形态。自法国学者利奥塔于二十世纪七十年代末提出“宏大叙事应该休矣”之后，美国著名哲学家罗蒂也加入反对大写传统的行列，随着叙事理论的再次兴起，特别是怀特历史编纂艺术化思想的出场，“小写历史”终成大潮。怀特认为历史著述理论包含编年史、故事、情节化模式等五个层面。他认为，编年史和故事不是历史作品的文类或体裁，而是历史编纂的不同阶段，从编年史到一个故事再到一组故事便形成了历史作品，同一组历史事件完全会出现不同的解释效果[44]。细节是“小写历史”的基本通路，罗伯特·达恩顿始终注重细节的叙述，从细节探视人们的日常生活，挖掘不为人知的历史面影。印刷工人粘有油墨的手指不小心在纸页上留下的一枚清晰指纹、工资簿签名巧手、官员甫伦德社嘴里的稻草、女性的发式如此等等细节，呈现出个体清晰的面容，活现了启蒙运动和大革命前的人情世态和社会生活。

四、结语

罗伯特·达恩顿书籍史研究的个体化、深描和小写维度，是人类学方法和工具在历史研究领域的独到运用，它消解了书籍史研究的宏大叙事和宏伟结构，从根本上超越了传统书籍史研究的范式、视角，以凸显个体价值、民族志深描和微观个体展现勘察书籍生产、出版、传播、营销和阅读的历史细部和根部，使书籍史研究呈现了从未有过的面貌。同时，这一研究方法与视角，由于不局限于静态的文本考察，而是着力于从文化、社会和历史的时空网络中探究书籍历史的衍变过程和多重关系，因而也具有了突出的文学社会学属性。罗伯特·达恩顿的书籍史研究重构了启蒙运动和法国大革命的历史，是当代最具思想含量和艺术深度的新文化史之一，它也深化和推动了西方规模宏大的社会史转向运动。

注释：

[1] 徐浩、侯建新:《当代西方史学流派》,北京:中国人民大学出版社,1996年,第110、422、424、426、455～457页。

[2] 徐浩、侯建新:《当代西方史学流派》,北京:中国人民大学出版社,1996年,第110页。

[3] 张正明:《年鉴学派史学范式研究》,哈尔滨:黑龙江大学出版社,2011年,第144页。

[4] 刘文瑾:《列维纳斯与“书”的问题——他人的面容与“歌中之歌”》,北京:生活·读书·新知三联书店,2012年,第3页。

[5] 刘文瑾:《列维纳斯与“书”的问题——他人的面容与“歌中之歌”》,北京:生活·读书·新知三联书店,2012年,第2页。

[6] [美]罗伯特·达恩顿:《启蒙运动的生意:百科全书出版史》,叶桐、顾杭译,北京:生活·读书·新知三联书店,2005年,第1页。

[7] [英]玛西亚·露西亚·帕拉蕾丝-伯克:《新史学:自由与对话》,彭刚译,北京:北京大学出版社,2006 年,第 199、216 页。

[8] [英]玛西亚·露西亚·帕拉蕾丝-伯克:《新史学:自由与对话》,彭刚译,北京:北京大学出版社,2006 年,第 216 页。

[9] [美]A. N. 怀特海:《观念的冒险》,周邦宪译,贵阳:贵州人民出版社,2011 年,第 1 页。

[10] [美]A. N. 怀特海:《观念的冒险》,周邦宪译,贵阳:贵州人民出版社,2011 年,第 1 页。

[11] 邱焕星:《启蒙运动在别处——达恩顿启蒙研究的意义》,《中国图书评论》2009 年第 9 期,第 95 页。

[12] 刘文瑾:《列维纳斯与"书"的问题——他人的面容与"歌中之歌"》,北京:生活·读书·新知三联书店,2012 年,第 6 页。

[13] [美]罗伯特·达恩顿:《屠猫狂欢——法国文化史钩沉》,吕健忠译,北京:商务印书馆,2014 年,第 100 页。

[14] [美]罗伯特·达恩顿:《屠猫狂欢——法国文化史钩沉》,吕健忠译,北京:商务印书馆,2014 年,第 100 页。

[15] 程正民:《巴赫金的文化诗学》,北京:北京师范大学出版社,2001 年,第 115 页。

[16] 程正民:《巴赫金的文化诗学》,北京:北京师范大学出版社,2001 年,第 116 页。

[17] 程正民:《巴赫金的文化诗学》,北京:北京师范大学出版社,2001 年,第 122 页。

[18] 程正民:《巴赫金的文化诗学》,北京:北京师范大学出版社,2001 年,第 120 页。

[19] [美]罗伯特·达恩顿:《屠猫狂欢——法国文化史钩沉》,吕健忠译,北京:商务印书馆,2014 年,第 120 页。

[20] [美]罗伯特·达恩顿:《屠猫狂欢——法国文化史钩沉》,吕健忠译,北京:商务印书馆,2014 年,第 123 页。

[21] [美]罗伯特·达恩顿:《屠猫狂欢——法国文化史钩沉》,吕健忠译,北京:商务印书馆,2014 年,第 122 页。

[22] [美]罗伯特·达恩顿:《屠猫狂欢——法国文化史钩沉》,吕健忠译,北京:商务印书馆,2014 年,第 121 页。

[23] [美]罗伯特·达恩顿:《屠猫狂欢——法国文化史钩沉》,吕健忠译,北京:商务印书馆,2014 年,第 121 页。

[24] 刘文瑾:《列维纳斯与"书"的问题——他人的面容与"歌中之歌"》,北京:生活·读书·新知三联书店,2012 年,第 4 页。

[25] 刘文瑾:《列维纳斯与"书"的问题——他人的面容与"歌中之歌"》,北京:生活·读书·新知三联书店,2012 年,第 4 页。

[26] 周兵、张广智、张广勇:《西方史学通史》第六卷,上海:复旦大学出版社,2011 年,第 193 页。

[27] 周兵、张广智、张广勇:《西方史学通史》第六卷,上海:复旦大学出版社,2011 年,第 192 页。

[28] 于文:《西方书籍史研究中的社会史转向》,《国外社会科学》2008 年第 4 期,第 11 页。

[29] [美]罗伯特·达恩顿:《屠猫狂欢——法国文化史钩沉》,吕健忠译,北京:商务印书馆,2014 年,第 229 页。

[30] L. Price,"From The History of a Book to a 'History of the Book'",*Representations*,1,2009.

[31]于文:《西方书籍史研究中的社会史转向》,《国外社会科学》2008 年第 4 期,第 15 页。

[32] R. Darnton,"What is the History of Books",*Daedalus*,3,1982.

[33] R. Darnton,"What is the History of Books",In D. Finkelstein, A. McClerry, *The Book*

History Reader, London: Routledge, 2002, p. 17.

[34] [美]罗伯特·达恩顿:《拉莫莱特之吻——有关文化史的思考》,萧知纬译,上海:华东师范大学出版社,2011年,第7页。

[35] [美]罗伯特·达恩顿:《旧制度时期的地下文学》,刘军译,北京:中国人民大学出版社,2012年,第88页。

[36] [美]罗伯特·达恩顿:《旧制度时期的地下文学》,刘军译,北京:中国人民大学出版社,2012年,第88页。

[37] [美]罗伯特·达恩顿:《拉莫莱特之吻——有关文化史的思考》,萧知纬译,上海:华东师范大学出版社,2011年,第7页。

[38] [美]罗伯特·达恩顿:《旧制度时期的地下文学》,刘军译,北京:中国人民大学出版社,2012年,第48页。

[39] 徐浩、侯建新:《当代西方史学流派》,北京:中国人民大学出版社,1996年,第422页。

[40] 徐浩、侯建新:《当代西方史学流派》,北京:中国人民大学出版社,1996年,第424页。

[41] 徐浩、侯建新:《当代西方史学流派》,北京:中国人民大学出版社,1996年,第426页。

[42] [美]罗伯特·达恩顿:《旧制度时期的地下文学》,刘军译,北京:中国人民大学出版社,2012年,第52页。

[43] [美]罗伯特·达恩顿:《旧制度时期的地下文学》,刘军译,北京:中国人民大学出版社,2012年,第8页。

[44] 徐浩、侯建新:《当代西方史学流派》,北京:中国人民大学出版社,1996年,第455~457页。

自“导”自足：多元场景下媒体网络直播的个性化传播研究

刘建勋

（武汉大学新闻与传播学院，湖北武汉，430072）

内容摘要：随着技术的迭代和媒体叙事方式的变革，作为传播客体的受众与传播主体的关系不断发生变化。从大众传播时代的单向传播，到互联网时代的交互传播，受众权利得到释放。尤其在媒体网络直播的传播语境中，受众不但通过评论和分发参与传播过程，而且通过自“导”更参与了传播内容生成，从而实现多元场景下个性化传播效果的满足。

关键词：媒体网络直播；多元场景；受众；个性化传播

引言

从新闻传播者角度观察，人类新闻活动史大致可分为三个历史阶段：以民众个体为主导性传播者的时代、以职业新闻传播主体为主导传播主体的时代以及初步开启的以职业新闻传播主体与非职业新闻传播主体为共同主体的时代[1]。在第一个阶段，口头传播的方式决定了个人为传播主体。至第二个阶段，报纸和广播电视等传播媒介作为信息发布者和传播者，是媒介对所有人的点对多的传播，是一种线性的、单向的信息传播模式，受众作为信息接收者缺乏必要的参与渠道。美国信息论创始人、数学家劳伦德·香农在1948年出版的《传播的数学原理》一书中将“反馈”一词引用到传播学中，他指出信息传播活动是双向进行的，通过信息反馈，传受双方才发生传播关系，才得以同处一个传播系统之中[2]。一个完整的传播过程包括传播者、受众、讯息、媒介、反馈等五个要素，其中反馈是体现社会传播的双向性和互动性的重要机制，其速度和质量因媒介渠道的性质而有不同，但它总是传播过程中不可或缺的要素[3]。到了以网络传播为代表的第三阶段，受众不仅仅作为信息的接受者而存在，还可以通过评论、弹幕、转发等参与方式实现信息的二次传播，因此受众在信息传播过程中同时具有信息发布者的身份特征。传播活动由单向传播变成双向互动，在一定程度上受众的参与可以影响信息发布者的传播过程和传播效果，受众的地位得到了极大提升。保罗·莱文森认为，通过信息的自由选择，受众完成从被动观看到参与生产的媒介体验的改变[4]。与传统媒体相比，新媒体的信息呈现方式抛弃了传统的线性、单向的传播，而是将受众作为传播主体，赋予受众同等的信息表达地位、充分的自主选择权、能动的信息生产权[5]。有学者认为，新媒体时代是所有人对所有人的传播，受众平等地参与信息互动与传播，掌控了自己的话语权[6]。

以上学界关于网络传播研究的观点更多地指向受众的广泛性参与，这在现今的网络传播中已基本成为常态。但我们在当前新媒体网络传播的实践中还注意到，更为低门槛的表达通道、更多的表达机会、更便利的表达形式、更频繁的交流互动只带来一种旁观、评论、点赞式的参与感，或者说更多的参与可能性，却很难带来真正意义上的参与[7]。如何更深入地参与到传播过程中，如何创建多元化的传播场景来实现受众的意志和个性化诉求，是新媒体网络传播中受众更为关注的问题。直播是一种时间维度上的零时差、同步性和空间维度上的动态性、连续性的呈现。从广播电视到互联网，媒体直播技术手段的迭代改变了媒体的传播方式和传播效果，也改变了受众的参与形式和在传播关系中的地位。Web3.0是场景的时代，受众的个性化需求与场景的结合将会更加紧密，受众参与是一个新的媒介生态进化过程，也是受众对自我身份的重构和认同过程[8]。在媒体网络直播中，互联网技术创造了多元化的传播场景，受众可以有选择地参与到内容生产和传播过程中，从而形成极具个性化的传播效果。因此，本文将从三个方面对这种新的传播场景、传播过程和传播效果进行分析。

一、网络直播的多元场景传播

互联网和移动端的升级带来网络直播的迅猛发展，网络直播具有便捷性和零门槛的特点，是受众第一时间获取信息的主要渠道。中国互联网络信息中心（CNNIC）发布的第44次《中国互联网络发展状况统计报告》指出，截至2019年6月，我国手机网民规模达8.47亿，网络直播用户规模达4.33亿，占网民整体的50.7%（见图1）。与五年前相比，移动宽带平均下载速率提升约6倍，手机上网流量资费水平降幅超90%[9]，提速降费推动移动互联网流量大幅增长。

图1　2016—2019年网络直播用户规模及使用率（单位：万人）

从目前的情况来看，网络直播主要包括游戏直播、秀场直播、电商直播和新闻直播。游戏直播、秀场直播和电商直播主要是个体行为，更多的是注重直播的形式和过程，以打赏、流量变现和商品售卖为主要目的，直播的信息含量不大，传播的专业性不强。受众通过点赞、评论、打赏等形式参与互动，更多是为了达到交友、购物、情绪宣泄和娱乐方面的满足。而新闻直播一般是由报纸和广播电视等媒体来主导进行，具备专业的策划、采集和传播能力以及相应的专业技术条件，受众接收到的是经过媒体专业化生产的内容。直播的内容多为重大事件、工程节点、社会民生、节日活动等。直播并不以流量变现和盈利为主要目的，更多的是通过媒体的专业性传播满足受众对信息资讯的需求。媒体网络直播中，受众通过点赞、评论表达对媒体及媒体传播内容的态度和观点，通过转发实现对信源信息的二次传播。与电视直播的多场景多机位切换不同，大部分媒体网络直播只是一种单场景的直播。（见图 2）

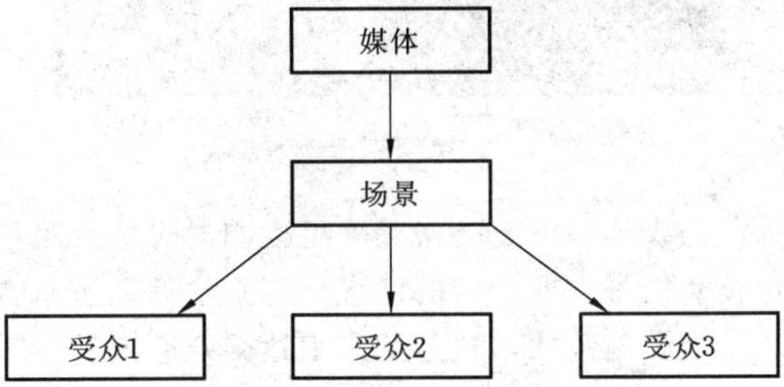

图 2　单场景下网络直播传播关系模型

从传播效果看，单场景的传播使受众接收到的信息具有单一性和同一性，受众无法对场景进行选择。同时，单场景传播使受众无法参与到信息的内容生产环节中，传播什么信息、如何传播基本上还是由发布信息的媒体决定，信息的流向仍然是媒体主导的单向传播。从这个维度讲，与大众传播时代没有本质的变化，受众并不具有实质上的主体地位和个性化的特征。

网络传播技术的不断迭代和受众意识的觉醒为媒体网络直播场景多元化创造了条件，媒体在网络直播中开始尝试向受众同时提供多路的信息流，每个信息流的编码都可以在屏幕上显示出来。需要看哪一路信号受众只需在屏幕上轻轻一点即可，但就是这轻轻一点意味着受众向用户的转移，也意味着受众传播主体地位的实现，受众参与的自主性和个性化得到极大释放。（见图 3）

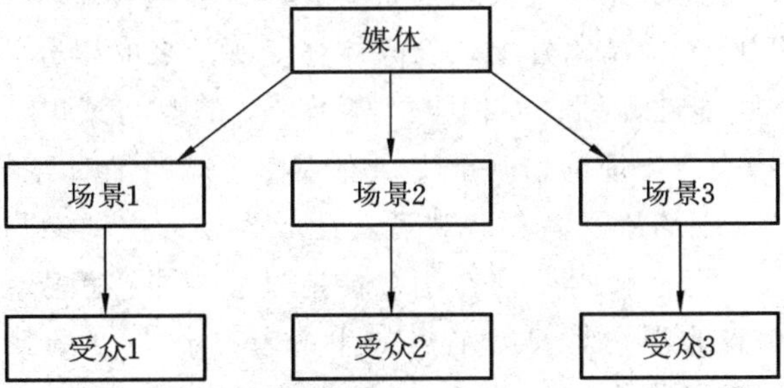

图 3　多场景下网络直播传播关系模型

在多元化传播场景中，看什么、怎么看完全是由受众来决定，最终被选择和呈现的是符合受众认知倾向和个人喜好的个性化信息。人民网在珠海航展直播中，在其移动端直播窗口可以看到航展现场不同场景的多路直播信号编码。（见图 4）受众在收看直播时，可以随意切换自己感兴趣的场景，满足了不同受众对不同场景和信息的需求。

图 4　人民网直播珠海航展

按照目前的技术，在媒体网络直播中最多可以同时进行六路信号的传输。作为信息接受者的受众进行直播信号选取的同时已经参与到了信息发布者的传播行为中，是一种新的内容生产和受众参与范式，这与用来表达受众态度的点赞、评论和转发的互动参与完全不同。受众真正与传播者融为一体，同时也自我主导了直播的传播效果。在信息传递过程中，虽然是同一个信息发布者，但由于受众认知和个人喜好的不同，面对多元场景的选择会产生多种结果，媒体网络直播呈现出差异化的特征，从而使传播效果更加丰富多样。而发布信息的媒体在尊重新闻事实的基础上，可以根据不同场景的关注和参与程度随时调整传播战略和传播内容，可以进一步优化传播效果。技术的推动和传播方式的变革使媒体叙事方式发生巨大的变化，由传统媒体时代的媒介主导向互联网时代的受众主导转变。在网络直播中，媒体在新闻产品的操作手法、叙事风格及产品形态上应符合移动终端用户习惯，重视受众体验，信息表达效果应向交互、融合、社交化及实时性方面发展[10]。媒体网络直播中的多元场景传播，为受众深度参与创造了重要的条件，从而有利于实现受众个性化的满足和自我价值的强化。

二、网络直播中受众的自“导”自足

关于受众及其参与的研究一直以来都备受关注。英国传播学者 Livingstione 首次提出“参与式受众”概念。在他看来，新媒体环境所带来的媒介化现实一方面提供了公众参与公共事务的可能性，另一面相应提高了受众的参与意识[11]。约翰·菲斯克的“积极、主动的生产型受众”理论强调了受众对媒体生产的绝对导向。新媒体既解构又重构了受众，受众从传统的接受者、旁观者变迁成为今天主动参与者[12]。亨利·詹金斯认为，网络媒介技术已经使得受众在信息传播过程中能够积极参与到新内容的创作和传播中来，既是信息的消费者又是信息的生产者[13]。受众的特征以及传播内容的丰富多彩决定了他们在接收传播后必然会出现极其多样的反应，不仅在接收了不同传播内容后会发生，而且在接收了同样的传播内容后也会发生[14]。

随着大众传播向互联网传播转变，受众作为信息传播中的关键因素主体地位得到提升，从枪弹论的靶子变为能够发表自己观点意见的行为主体。在媒体网络直播的多元场景传播中，受众通过自主选择直接可以参与信息的生产和传播过程，从而实现了个性心理的满足。在麦奎尔的“媒介—个人交互作用”模型中，受众最重要的媒介满足包括了娱乐消遣（摆脱日常事务或问题和放松情绪）、个人关系（交往和社会功用）、个人认同（自我参阅和探索现实以及强化价值）、监督（信息寻求的模式）[15]。根据麦奎尔大众传播理论，在口头传播时代，受众通过彼此间的行为实现个人交往和社会功用的满足，信息发布者和接受者都是个人，发布者和接受者相互之间关系平等。到了大众传播时代，受众通过大众媒介得到娱乐消遣和放松心情的满足，但此时受众与传播媒介不是一种平等的关系，话语权掌握在传播媒介手中。到了互联网传播时代，受众不仅仅要通过参与传播活动实现自我参阅、探索现实，更要通过对内容的自主接受、传播、分享，实现个性化的满足和个人价值的强化。使用和满足理论认为，传播效果受社会和心理环境的制约，同时也受个体差异和个人选择的影响。受众在期望、态度、能动性、参与度等方面的差异导致了不同媒介使用行为和结果[16]。

不管是参与型受众还是生产型受众，都意味着媒介对受众的传播作用和地位有了更高层面的关注和认识，也代表着受众意识的觉醒和自我价值的重构。大众传播时代，媒体具有绝对的话语权，传播什么、怎么传播、何时传播完全是由媒体来定义，受众无法有效反馈个人观点，参与内容传播更是无从谈起，体现的是一种媒介的话语霸权。在互联网语境下，受众接受信息的主体意识和选择性需求显著增强，业界开始逐渐探索受众主导下的信息个性化和多样化的传播范式，媒体网络直播的多元场景传播恰好提供了一个受众个性化传播和实现主体价值的最佳途径。受众将媒体传播的多元场景根据自我特点和需求进行选择切换，体现着受众意识的觉醒和受众对传播过程和传播关系的主导，受众的思想在直播的传播逻辑中得以体现。受众不同的价值观，不同的认知水平，不同的行为导向，都可以使信息发布者传播的信息产生多元化和差异化的传播效果。而受众在参与的过程中，在自己选择直播信号的同时，已经具备了信息发布者的基础特征。受众最终接受和看到的是由信息发布者和受众同时作用后的二次传播的信息，实质上形成了一个受众自“导”自足的逻辑关系，这个“导”既是类似于电视媒体导播的“导”，也是主导传播行为的“导”。而自足的“足”就是在传播过程中受众通过深度参与内容生产的个性化满足，也是受众个人意志的满足。这也意味着受众真正摆脱传播客体束缚，向着媒介新赋权＋自我赋权“以我为主”的方向迈进。传者主导的媒介文化正逐步转向受众主导的参与式文化，传统媒体的中心意义被解构和削弱，传播权力以参与的形式分散到了受众的手里[17]。

三、媒体网络直播个性化传播的实现特征

在媒体网络直播多元场景传播范式下，受众通过深度参与和对内容的主观选择可以主导传播的方式和进程，从而满足更加多元化、碎片化、复杂化的需求。同时，由于受众个体之间具有的差异性使媒体网络直播的传播效果更具个性化。但区别于其他类型的网络直播，在媒体网络直播的现实传播语境中，受众的个性化参与还是要在媒体的传播框架中来实现。

（一）受众个性化参与和媒体把关

新闻是对客观事实的报道，真实是新闻的生命。与游戏直播、网红直播、电商直

播等其他形式网络直播不同，媒体网络直播的内容必须都是真实的，这是媒体的传播特性所决定的，也是媒体保持公信力和权威性的必然要求。在媒体网络直播的传播语境中，受众面对的是由传播媒体提供的多元场景信息流，媒体传播的真实性决定了受众深度参与和选择后进行二次传播的内容也是真实的。由于受众选择性传播的元信息仍然是由媒体提供，信息多样性和传播个性化背后的核心把关人仍然是媒体，受众只不过是对媒体依据自身标准进行选择、加工后的信息成品的再加工。受众个性化参与体现了一定的受众思维，但这是基于媒体对信息的控制和把关基础上的，这也是为了保证传播信息的真实性，也有利于网络直播中延续媒体的权威性和公信力。

（二）受众的非专业化和传播的专业性

在互联网时代，虽然传播的渠道和关系发生了变化，但媒体的传播内容和媒体特性并没有本质变化。在网络直播中，媒体不管在选题策划、技术手段、议程设置以及现场出镜、镜头拍摄等方面，都比较专业和规范，传播的多个场景既相互区别又具有一定的逻辑相关性。在电视直播中，由导播根据事件的发展进程对多场景的画面进行切换，从而形成一个主题突出、逻辑清晰、结构完整的传播内容供受众接收。而在网络直播中，这个过程交给了受众自己完成，显然一般受众不具备导播的专业技能，只能是根据自己的喜好随机选择切换，最后形成的效果极有可能就是选择的场景跟上一个场景本身没有必然的时空延续或者逻辑上并不通顺。同时，对多场景信息的选择性接收，由于缺乏对直播场景的深入了解，对未被选取的场景的忽略还可能会造成部分重要信息的缺失，这多少影响受众对信息的理解和接收效果。

（三）受众参与的碎片化和传播的整体性

网络直播摆脱了电视直播的时间约束，在时间维度上具有更大的拓展空间，这有利于媒体进行大跨度和长时段的直播来传递更多的信息。不管直播时间的长度如何，每一个或每一段媒体网络直播都是一个专业生产的严密整体。由于时间跨度大，在直播过程中不会遗漏一些稍纵即逝的重要信息，可以在第一时间披露和呈现事件最新进展。但受众参与的碎片化会与媒体网络直播的整体性产生一定的矛盾，就是受众一般很少会从直播开始一直看到直播结束，只会选取其中感兴趣的一段接收，这样媒体直播的整体性就被分割。网络直播时间过长往往也会稀释掉一些重要的信息，随机的选择性接收使受众在有限的时间内无法获知所有的有用信息和自己最需要的信息。而电视直播会尽可能地在有限的直播时间内选取最重要的信息进行传播，信息的集中度和整体性较强，单位时间的有效信息比更高，有利于受众的信息获取效率。

（四）受众参与的浅表化和传播内容的复杂化

在大众传播时代，由于媒体对信息和传播渠道的垄断，信息传播具有共时性的特征，受众信息接收具有一定的目的性。而在互联网时代，信息的海量化和传播多元化使信息传播从共时性向即时性转移。受众更多是一种随机的、偶然的参与，目的性并不明确。相比其他直播平台与自媒体比较浅层和表象的信息传递，媒体网络直播的内容和流程更加复杂，直播不只是现象的描述，更要把事件的发展脉络、因果关系和逻辑结构进行深度挖掘和剖析，信息发布和权威解读需要受众去接收、理解和思考。网络直播中，受众通过多路直播场景的选取，自主性地完成个性化的传播参与，会极大提升受众在传播中主体性地位。但是受众在参与信息传播的过程中，过多地将精力花在传播形式的选择上反而会淡化对信息本身的关注，会消解受众对信息的思考和理解，最终或许只会收获形式上的满足而忽视对新闻事件重要信息的获取。

上述特点决定了受众参与媒体网络直播的复杂性，也是媒体网络直播中受众参与个性化和个体化必然会出现的景象，传播主体、受众在具体的传播过程中相互影响、相互交融，从而构成媒体网络直播纷繁复杂的传播镜像。

结语

移动互联和通信技术的飞速发展深刻改变着传播模式和传播关系，受众的需求变得更加民主化、多样化和个性化。现在的传播不再是媒体—信息—受众的单向逻辑，而是一种媒体—信息—受众—信息—媒体（受众）的循环过程。在互联网传播的竞争中，除了内容本身外，如何吸引更多受众参与，满足更多受众多元化的需求，在多元化的传播场景中实现受众个性化的满足，是媒体获得更多关注和取得核心竞争力的重要途径。在未来的传播形态中，作为基础设施的技术必须和个性化、分众化的不同用户群体相结合，而不同群体的用户又通过不同类型的场景组合予以建构，最终形成基于“平台媒体”的传播形态[18]。

媒体网络直播受众的个性化参与，反映了受众个人的价值再现和网络民主，让受众不再是被动接受传播信息的靶子。我们研究受众传播的个性化，实质上并不是内容生产的个性化，更多的是一种直播场景的个性化。受众的认知水平、价值观、个人喜好的差异都决定了受众群体的多元化，也决定了受众在网络直播中不具备内容生产的制度性条件和实践操作能力，但是通过多元场景的个性化参与，受众可以具备传播的自我主导能力。今后随着大数据、人工智能算法技术的不断应用，受众参与将实现智能推送，信息传播效果更加细分和精准。同一个媒体报道的同一个事件，不同的受众看到的将是不同的传播场景和传播效果。通过大数据和智能算法，可以准确地分析出受众的收看习惯和行为特点，这都会影响信息发布者后续的传播导向。媒体可以根据精准的受众分析来不断调整传播的思路和内容，提供更符合受众喜好和更乐于接受的信息，最大限度地提高信息传播效率。受众通过自“导”，在多元自主的收看场景中更能实现个性化的满足。

注释：

[1] 杨保军：《变迁与意味——新闻规律视野中的传播主体分析》，《新闻界》2018 年第 11 期，第 17 页。

[2] 张铁弓：《广播电视新闻传播的时效意识》，《中国广播电视学刊》2018 年第 11 期，第 117～118 页。

[3] 郭庆光：《传播学教程》，北京：中国人民大学出版社，2011 年，第 43 页。

[4] [美]保罗·莱文森：《新新媒介》，何道宽译，上海：复旦大学出版社，2014 年，第 3～5 页。

[5] 夏晓辉：《新媒体语境下的受众角色转换》，《科技传播》2016 年第 8 期，第 194～195 页。

[6] 范晓光：《新媒体时代受众心理把控与传播理念转型》，《新闻爱好者》2017 年第 3 期，第 87～

90 页。

[7] 田园:《新媒介生态下的受众参与特征》,《青年记者》2016 年第 11 期,第 16 页。

[8] 张雪静、刘燕南:《媒介使用:跨屏、移动和参与——互联网受众行为扫描和特点简析》,《新闻与写作》2018 年第 7 期,第 12～18 页。

[9] 中国互联网络信息中心(CNNIC)第 44 次《中国互联网络发展状况统计报告》,http://www.cac.gov.cn/2019-08/30/c_1124939590.htm.

[10] 范晓光:《新媒体时代受众心理把控与传播理念转型》,《新闻爱好者》2017 年第 3 期,第 87～90 页。

[11] 尹连根:《微博空间与参与性分析》,《上海交通大学学报》(哲学社会科学版)2014 年第 2 期,第 77 页。

[12] 王思晴:《新媒体事件中受众参与的话语行为及心理原因探析》,《西部广播电视》2017 年第 20 期,第 33～34 页。

[13] 梁虹:《从"观看"到"参与"的角色变化——参与式文化中的受众》,《青年记者》2016 年第 11 期,第 14 页。

[14] 戴元光、金冠军:《传播学通论》,上海:上海交通大学出版社,2007 年,第 190 页。

[15] [英]丹尼斯·麦奎尔:《麦奎尔大众传播理论》,崔保国、李琨译,北京:清华大学出版社,2010 年,第 346 页。

[16] 高文强、王婧:《审美文化产品价值定位的受众因素》,《新闻与传播评论》2018 年第 11 期,第 51～58 页。

[17] 张雪静、刘燕南:《媒介使用:跨屏、移动和参与——互联网受众行为扫描和特点简析》,《新闻与写作》2018 年第 7 期,第 12 页。

[18] 陈昌凤、虞鑫:《未来的智能传播从"互联网"到"人联网"》,《人民论坛(学术前沿)》2017 年第 12 期,第 8 页。

【戏剧影视研究】

从“雏形”到“完形”

——重审洪深与中国话剧“现代”形态的建构

裴　亮

（武汉大学文学院，湖北武汉，430072）

内容摘要： 在中国戏剧从古典形态向现代形态的转型期间，洪深在剧本创作、舞台实践以及理论批评等多方面取得的综合实绩，对话剧这一舶来文艺样式从早期形态向成熟形态的转型起到了具有决定性意义的历史作用。得益于洪深所做的开拓性戏剧实践，中国话剧在二十世纪二十年代打开了崭新的局面，实现了早期文明新戏未能实现的使命：向现代形态的转化。

关键词： 洪深；话剧；艺术形态学；现实主义；现代性；表导演理论

一、对何谓“现代话剧”之“现代”的再审视

二十世纪中国“话剧”史是一部典型意义的形态演变史，即从古典形态向现代形态转变的过程史。从学生演剧到文明戏，从爱美剧到民众戏剧，从国剧到话剧，每一次形式演变的背后，一方面显示出戏剧观念或思潮的嬗变，另一方面则显示出戏剧实践者对适应时代需求的本土化戏剧形态的不懈探索。文学史家将中国话剧的发展历史分为早期话剧与现代话剧两个阶段，即将二十世纪末产生和兴起的新剧、文明戏等称为早期话剧，而将早期话剧艺术衰败，新文化运动兴起以后产生的称为现代话剧[1]。兴起于二十世纪末的学生演剧、文明戏等，产生初期已经具备了话剧最基本的元素，在发展过程中为话剧体式的形成奠定了基础，但由于早期话剧的实践者对于借鉴外国戏剧所采取的行动多盲目随机，缺乏理性的审慎与科学的抉择，因而未能深入展开。因此，无论是早期学生演剧，还是文明戏和南开新剧等都只能算是一种尚未达到现代话剧标准的过渡性戏剧，是中国话剧的早期形态[2]。

“五四”文学革命冲决了以文言文为主流的古典形式，并竭力从国外引进现代的文学体式和艺术技法，对文艺形式作了突破性的改革。在这一除旧迎新的历史进程中，在与以易卜生为代表的西方写实主义戏剧碰撞中孕育出的现代话剧[3]，在二十世纪早期成为中国戏剧舞台上的核心样式。现代话剧的兴起，也使得戏剧在中国由传统文类结构中的边缘位置向现代文类结构中的中心地位移动。这一过程不是一种源远流

长的文类在某一时段的一种连续，而是一种从未存在的状况的发生，一种新的现代性文类的兴起。因此，话剧这一综合性艺术形态的确立，可谓是二十世纪初期中国新的文学艺术表现形态形成的表征。早期话剧与现代话剧之间的分野虽然并非可以精确地划分出突变的时间节点，但是，当我们谈到中国话剧的兴起与发生时却需要加以更为细致的区分：文明戏的兴起可以说是中国早期话剧的发端，而中国现代话剧的诞生必然有着自身独特的形态标准。提出中国话剧现代形态的发生与建构这一问题，并不是要去争论中国话剧的诞生到底从哪一天正式开始算起。更值得思考的是话剧这样一种西方的艺术样式在中国从文明新剧发展到现代话剧这一本土化过程中，什么人、什么作品、什么观念起到了决定性的作用？如果说早期学生演剧、文明戏、新剧等并不是完整意义上的现代话剧，那么，谈论中国话剧现代形态的建构，其现代又是何种意义上的现代呢？

既有研究中，从艺术形态的视角出发对中国话剧从古典到现代形态转化之变进行言说的，较多集中在话剧史/戏剧史的专门史书写中。葛一虹在《中国话剧通史》中认为："上海戏剧协社由洪深执导的《少奶奶的扇子》的演出成功，标志着中国话剧在舞台实践上真正摆脱了文明戏的羁绊和困扰，终于创造出比较完整的现代话剧的艺术形态。"[4]日本中国话剧研究专家濑户宏在专著《中国话剧成立史研究》中延续这一思路，专设一章"上海戲劇協社『若奥様の扇』上演—話劇の確立"，分别从剧本情节的中国化翻案改编、男女同台共演、国语的使用、观剧评论等角度来探讨了洪深编剧、导演的《少奶奶的扇子》对于中国话剧得以确立的重要作用[5]。限于文学史的写作体例以及篇幅要求，以上研究多只集中于《少奶奶的扇子》这一部作品来讨论。虽能确证《少奶奶的扇子》这部作品在中国话剧演出史上的转型意义，但并未能完整地解决"中国话剧从早期文明戏到现代话剧的形态转型与观念确立"问题，仍有进一步探讨的空间。

董健在《中国戏剧现代化的艰难历程》一文中认为：就戏剧而言，现代化的基本内涵有三条：第一，它的核心精神必须是充分现代的（即符合现代人的意识，包括民主的意识、科学的意识、启蒙的意识等）；第二，它的话语系统必须与现代人的思维模式一致；第三，它的艺术表现的物质外壳和符号系统及其升华出来的神韵必须符合现代人的审美追求[6]。从任何角度解析中国话剧的现代性特征，都应当充分顾及话剧的基本特点：文本形式、戏剧观念与舞台形式的有机结合，构成了话剧形态的整体性、复杂性与独特性。正因为如此，单纯地从理论观念、文本题材或是舞台形式等其中任何一个维度出发，去厘定现代话剧的评价标准是难以准确涵盖的。形态学的理论方法，可以帮助我们弥合这种分歧。

"形态学"一词是从生物学与语言学领域里借来的。二十世纪中期，西方文艺理论家们将形态学引入文学艺术研究领域，强调对艺术作品的特征构成、结构形态和内部世界作科学的描述。苏联美学家卡冈的《艺术形态学》奠定了其理论系统。卡冈认为，艺术形态学的任务有三：第一，建立艺术形态学的分类原则与标准；第二，揭示艺术形态的内部组织规律；第三，考察艺术形态的历时生成、把握艺术形态的发展规律，从而预测并展望艺术发展的未来前景[7]。形态是作为一个具有多层次结构的系统而存在的。这一概念在指称有形的外部物质表现形态的同时，也包含了非直观的无形的内部形态。因此，以形态学的视角切入现代话剧这一艺术样式，就要求我们将其看作一个具有多层次结构的系统。以宏观的角度，历时地把握话剧形态演变的过程，尝试对话剧的发生、发展及存在方式作科学的描述。在这里，我们不是要去具体建构话剧形态学的理论体系，而是结合卡冈对艺术结构的分析，将其转化成为一种观念和方法：从作为评价系统的价值形态、作为认知系统的观念形态、作为结构系统的体式形态以及作为符号系统的理论形态等四个形态层次来综合考察。

基于对以上问题的思考，本论文利用艺术形态学的视角，将研究目光聚集于在中国话剧从早期形态到现代形态的过渡中起到了重要作用的奠基人洪深。尝试以中国戏剧从古典形态向现代形态的转型期间，以洪深对于推动中国现代话剧发展所做的相关戏剧创作、实践活动以及理论著作为论述中心，通过梳理现代话剧形态发生的历史过程，来考察洪深的戏剧实践与中国话剧现代形态的发生之关系，重审洪深之于现代话剧的历史意义及对后世中国话剧发展道路的影响。

二、现代体式之创建：完整的现实主义演剧模式

洪深在现代话剧正规演剧体制方面的成绩，主要归功于他在哈佛大学戏剧系系统学习时积累的知识和经验。乔治·皮尔斯·贝克教授主持的《戏剧编撰》课程（学程号数为第四十七号，简称为“英文四十七”课程）主要是以实践为核心的戏剧课程，特别是“英文四十七”还有自己附设的实验剧场——“四十七工场”，使得学生们在课堂上所学习的做戏的方法都能立刻在剧场中去练习和实践。洪深在波士顿名为Copley Square Theater（柯普莱广场剧院）的职业小剧场里全方位的实习体验，学习到了戏院营业和管理方面的技能[8]。广博的戏剧知识、系统的戏剧理论，从事剧院演出工作的实际经验，使洪深具备了能够按照欧洲现实主义戏剧理论和实践来创建中国现代戏剧的才能和可能性。1923年7月，洪深经欧阳予倩介绍加入戏剧协社并被任命为排练主任。入社后便开始致力于以欧洲现实主义戏剧的演出模式来改革中国话剧剧坛。

1. 排演环节的导入与导演制度的定型

洪深首先选择以废除违反现实主义表演原则的男演女角制为改革的突破口。关于洪深如何通过巧妙设计以男女合演《终身大事》和以男性演女角上演《泼妇》两剧最终使得观众接受男女合演的具体过程，濑户宏在《中国话剧成立史研究》中已有详尽考察[9]，此处不再赘述。除了男女合演之外，洪深心中更为重要的改革目标是改变文明戏传统的即兴表演，学习西欧戏剧的演出方法。具体而言，要求参加艺术创作的人员事先要对剧本进行研究分析，在充分理解剧本主题思想的基础上进行严格的舞台排练。从进入戏剧协社后的第一次导戏开始，洪深就坚持推行认真排演的原则。他在《致唐越石君论排演及布景书》一文中指出：

> 排演必有其道焉，道者为何？即将剧中之主义，对话、动作、表情、化妆、布景之力一一为之传出，而其间尤宜了解编剧之本旨，于剧情不可有丝毫之增减，（中略）《终身大事》与《泼妇》同为喜剧也，而编剧者之手段及目的则各不相同，排演者如不将其意达出，则与未排演者实等耳。[10]

从文中可以看出，洪深十分强调只有通过对剧作的排演才能达到准确表现剧作的目标。他认为这对于表达剧作精神、创建真正的话剧舞台艺术至关重要。如果说排演《泼妇》与《终身大事》，洪深是把重心放在确立排演环节的重要性上，那么 1924 年 2 月，排演《好儿子》时，他的工作重心就是开始创建并全面实施自己制定的导演制度：

> 他向全体社员“约法三章”：演员必须严肃对待排戏，不得迟到早退、无故缺席，同时要求演员在讨论剧本统一认识以后，必须熟读台词后再进行排练。在排练场上，演员要服从导演指挥，不得自行其是，随意“发挥”；一旦戏搬上了舞台演出，更不容许离开剧本台词，兴之所至，各凭灵感，胡诌乱编。[11]

在《好儿子》的导演过程中，洪深践行着自己制定的制度，对演员进行全方位的训练。从前期的理解剧本、导演说明到排练期的声音、形体训练，到后期舞台走位，无一不精心准备。这样的苦心排演，也经历了从为人诟病到大受赞赏的转变。1924 年 2 月，《申报》刊载了《观戏剧社演〈好儿子〉述评》一文，记述了该文作者观看洪深排演过程前后的感想：

> 剧员剧词，声浪高低缓急，悉由洪君指导，甚有一句话，练至十数次者，其他若一举手、一踏步、一转身，亦俱有一定之程序。（中略）能将剧情曲曲传出，显者显，隐者现，绝无过火及矫揉造作之弊，极自然之妙，（中略）于是余又一变观念，以为戏剧果非排演不可，非若是排演，剧必无系统而不能成名剧。[12]

导演制度最终在《好儿子》公演之后在戏剧协社内部固定下来。洪深关于排演制度的种种规定以及在剧社的排戏过程，在那个缺乏完整的排演制度的时代，其创新性与革命性是不言而喻的。《好儿子》的公演可以说，标志着洪深的导演制度在戏剧协社的内部得以确立。

2. 写实性舞台美术的艺术化革新

舞台布景是洪深从进入戏剧协社开始就非常重视且在不断思索的问题。他曾在《致唐越石君论排演及布景》一文中专门谈及：

> 布景者，可以烘托剧之意义及精神者也。同一为喜剧之《终身大事》与《泼妇》，因其意义及精神之不同，布景亦即因之而大异。盖《终身大事》之意庄，布景宜用写实，写实者，示郑重也；《泼妇》寓意于谐，意主讽刺，故宜用奇异(Fantastic) 之布景。[13]

由于戏剧协协社早期“关于舞台布置，灯光色调，布景化妆都没有加以精深的研究”[14]。因此，洪深在执导完《好儿子》一剧的公演之后，在坚持严格排演的同时，在舞台技术方面也下了很大功夫。“协社所排的戏一变从前的作风，对于技巧方面以全力来对付；例如布景务求象真，灯光务求调和。”[15]因此不仅“制布景，搬道具，装电灯等平常依赖木匠工友们做的，现在都自已做”，而且主动向西洋戏剧效习“处理布景、光影、大小道具的技术，化妆与服装的技术”[16]。而这样全力以赴地努力学习和提高舞台技巧，在《少奶奶的扇子》一剧的演出中，取得了很好的成果。有观众在观剧后发表的评论中详细点评了《少奶奶的扇子》舞台布景的美感与真实感：

> 此次《少奶奶的扇子》剧中所制布景，不仅吻合剧情，且极尽“美”之一字，色彩调和尤其余事，第一幕陈太太叫其女秀云到走廊观太阳落山，夕阳反照，设景之真，洵属难能；第二幕及第三幕之晚景，月光以及室外风景依约可见，无呆板笨拙之斧凿痕，非于光学用功，曷克办此。旅馆布景为斜三角形，在我国舞台上为不经见者，若门若窗，均用真物，绝不蹈画片充数之弊，置身其中，焉知其为舞台上之假设耶。[17]

在此，我们不妨结合《少奶奶的扇子》剧本的舞台提示与说明来进行比较。洪深改译后的剧本一共四幕，每一幕前都有十分详细的关于舞台布景的安排和说明，从中可以很明显的感受到洪深在创作时是兼顾“导演”的身份，“舞台”的视角出发在进行写作，充满了舞台感。我们以第三幕为例，从说明中可以大致勾勒出这样的舞台布景：

> 第三幕：主景：旅馆内的特等客房
> 布局：左角隔成小间，墙上有门，内为浴室
> 　　　右首一角置大铜床，床前悬挂蓝色帷幔
> 　　　右墙仅靠幔处，为通外室之门，门右为书桌
> 　　　左墙有长窗，开窗有阳台，窗左有镜橱
> 　　　室中偏左置小圆桌及数椅子
> 　　　装饰：壁上杂挂西洋画、月份牌、旅馆规则、广告等

以上是剧本中的文字说明，那么具体在舞台上的布景是否有呈现出作者构想之精义呢？我们可以从发表在《时报图画周刊》（1924年5月11号第200期）上的剧照窥见一二：

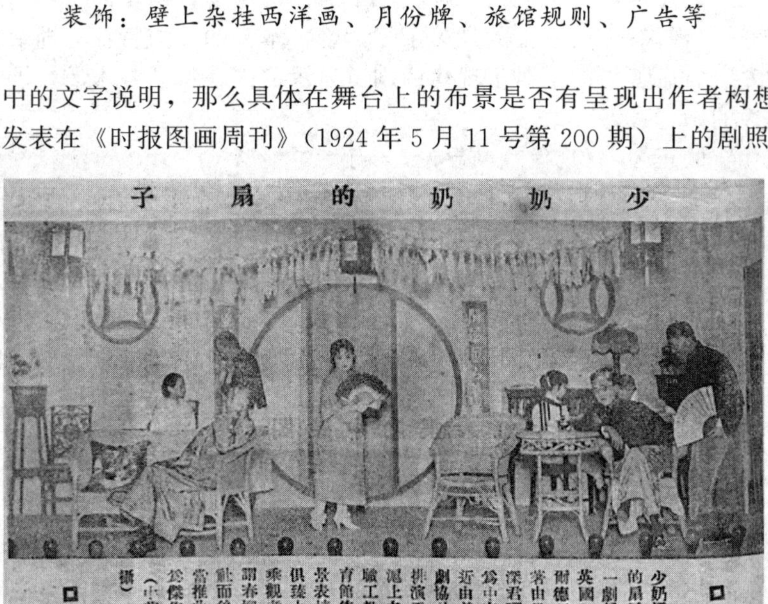

结合洪深的舞台说明，我们大致可以判定这张剧照可能是第三幕的场景之一。从图片中我们可以感受到十分强烈的真实感与场景感，特等客房之精致典雅，舞台布局的科学合理，都十分贴切地映衬、表现了剧作的氛围，已经展现出西方典型的现实主义戏剧舞台美术的面貌。

洪深曾在演出成功后的1925年《少奶奶的扇子》剧本刊行之时，为其写了一篇序言，在序言中论及了"第四堵墙"与"自然主义与写实主义"的问题。关于舞台美术的"象真"问题，洪深指出所谓的象真并非在舞台上去追求绝对的真实，例如"象真云者，非谓事必真实，只观众对之，觉其合于情理斯可以"。因此舞台真实不是绝对的现实生活的完全再现，而是要艺术性的描摹事实。"描摹不必如直抄之丝毫不走，其间大可增减选择，往往有事实非美术，经人描摹之乃成美术。"[18]洪深认为应该摒弃自然主义追求舞台真实与生活真实之绝对统一的观念。真的舞台艺术应该摈弃自然主义而采取写实主义的原则，艺术地再现真实。

由此可见，洪深的舞台美学追求遵从的是以人们日常的对话和日常的身体的行动姿态为材料，以艺术化的舞台表演为形式，表现真实的生活和精神思想。《少奶奶的扇子》演出的成功标志着"五四"以来所追求的以易卜生为代表的现实主义戏剧模式在中国的成熟：男女合演定型，导演制度得以建立，演员开始掌握创造角色形象的方法，舞美技术得到了突破性发展。"受欧洲戏剧影响的现代话剧——作为完整的现实主义舞台艺术模式——形成了。"[19]

三、现代"观念"与"价值"之言说—"摩登性""主义"与"教化"

"观念"一词来自日语。日本人用其翻译英文idea，其后传入中国，固定为现代汉语词汇[20]。而英文的idea语源为idein（意指观看），有两层意义：首先是指人所看到事物之典型特征外貌，其次是指其中所显示的内在特性或本质内容[21]。要完成对现代话剧观念的建构，自然也应该解决两个层面的问题，简单而言：一是何为"话剧"，二是怎样"现代"。前者指的是关于"话剧"本身的体式特征，即对话剧外部形态规定性的界定。后者指的是对于现代话剧所显示的内在特性与本质，即作为现代性的而非古典性的阐释。

1."现代"的正名：《现代戏剧导论》

洪深对现代话剧的"现代观念"的建构，集中体现在具有正名意义的理论文章《现代戏剧导论》。《现代戏剧导论》写于1935年4月23日，是洪深为1935年良友图书公司出版的《中国新文学大系》第九集《戏剧集》所写的导言。洪深运用丰富的史料，梳理了自晚清戏剧改良开始至第一个十年内话剧创作、理论以及剧团运动的实绩，并对中国现代戏剧的形成及其演进作了简明扼要的分析与颇有说服力的勾勒。如果说《从中国的新戏说到话剧》可以看作对中国"话剧"的命名，那么《现代戏剧导论》则可以说是通过对中国现代戏剧的现代特征作出系统的总结，完成了对中国现代话剧的现代性正名。

事实上，洪深在1934年发表于《文学季刊》第三期的《希腊悲剧》一文中，在对希腊悲剧的发展源流以及重要作家进行考察时，就已经提出了"现代性"的观念。他指出希腊悲剧尤其是Euripides的作品之所以有价值的重要依据就在于作品中具有"现代性"：

我们今日的物质与精神生活，都是以往的人遗传给我们的。站在这个立场上，我们觉得，希腊的悲剧在今天还是有研究的价值；而在三大名家之中，尤其是攸里匹得斯的作品，是富有“摩登性”的！[22]

洪深在文中所说的“摩登”一词实际上就是对英文“Modern”的直接音译，摩登性也就是我们现在通常所说的现代性。对西方戏剧现代性的推崇，使得洪深在以西方的标准体系来考量中国的戏剧发展时，也必然带上了现代性的眼光。因此，洪深在《从中国的新戏说到话剧》发表六年之后，将“话剧”又进一步定性为“现代戏剧”。

那么，洪深具体是如何认识中国现代话剧的现代性呢？他在《现代戏剧导论》的开篇前三节就主要论述了中国现代戏剧产生的历史、文化和政治背景，将它放置在新文化运动以及五四运动的大的历史框架中，这不仅对现代性的时间性作了规定，更重要的在于“列举五四新文学运动兴起以前国际国内形势来说明这一运动的反帝反封建性质”[23]。因此，洪深通过对众多历史材料的勾勒与爬梳，说明了中国戏剧“现代性”的两大重要本质规定：反封建性与反帝性。现代话剧的“重要有价值就是对于世故人情的了解与批评，提出对于人生的正确主张，能够给人以教导”[24]。那么，就中国的现代话剧而言，其现代性的重要有价值，就是它对中国现代社会“反帝反封建”时代精神的揭示。

洪深对中国戏剧现代性的考察，内容与形式兼顾。在他的戏剧观念里，固然总是把内容上“能够教导人们”作为衡量戏剧好坏的标准，但他同时也指出，要发挥戏剧教导人们的目的，必须依赖固有的艺术手段。所以，在考察中国戏剧现代性在形式方面的特征时，洪深首先提到的就是戏剧“利用了动人的故事教导人们的本能”，亦即戏剧在编剧方面的艺术特征，尤其肯定了以西洋写实主义剧本作为中国话剧“一剧之本”的理论主张。其次，洪深还特别强调了现代戏剧在形式上的一个重要特征，就是主张“舞台上的戏剧”而非“纸面上的戏剧”。回顾《现代戏剧导论》，如果要用一句话完整地概括洪深对中国戏剧现代性的说明的话，那就是“反帝反封建的时代内容和现代编、导、演体制的完美结合”[25]。

2.“主义”与“教化”：现代戏剧的核心价值

洪深在“英文四十七”的课上深受贝克教授“为人生”戏剧主张的影响。哈佛大学留学期间的专业戏剧学习，使易卜生主义成为洪深的戏剧观念的第一选择并影响着洪深戏剧实践的各个方面。洪深对戏剧实践的功能诉求便是强调戏剧在社会教化方面的工具性，这不仅体现出他对现代戏剧的现代价值的思考，也反映出他对现代话剧发展的方向性选择。

洪深在《现代戏剧导论》中认为，不管是“艺术为人生”的现实主义，还是“为艺术而艺术”的艺术至上主义，都是奋起而为创建中国现代戏剧所做的努力。如果“主义的杂多是现代性的突出特征”[26]这一观点有其合理性，那么洪深对中国现代话剧现代价值所做的判断——“现代话剧的重要价值，就是因为有主义”——也正是建立在对众多“主义”的体察基础之上。在早期重要的话剧理论文献《从中国的新戏说到话剧》中，洪深在对“新戏”“文明戏”“爱美剧”以及“话剧”进行比较辨析之后，对话剧的现代价值作了着重的论述：

> 现代话剧的重要有价值，就是因为有主义。对于世故人情的了解与批评，对于人生的哲学，对于行为的攻击或赞成。——凡是好的剧本，总是能够教导人们的。但那教导的方法，是很玄妙的，既不是象旧戏里说几句道学话忏悔话，就算是惩恶劝善。也不是令演员在台上贴标语喊口号。那话剧教导人的方法，是要想出寻觅一段故事，将我们所欲发扬的主义，在戏台上观众前，敷衍出来的。[27]

这里所体现出的不仅仅是洪深对于现代话剧的形式与内容、形式与功能之间关系的说明，更重要的是对现代话剧区别于古典戏曲以及后期文明戏的现代性的本质的思考。古典戏曲以及后期迎合观众欣赏口味的文明戏无论是创作的出发点以及戏剧的本质都是带有娱乐性的，戏剧是被当作一种娱乐的工具；而现代话剧之所以现代，之所以具有现代的价值，就在于它有自己的独立的艺术品性，艺术家创作话剧不再仅仅以娱乐观众为出发点和目标，而是要将“欲发扬的主义”采用了话剧的方法“教导人”。

洪深对现代话剧的价值的思考还表现在他对旧戏、文明戏以及旧戏改良的理性批判与反思上，这是一个工程的两个方面：批判与重构，也正是在对旧有价值取向的批判继承中，才能建构出新的价值追求。洪深对于对文明戏和旧戏简单化和偏激性的批判是持保留意见的，因而他在《现代戏剧导论》中主张将文明戏的发生同具体的时代社会的特点和要求联系起来，指出文明戏诞生于辛亥革命的前夜，是资产阶级民主革命实践的一部分。而在对文明戏和新剧做历史性的梳理时，更是强调了文明初期的革命性意义：“完全背叛了北剧的规矩，脱离了北剧的范围，另外建设新戏”，在舞台上鼓吹“清新、健全”的思想，攻击根深蒂固的封建势力，是立下大功劳的[28]。当然，在肯定的同时，对于文明戏日益滋长的消极面，洪深进行了言辞极为沉痛的批评：“以半新不旧的形式，传播改良主义思想的，到后来完全成了封建思想的鼓吹者了。”[29]可以看出，洪深对旧戏和文明戏批评的出发点不是别的，而正是文明戏的艺术形式逐渐脱离实际人生，背离了戏剧艺术表现真实人生的精神，消弭了其早先对于社会进步的助力，沦为落后主义的载体和鼓吹者。

正如前文所述，洪深对文明戏和旧戏改良的批判是为了构建现代话剧的新价值。然而，单纯的“有主义”并不能全面概括洪深对现代话剧的现代价值的说明。在《现代戏剧导论》中，论及现代戏剧的意义时，洪深十分同意民众戏剧社的蒲伯英将英国现代戏剧家戈登·格雷把现代戏剧的意义归结为“教化的娱乐”的看法，并引述了蒲伯英的评价性意见：

> 我们对于现代的戏剧，应该说他一面是“教化的娱乐”，一面是“为教化的艺术”（中略）他们把这种教化叫做“再生的教化”，就是说他能使民众精神常在自由创造的新境界里活动，譬如轮回再生的一样；不像别样死教化，占据在人脑海的，就不容易抽换。我们从此就可以认定了：再生的教化，是人类最高教化；发展再生教化，是现代戏剧的职责；利用娱乐的机会，以艺术的功能来发展再生之教化，就是近代戏剧底完全意义的。[30]

从洪深对此观点的推崇我们可以看出，以有“主义”之话剧行“再生之教化”才是洪深心目中最完整的、最理想的现代话剧的价值追求。这里洪深所强调的“教化”并不是强加于观众的，也并不是直接通过话剧向观众喊话。话剧本身只是给观众提供一个思考的契机、一个空间乃至一个课堂而已。此外，在“教化”实现的过程中，洪深特别注重观众的主观能动性的。洪深眼中的戏剧“是用了真的人在戏台上，当着观众的面，将人生表现模仿出来，让观众自己去认识、自己去判断，自己去做结论的”[31]。当然，洪深也并非一味地只是追求价值层面，对表现价值的形式层面的艺术形式本身也是十分重视的。他主张“作剧者将他的主义，定要转一个弯，包藏在动人的故事里，好看的背景里，也就是这个理由了”[32]。“动人的故事”与“好看的背景”就是指的话剧的剧本形式以及舞台表现。因此，话剧要以先进的“主义”来实行“教化”的功能，并将“教化”之目的掩映在艺术的审美过程中来实现。

四、现代理论的构筑：现实主义表演理论的体系化

从1930年代开始，洪深将自己对西方戏剧理论深入的研究以及对自身话剧实践的总结相结合，陆续出版发表了多种理论著述，分别是1934年的《洪深戏剧论文集》与《编剧二十八问》，1935年的《电影戏剧表演术》《电影戏剧表演术图解》《电影戏剧的编剧方法》以及《现代戏剧导论》。通过在话剧导演术、表演术、编剧术方面全方位的理论总结，洪深构建起了现实主义话剧主潮的重要理论框架。本文在此只是从体系化的建构视角，试图对洪深理论体系中具有纲领性的核心进行勾勒。

1. 表演论：以想像力与情绪的动作为核心

表演理论的创建可以说是洪深戏剧理论体系中最具突破意义的部分。一方面，中国古典戏曲理论向来重“文”，且不同剧种、流派的表演技巧限于门户之见而多口传身授。另一方面，现代西方戏剧体式被引入之后，学院派出身的理论家们重点译介的均是关于戏剧本体或戏剧创作的理论，而于表演理论也疏于建设。洪深结合自己的表演经验，撰写出版的一系列关于戏剧表演的理论学说，可以说是中国现代戏剧表演理论体系化、开放化与科学化的肇始。

洪深最早对表演理论进行研究探讨的文章都收录于1934年出版的《洪深戏剧论文集》。这一时期洪深的理论观点基本还是从亚里士多德的“摹仿说”出发，指出戏剧所模仿的人生不仅仅是个体的，更是一种带有普遍性的人生。由此要求演员在注重研究人事、揣摩角色的基础上创造角色。但洪深也并没有完全局限于摹仿说，他提出戏剧表演是人生的一种假定情景，其本质是艺术家的艺术审美创造，并强调想象力的运用在这一审美创造过程中的重要性：“表演的艺术根本就在能想象剧中环境，而感觉得那假定存在的刺激。”[33]对演员的想象力与假定性的重视，相比于一般表演理论只重视摹拟人生与体验角色而言，是有着很大的进步的。而其后出版的《电影戏剧表演术》则是洪深表演理论体系中最为重要部分，而两书共同构建起了洪深以“情绪的动作”“想象力参与审美创造”为特色的现实主义表演理论体系。

早在1919年，美国戏剧理论家乔治·贝克在出版的《戏剧技巧》一书中，就提出了戏剧的“动作中心”说，并根据戏剧动作的不同性质的作用，将其分为形体动作、内心动作、静止动作等类型[34]。作为贝克教授的学生，洪深受其影响，在《电影戏剧表演术》一书中专列“动作”一章进行探讨。洪深在继承师说的基础上，也有

着自己的超越。他在论及戏剧动作时，把带有情绪的动作看成是具有浓烈戏剧性的高级形式的动作。他将戏剧动作分为三种：第一是自然人的动作；第二是日常生活动作；第三是有情绪时的动作。他认为，演员尤其应当研究与训练的，是能够揭示人物心灵世界骚动的更为高级的动作形态，即有情绪时的动作。如果仅仅只是论述至此的话，洪深的“情绪的动作”并没有对以往的“动作说”有本质的超越。真正有所超越的，是洪深得益于实际表演经验的关于动作的“真情绪”的有无与控制问题。洪深指出，“没有真情绪动作就不完备”；但情绪太真了“反而要妨碍了表演”。所以他主张：第一，练习排演的时候，情绪愈真愈好；第二，在台上实际表演的时候，不可有全部的真情感；第三，但是情绪在可能的范围内，是愈真愈好[35]。

洪深是从人生真实的反映、想象力的运用与情绪的传达三个方面阐释了想象力参与审美创造以及情绪的激发、传达对于演员表演艺术的创造和深化具有重要的意义与价值。

2. 导演论：真实性与综合性的二次形象传达

《戏剧导演的初步知识》是洪深最晚的一部作品，也是最为重要的一部理论著作。“编剧”“表演”“舞台”的理论，在“导演理论”的思路与框架下得到了整合。

洪深在《戏剧导演的初步知识》所提出的导演理论，是围绕着对舞台真实性与综合性展开的，即利用舞台的“色、光、线、形、音、调”等表现元素实现剧本一度创作的舞台“二次形象传达”。洪深首先提出了导演者必须“建立戏剧的真实性”的观念。这种观念从美学的观点来说，叫作“建立人生底幻觉”；从工作者的观点来说，叫“忠实于人生”；从观众的角度讲叫“入情入理”。但实际上只是一件事：“演出的结果，须使观众感觉得那人物故事有真实性——故事为必然，人物有生命。”[36]洪深认为要建立这种舞台的真实性，要从三个方面努力：第一，求得“表面事物的真实”，即舞台要做到一个“象”字；第二，求得“人格心理的真实”，即舞台“象”的基础上，导演要引导剧中人物的“行为”“情绪”等被观众认为合情合理。这种“人格心理”上的“象”，是舞台上“更高的真实”；第三，求得“形相感觉的真实”，即综合舞台布景、光线等元素的配合与运用，使舞台时空叙事得到观众认可。洪深认为这三者之中，“最基本最重要的还是人格心理”，“表面事物”与“形相感觉”是“服务于人格心理的真实的”[37]。对于如何实现这种人格心理的真实，洪深主张采用非写实的方法，即所谓“主观非真实但为观众所认识”的方法。具体而言有替代象征与形相感觉两种方法。这是洪深综合写实与写意的舞台美学原则而进行的理论创造，换句话说，是体验性的真实与表现性的真实的结合。

在《戏剧导演的初步知识》中，洪深提出了其导演理论的核心：演出是第二次形象传达。洪深认为，基于戏剧艺术的独特性，舞台演出是剧本的第二次形相的传达，而且这种第二次形相的传达更为重要。舞台艺术的表现形式是由演员的表演、布景、灯光、道具、服装、化妆等舞台美术所构成，它的美感效应来自“色、光、线、形、音、调”等诸种舞台美学元素的组合搭配与运用调度。舞台演出的美感，依赖于导演对于这些元素的深刻理解与把握，依赖于导演在长期的实践中培养出的关于这些元素使用的美学修养。因此，洪深在分别说明了音乐、灯光、布景、道具等舞台工具的作用之后，特别强调了这些舞台美学元素的运用原则：和谐。第一步是舞台元素自身的和谐，第二步是与观众生理的和谐，第三步是与艺术者所预期的美术效果和谐。而剧本内容与舞台形式的和谐，则是综合利用各种舞台工具的最高目的[38]。由此可见，洪深对舞台形式技巧和舞台美学的探讨，已经十分具体并且深入实际，触及舞台美学上一些实际问题，显示出他深厚的理论积淀与丰富的舞台导演经验。

五、结语

1920年代以来对于中国现代话剧的编、导、演的全方位的实践探索，为洪深在经验积累的基础上构建全方位的理论体系奠定了实践的基础；留学美国哈佛大学，师从贝克教授，正规而系统的戏剧理论学习，使洪深充分理解西方戏剧理论，为洪深吸收、借鉴中西方两种文化资源提供了理论的准备。可以说，洪深立足于现实主义，又广泛吸收各种戏剧流派而形成的戏剧理论，有力地推动了中国话剧的现代化进程，也为创建中西融合的现代话剧演剧理论体系奠定了一个坚实的基础。得益于洪深的综合性的、开拓性的戏剧实践，中国话剧在二十世纪初期，打开了崭新的局面，实现了早期话剧未能实现的使命：向现代形态的转化。具体表现在以下几个方面：第一，从价值形态而言，所体现的核心精神以及价值观念，必须真实地反映社会与人生，批判地看待历史和现实。第二，从体式形态而言，接受西方现代戏剧美学的影响，坚持男女合演的表现现代日常生活的写实手法，运用现代戏剧的编、导、演体系，再加上舞台演出装置的现代化，才标志着话剧作为综合艺术的成熟和真正意义的现代话剧体式的诞生。第三，从观念形态而言，对话剧的艺术特征与现代性内涵进行理论总结的“现代话剧”观念得到确立。第四，本土化的现代话剧理论体系的形成。而正是从这一标准与意义上，洪深在其艺术实践中对中国话剧现代形态所进行的全方位建构，对中国话剧从早期形态向现代形态的历史转型，起到了具有决定性意义的历史作用。

* 本文以作者在日本神户市外国语大学《外国学研究》第93号特辑“20世紀東アジア：越境する文学形式と思考の流動”上所发表日语论文的一部分为基础，进行了重新翻译与大量改写。本文系武汉大学人文社会科学青年学术团队发展计划“近现代东亚的作家流徙、文学越境与文化触变研究”【1102—413100047】的阶段性成果。

注释：

[1] 柏彬：《中国话剧史稿》，上海：上海翻译出版公司，1991年，第1页。

[2] 代表性的观点如陈白尘、董健在《中国现代戏剧史稿》中提出：“从整个历史发展的进程来看，文明新戏又是我国现代戏剧史上不可缺少的一个中间环节，是我国戏剧从古典形态向现代形态过渡的一个特殊形态。”北京：中国戏剧出版社，1988年，第89页。

[3] “现代话剧”，一般指以易卜生剧作为开端的戏剧，以别于古希腊、罗马的古典戏剧。参阅《英汉戏剧辞典》(成都：四川人民出版社，1990年)中“modern drama”词条的解释。

[4] 葛一虹主编：《中国话剧通史》，北京：文化艺术出版社，1990年，第64页。

[5] 参见濑户宏：《中国话剧成立史研究》，东京：东方书店，2005年，第359～388页。

[6] 董健：《中国戏剧现代化的艰难历程》，《戏剧与时代》，北京：人民文学出版社，2004年，第8页。

[7] [苏]莫·卡冈：《艺术形态学》，凌继尧、金亚娜译，北京：生活·读书·新知三联书店，1986年，第16页。

[8] 洪深：《戏剧的人生》，孙青纹编：《洪深研究专辑》，杭州：浙江文艺出版社，1986年，第21页。

[9] 参见濑户宏《中国话剧成立史研究》，东京：东方书店，2005年，第373～379页。

[10] 洪深：《致唐越石君论排演及布景书》，上海《时事新报》，1923年10月23日。

[11] 鲁思：《洪深先生二三事》，《新文学史料》，1983年第1期。

[12] 钱小云：《观戏剧社演〈好儿子〉述评》，《申报》1923年2月11日。

[13] 洪深：《致唐越石君论排演及布景书》，上海《时事新报》，1923年10月23日。

[14] 顾仲彝：《戏剧协社的过去》，孙青纹编：《洪深研究专辑》，杭州：浙江文艺出版社，1986年，第70页。

[15] 顾仲彝：《戏剧协社的过去》，孙青纹编：《洪深研究专辑》，杭州：浙江文艺出版社，1986年，第70页。

[16] 洪深：《现代戏剧导论》，《洪深文集》第四卷，北京：中国戏剧出版社，1959年，第67页。

[17] 钱冷云：《评戏剧社〈少奶奶的扇子〉》，《申报》1924年5月8日。

[18] 洪深：《〈少奶奶的扇子〉序录》，《洪深文集》第一卷，北京：中国戏剧出版社，1957年，第458～459页。

[19] 柏彬：《中国话剧史稿》，上海：上海翻译出版公司，1991年，第65页。

[20] [意]马西尼：《现代汉语词汇的形成——十九世纪外来词研究》，黄河清译，上海：汉语大词典出版社，1997年，第212页。

[21] 《观念史大辞典》译序，台北：幼狮文化事业股份公司，1988年。

[22] 洪深：《希腊悲剧》，《洪深文集》第四卷，北京：中国戏剧出版社，1959年，第367页。

[23] 引自田汉将《现代戏剧导论》编入《洪深文集》时所作编者按，《洪深文集》第四卷，北京：中国戏剧出版社，1959年，第1页。

[24] 洪深：《从中国的新戏说到话剧》，孙青纹编：《洪深研究专辑》，杭州：浙江文艺出版社，1986年，第178～179页。

[25] 范方俊：《洪深与二十世纪中外现代戏剧》，北京：文化艺术出版社，2003年，第298页。

[26] 参阅刘小枫：《现代性与中国社会》，上海：上海三联书店，1988年。

[27] 洪深：《从中国的新戏说到话剧》，孙青纹编：《洪深研究专辑》，杭州：浙江文艺出版社，1986年，第178～179页。

[28] 洪深：《从中国的新戏说到话剧》，孙青纹：《洪深研究专辑》，杭州：浙江文艺出版社，1986年，第170～171页。

[29] 洪深：《中国戏剧的改良》，洪钤编：《洪深文抄》，北京：人民文学出版社，2005年，第132～133页。

[30] 蒲伯英：《戏剧之近代的意义》，洪深的引述见《洪深文集》第四卷，北京：中国戏剧出版社，1959年，第22页。

[31] 洪深：《戏剧的方法》，孙青纹：《洪深研究专辑》，杭州：浙江文艺出版社，1986年，第182页。

[32] 洪深：《从中国的新戏说到话剧》，孙青纹：《洪深研究专辑》，杭州：浙江文艺出版社，1986年，第179页。

[33] 洪深：《洪深戏剧论文集》，上海：天马书店，1934年，第121页。

[34] [英]乔治·贝克：《戏剧技巧》，余上沅译，北京：中国戏剧出版社，1985年，第41页。

[35] 洪深:《电影戏剧表演术》,《洪深文集》第三卷,北京:中国戏剧出版社,1959 年,第 193～201 页。

[36] 洪深:《戏剧导演的初步知识》,《洪深文集》第三卷,北京:中国戏剧出版社,1959 年,第 417 页。

[37] 洪深:《戏剧导演的初步知识》,《洪深文集》第三卷,北京:中国戏剧出版社,1959 年,第 425 页。

[38] 洪深:《戏剧导演的初步知识》,《洪深文集》第三卷,北京:中国戏剧出版社,1959 年,第 510 页。

新媒体时代的电影观看机制与公共性：宝莱坞的中国观众

易莲媛

（广州大学新闻与传播学院，广东广州，510006）

内容摘要：2017、2018两年，以《摔跤吧！爸爸》和《神秘巨星》为代表的宝莱坞电影在中国市场表现突出，这是因为它们提供了大部分国产及好莱坞影片无法提供的公共性，构成了某种另类公共空间（alternative public sphere）。经历了缙绅化（gentrification）转型的宝莱坞电影工业从原来主要适应普罗大众品位的阶级对立故事转向了更符合印度经济制度改革以来新崛起的城市中产阶级和海外印度裔需求的议题，而这些议题同样投合处于转型期中国的观众们。同时，缙绅化的宝莱坞情节剧在中国的观看机制（spectatorship）提出了新兴媒介改造传统的电影观影机制的理论问题。

关键词：宝莱坞电影；中国观众；观影机制；情节剧；另类公共空间

一、问题的提出：从市场研究、观众研究走向观影机制研究

2017、2018两年，以《摔跤吧！爸爸》和《神秘巨星》为代表的宝莱坞电影在中国市场表现突出，有些甚至获得了与好莱坞大制作同级的票房。那么，在中国这样一个以进口好莱坞大片和国产电影为主的市场上，这些影片为什么能够成功？以经验性市场分析为基础的观众需求研究的现有主流观点，认为关键在于同档期影片竞争较弱，而这两部电影又能将亲情与励志元素相融合，探讨现实问题，自身娱乐性和完成度也比较高，更投合观众所需[1]。然而，事实上这两部影片在各自的档期都有着强劲的竞争对手——与《摔跤吧！爸爸》同天上映的是《银河护卫队2》，其前作在2014年上映时，排当年票房榜的第11位[2]，《神秘巨星》上映的首周六，已经上映第九天的《无问西东》还取得了上映以来的最高票房5803.5万元[3]。而从中国电影市场以往的情况来看，融合亲情与励志元素从来不是成功的保障，至于现实性、娱乐性与完成度则可用来解释所有表现良好的商业影片，缺乏针对性。

可以说，这两部影片的成功并不能在产业-市场研究框架中得到很好的解释，它需要进一步走进观众研究，将特定观众群体与特定类型/题材的影片联系起来。目前，观众研究主要在两条脉络下展开。一条是关注人口统计学特征，进行基于特定观众群

体的市场调查、经验分析或者电影对特定人群影响的研究。但问题在于，人口统计学划分群体往往以单一身份为依据，而每个现实中的观众都是有着多重身份的具体个人[4]。所以，这种缺乏理论反思、与电影自身特性没有必然联系的观众研究已经受到了学界的批评[5]。另一条则是二十世纪八九十年代以来兴起的“新电影史”[6]，它强调重新认识观众的多元面向。研究者们认为电影观众是一个“无结构的群体”，没有社会组织、没有习俗与传统的体制，没有规则、意识，没有按照情感观点划分的社群，没有地位-角色的结构，也没有大家认定的领袖，随着每次观影体验不断地被建构、消解和重构[7]。基于这一理解，新电影史研究将仅具有抽象的人口统计学指标的、以市场调查或媒介影响研究为目的的观众研究导向了更加具有“历史-社会-文化”意义的电影观看研究，去研究谁在怎样的环境下如何观看了电影，这些观看行为又有怎样的历史-社会-文化含义，以及产生了什么样的影响[8]。

然而，“新电影史”脉络下的观众研究并不涉及电影与观众之间的关系，或者说，重要的是观看电影的行为本身，而非观看什么电影。本文需要的则是在观众与特定类型的影片之间建立联系，即一种理清电影与观众之间可能关系的理论框架。这就又将本研究的方向进一步导向了观看机制（spectatorship）研究。所谓观看机制，是对有着媒介特殊性和文本组织的电影与观众关系的理论化框架。在学院化、体制化的电影研究中，观看机制研究比经验性的观众研究传统更加悠久，也更加普遍。它分析的焦点是电影文本所建构出来的观众位置，并以此为基础发展出一套系统化的文本分析理论，如精神分析、意识形态批评和女性主义路径下的电影研究。在这里，电影观看者（viewer/spectator）被概念化为后结构主义意义上的主体。但是，“文本建构的观众主体/位置”的基础是研究者个人的分析，不可避免地与现实观众存在差异，而被后来兴起的观看机制研究质疑。一个经典的案例是对《一个国家的诞生》的非裔观众的研究：这部被认为奠定了经典好莱坞叙事基本规则的影片所预设的观众位置事实上无法被非裔观众接受，甚至在全国范围内引发了大规模的非裔骚乱[9]。受到“新电影史”研究崛起的影响，此后观看机制研究的重点正是文本预设观众与现实观众之间的张力[10]。正如米莲娜·汉森所总结的，观看机制研究中文本建构的观众“不是作为社会性存在的、现实中的看电影的人，而是一种话语，一种表意结构的产物”，但也不是文学和接受美学意义上的“隐含”或“理想”读者，而是强调被电影文本所吸引的现实的观众与文本所预设位置的观众之间的建构性张力[11]。而本文的研究，就是在这一吸收了“新电影史”视角的观看机制研究脉络之下展开，追问的是：中国观众喜欢特定类型的宝莱坞电影，其中的观看机制是什么？进一步说，宝莱坞电影所预设的观众位置、所建构的观看主体，与处在特定的历史-社会-文化环境中的中国观众之间的张力是什么？而这种张力，又能为观看机制研究提供怎样的理论贡献？

二、分析框架：勾连文本建构观众与现实受众的电影公共性问题

如前所述，观看机制研究的目标在于将产业-市场研究及观众（audience）研究关注的现实的受众与文本建构的观看者（viewer/spectator）勾连起来，而这个关联点就在于电影观看机制的公共性问题。汉森在其奠定了早期电影观看机制研究基本范式

的《巴别塔和巴比伦：美国默片的观看机制》一书中指出，电影观看在历史中出现的时候是一种公共活动，它涉及由特定模式的放映活动所召集的集体性观看，以及围绕着观看行为而形成的话语，即：

> （电影的）公共维度涉及某些特定的时刻，在这样的时刻，接受活动自身获得能量，产生某种电影制作的语境中难以预料的结构。这些结构可能是围绕特定的电影、明星话语或放映模式而形成的，但它们并不局限于这些结构状况。而且常常是不稳定的，不断地遭受产业的、意识形态的侵占，但是这种公共维度蕴藏着一股自主的动力，这股力量使得即便像迷恋瓦伦迪诺这样的现象也不仅仅是自上而下精心策划的消费主义奇观。[12]

在瓦伦迪诺的时代，好莱坞经典叙事模式已经形成，文本所预设的观众位置是异性恋的男性窥淫癖，然而瓦伦迪诺的电影却往往将它展现为男性身体的奇观。这意味着女性的欲望被纳入新兴的电影观看机制之中，获得了集体性的表达，从家庭内部的私人领域走向了公共空间。在这个意义上，汉森认为新兴的电影媒介在当时的美国社会中构成了某种另类的公共领域（alternative public sphere），它让女性欲望等以往被压抑的情感结构、社会意识获得了公开性的表达[13]。

受汉森的启发，已有很多学者致力于探讨中国语境中电影观看机制的公共性问题。如20世纪90年代中期一项针对当时西安国企、工人俱乐部和少年宫电影讨论小组的研究认为，观众与国家话语之间始终存在着争夺公共性话语权的张力[14]。而另外一项对世纪之交北京观影小组的研究也揭示了自发性电影俱乐部所提供的公共性[15]。这两项研究提示了中国语境下电影观看机制的公共性潜能，特别是后者所涉及的网络论坛、聊天室的线上组织与线下放映活动相结合，启发了新媒体时代电影观看机制公共性的新方向。此外，以第六代为代表的部分电影人也在试图发展出一套能够实践公共性的电影语言[16]。当然，更为重要的是，电影作为另类公共领域的实践也曾经存在于中国电影的传统中。马宁认为上海左翼电影通过表征社会危机而将自身建构为另类公共领域，比如针对南京政府电影检查法，左翼电影人常将有关重大社会历史事件的纪实性新闻报道如国共内战、日本侵华战争等糅合入以虚构表演为主的通俗娱乐形式，以凸显视听情境建构和多元解读活动的跨界表达创造了一种独特的开放电影诗学，其传统在建国之后又被谢晋所继承和发展[17]。总之，不管是从观众实际的观影行为还是中国电影的传统与现实来看，公共性都可以勾连其现实的受众与文本建构的观众，以进入当下中国观众与电影关系、进入观影机制研究。

三、理论视角、研究方法与数据来源：情节剧与网络民族志

马宁的研究事实上又提供了一个非常重要的理论视角，即家庭通俗剧（情节剧）的公共性问题。在好莱坞语境中，家庭情节剧作为一个类型，主要讲述家庭关系、挫败的爱情和包办婚姻。它与资本主义的发展密切相关，直到20世纪50年代都在关注阶级与社会变迁问题，试图在家庭的私人情境中调节社会危机，其叙事动力在于表达

社会矛盾并为其提供想象性的解决方法[18]。可以说，情节剧是通过处理家庭这一私人领域内的议题来探讨公共问题。

但问题在于，自谢晋的政治情节剧被批判后，中国电影的情节剧模式日渐衰落。其中的原因非常复杂，既有电影生产者个人的艺术追求、国家的审查控制，也有新世纪以来中国电影工业的整体转向问题。至于引进的好莱坞大片以及模仿它们发展起来的本土商业制作，又主要属于奇观电影，其中蕴含的观看机制与情节剧存在较大差异。所以，尽管今天中国的观影机制有公共性维度，电影有成为另类公共空间的历史与现实潜能，但影院中放映的大多数影片却无法将这些潜能在更广阔的范围内转变为现实。

而这两部宝莱坞电影恰恰可以弥补观影机制中缺失的公共性维度。情节剧同样是印度电影的重要类型，与好莱坞和中国的情况不同，它至今仍然在印度电影、特别是以孟买为中心的北印度电影宝莱坞中占据着重要地位，只是其中的意识形态性内容已经发生了变化[19]。虽然家庭价值观始终是宝莱坞情节剧的核心，但传统印度情节剧以贫民阶层为核心角色，反映贫富差距的阶级矛盾，在价值观上更加贴近普罗大众。在印度电影的传统中，它也被称为社会片，是一个独特的类型。而随着 20 世纪 90 年代印度的新自由主义改革，以孟买为中心的印地语电影业经历了缙绅化（gentrification）转型为所谓的宝莱坞。它主要的观众群体从原来的普罗大众转向了新自由主义改革以来新崛起的城市中产阶级和海外印度裔，即从阶级转向了宗教宽容与性别平等这些更符合欧美世界身份政治的议题。特别是性别问题中所包含的女性解放、自由恋爱、新型家庭关系、反抗权威父权、个体选择权、子女教育等一系列主题，更成为宝莱坞电影主要关心的内容[20]。只不过这些内容仍然是被包裹在家庭叙事当中，家庭-亲情的联结始终被用来调和社会矛盾。而在中国市场上表现良好的几部印度电影，也都属于这种缙绅化之后的宝莱坞情节剧。

那么，问题在于，这些宝莱坞情节剧的公共性议题是否也是中国电影观众所关注的？或者说，宝莱坞电影文本建构的观众与现实的中国观众之间是什么关系？其中蕴含着什么样的观影机制？作为对这一问题的回答，本文在分析文本所建构的主体性观众之外，更侧重收集现实受众对电影的反应。在资料收集上，本文选择了网络民族志的线上社区数据收集，使用网页数据提取软件“八爪鱼”在豆瓣和微博提取《摔跤吧！爸爸》《神秘巨星》《小萝莉的猴神大叔》和《起跑线》这四部在中国市场上表现良好的宝莱坞情节剧截至 2018 年 5 月 20 日的评论数据。通过“八爪鱼”自带的微图程序自动定位关键词，分析其权重，并根据权重高的有效关键词，以及与这些有效关键词相关的词汇，对所提取数据进行关键词搜索。其目的在于发现现实的中国观众是如何理解这些影片，再结合文本所建构的观众来分析观影机制。而本文之所以选用网络民族志，而不是传统的抽样问卷＋焦点小组＋深度访谈的观众研究方法，是因为互联网在今天中国观众的电影观看行为中所起的作用日益重要，已经有很多研究致力于探索社交媒体对电影观看的影响[21]。此外，必须说明的是，豆瓣与微博的评论中有很多发行方的宣传文案，但本文并没有将其与“真实的”观众严格地区分开来，这一方面是因为宣发者同样是这些电影的观众，但更为重要的是，按照汉森的观点宣传与发行活动作为一种社会性话语本身即是电影观看机制的一部分。

四、作为中国观众另类公共空间的宝莱坞电影

表 1 至表 4 是八爪鱼从豆瓣和微博抓取的这四部宝莱坞情节剧截至 2018 年 5 月 20 日的评论数据中，去除了“印度”“电影”等无效参数后，权重排名前十的关键词。尽管因为反爬程序的存在，无法获得所有数据，但现有数据可以视为对全部评论的抽样提取，不影响效度。这 4 个表中“女性、妈妈、父亲、家暴、宗教、国家、教育、社会”等这些中国观众关注的核心的关键词，都是与上文所述家庭、亲情、性别以及宗教这些宝莱坞缙绅化之后的情节剧主要议题有关。

表 1 《摔跤吧！爸爸》关键词权重

权重范围为 0～∞，越大表示越重要，1 为词的中心点												
序号	豆瓣						微博					
	短评		影评标题		影评内容		大众评论		影评标题		影评内容	
1	女性	34.23	摔跤	47.3	父亲	96	爸爸	131.21	爸爸	10.14	父亲	48.77
2	妈妈	32.17	爸爸	46.12	摔跤	88.53	摔跤	114.63	摔跤	9.16	女儿	44.54
3	社会	25.76	女权	8.96	女儿	88.26	父亲	21.50	励志	2.67	电影	36.42
4	故事	23.11	梦想	8.25	爸爸	64.26	女儿	20.06	影评	1.91	摔跤	31.65
5	爸爸	22.52	父爱	7.15	梦想	49.43	励志	15.73	中国	1.25	爸爸	22.11
6	梦想	22.31	女性	6.16	训练	34.27	感动	14.09	梦想	1.18	梦想	16.83
7	套路	21.94	影评	6.01	女性	33.48	梦想	13.88	智慧	0.73	比赛	14.56
8	剧情	20.84	父亲	5.72	冠军	31.58	女性	13.33	赶超	0.73	训练	14.45
9	摔跤	19.81	人生	5.62	比赛	30.54	影片	12.15	燃情	0.73	影片	13.39
10	问题	15.22	父权	5.46	影片	29.56	好看	11.04	感动	0.73	孩子	13.05

表 2 《神秘巨星》关键词权重

权重范围为 0～∞，越大表示越重要，1 为词的中心点												
序号	豆瓣						微博					
	短评		影评标题		影评内容		大众评论		影评标题		影评内容	
1	女性	20.73	梦想	50.93	母亲	267.44	神秘	172.23	梦想	7.96	母亲	76.43
2	妈妈	17.39	女性	37.87	梦想	217.24	梦想	54.03	做梦	3.47	梦想	69.32
3	社会	16.57	母爱	34.28	女儿	206.36	妈妈	40.37	家暴	3.04	父亲	61.83
4	故事	14.81	母亲	25.65	妈妈	202.96	爸爸	35.16	权利	2.98	女性	57.83
5	剧情	14.72	妈妈	20.93	父亲	179.45	女性	30.35	自由	2.61	女儿	57.00
6	套路	12.90	女权	20.52	女性	162.5	摔跤	29.47	中国	2.46	神秘	55.81
7	梦想	11.92	伟大	15.07	爸爸	149.22	母亲	24.41	女权	2.03	妈妈	51.41
8	女儿	11.25	故事	13.99	巨星	137.08	母爱	24.31	女孩	2.00	爸爸	49.04
9	家暴	11.24	感动	13.48	社会	126.34	故事	22.43	改变	1.55	社会	44.26
10	爸爸	10.64	影评	13.42	家暴	94.01	家暴	19.56	伟大	1.48	家庭	39.96

表 3 《小萝莉的猴神大叔》关键词权重

权重范围为 0～∞，越大表示越重要，1 为词的中心点												
序号	豆瓣						微博					
	短评		影评标题		影评内容		大众评论		影评标题		影评内容	
1	宗教	53.39	大叔	67.39	宗教	114.55	大叔	185.36	小萝莉	3.64	小萝莉	23.89
2	故事	26.61	电影	60.86	信仰	102.22	小萝莉	165.92	大叔	2.74	大叔	21.64
3	小萝莉	22.91	小萝莉	54.71	大叔	92.37	宗教	50.91	声音	1.79	宗教	14.04
4	信仰	20.71	信仰	37.47	小萝莉	83.46	展开	50.83	语言	1.79	巴基斯坦	13.92
5	国家	19.98	宗教	28.84	巴基斯坦	60.18	信仰	47.87	欢笑	0.95	故事	11.64
6	最后	16.67	善良	22.05	故事	60.00	全文	42.54	细节	0.95	国家	11.34
7	政治	16.60	大爱	14.02	国家	59.06	故事	30.89	感动	0.95	信仰	9.77
8	大叔	16.53	国界	13.66	小女孩	58.05	国家	27.38	电影院	0.95	回家	8.71
9	印巴	16.14	故事	12.77	最后	55.72	感动	27.35	带来	0.95	最后	8.14
10	感动	15.27	感动	11.92	影片	51.16	小女孩	24.80	无疆	0.95	冲突	6.63

表 4 《起跑线》关键词权重

权重范围为 0～∞，越大表示越重要，1 为词的中心点												
序号	豆瓣						微博					
	短评		影评标题		影评内容		大众评论		影评标题		影评内容	
1	教育	54.94	起跑线	83.92	教育	131.24	起跑线	41.51	起跑线	6.68	孩子	24.55
2	电影	50.73	教育	55.24	孩子	114.49	教育	18.52	电影	1.69	电影	22.12
3	问题	35.43	孩子	16.73	社会	78.99	孩子	15.78	阶级	1.61	教育	21.51
4	社会	27.76	现实	14.49	起跑线	65.33	问题	11.18	本质	0.94	学校	16.72
5	孩子	26.52	中国	11.31	学校	65.19	社会	10.06	出身	0.94	起跑线	16.55
6	现实	25.13	问题	10.52	问题	56.84	中国	8.88	战争	0.94	社会	15.62
7	穷人	19.59	父母	9.91	穷人	51.01	影片	6.22	正确	0.87	阶级	12.65
8	阶级	17.79	社会	9.82	现实	41.76	现实	6.03	众人	0.87	穷人	12.55
9	中国	17.33	人生	9.57	父母	39.96	父母	5.77	爸爸	0.87	影片	12.31
10	结尾	15.97	公平	9.55	生活	37.48	故事	5.53	改变	0.87	男主角	11.68

表 5 至表 8 则是根据软件自动提取的关键词权重后，在相近社会-文化语义范围内，重新设定的关键词词频统计，截止时间同样为 2018 年 5 月 20 日。从中可见，性别平等、宗教和解与社会公平等缙绅化的宝莱坞情节剧议题同样是中国观众所关注的。

表5 《摔跤吧！爸爸》观众评论

关键词＼网站	豆瓣短评	豆瓣影评	微博大众评论	微博影评
总数	540	1980	471	28
女权	36	418	19	7
父权	12	97	2	1
平等	6	221	3	3
家暴	53	642	0	0
阿米尔汗	110	667	60	9
真相访谈	5	36	6	0
男权	10	250	4	0

表6 《神秘巨星》观众评论

关键词＼网站	豆瓣短评	豆瓣影评	微博大众评论	微博影评
总数	220	3356	151	965
女权	16	751	55	60
父权	6	183	22	6
平等	2	407	36	22
家暴	23	1231	80	82
阿米尔汗	48	1345	77	236
真相访谈	2	74	11	2
男权	4	467	31	10

表7 《小萝莉的猴神大叔》观众评论

关键词＼网站	豆瓣短评	豆瓣影评	微博大众评论	微博影评
总数	480	1793	971	16
宗教	128	587	226	12
信仰	52	547	208	13
国家	49	324	129	10
印巴	41	135	48	6
政治	42	127	55	0

表 8 《起跑线》观众评论

关键词＼网站	豆瓣短评	豆瓣影评	微博大众评论	微博影评
总数	480	998	18	90
贫穷	38	113	6	2
富	13	245	14	9
阶级	6	206	12	11
教育	53	557	16	34

从以上数据可见，在现实的、经验性的观众层面，这些宝莱坞情节剧所提供的公共性议题契合了中国观众的关注点。而在文本建构的观众层面，宝莱坞电影继承了印度电影传统，有一种不同于经典好莱坞叙事的观看机制，即叙事/文本的开放性。这种开放性存在于包括宝莱坞电影在内的所有印度商业性影片中。其中最常为研究者提起的是歌舞场面对流畅叙事幻觉的打破。尽管今天将歌舞场面融入叙事已经是面向海外市场的主流宝莱坞电影的常规做法，但是这种融入本身却带有与观众直接交流的意味，与经典叙事假装摄影机不存在的封闭性并不相同。事实上，印度观众主流观影空间并不同于中国和西方社会的单厅影院，观众看电影时不是安静地坐在座位上，而是手舞足蹈地回应银幕上正在发生的一切。主流的印度电影询唤、建构了这一特殊的观众主体，也在积极地回应、应和着他们[22]。

而这样一种开放、互动的观影机制，反映在文本中，是大多数印度电影狂欢化、幻想式的结尾，无法解决的危机以一种现实中不合逻辑、不可能出现的方式得到了解决，又不会让观众产生不真实的感觉而动摇整个叙事的基础。因为这一结尾事实上是对观众的召唤，而不是矛盾冲突的真正解决。但因为整个影片观看机制的开放性，这种召唤就只是一种延续，而非终结。一个典型的例子是《小萝莉的猴神大叔》全片危机的高潮。为护送没有签证的巴基斯坦小女孩回乡，主角偷偷穿越边防线被抓。在法律层面，他无法在不受惩罚的情况下回到家乡。如果是在经典叙事中，其他人物就需要按照影片内部的社会逻辑去进行救援。但这部电影却将其变成一个媒体事件，向整个巴基斯坦、整个印度发出呼吁，让所有人都去声援他。汹涌的人流最终突破印巴之间的封锁线，让主角得以回归家乡。这一事件本身在现实层面是完全不合理、也不可能的，但影片中媒体的呼吁不仅是朝向银幕内部、故事中的电视观众，也是朝向银幕外部的电影观众，目的在于传递印巴和解的愿望。因此，它不是解决之道，而只是一种呼吁、一种宣传、一种教育。因为它把这个宣传和教育的行为本身展现出来了，打破了银幕的界限，反而不像封闭叙事的宣传教育那样突兀与生硬。

事实上，有相当数量的印度电影都是以媒介事件或者新闻媒体的介入解决危机而结尾的。这个传统可以追溯到印度电影的早期时刻，特别是第二次世界大战之后受到意大利新现实主义和好莱坞家庭情节剧影响的印地语情节剧影片。这些电影在印度独立后社会改良思潮下，致力于发现社会问题来宣传、教育观众。表现在电影语言上，它们和恪守“第四堵墙”、掩饰摄影机存在的经典好莱坞叙事不同，会让人物正对着镜头讲话，就好像知道摄影机在拍摄自己一样。这时，人物真正面对的并非银幕内部空间，而是影厅中观看影片的、集体性的观众，他的发言是一个直接的公共性时刻，呼吁观众们意识、解决社会问题[23]。非常典型的例子是《流浪者》（1954）片尾的庭审，主角的辩护律师正对摄像机，发表了关于社会特别是法律的不公正，而不是血统在个体走上犯罪道路方面起到决定性作用的长篇演讲。发展到今天，《摔跤吧！爸爸》是一个现场直播的全民时刻，《我的个神啊》和《偶滴神啊》直接诉诸电视辩论，《起跑线》是一次盛大的汇报演出，《神秘巨星》本身就是一个借助社交网络实现自我救赎的故事。这些媒体事件事实上是宝莱坞电影的自我指涉，是对电影的社会性、电影作为另类公共空间功能的自我期许。

基于以上分析，总体而言，特定种类的宝莱坞电影之所以能在中国市场表现良好，是因为它们提供了很多国产电影和引进的好莱坞电影无法提供的公共性，对于主流中国观众来说构成了另类公共空间。反面的例证是南印度泰卢固语地区电影业的《巴霍巴利王》（1、2），尽管这两部影片在印度本土和中国以外的海外市场都获得了超级成功，但它们对于中国观众来说，其观看机制与公共性无关，自然接连遭受票房失败。事实上，因为中印两国在历史-社会-文化多层面的差异，能够在公共性上与中国观众形成共鸣的宝莱坞电影并不多，甚至《神秘巨星》是印度公司与中国公司合作，专门针对中国市场拍摄的。而随着这一类影片基本引进完毕，2018年下半年以来，包括宝莱坞电影在内的印度电影相对于其他非好莱坞引进片再也没有明显优势。

五、结语：新媒体时代的电影观看机制

缙绅化的宝莱坞情节剧在中国的观影机制，带出新兴媒介改造传统电影观影机制的理论问题[24]。而勾连文本建构观众与现实经验受众的观影机制发源于对早期电影的研究，它最终追问的是电影作为一种新兴媒介，在发展自身语法、建构观众主体的同时，如何改变现代性的视觉机制、建构都市文化。本研究将其用于当代语境，探究某些类型的影片何以获得特定观众群体的青睐，主要是想思考电影在它已经成为旧媒体的时代，其观看机制受到了诸种新兴媒介什么样的影响。而通过对观看机制理论的梳理和相关宝莱坞情节剧中国观众反应数据的搜集、分析，本研究发现，这几部影片之所以能够在中国市场上获得成功，是因为它们可以提供大部分国产及好莱坞电影无法提供的公共性，构成了某种另类公共空间。从印度电影自身的传统来看，这种公共性当然是影片的文本性特征。但无可否认的是，如汉森所说，电影观看作为一种公共活动，它涉及由特定模式的放映活动所召集的集体性观看，以及围绕着观看行为而形成的话语[25]。这些话语在早期电影年代，是围绕着影片的宣传、发行活动，新闻八卦，以及观众通过报刊、粉丝出版物进行有限度的互动。而当下形形色色网络社区/社交媒体的存在，无疑拓展了这些围绕观看行为而形成的话语的影响力，在某种程度上强化了电影观看的公共性。可以说，这几部宝莱坞情节剧在中国市场上的处境并非偶然，其他能提供类似公共性的影片同样会获得成功。

注释：

[1] 程鹏:《观众需求研究——以 2017—2018 年贺岁档影片为例》,《当代电影》2018 年第 4 期,第 10～16 页。

[2] 数据来源,艺恩咨询中国票房.[2018 年 5 月 15 日]http://www.cbooo.cn/year? year=2014.

[3] 数据来源,猫眼电影专业版.[2018 年 5 月 15 日]http://piaofang.maoyan.com/movie/71946/boxshow.

[4] [印度]阿玛蒂亚·森:《身份与暴力——命运的幻象》,李风华译,北京:中国人民大学出版社,2009 年。

[5] 孟隋:《论被强加给"小镇青年"的电影审美偏好》,《文艺理论与批评》2016 年第 3 期,第 140～143 页。

[6] R. Maltby,M. Stokes,R. C. Allen,*Going to the Movies: Hollywood and the Social Experience of Cinema*,University of Exeter Press,2007.

[7] [美]罗伯特·C.艾伦、道格拉斯·戈梅里:《电影史:理论与实践(最新修订版)》,李迅译,北京:北京联合出版公司,2016 年,第 184 页。

[8] R. Maltby,"New Cinema Histories",In R. Maltby,D. Biltereyst and P. Meers,*Explorations in New Cinema History*,Chichester:Wiley-Blackwell,2011.

[9] R. Lang,*D. W. Griffith-Birth of a Nation*,Rutgers University Press,1994.

[10] 参见 R. Maltby,M. Stokes,*Hollywood Abroad:Audiences and Cultural Exchange*,London:BFI Publishing, 2004; R. Maltby, M. Stokes, *Hollywood Spectatorship: Changing Perceptions of Cinema Audiences*,London:British Film Institute,2001.

[11] M. Hansen,Babel and Babylon,*Spectatorship in American Silent Film*,Harvard University Press,1991,p. 4.

[12] M. Hansen,Babel and Babylon,*Spectatorship in American Silent Film*,Harvard University Press,1991,p. 7.

[13] M. Hansen,Babel and Babylon,*Spectatorship in American Silent Film*,Harvard University Press,1991,pp. 8-13.

[14] YangMayfair Mei-Hui,"Film Discussion Groups in China:State Discourse or a Plebeian Public Sphere?"*Visual Anthropology Review*,10(1),1994,pp. 112-125.

[15] NakajimaSeio,"Film Clubs in Beijing: The Cultural Consumption of Chinese Independent Films",In P. Pickowicz,Yingjin Zhang,Lanham,*From Underground to Independent:Alternative Film Culture in Contemporary China*,Md.:Rowman & Littlefield,2006,pp. 161-179.

[16] NakajimaSeio, "Film as Cultural Politics", In You-tienHsing and Ching Kwan Lee, *Reclaiming Chinese Society:The New Social Activism*,Routledge,2010,pp. 159-183.

[17] [澳]马宁:《从寓言民族到类型共和:中国通俗剧电影的源起与转变(1897—1937)》,上海:上海三联书店,2012 年版。

[18] [美]托马斯·沙茨:《好莱坞类型电影》,冯欣译,上海:上海人民出版社,2009 年,第 231～235 页。

[19] R. Vasudevan,*The Melodramatic Public:Film Form and Spectatorship in India Cinema*,New York:Martin's Press,2011.

[20] TejaswiniGanti,*Producing Bollywood:Inside the Contemporary Hindi film Industry*,Durham:Duke University Press 2012,p. 4.

[21] 王伟:《网络电影榜单的文化权力与心理机制》,《电影艺术》2018 年第 1 期,第 53～57 页。

[22] 易莲媛:《全球好莱坞的地方化空间——印度与中国大陆的多厅影院》,《文化研究》第26辑,2016年秋季号,第3～22页。

[23] R. Vasudevan, *The Melodramatic Public: Film Form and Spectatorship in India Cinema*, New York: Martin's Press, 2011, pp. 74-97.

[24] R. Stam, E. H. Shohat, "Film Theory and Spectatorship in the Age of the 'Post'", In C. Gledhill, L. William, *Reinventing Film Studies*, Oxford University Press, 2000, pp. 381-401.

[25] M. Hansen, Babel and Babylon, *Spectatorship in American Silent Film*, Harvard University Press, 1991, p. 4.

萧疏之美与中国电影色彩的诗画性表达

林　静

（华中师范大学新闻传播学院，湖北武汉，430079）

内容摘要：孔孟儒家色彩观强调“绘事后素”，老庄哲学奉“无为”为最高智慧。中国电影汲取了古典色彩美学的菁华，视萧疏、素净为至高追求。古代诗画中物象有限，意味无穷，以山岑、瘦水、流云、疏木为代表的形象备受青睐，形成意象合一的美学认知。“萧疏”之色氤氲出清逸冷寂的东方意境，常显影于中国电影中。本文通过对四个不同时期的具有代表性的中国电影文本进行细读，分析枯淡之色、虚静之色、中性之色、寂寥之色等色之意蕴在中国电影中的呈现方式，以厘清萧疏之色在画幅内有限空间与画幅外无限空间的双向维度上发出的诗画性影像表达。

关键词：萧疏；中国电影色彩；诗画性

“清净无为”由老子提出，“无”之思想后来逐渐成为中国美学的基本特点和至高理想。《淮南子·原道训》载：“色者，白立而五色成矣。”[1]此处的“白”并非是一种色彩的视觉形象，而是被消解的虚无，是一种幽雅（blase urbanite）的哲学概念。在艺术上追求无色之美，在色彩上主张无色而五色成焉，提倡返自然、去雕琢。在这一古典哲学命题下，追求自然与素净之美的色调对中国绘画色彩观，特别是对山水文人画家的色彩美学思想产生了深远影响。中国山水文人画家讲求发之情思，契之绡楮，尚古而思远，通过空间与时间的两个向度将萧疏之美直入永恒：空间上强调“远”，即通过视觉的意象之远达到虚空的幽远；时间上强调“古”，即“何处写荒寒，枯槎瘦石边”的苍古。经由时-空两个向度的双重消解，物质性与时间性将自我生命意识与万物宇宙情调弥合，进而达到了亘古如斯的“无”的境界。萧疏看似寂寥黯淡的意境背后包孕着对生命的温热，它在“枯槎-死亡”与“孕育-再生”之间产生中介性的回溯，其双重的矛盾性在画卷中得以展现。

电影是银幕上的绘画，并非虚妄之言。法国学者阿兰·马松在电影杂志《*Positif*》（正片）中曾发出设问：“如果电影不是绘画，如何理解它对以绘画传统为主的组成要素的运用，以及在此基础上频繁展现在电影素材中受到绘画影响或之同源，与之共鸣的方面？”[2]沿袭着视觉艺术谱系意义系统，电影与绘画之间本就有着天然的亲缘性。电影是一门视听兼备的艺术，它可以利用声音与运动，将山水文人画的造境手法搬上银幕，例如在画面布局上可做留白处理，景别上选择大全景、全景，构图上可采取向左或向右的长卷式横移，色彩多设色且青绿居多，以开拓萧疏之美的电影表现形式。本文试图从四个不同时期的电影文本去探索萧疏的如画美学与其所蕴含的哲学之美、色彩之美和诗意之美的古典美学立场，以及其审美诉求背后所隐藏的历史症候和社会批判价值。

一、枯淡之色：民族记忆的文化拾遗

打开中国画的画卷，在古木参差、烟波微茫之后，总呈现出一种静穆的色调美感。五代之时，随着山水水墨的流行，中国文人对萧疏趣味也越发浓厚，诗画中的核心意象多为山岑、寒林、枯槎、疏木，其中枯木寒林尤受青睐。两宋时期推崇萧疏画境已蔚为时尚，北宋画家范宽、郭熙，善工枯木寒林，画面多以冷色表现，于孤介之中平添一份萧森的色彩基调。李成、夏圭、苏轼、倪瓒、黄公望等历代名家均有创作过以枯木寒林为意象的诗画作品。以枯淡之景传达萧疏之境是中国古典绘画艺术，尤其是山水文人画的意蕴与旨趣。20世纪三四十年代，中国电影在题材、叙事、影像、色调等方面均吸收了中国古典诗画的这种美学精神。同时，在这个特殊时期，战争常与民族记忆、意识形态诉求并置，残垣断壁、萧条枯朽的场景成为着民族记忆里无法抹去的风景，这些风景也“承载着作家、艺术家们对寻找民族出路的各种想象”[3]。

由蔡楚生、郑君里编剧并导演的电影《一江春水向东流》（1947）虽是黑白片，但在视觉造型方面汲取了中国绘画的艺术精髓，在构图、光影与色彩等造型手段，与中国传统山水画强调的墨色五分的色彩观一致，在画面上追求墨色的气韵生动。影片的开场画面宛若一幅山水画卷，疏木几棵，灰色天空中横向拉开的电线划破静寂的画卷；同样，影片中点题的转场镜头也极具枯淡之意，运用大远景构图，雾气严凝的江面上，画面的远处停泊着几艘大型轮渡船，但在画面的中心位置却是形单影只的一叶扁舟在孤独摇曳。孤帆向画面的远处漫溯，是渡向希望的彼岸，画面中出现李煜的诗句：“问君能有几多愁，恰似一江春水向东流。”导演的真正目的不在于展示疮痍与伤口，而是抛出“春”所蕴含的希望。影片的色调在总体上呈现出冷寂之色，其中对战乱的废墟景象进行诗意化的处理，不动声色地表现着那段特殊的民族记忆。

费穆导演的影片《小城之春》（1948）对艺术情境的塑造，通过诗意化的声画语言，设置情景交融的意境，来传递难以言说的情愫。影片对残败的废墟空间进行诗画性的处理，运用溶镜头的来回切换、横移长镜头和大量的中景构图，巧妙地言说那段特殊的民族记忆下的故事，以臻中国绘画美学的艺术境界——萧疏。影片的开场镜头，犹如中国画的卷轴般自右向左徐缓展开，大全景的画面主体是一段破败不堪的城墙，满地荒草飘摇，天空大面积的留白与身着深色旗袍的女主角周玉纹形成对应，留白与泼墨相对，白而不空，使观者徜徉于无限空间之中。正如华林在《南宗抉秘》中所说：“画中之白即画中之画，亦即画外之音。”[4]同时也显隐出行走于荒蒿与残破墙垣之间的玉纹与废墟互融与共存的关系。男主角戴礼言的出场方式也显得尤有深意：在一个残破不堪的断墙间破出一个似门形的缺口，前景里是满地荒草和倒塌下的屋墙瓦石，镜头由后向前逐渐缓推，屋塌墙毁，荒草野蛮生长，戴礼言静坐在瓦砾堆上眼睛空洞地望向远方，他瘦弱的身躯与影片里废墟的破败景象互为比拟，任由自我在萧疏之中自怨自艾。与戴礼言的衰败不同，他的好友、周玉纹的旧情人章志忱满腔赤诚，是承载着希望的蓬蒿之辈。他们的第一次见面就彰显出章志忱的与众不同，章志忱三步并两步跨过拦路的枯草与业障，身手矫健地跳入院子内。当他与旧情人玉纹登上城头忆往昔过往，画面用近景交代，虽亲密无间，但被枯败的背景围绕。二人每次约会时，破败城墙和荒蒿都以后景出现在画面里，似乎是对两人现实与未来关系的指涉。

《小城之春》所传达的诗画性，是一种渲淡之境，导演将时代话语裹挟进艺术的深层表达中，对战争带给人们的创伤做淡化处理，这并非漠视或者避而不谈那段特殊的民族记忆，而是借由既不鼓呼、亦不退却的精神来召唤对文化的拾遗。通过空间与物象的重复循现，外空间的残破的旧式屋舍和荒败的城墙野草，来表达时代下的凄凉颓败与忧伤氛围，以“枯”写“荣”，以“静”写“动”，“在静寒中表现生命的跃进”[5]。导演对人物、情节、空间等都刻画地极致简约，但对萧疏之景却反复渲染。在影片的最后一个镜头中，周玉纹与戴礼言登上城墙，望向妹妹和老黄送别章志忱的方向，那个方向在二人心中各有意味，是一个模糊而可期的远方。天空似留白，与地上的荒枯过渡衔接，一派苍古之景跃然画面之上。墨色韵味下的影片，并非在表现对自然物象的直接摹写，而是一种朦胧、虚拟的非现实感，一种隔帘看花、隔水探月的“隔”之境界，色彩讲究虚灵和空静[6]。影片达成了“静、古、清、雅”等山水画之意境，亦是一种以墨色为雅的色彩观念。

二、虚静之色：西部风蕴的人文掠影

20世纪50年代的中国电影色彩有着相似特征：讲求如中国画的墨色五分，影像画面宛若一幅幅笔墨湿润的青山绿水画一般，浓淡皆相宜，展现出对诗情画意和民族风蕴的追求：“石块铺成的河埠……具有浓郁的生活气息和南方乡镇的鲜明特色（《祝福》）……自然流露出影像色彩的‘明晰、简洁、朴素、含蓄和时时透出淡雅的诗意’（《林家铺子》）。”[7]至80年代，第四代和第五代导演群在影像色彩与造型上，不再满足于中国画的外在表象，而是将中国古典传统美学的精髓融合于电影作品之中。第五代导演创造性地将镜头转向黄河、高粱地、黄土地等那些生疏、孤静又令人敬畏的西部乡村风景，试图将民族文化中被压抑与被遗忘的记忆唤醒。陈凯歌执导的影片《黄土地》（1984）标志着第五代导演群体的诞生，影片对中国文化进行反思性的叙事。与此同时，西部风景被简化成具有标识性的民族寓言与文化符号在国际影坛上风靡。

《黄土地》的影像构成看似是高度写实的再现性影像，但仔细品味，它却带有中国画极端写意的情境感，用意象性的造型影像，把人与自然融为一体。影片一开始，沟壑纵横的黄土地赤裸地袒露着，壳青色的天空隐露一缝，随着北风微啸，镜头自左向右横移，山峦的沟壑越发具体地呈现，风啸画开：大全景的画面主体部分是远山杳渺，肆意生长的几棵杂草在贫瘠的土地上负隅顽抗地扎地，大面积的天空“白”铺陈其上，男主角顾青如同出现在画卷中的点景人物，匀速行走。中国古代山水画往往热衷于表现大开大阖的山水林涧，当人物出现在画中时，常被处理得极为渺小，如同豆蚁一般，如北宋郭熙《早春图》。宗白华在《美学散步》中提到的虚实是指："山川草木，造化自然，此实境也。因心造境，以手运心，此虚境也。艺术中的虚实结合便是化景物为情思。"[8]影片对于山水画的虚实手法拿捏精准。随后，同一角度，山峦与人物行走的移动镜头经过五次后期叠化，渐次呈现出山峦沟壑、山坳顽草、人物行走的场景从黄土地的视觉浓郁到荒凉虚静的变化。紧接着，顾青两次回眸向远处山峦及枯树凝视，在回眸与凝视之间，表达了人与黄土地的共存关系，甚至二者已经融为一体。紧接着，喜庆的唢呐声响起，黄土地上出现零星的红色，迎亲队伍出现在画面，顾青回望，唢呐锣鼓齐奏，大红花轿随着节奏一起颠动。镜头用饱和度极高且极度单纯化的色彩（黄、红、黑）和极度平面化的造型影像（黄土地、黄河、窑洞、犁地、腰鼓）等来表现，于大音希声、大象无形中将中国艺术意象性造型影像与电影结合。

女主角翠巧是土生土长的黄土地人，影片用简单的色调影绘着她无可奈何的凄惶命运，并借由她命运的呈现无声地斥挞着这片土地上的痼疾沉疴。顾青返回延安，翠巧耗尽勇气地说："你带上我走!"但顾青以"公家人的规矩"婉拒。翠巧让顾青把记歌的小本拿出来，应景唱起歌来，歌声悠扬而高亢，在苍茫的山间穿越，看不见的歌声和看得见的旷远黄土地相得益彰，公家的规矩与庄稼人的规矩成为桎梏翠巧的枷锁。镜头一转，影片出现了与片头几乎一样的迎亲场面，黄土地上点缀着零星的鲜红，只是这场婚礼的新娘是那怯生生的翠巧，最终她没能拗过那些规矩。原本是对旧社会的文化批判的悲凄之事，但镜头快切出现盛大的安塞腰鼓表演，雄浑、苍劲，如听浪啸。这种处理以喜代悲，展示了埋藏在黄土之下的人们的生存状态：麻木、守旧、贫穷却充满生命力，体现出荒寒幽杳之中，大有生趣在的文化指涉。翠巧在给父亲挑完最后一桶水后，在黑夜里划船顺水而下，黄河水声急促，翠巧却不见了身影。画外音信天游、北风与男人们的呐喊声涌入画面同时也裹挟进民族的寓言里，无垠的黄土、大红的花轿、黄褐色的黄河、洞房里红彤彤的一切，画面仅交代了几种简单的色彩，形成交错式的感受：黄河像凝固的黄土地，黄土地像流动的黄河。

色彩，赋予了故事的象征与隐喻。这些象征或隐喻都展示了特定的时期历史的延续性和变革性，对民族生存方式的思索已经在一个更为广阔的文化背景上认识社会，对现实的审视跃入较高的哲理层次。影片的色彩以大面积的黄为主，与中国画的底色有异曲同工之妙，如郭熙《雪景寒林图》。看山不是山，又可见出混茫与荒寒的韵味。郭熙特工山水寒林，别构一种灵奇。其树作鹰爪，石如鬼面，皴似乱云暗渡，于荒寒中多了一份萧森之感。陈凯歌镜头下的虚静之色亦如此，黄土沟壑、黝黑窑洞、萧瑟旷野、微茫天空、兀立孤树，墨色五分，雍容富丽的色彩被汰尽，被简化成几种固有颜色。红色和黄色形成的强烈对比昭示即使在这样恶劣的自然环境中中华民族的生命力却依然澎湃。求雨一段戏表现出对民族未来的深切忧虑与期望。这种看上去徒劳的仪式，包含着古老的中国智慧。万物并做，吾以观复，道家精神正是在"复"中寻求意义，从而达到虚静的境界。同时，影片也在批判这种"复"，翠巧走了，顾青走了，始终缄默又神秘的憨憨在人群中奋力地逆向奔跑。黄土地成为"两面性"的代名词，于生之土地与文明进程的互为涤荡中四顾迷惘，民族该去向何方？《黄土地》便站在民族风蕴的人文掠影中发出一次次的诘问。

三、中性之色：建筑遗存的话语批判

随着20世纪90年代以来城市化进程加剧与住房深化改革，拆迁成为中国当代电影的重要主题，且跨越了不同的类型和代际。伴随着拆迁的出现，建筑废墟常作为电影中主要的空间景观意象出现。废墟（Ruin）在词源上是指建筑遗存，是西方浪漫主义的产物，后传至中国。有别于法国画家休伯特·罗伯特的《卢浮宫大画廊废墟的虚构观》（1796）那样洛可可风格的废墟画，中国山水画中常借寒林、疏木、瘦水、枯槎等颓槁的自然形象，抒发出时间与生命两个向度的嗟叹。艺术作品中废墟的概念，"不仅指向空间（城市）的废墟，也指向时间（历史）的'碎片'与'废墟'"[9]。20世纪80年代末到90年代初，吴山专、曾浩等中国的先锋艺术家们对"拆迁废墟"类艺术的表现多呈现出的灰霾色等中性之色，传达出一种去审美化的立场，且用诗意的光晕勾勒出强烈的批判意识：一方面是"拆"所指涉的建筑或物质的崩塌与消解；另一方面是"迁"所隐喻的家庭的拆散、从故土的迁徙，甚至是心灵与精神世界的坍塌。

作为社会再现的一种艺术形式，当代电影也以中性之色表达对拆迁废墟的批判。"第五代导演周晓文的《青春无悔》（1991）是'新时期'电影中第一部包含拆迁情节的影片。"[10]从《青春无悔》开始，很多电影中都以拆迁作为重要的情节或主题。例如：《站直啰！别趴下》（1992）、《头发乱了》（1994）、《巫山云雨》（1996）、《小武》（1997）、《三峡好人》（2006）等。"三峡工程"这一重大拆迁与移民搬迁项目被艺术家们予以目光的投诸，章明的《巫山云雨》与贾樟柯的《三峡好人》的故事情节都发生在三峡工程开工时期。第六代导演们将镜头从乡村转向城镇，从现实着眼，去探寻城市化进程的崩塌与浪漫主义现代性神话的消弭，建筑废墟与类废墟成为电影里"流动的灰色风景"，两部影片的色彩基调都偏青绿色，使得电影影像语言具有纪实感。

《三峡好人》中废墟与类废墟意象的场景共出现27场，几乎贯穿全片，影片被大面积的中性之色所吞噬。拆迁废墟的第一次近距离图像，是以男主角韩三明的主观视点扫过拥堵而杂乱无章的街道，通过声音率先引出的，工人们抡着铁锤拆毁房屋，发出沉闷而浑厚的敲打声。韩三明站在高处，人比远景中的青山更高，远眺并俯瞰，脚下是一片即将被拆毁的房屋，地上是已经被拆毁建筑的瓦砾和残砖，这种调度手法多次在影片中出现，例如，韩三明两次拿出十元人民币，站在高处俯瞰夔门，一边凝视，一边若有所思。影片中有一处经典长镜头，远处工人们劳作的身影在逆光里被处理成一幅剪影画，韩三明在废墟里穿行，骄阳烈日下工人们被晒得皮肤黝黑，与残垣断壁的惨白凛冽形成对比，画外音是大锤捶打建筑墙体的声音，这声音似乎也在昭示着，这座城市已被悬置成一个"为了忘却的纪念"的灰色空间，其时间属性与空间属性都会被双向消解。韩三明与工友们抡着大锤拆毁建筑，导演似乎有意在歌颂劳动，但深思后其隐喻意义并非创造性的劳动，而是一种机械式的损耗与重复性的复制而已。

影片的英文译名是STILL LIFE，本意为静物，贾樟柯通过废墟的景象生成一幅幅静物图像。透过这些着意刻画中性色下的静物图像，影片的影像语言隐晦地指向政治权力的导向对小家的摧毁。跟随镜头缓慢移动，在拆迁废墟中还可以看到身着白色服装全副武装的消毒人员，镜头跟随着他们走去，拆了一半的房子，留下的半面墙，贴着瓷砖的墙壁上挂着努力的卷轴、贴着周杰伦的海报、奖状、屋子原来主人的照片，原本拥挤的房间格局、厨房里的灶台，STILL LIFE 就在废墟图像中生成。这些被拆毁的民居的主人早已搬迁离开，曾经的家园将被滚滚江水淹没，废墟终将与时代一起永沉江底。影片的女主沈红在另一片废墟中登场，导演借沈红的主观视点带领观众进入一片废弃的工厂，画面色彩克制而收敛，仿若一幅现代油画，沉静不语。生锈的锁头、破旧的手套、废弃的铁料和机器部件、满是蜘蛛网的风扇、杂草丛生的地面、正在被拆卸的大型设备，被导演用镜头语言拼贴成一幅静物画，STILL LIFE 再次演绎。影片结尾处，韩三明带着前妻走过一片建筑废墟，头顶是大面积灰蒙蒙的天空，一派萧瑟，此时的入画废墟竟呈现出一幅中国画之静寒之感。平拍跟镜头中的建筑废墟被滤镜记录成深邃的灰白色，荒寒之感蔓延向四方。大远景中，画面右侧一棵参天大树显得格外高大，而行走的韩三明与前妻却微如蝼蚁。画面快速剪辑，韩三明与前妻来到一处已被拆毁掉建筑主体的室内，窗外的远景是一片鳞次栉比的残破的建筑楼宇废墟，画外音“轰隆”一声，两人循声望去，是那座最高的楼房被爆破而轰然倒塌，浓烟四起，这似乎是两人如同迷雾般的未来，成为冰冷的灰色天空下两个虚妄的幻影。

影片中，导演大量采用魔幻且带有超现实主义的艺术手法，将废墟意象用抽象的审美化言说手段对现代化进程中的神话术予以批判和解构：灰色的“४”字形的纪念碑的离地；发光的 UFO 从韩三明和沈红的头顶上空掠过；影片最后，韩三明转身回望这座城市，一个人在两座废弃高楼间走钢丝。这些元素的使用，开创了一种被抽象化的戏谑手法，也是导演独树一帜的表达。

四、寂寥之色：诗意魔幻的超验言说

中国传统艺术向来钟情于描绘山水风景，一方面它是艺术托物言志与审美的对象；另一方面则是卢卡奇意义上的超验意义，其中也包含了“从天地之固然”的神话时代的自然崇拜与圆形回归的时间观念。风景在此是人类对自然的经验与想象，列斐伏尔曾说：“通过大脑特定‘框架’或‘形式’，人类的感知力才使原来‘无形的’自然环境有了形状，‘大自然’变成文化，大地变成风景。”[11]翻开中国电影史，费穆、谢晋、吴贻弓、李安等几代电影人在其电影作品中均对景物有着格外的偏嗜。“电影导演通过镜头对自然进行‘取景（框架）’，从而在银幕上制造出风景，这些风景能提供时间愉悦，又能完成概念超越。”[12]山水风景等意象群落常被导演做客观色彩的记录与还原，但其审美涵指的最终呈现却常带有寂寥与萧疏之感。

当下的新生代导演们积极汇入并逐渐发声，其中一部分作品已独具代际个性与辨识度，并与中国古典美学、早期电影形成对话与呼应，比如李睿珺《家在水草丰茂的地方》（2014）、陈正道《重返20岁》（2015）、刘雨霖《一句顶一万句》（2016）、韩寒《乘风破浪》（2017）、胡波《大象席地而坐》（2018）、白雪《过春天》（2019）等。在他们的镜头下，风景不再只承担记忆的能指与符号的表意，而是彰显诗意的真实。

毕赣的电影作品《路边野餐》(2016)将故乡凯里的自然风景搬上荧幕，青山绿水的乡蕴之景无处不在，影片以去故事化的方式，通过诗歌的结构性介入精神的梦呓，产生幽冥与寂寥的体验。作为文艺片的《路边野餐》带有明显的中国美学色彩，影片的色彩基调以蓝绿为主，宛若一卷色泽清逸的青山绿水画，普鲁斯特式的“无聊感”通过没有要点的故事情节不断产生，寂寥感在山水风景中逐渐弥散开来，令人兴味盎然。

在色彩关系的处理上，毕赣将浓墨与冷寂意象不断交叠，将不同空间关系里的相关人物逐渐归拢在一起，在叙事流中逐步汇入。影片碎片式地呈现着陈升日常生活场景，屡次采用重复的意象群落设置，银白色的圆形球灯、灰绿色的坏损风扇、闪烁不定的黯淡灯光、各种颜色的钟表，表现幽冥体验则采用山水之意象。前者被处理成点彩油画，色泽浓郁；后者则是寂寥山野，将浓郁葱茏描绘成阴冷沉寂。陈升为了寻找侄儿卫卫，踏上了凯里开往荡麦的绿皮火车，空荡的车厢只有陈升一人，伴随着火车轨轴运行的单调声，诗歌响起：“许多夜晚，悄然形成黑暗，玫瑰吸收光芒……”语音未落，过去穿过画外音的诗歌跃入画面：陈升走出监狱大门，兀自坐在被青山绿水环绕的路边，画面清晰，青翠的山岚与蓝灰的河面相接。开车来接陈升的朋友从车内的主驾驶视角出画，镜头变焦，远处的青山更显冷寒隐逸。两人在雾气青袅的盘山公路中驱车前行，导演未让人物入镜，用画外音的形式为观众腾出绝佳的幽冥体验视角，叙事节奏与空间被延展开来。朋友告诉他入狱九年里发生的事，母亲的遗愿与妻子张夕的病逝，过去成为诗歌里那句“悄然形成黑暗”。为了找回侄儿卫卫，陈升又踏上了去镇远的火车，镇远成为陈升唯一可以完成精神自救的地理空间。影片中从未出现过他的母亲与妻子，他将记忆封闭起来，却又不断回溯。封闭的精神创伤是其难以负荷苦忧源头，在不愿回忆、自我隐藏与记忆不断回溯的矛盾中，陈升进入了42分钟长镜头的诗意魔幻中。

寂寥的山水在影片中承担着重要叙事与表意功能。青山绿水铺满整个镜头，它像一幅阴沉湿漉的画卷，冷艳富丽，吞噬一切，欲说还休，最终却只是静默无言。对山水的多视角置身性参与来自陈升、摩的司机卫卫、洋洋与无名的他者们，诗意的写入让气氛更加波谲云诡，观众们被卷入一场断裂而漂浮的深层回忆中，亦真亦幻，无法确凿。在42分钟肆无忌惮随意调转的长镜头中，荡麦是一个极端写实且极具生活气息的乡野之地，叙事的“非逻辑性”与随意摇曳的镜头之间振荡出一个无比抽象且神秘的空间。在这幽冥一般的时空里，存在主义的诘问经由超现实主义的影像语言手法再度凸显，过去、现在与未来的界限含混莫辩。陈升开启了去时间化的超现实之旅，离散的时间状态把过去、现在与未来形成神秘的耦合关系。从视觉上看，荡麦是一个无时间指涉的蓝绿色空间，是过去创伤记忆作用的忧郁产物，这个以意象群落的具象形式存在的寂寥空间里四处弥漫着尘封的创伤记忆。

《路边野餐》的超验性不仅体现在对山水之自然崇拜，更指向影片经由诗歌或吟诵发出的神话的仪典精神。水滴落在红木桌和玻璃杯上的凝固镜头、河水中漂浮的母亲蓝色绣花布鞋、《小茉莉》音乐声中行驶在乡间柏油路上皮卡车、洋洋坐在船上背诵冗长而枯燥的导游词、卫卫在岸上几乎同步背诵的镜头等，皆成为诗意山水图景中的超验言说与幽冥体验。列维·布留尔认为："激奋的因素在原始思维中取代了科学的、逻辑的内涵与外延，神秘而奇幻的'参与'便因此而生。"[13]影片随意调转的镜头、漫无目的言说方式和胆大妄为的逆时间运行，"神秘参与"通过看似非逻辑的逻辑弥漫开来。毕赣企图运用极具写实的乡野景观，让影片中的人物与银幕前的观众一同抵达"神秘参与"，却最终只是在诗歌引发的精神梦呓中不断跳转，仓促收场。值得肯定的是，他用野逸冷凝的笔法读取了某种诗意，除了魔幻跟随式长镜头外，镜头常在大远景与中近景之间不断切换，寂寥的山水之色所浸润的乡野空间成为情感的最终放逐之地，整体美学颇具中国古典气质。在中国传统艺术中，伤痛、悲冕往往是借景抒发，写意带过，被赋予大音希声，大象无形的道禅之境，化为山林、旷野、凉月、疏木存在于天地间，仿若苏轼曾评王维的画："味摩诘之画，画中有诗；味摩诘之诗，诗中有画。"[14]

结语

中国电影色彩中对于萧疏之美的视觉运用，可以分为三个层次：一是将萧疏作为一种审美取向，影片的总体色调呈清气冷韵之感，常将"荒寒"意境进行光影色调转化，枯树、寒林、瘦水等山水画意象迭出，成为影片意象群落定向性的设置；二是将萧疏作为影像的一种追求境界，不仅在写实的色彩环境中透过山林、顽石、屋宇等中寻其荒寒寂寥之趣，同时也给不同类型的影片笼上"寒"意，使得中国电影极具东方之境；三是将萧疏作为影像色彩语言的绝佳境界，影片的色调有很多种，而萧疏之美的色之追求是导演的意绪情调的诗意追求。

中国传统艺术是电影艺术可借鉴与发掘的一座富矿。留白、隔、皴、赋等艺术手法与电影中的空白、大远景、升降格镜头、长镜头等镜头语言相得益彰，使得意境在电影中悄然发生并诗意实践。萧疏之色的意境实践，一方面直接承袭了中国古典美学；另一方面，经由对萧疏意象进行的现代性延展，形成关于民族风蕴、建筑遗存、幽冥体验等批判性的影像色彩语言，萧疏之美始终秉承着带有自发性的诗画性追求。相信循袭着中国古代诗画的色彩表达传统，中国电影或可摆脱循规蹈矩的理论梦魇，开拓中华民族的电影色彩美学风范，在文本的微观领域建立隐喻性书写与连续性推理，进而建立一种具有东方神韵和深邃意境的中国电影色彩诗学体系。

＊本文系国家社科基金艺术学一般项目"中国电影与小城镇问题研究"【17BC040】的阶段性成果。

注释：

[1]（西汉）刘安：《淮南子》卷一《原道训》，北京：中华书局，2012年，第89页。
[2]［法］阿兰·马松，等：《电影与绘画》，曹轶译，《世界电影》2011第2期，第4～19页。
[3]（清）孔尚任：《桃花扇》，北京：中华书局，2016年，第429页。
[4] 黄复胜：《南宗抉秘语译（三）》，《美苑》1985年第5期，第47～50页。
[5] 朱良志：《论中国画的荒寒境界》，《文艺研究》1997年第4期，第136～149页。
[6] 宫林：《意象合一与梦幻影像——中西电影色彩比较》，《北京电影学院学报》2000年第3期，

第 67～70 页。

[7] 舒晓鸣:《中国电影艺术史教程》,北京:中国电影出版社,2000 年,第 52、85 页。

[8] 宗白华:《美学散步》,上海:上海人民出版社,1981 年,第 74 页。

[9] 巫鸿:《废墟、破碎和中国现代与后现代》,《作品与展场:巫鸿论中国当代艺术》,广州:岭南美术出版社,2005 年,第 1～18 页。

[10] Braester, Yomi. Tracing The City's Scars: Demolition and the Limits of the Documentary Impulse in the New Urban Cinema//Zhang Zhen. The Urban Generation: Chinese Cinema and Society at the Turn of the Twenty—first Century, Durham and London: Duck University Press, 2007, pp. 161-180.

[11] 转引自张英进:《电影〈紫日〉中的风景和语言》,林源译,《当代作家评论》2012 年第 6 期,第 58 页。

[12] 张文琪:《"风景"与李睿珺电影中的西部乡村真实呈现》,《当代电影》2018 年第 5 期,第 46～50 页。

[13] [俄]叶·莫·梅列金斯基:《神话的诗学》,魏庆征译,北京:商务印书馆,1990 年,第 179 页。

[14] (宋)苏轼:《东坡题跋》卷五《书摩诘〈蓝田烟雨图〉》,杭州:浙江人民美术出版社,2016 年,第 238 页。

【学术动态】

文本内外研究的差异与融通

——“文本世界的内与外：多重视域下的中国古典文学研究青年学术工作坊”综述

苏小露

（华中师范大学文学院，湖北武汉，430079）

2018年6月30日至7月1日，华中师范大学文学院古代文学教研室和《文艺研究》编辑部联合举办了“文本世界的内与外：多重视域下的中国古典文学研究国际学术研讨会”，来自多个国家和地区的六十多位专家学者围绕“中国古代文学内部研究与外部研究的差异与通融、文本阐释的多样性与有效性”这一学界前沿议题展开过充分讨论，会上达成诸多共识，在学界产生了广泛影响[1]。文学院以此次大会为契机，依托学院“中国语言文学一流学科”建设，成立了一支“文本生成与古代文学经典阐释”青年学术创新团队。创新团队以付林鹏老师为主要负责人，成员包括来自古代文学和古典文献学学科的七名青年教师。一方面为了接续大会传统，寻求古典文学文本阐释的新突破；另一方面为了给青年学者搭建良好的学术发表和交流平台，2019年11月16日，青年学术创新团队主办了“文本世界的内与外：多重视域下的中国古典文学研究青年学术工作坊”。来自国内近二十家大学、出版社的三十多位青年学者参加了工作坊，就“文本内外研究的差异与融通”这一议题，从以下三个方面展开了热烈的讨论。

一、回归审美：捍卫文学性的内部研究

二十一世纪以来，古代文学外部研究兴盛，而内部研究则相对薄弱。恪守文学本位，深入细致探讨文本，揭示文学的文学性，突显文学独特的审美价值变得愈发迫切。

华中师范大学李程老师指出：“基于汉语层积的历史文化与充盈的表达活力，‘词语’为我们提供了进入中国古典诗学的一种途径。”周裕锴、蒋寅、汪涌豪等先生就中国古典诗学中的重要范畴和词语，如“清”“涩”“才”“老”“厚”等已有过精彩论述。李程老师沿着这一思路，立足古典文学的中国本位，从汉语词汇“醇”的诗学阐释入手，探究“醇”的美学意味的生成、作为诗学批评话语的确立以及“醇”在清初诗学语境中的展开，可以视为结合古典诗歌特有之文学性而作的一部微观的诗学史。

李程老师不盲目照搬西方文学批评理论模式，而是从传统固有的诗话评点入手，阐释古典诗学中的“醇”，符合中国古代诗歌的自有的演进理路。武汉大学程磊老师通过文本细读，归纳陶渊明诗中书写的田舍小园具有规模结构“小”、宅舍景观布局“简”、人与自然审美关系“和”等特征，发掘陶渊明田园诗中蕴含的以道抗势、耕隐结合、称心适性的思想内涵和审美价值。

香港浸会大学宋学达老师从时间维度考察柳永词中的空间布局后发现，作者在叙事性较强的词作中，以复刻自然状态下的空间运行状态，形成时间维度上的纵向贯通式空间布局；在以描绘纷繁景物与人事的都市词中，柳永则采取了以共时性小场景汇合成大场面的空间构建手法，呈现出横向排列式空间布局；在羁旅行役词中，柳永又常以时空的回溯跳跃描写对“前欢”的追忆片段，形成回环结构的闪回式空间布局。柳词三种基础文本空间结构的成熟与范本意义，为宋词文本空间艺术的发展夯实了根基。

近年兴起的古典文学中的疾病、身体等书写研究，是学界回归文本内部审美的一种有效路径。陶渊明、卢照邻、杜甫、白居易等人的诗歌中有较多关于身体疾病的书写，韩愈则喜欢在诗歌中嵌入或直接描写各类身体器官。受此启发，武汉大学汪超老师梳理曾巩山水诗歌中出现身、腰、腹、心、肠等数十个与身体相关的意象。曾巩重视身体形象，其诗歌中的景观审美亦相应地表现出对身体的关切。于是，作者在景观审美活动中多以己体物，通过身体感知表达景观游览的审美意趣。

陶渊明诗田园的规模结构、柳永词的文本空间布局艺术、曾巩山水诗中的身体书写均是青年学者回归文学本体研究，从内部挖掘其语言、修辞、形式或文体等美学特质的有效尝试。

二、创作与接受：文本外部研究的两个重要维度

文学性是文学区别于其他学科的本质特征，内部研究旨在分析文学的文学性。但是文学研究不能只停留在文本自身，尚需综合考察文学与社会、历史、文化、思想等外部世界的联系。文本的创作主体（作者）和文本的接受对象（读者）是文本外部研究两个重要维度。

传播与接受是文学研究的新进路。华中科技大学巢彦婷老师从传播的角度，发现海东的高丽、朝鲜时代流行具有强烈政治色彩的京都赋，如崔滋《三都赋》、李穆《三都赋》、安德麟《汉都赋》、朴太源《东都赋》、李时恒《西京赋》等，并指出这种现象背后是《文选》传播和科举试赋综合作用的结果。华中师范大学石超老师则研究戏曲选本（包括曲选、出选和剧选）与元明清三代戏曲接受观念的演变之关系。选本承载着选家的编选理念和戏曲消费语境中的接受习惯，同时，戏曲选本紧跟戏曲消费时尚，适时调整选录标准及编选体例，暗含明清戏曲接受观念演变的轨迹。文本的文学性审美只有通过传播和流布方能实现，文本接受的本质实际上也是文学功能实现的过程。所以，两位老师的研究其实是从京都赋和戏曲文学功能的实现指向了作为审美对象的两种文体文本。

知人论世是传统文学批评的重要方法，关注文本背后的作者及其创作，是文学外

部研究不可或缺的方法。华中师范大学陈燕妮老师探求白居易晚年居洛期间的心理对其诗歌创作的影响。以世俗之人自居的白居易，晚年借醉入酒乡和沉湎世间之乐来化解生命的悲哀，诗歌书写也相应地呈现出世俗化的特性与超越意义。武汉大学钟志辉老师则研讨张九龄贬谪与其文学创作的关系。钟老师在会上论证唐朝开元中后期张九龄两次贬谪均因牵涉朋党，反复言说自己无结党意图的“自证清白”便成为诗人贬谪期间的创作主题之一。咏怀史诗中多隐晦表达对自身遭遇的孤愤和对君王作为的不满，是作者当时心迹的投射。江汉大学刘卓老师则全面考察元曲家的生态，他采用计量学的方法，全面分析现存姓名的所有元曲家的社会身份和经济地位后发现，大多数元曲家均处于当时社会的中上阶层，并非学界默认的，元曲家在元代族群政策之下，多处于社会底层。

华中师范大学罗昌繁老师虽然也是探究作者与作品的关系，但是他从反面归纳北宋作家在创作奉敕功臣碑志时面临的三重矛盾，即实录扬勋与避免谀墓的真假矛盾、官方立场与主观叙事的官私矛盾、尊体守例与文体创新的守变矛盾。作者在创作奉敕功臣碑时的压力和矛盾，其实反映的是当代人书写当代史时表现的焦虑与困境。罗昌繁老师还对苏轼奉敕所撰《司马温公神道碑》背后的政治语境与创作隐情进行考证，以证政局环境对当朝名臣碑志的影响。

参会学者对文本的外部研究主要集中在读者中心和作者中心两大体系，前者关注文本的接受、传播与流衍，后者关注作者对文学创作的影响。尤其是罗昌繁老师从反面立意，注意到奉敕功臣碑志这一特殊文体创作过程中，作者无法克服的客观压力与矛盾，以及因此而形成的文本张力，为文学创作主体的研究提供了新的视角。

三、内外融通：多重视域下的文学研究

文本的内部与外部研究固然存在差异，但二者绝非矛盾对立。与会学者一致认为文本内部研究不是完全抛弃社会、历史、文化的纯粹形式主义研究；外部研究也不应是背弃语言、形式和文体的外围背景研究。

北京师范大学谢琰老师会上发表的论文《话语变迁与概念重塑——从文体角度考察〈中庸〉升格》是打通文本内外研究的范例。该文将《中庸》的言说划分为只解释文本，不能自由言说概念的汉唐注疏体、可以自由言说但容易淡化概念的唐宋概念论说文、最自由且能重塑重要概念的宋人笔记体三个阶段。三种文体分工明确而又相互配合，共同构建了宋代《中庸》言说的思想大厦。谢琰老师从文体角度考察《中庸》的升格，并把这种升格理解成一场以概念重塑为实质的思想运动，为唐宋思想史研究开辟了新的路径。

来自华中师范大学的付林鹏和首都师范大学的李辉两位老师都着眼于中国早期特殊文本，将早期文本的内容与其生成过程和流传情况相结合展开论述。付林鹏老师考辨周人专设“象胥”官在言语不同的夷夏之间进行的传译活动，以及相应产生的四夷文本的转译书写。正是四夷之言的传译和雅言书面语在四夷族群中的推广，保证了夷夏之间交流渠道的畅通。“象胥”在周代夷夏之间的传译和文本书写，对构建华夏文化共同体有着重要意义。李辉老师也充分肯定了书写及书写文本在先秦社会活动中的

重要作用，他从先秦教育的视角切入，以《礼》《诗》两类文献为案例，阐释教育与文本的生成、流传之双向机制：先秦教育中以书写文本为载体的教学，与周人所崇尚的德性教育的宗旨相一致；德育又反过来促进书写文本的生成、流传和阐释。文献生成及经典化的内外动因与先秦学术的分合演进过程在这种互动中得以呈现。

与付林鹏、李辉两位老师不同，上海师范大学郭亚雄老师留心文本书写的消极影响。郭亚雄老师认为书写对早期口传注《诗》存在一定的压制，具体而言，书写破坏了口传场景中问答双方的共同在场以及教、学互惠的教谕模式，也规避了诗义在“口传注《诗》”时的多向延展。《诗经》学在从“口传注《诗》”向“据序言《诗》”转换过程中，诗篇多义性遭到封锁。宋儒虽试图重建“声歌之学”，但依然无法摆脱“书写注经”所构筑的教化观念与经学思维。对今后研究包括《诗经》在内的先秦经典具有借鉴意义。

孙少华、徐建委两位先生曾指出，古典文本是一个被不断建构的过程，从其写成，到被经典化，乃至后来的各种重译，与历史情境和学术传统，人们的写作方式与阅读习惯，文本的物质形态与流传方式，人际交往的模式与规模，共识的形成与传布息息相关[2]。这就要求学者关注文本内部的同时，还需要从多重角度探寻与文学联系密切的外部因素。本次学术工作坊见证了青年学者在正视文本内部和外部研究差异的前提下，为融通内外部研究，寻求文学阐释多样性与有效性所做的尝试与努力。

注释：

[1] 会议详情参见余祖坤：《文本阐释的多样性与有效性——“文本世界的内与外：多重视域下的中国古典文学研究国际学术研讨会”综述》，《文艺研究》2018 年第 9 期。安敏：《坚守中国本位，推动学术转型——在多重视域下展开中国古典文学研究》，《华中学术》2018 年第 4 期。

[2] 孙少华、徐建委：《从文献到文本——先唐经典文本的抄撰与流变》，上海：上海古籍出版社，2016 年，第 6 页。

《华中学术》来稿注意事项

《华中学术》为华中师范大学文学院发表学术论文的园地以及开展学科建设和学术交流的平台，由文学研究所主持，欢迎学界同仁赐稿。有关事项说明如下：

一、所有来稿请遵守学术规范和学术道德，请勿一稿两投。因编辑人员全为兼职，人手有限，所有来稿均不退稿，请自留底稿。来稿若两个月内未接到用稿通知，可自行处理。

二、一般稿件篇幅以一万五千字以内为宜，特别约稿可在两万字左右。所有稿件一式两份，一份为纸质文本，一份为电子文本。如果有特殊字符（古文字、国际音标等），请同时附上 PDF 格式文件。

纸质文本请寄：

430079 武汉市洪山区华中师范大学文学院《华中学术》编辑部

余祖坤　收

电子文本请寄：

huazhongxueshu@163.com

三、稿件首页包括题目、作者、作者单位、论文摘要、关键词；结尾处写明作者通讯处（包括邮编、作者地址、电话号码、电子邮箱等）。

四、来稿采用尾注，具体引文注释格式举例如下：

甲、中文非连续出版物

（一）普通图书

（1）专著

标注顺序：责任者/书名/出版地/出版者/出版年/页码（连续页码之间用波浪线连接）。注意：注释中的中文字体一般使用宋体，下同，例如：

[1] 张舜徽：《中国古代史籍校读法》，武汉：华中师范大学出版社，2004 年，第 52 页。

[2] 张三夕主编：《中国古典文献学》，武汉：华中师范大学出版社，2003 年，第 25～26 页。

外国人的中译本著作标注顺序：[国籍]/责任者/书名/译者/出版地/出版者/出版年/页码，例如：

[3] [德] 黑格尔：《逻辑学》上卷，杨一之译，北京：商务印书馆，1976 年，第 30～35 页。

[4] 参见 [德] 恩格斯：《自然辩证法》，北京：人民出版社，1971 年，第 21 页。

（2）专著中析出文献

标注顺序：析出责任者/析出文献题名（或篇名）/原文献责任者（与析出责任者

同为一人的，可不写）/原文献题名/出版地/出版者/出版年/页码，例如：

[1][荷]杜威·佛克马：《走向新世界主义》，王宁、薛晓源编：《全球化与后殖民批评》，北京：中央编译出版社，1998年，第247～266页。

[2]范文澜：《论中国封建社会长期延续的原因》，《范文澜历史论文选集》，北京：中国社会科学出版社，1979年，第41页。

[3]章太炎：《俱分进化论》，《章太炎全集》四，上海：上海人民出版社，1985年，第391页。

（二）古籍

（1）古代出版的古籍一般应标注朝代名/责任者/书名/卷次/版本，或责任者/篇名/书名/卷次/版本，例如：

[1]（晋）慧远：《沙门不敬王者论》，《弘明集》卷五，碛砂藏本。

[2]（宋）杨时：《陆少卿墓志铭》，《龟山集》卷三十四，《四库全书》本。

[3]（宋）王应麟：《考史》，《困学纪闻》卷十一，清嘉庆十八年扫叶山房刊本。

（2）现代出版的标点本或校注本古籍应标注责任者/篇名/书名/全集名/卷次/出版地/出版者/出版年/页码，例如：

[1]（清）钱大昕：《汉书王子侯误字》，《十驾斋养新余录》卷中，《钱大昕全集》第7册，南京：江苏古籍出版社，1997年，第574页。

[2]（清）张廷玉，等：《明史·艺文志序》，《明史》卷九十六，北京：中华书局，1974年，第2344页。

（3）地方志前一般应标明编修或刊刻年代，例如：

[1]（明）正德《建昌府志》卷十五，上海：上海古籍书店，据天一阁明正德刻本影印，1964年。

乙、中文连续出版物

（一）期刊

标注顺序：责任者/篇名/期刊名/年期/页码，例如：

[1]李炳海：《〈离骚〉抒情主人公的配饰意象》，《华中师范大学学报》2008年第5期，第94～99页。

（二）报纸

标注顺序：责任者/篇名/报纸名/出版年月日/版面数，例如：

[1]邢宇浩：《文津阁〈四库全书〉刊行》，《光明日报》2005年12月23日，第1版。

[2]孙钦善：《魏建功先生与古典文献学专业》，《中华读书报》2001年6月20日，第11版。

丙、外文文献

（一）专著

标注顺序：责任者/书名（斜体，实词首字母大写）/出版地/出版者/出版年/页码（单页码标注如：p. 6；连续页码标注如：pp. 123-126）。注意：注释中的外文一般使用Times New Roman字体，下同，例如：

[1] J. J. Phillips, *Handbook of Training Evaluation and Measurement*

Methods, Houston, TX: Gulf Publishing, 1991, p. 10.

[2] R. J. Montgomery, *Examinations: An Account of Their Evolution as Administrative Devices in England*, London: Longmans Press, 1965, pp. 17-43.

（二）期刊

标注顺序：责任者/篇名（加引号，正体，实词首字母大写）/期刊名（斜体，实词首字母大写）/年期（期在前，年在后），例如：

[1] J. H. Greehaus, "Sources of Conflict between Work and Family Roles", *Academy of Management Review*, 10, 1985.

（三）专著中析出文献

标注顺序：析出责任者/析出文献题名（或篇名，加引号，正体，实词首字母大写）/In/原文献责任者/原文献题名（斜体，实词首字母大写）/出版地/出版者/出版年/页码，例如：

[1] L. Weinstein, M. N. Swertz, "Pathogenic Properties of Invading Microorgnism", In W. A. Sodeman, Jr. W. A. Sodeman, *Pathologic Physiology: Mechanisms of Disease*, Philadelphia: Saunders, 1974, pp. 745-772.

丁、参考文献及带有说明意思的注释体例

例如：

[1] 参见《上海总商会概况》，上海总商会1928年编印本。

[2] 参见陈晋：《文人毛泽东》，上海：上海人民出版社，2005年。这些"读报诗"主要是有感而发的政论，如："遍找全球侵略者，仅余此地一孤家。""人人尽说西方好，独惜神州出蠢虫。""新闻多多寻常出，独有今年出得殊。"主题与同时期写作且公开发表的《七律・和郭沫若同志》《卜算子・咏梅》《七律・冬云》等一致，但情露意粗，毛本人不愿正式公开发表。

戊、电子文献

除注明上述要求的各项内容外，还应加引用日期、获取和访问路径，例如：

[1] 王建辉：《出版业的文化诉求：呼唤编辑大师》，《编辑之友》2007年第4期。[2008年9月29日] http://www.pubhistory.com/img/text/2/2272.htm.

[2] 聂震宁：《文化软实力与文化硬实力》。[2008年10月14日] http://www.sinobook.com.cn/press/newsdetail.cfm?iCntno=6967.

己、专利文献

有通过纸质文本获取和通过其他路径获取两种。应写明专利申请者或所有者、专利题名、专利号、公告日期或公开日期、引用日期、获取和访问路径，例如：

[1] 姜锡洲：《一种温热外敷药制备方案》，中国，88105607.3，1989年7月26日。

[2] 西安电子科技大学：《光折变自适应光外差探测方法》，中国，01128777.2，2002年3月6日。[2002年5月28日] http://211.152.9.47/sipoasp/zljs/hyjs-ys-new.asp?recid=01128777.2&leixin=0.

庚、转引文献及其他注意事项

凡引文不是出自原文献，或找不到原文献而是通过他人论著转引，均须注明转引出处，不能把转引文献当作原始文献来引用，例如：

[1]《中国古籍善本书总目》收录善本标准，转引自程千帆、徐有富：《校雠广义》（版本编）第2版，济南：齐鲁书社，1998年，第289～290页。

凡只通过中文译文来引用的外文文献，须注明中文译文的出处，不得直接注明引自外文文献。

[2] 丁韪良：《古代中国的外交》，转引自汪晖：《现代中国思想的兴起》上卷第二部《帝国与国家》，北京：生活·读书·新知三联书店，2015年，第711～712页。

凡同一文献在一篇文章中不同地方引用，不采用合注，例如：

[1]、[5] 张舜徽：《中国古代史籍校读法》，武汉：华中师范大学出版社，2004年，第52页；第43页；

应采用分注，以便校对，例如：

[1] 张舜徽：《中国古代史籍校读法》，武汉：华中师范大学出版社，2004年，第52页。

…………

[5] 张舜徽：《中国古代史籍校读法》，武汉：华中师范大学出版社，2004年，第43页。

《华中学术》编辑部
2019年1月